中国石化员工培训教材

生产计划处(科)长岗位培训教材

中国石化员工培训教材编审指导委员会　组织编写
本书主编　毛加祥　杨延飞

中国石化出版社

内 容 提 要

本书为《中国石化员工培训教材》系列之一，全书以提高生产计划处(科)长的管理水平和解决实际问题的能力为中心，以岗位任职必备的生产计划专业知识和能力要求为主，融入了生产工艺、经贸、财务等知识，知识面广泛，专业知识突出。

本书可作为中国石化生产计划人员进行员工岗位技能培训的培训教材，也可作为相关专业技术人员的参考书。

图书在版编目(CIP)数据

生产计划处(科)长岗位培训教材／毛加祥，杨延飞主编．—北京：中国石化出版社，2015.6
中国石化员工培训教材
ISBN 978-7-5114-3365-7

Ⅰ.①生… Ⅱ.①毛… ②杨… Ⅲ.①石油化工企业-工业企业管理-生产管理-技术培训-教材 Ⅳ.①F407.7

中国版本图书馆CIP数据核字(2015)第097823号

中国石化出版社出版发行
地址：北京市东城区安定门外大街58号
邮编：100011 电话：(010)84271850
读者服务部电话：(010)84289974
http://www.sinopec-press.com
E-mail:press@sinopec.com
北京富泰印刷有限责任公司印刷
全国各地新华书店经销
*
787×1092毫米 16开本 18.75印张 456千字
2015年6月第1版 2015年6月第1次印刷
定价：58.00元

《中国石化员工培训教材》编审指导委员会

《生产计划处(科)长岗位培训教材》
编 委 会

序

中国石化是上中下游一体化能源化工公司，经营规模大、业务链条长、员工数量多，在我国经济社会发展中具有举足轻重的作用。公司的发展，基础在队伍，关键在人才，根本在提高员工队伍整体素质。员工教育培训是建设高素质员工队伍的先导性、基础性、战略性工程，是加强人才队伍建设的重要途径。

当前，我们已开启了建设世界一流能源化工公司的新航程，加快转变发展方式的任务艰巨而繁重，这对进一步做好员工教育培训工作提出了新的更高要求。我们要以中国特色社会主义理论为指导，紧紧围绕企业改革发展、队伍建设和员工成长需要，以提高思想政治素质为根本，以能力建设为重点，积极构建符合中国石化实际的培训体系，加大重点和骨干人才培训力度，深入推进全员培训，不断提高教育培训的质量和效益，为打造世界一流提供有力的人才保证和智力支持。

培训教材是员工学习的工具。加强培训教材建设，能够有效反映和传递公司战略思想和企业文化，推动企业全员学习，促进学习型企业建设。中国石化员工培训教材编审指导委员会组织编写的这套系列教材，较好地反映了集团公司经营管理目标要求，总结了全体员工在实践中创造的好经验好做法，梳理了有关岗位工作职责和工作流程，分析研究了面临的新技术、新情况、新问题等，在此基础上进行了完善提升，具有很强的实践性、实用性和较高的理论性、思想性。这套系列培训教材的开发和出版，对推动全体员工进一步加强学习，进而提高全体员工的理论素养、知识水平和业务能力具有重要的意义。

学习的目的在于运用，希望全体员工大力弘扬理论联系实际的优良学风，紧密结合企业发展环境的新变化、新进展、新情况，学好用好培训教材，不断提高解决实际问题、做好本职工作的能力，真正做到学以致用、知行合一，把学习培训的成果切实转变为推进工作、促进改革创新的实际行动，为建设世界一流能源化工公司作出积极的贡献。

二〇一二年七月十六日

前言

根据中国石化发展战略要求，为加强培训资源建设、推进全员培训的深入开展，集团公司人事部组织梳理了近些年培训教材开发成果，调研了企业培训教材需求，开展了中国石化员工培训课程体系研究。在此基础上，按职业素养、综合管理、专业技术、技能操作、国际化业务、新员工等六类，组织编写覆盖石油石化主要业务的系列培训教材，初步构建起中国石化特色的培训教材体系。这套系列教材围绕中国石化发展战略、队伍建设和员工成长的需要，以提高全体员工履行岗位职责的能力为重点，把研究和解决生产经营、改革发展面临的新挑战、新情况、新问题作为重要目标，把全体员工在实践中创造的好经验好做法作为重要内容，具有较强的实践性、针对性。这套培训教材的开发工作由中国石化员工培训教材编审指导委员会组织，集团公司人事部统筹协调，总部各业务部门分工负责专业指导和质量把关，主编单位负责组织培训教材编写。在培训教材开发和编写的过程中，上下协同、团结合作，各级领导给予了高度重视和支持，许多管理专家、技术骨干、技能操作能手为培训教材编写贡献了智慧、付出了辛勤的劳动。

《生产计划处(科)长岗位培训教材》教材由生产经营管理部牵头组织，经济技术研究院主要编写，主编毛加祥(经济技术研究院)、杨延飞(生产经营管理部)。第1章主要由魏新鹏、赵玉欣(经济技术研究院)编写；第2章主要由张静芳、赵小辉(经济技术研究院)和宋磊、赖黎明(联合石化)编写；第3章主要由施大鹏(经济技术研究院)、郑巍(生产经营管理部)编写；第4章主要由刘歌颂、高礼杰、王华(经济技术研究院)及周继涛(油田事业部)、郑文刚（炼油事业部)、金立华(化工事业部)编写。本教材已经由集团公司人事部组织审定通过，主审蔡建华，参加审定的人员有刘垚、张小萍、张文长、蔡永清。中国石化出版社、石油化工管理干部学院对教材的编写和出版工作给予了通力协作和配合，在此一并表示感谢。

由于本教材涵盖的内容较多，不同企业之间也存在着差别，编写难度较大，加之编写时间紧迫，不足之处在所难免，敬请各使用单位及个人对教材提出宝贵意见和建议，以便教材修订时补充更正。

目 录

第1章　石油石化工艺

石油是重要的能源和优质的有机化工原料，石油化学工业是指以石油及天然气为原料生产油品和化学品的工业，是国民经济的支柱产业。本章涵盖了油气从勘探、开采、加工到最终产品的整个生产流程，包括油气的勘探和开采、原油评价与原油数据库、炼油和化工主要生产装置加工过程介绍及主要产品规格指标等方面的基础知识和最新技术，使读者对与石化企业生产经营计划相关的工艺知识有基本的认识。

1.1　油气勘探开发

1.1.1　油气勘探

1.1.1.1　油气藏的形成与分布

1. 油气藏的形成

油气藏形成可以简单概括为“生”、“储”、“盖”、“圈闭”和“运移”。

“生”即生油层。是指具备生油条件的地层，它富含有机质，主要由泥质岩类和碳酸盐类岩石组成。生油层可以是海相的，也可以是陆相的，但生油气层必须具备一定的地质作用过程，即达到一定的成熟度，才能有油气的生成。

“储”即储集层。是指能够储存石油和天然气，又能输出油气的岩层，它具有良好的空隙度和渗透率，通常由砂岩、石灰岩、白云岩及裂隙发育的页岩、火山岩及变质岩构成。

“盖”即盖层。一般来说，凡是具有能够阻挡油气运移的封闭岩层或层状岩石组合都称为盖层。盖层能够封隔储集层使其中的油气免于逸散并聚集成藏，所以盖层是形成油气藏的一个重要条件之一。

“圈闭”是指储集层中可以阻止流体继续运移，并在那里聚集储存起来的一种场所。圈闭三要素包括储集层、盖层和一定的遮挡条件。需要指出的是，圈闭储集层中储集的不一定是石油和天然气，也可能是地下水或者其他流体，只有当足够数量的油气进入圈闭，才能形成油气藏。圈闭的好坏主要从圈闭规模、圈闭内储集层厚度及孔隙性能、圈闭盖层及遮挡的严密性等方面进行评价。

“运移”是指石油和天然气在受到某种动力的驱使而发生流动的现象。人们根据油气运移的方式、动力等将整个油气运移过程划分为初次运移和二次运移。初次运移是指油气自生油层向储集层或运载层中的运移，初次运移的动力包括温度和压力两个基本因素。油气的二次运移是指油气进入储集层或运载层中以后的一切运移，它包括油气在储集层或运载层内部的运移，油气沿断层、裂隙、不整合面等通道的运移以及聚集起来的油气由于外界条件的变化而引起的再次运移，二次运移的动力主要是浮力，其次是水动力。

2. 世界油气分布

世界油气的分布总体来看极端不平衡。从东西半球来看，约3/4的石油资源集中于东半球；从南北半球看，石油资源主要集中于北半球；从纬度分布看，主要集中在北纬20°~40°

和 50°~70°两个纬度带内。波斯湾及墨西哥湾两大油区和北非油田均处于北纬 20°~40°内，该带集中了 51.3%的世界石油储量；50°~70°纬度带内有著名的北海油田、俄罗斯伏尔加及西伯利亚油田和阿拉斯加湾油区。

据 BP 世界能源统计(见表 1-1)，到 2012 年底，全球探明石油储量共 2243.1 亿 t，前十位的国家探明石油储量共 1908.6 亿 t，占全球探明石油地质储量 85.1%。全球探明天然气储量共 198.8 万亿 m^3，前十位的国家探明天然气储量共 154.2 万亿 m^3，占全球探明天然气储量 77.6%。

表 1-1 2013 年底世界探明石油、天然气储量排前十位的国家

序号	国家	探明石油储量/亿 t	占世界探明石油储量比例/%	国家	探明天然气储量/万亿 m^3	占世界探明天然气储量比例/%
1	委内瑞拉	406.1	18.1	俄罗斯	47.8	24.0
2	沙特	362.6	16.2	伊朗	33.8	17.0
3	加拿大	236.2	10.5	卡塔尔	25.1	12.6
4	伊朗	214.6	9.6	美国	10.5	5.3
5	伊拉克	191.4	8.5	沙特	8.2	4.1
6	科威特	138.4	6.2	土库曼斯坦	7.5	3.8
7	阿联酋	133.4	5.9	阿联酋	6.1	3.1
8	俄罗斯	109.1	4.9	委内瑞拉	5.6	2.8
9	利比亚	66.1	2.9	尼日利亚	5.1	2.6
10	尼日利亚	50.7	2.3	阿尔及利亚	4.5	2.3
世界合计		2243.1		世界合计	198.8	

3. 我国油气分布

我国石油资源集中分布在渤海湾、松辽、塔里木、鄂尔多斯、准噶尔、珠江口、柴达木和东海陆架八大盆地，其可采资源量占全国的 81.1%；天然气资源集中分布在塔里木、四川、鄂尔多斯、东海陆架、柴达木、松辽、莺歌海、琼东南和渤海湾九大盆地，其可采资源量占全国的 83.6%。

从资源深度分布看，我国石油可采资源有 80%集中分布在浅层(<2000m)和中深层(2000~3500m)，而深层(3500~4500m)和超深层(<4500m)分布较少；天然气资源在浅层、中深层、深层和超深层分布却相对比较均匀。

从地理环境分布看，我国石油可采资源有 76%分布在平原、浅海、戈壁和沙漠，天然气可采资源有 74%分布在浅海、沙漠、山地、平原和戈壁。

从资源品位看，我国石油可采资源中优质资源占 63%，低渗透资源占 28%，重油占 9%；天然气可采资源中优质资源占 76%，低渗透资源占 24%。

自 20 世纪 50 年代初期以来，我国先后在 82 个主要的大中型沉积盆地开展了油气勘探，发现油气田超过 500 个。

1.1.1.2 油气勘探技术

油气勘探是指为了识别勘探区域或探明油气储量而进行的地质调查、地球物理勘探、钻探活动以及其他相关活动。油气勘探是油气开采的第一个关键环节，它是油气开采工程的基

础，其目的是为了寻找和查明油气资源，利用各种勘探手段了解地下的地质状况，认识生油、储油、油气运移、聚集、保存等条件，综合评价含油气远景，确定油气聚集的有利地区，找到储油气的圈闭，并探明油气田面积，搞清油气层情况和产出能力的过程。

1. 油气勘探程序

油气勘探过程可划分为若干个阶段，各阶段既有独立性，又有连续性，通常将油气田勘探阶段之间相互关系和工作的先后顺序称之为勘探程序。一个油气田从勘探直至开发，要遵循科学的勘探程序，采用综合勘探方法，查明地下基本地质情况，弄清油气分布规律，发现油气田，探明油气储量。

不同国家由于勘探管理体制及具体地质背景差异，所采用的油气勘探程序也不尽相同，我国一般将油气勘探分为区域勘探、圈闭预探、油气田评价勘探三个阶段。

区域勘探：区域勘探的主要任务是对盆地、坳陷(凹陷)或其中某一部分进行整体地质调查，查明区域地质和石油地质基本条件，进行早期含油气远景评价和资源估算，评选出最有利的坳陷(凹陷)和构造带，提出预探方案。

圈闭预探：圈闭预探的任务是寻找商业性油气田，并为油气田评价勘探做好准备。圈闭预探阶段工作内容包括确定预探项目、地震详查、预探井钻探和圈闭评价。

油气田评价勘探：油气田评价勘探的任务是对预探阶段所发现的油气藏进行评价，其核心任务是用尽量少的探井、最短的时间取全、取准第一手资料，查找已发现油气田的商业价值，为开发做好准备。油气田评价勘探的工作内容可划分为地震精查、评价井钻探和油藏评价。地震精查是针对复杂油藏安排三维地震，着重进行构造解释、储层解释及烃类检测；评价井钻探时，井距一般在 1~2.5km 之间；油气藏评价主要是开展油气藏描述研究。

对于复杂油气藏，还要进行滚动勘探开发，即对已基本探明区进行开发的同时，继续钻探新的断块和扩边，并加深钻探新的层系。

2. 油气勘探技术

油气勘探技术基本可以划分为 4 种类型，即地质调查技术、井筒技术、实验室分析与模拟技术、地质综合研究技术。

(1) 地质调查技术

包括地面地质踏勘、油气资源遥感、非地震物化探、地震勘探等。

地面地质踏勘技术是最古老的地质调查技术。主要是通过野外地质露头的观察、油气苗的研究，结合地质浅钻和构造剖面井等手段查明生油层和储油层的地质特征，落实圈闭的构造形态和含油气情况。

油气资源遥感技术是获取地表空间信息的一种先进科学技术，它能提供大面积连续的有价值的地面记录资料，尤其是在人类徒步难以接近的地区可以提供有价值的信息。遥感技术以其概括性、综合性、宏观性、直观性的技术特点日益成为油气勘探中的一种低成本、省时、适用于交通不便及环境恶劣地区进行地面地质调查的先进方法。

非地震物化探主要指重力、磁法和电法勘探。它们主要是以岩石密度差、磁性差、电性差为主要依据，通过在地表或地表上空地球重力场、电场、磁场的特性变化来反映地下地质特征，它们常常互相配合使用。在区域勘探阶段具有效率高、成本低的特点。

油气地球化学勘探是在石油地质学和地球化学的基础上发展起来的一门综合性学科。是在系统测试分析自然界中与油气有关的化学异常，从而评价区域含油气远景寻找油气藏的一种直接找油技术。其原理是根据油气运移及扩散机理在近地表岩石、土壤及地下水中留有其运移和扩散的痕迹，人们在一定区域沿着一定的方位通过取样进行分析化验，或者采用精密仪器检测运移和扩散后所留下的痕迹来确定油气藏的空间方位。

油气地震勘探是近代油气勘探的支柱技术之一，其原理是通过人工方法激发地震波，研究地震波在地层中的传播情况，如地震波的传播时间、传播速度、振幅、频率、相位等，确定地下不同地层分界面的埋藏深度和形状，进而查明地下地质构造。地震勘探基本由3个过程组成，即地震资料的野外采集、地震资料的室内处理和地震资料的综合解释。地震勘探可分为二维地震勘探、三维地震勘探、四维地震勘探和井间地震勘探。沿一维测线测地震信息，在平面内采集数据和处理地震资料的方法称为二维地震勘探；在一个平面上采集地震信息，并在三维空间进行处理地震资料的方法称为三维地震勘探；相对三维地震而言，增加时间维度，通过随时间推移观测的三位地震数据间的差异来描述地质目标体的属性变化，称为四维地震勘探；井间地震勘探是将震源与检波器都置入井中进行地震波观测的一种新物探方法，该方法可以靠近目的层，能避开地表强衰减风化层的低速带对地震信号高频率成分的吸收，故可以提高信号的分辨率，可以对井间地层、构造、储层等地质目标进行精细成像，大大降低钻井的风险。

（2）井筒技术

井筒技术是以钻井工程为代表的系列勘探方法与技术，包括钻井、录井、测井、测试、试采等，由于它们直接接触油气层，因而是一种相对直接的油气勘探技术。

钻井是发现和开发油气田最有效、最直接的手段。它是采用特殊的钻探设备或装置将地层钻穿，来直接探测地下地层油气的存在与分布状况的一种油气勘探技术。其探井类型可分为科学探索井、参数井、预探井、评价井、兼探井及地质浅井等。

录井是随着钻井过程利用多种资料和参数，观察、检测、判断和分析地下岩石性质和含油气情况的方法。其主要方法包括岩心录井、钻时录井、岩屑录井、钻井液录井、气测录井、荧光录井、地化录井等。

测井是指在井孔中利用测试仪器，间接获取井眼周围地层和井眼信息的方法。测井工作包括信息采集、处理和解释等过程。常见的测井方法有视电阻率测井、微电极测井、自然电位测井、感应测井、侧向测井、中子测井、伽马测井、声波时差测井、井径测井、地层倾角测井等。

地层测试与试油是通过测试油气层产量、压力、产液性质、地层渗透率、流体样品等资料，来定量了解油气层内流体特性及油气层特性，为油气田开发和开采提供可靠的科学依据的方法。通过对上述资料的综合分析，可以确定油气层的产能、压力、有效渗透率、表皮系数、串流系数等。常见方法有电缆地层测试、钻柱地层测试、随钻地层测试等。

（3）实验室分析与模拟技术

实验室分析与模拟技术主要是以实验室仪器设备、测试工具、模拟装置为手段对油气勘探过程中所采集的岩石、沥青、油气水等样品进行直接分析，这些分析数据可为地质研究提供资料。其主要集中在有机地球化学、沉积储层、地层学研究等领域。

烃源岩分析测试是目前地质实验室分析技术最活跃的领域，包括岩石超临界抽提技术、有机岩石学分析测试技术、岩石热解分析技术、碳同位素分析测试技术、显微红外分析技术。

储层分析测试技术包括油藏地球化学分析技术、包裹体分析技术、图像分析技术。盖层研究技术主要是盖层岩性的微孔隙结构分析和评价技术。

流体分析测试是根据地层流体油、气、水的物化性质的差异来指导油气勘探开发的方法。主要分为石油分析测试、天然气分析测试、油田水分析测试。

除上述分析测试方法之外，还有磁性地层学分析及同位素地层学分析等。

（4）地质综合研究技术

通过利用上述3种技术手段获得的信息和解释成果进行综合研究，最终目标是对勘探对象与勘探目标进行系统化、定量化的综合评价，直接为勘探部署决策服务。这类技术包括盆地分析模拟、含油气系统研究、区带及圈闭评价、油气藏描述等。

1.1.2 油气田开发

所谓油气田开发，是依据详探成果和必要的开发试验，在综合研究的基础上对具有工业价值的油气田，制订出合理的开发方案并进行建设和投产，使油气田按预定的生产能力和经济效果长期生产，直至开发结束。

1.1.2.1 油田开发

油田开发是一个系统工程，它包括地质研究、油藏研究、钻井、采油、作业、集输等多种工艺技术。因此，如何对一个油田进行合理开发是一个非常复杂的问题，也是一个十分重要的问题。

1. 油田开发的一般程序

① 在已控制的含油面积内打资料井，了解油层的物性；

② 分区分层试油，求得油层产能参数，注水开发油田要分区分层试验；

③ 开辟生产试验区，进一步掌握油层特性及其变化规律；

④ 根据岩心、测井和试油、试采等各项资料进行综合研究，作出油层分层对比图、构造图和断层分布图，确定油藏类型，进行油田开发设计；

⑤ 在最可靠、最稳定的油层上钻一套基础井网；

⑥ 在生产井和注水井投产后收集实际产量和压力资料进行研究，修改方案设计指标，定出各开发时期的具体配产配注方案。

2. 油田开发的原则

① 确定合理的采油速度和稳产年限。采油速度和稳产年限的确定，必须立足于油田的地质条件、工艺技术水平以及开发的经济效果。不同类型的油田，合理的采油速度和稳产期可以不同，但一般要求稳产期的采出程度应满足一个统一的标准，即应使可采储量的相当部分在稳产期采出来。

② 确定开采方式。必须明确利用什么驱动方式采油，开采方式如何转化。例如是用早期内部强化注水方式，还是先弹性驱再转注水或注气方式开采等。

③ 确定动用储量。动用储量是油田开发的基础。

④ 确定开发步骤。开发步骤是指从部署基础井网开始，到进行全面注水和采油的整个过程中所必经的阶段的具体做法。

⑤ 确定合理的布井原则。合理的布井要求在保证采油速度的条件下，采用井数最少的井网，并最大限度地控制地下储量。对于注水开发的油田，还必须使绝大部分储量处于水驱范围内。

⑥ 确定合理的采油工艺技术和增产措施。

3. 油田开发层系的划分

我国已开发的油田大多数是非均质多油层的油田，各油层的特性往往彼此差异很大，不宜同层合采。因此，在研究多油层油田的开发问题时，首先要考虑的就是如何划分开发层系。

所谓开发层系是指由一些独立的、上下有良好的隔层、油层性质相近、驱动方式相近、具备一定储量和生产能力的油层组合而成，它用独立的一套井网进行开发，是一个最基本的开发单元。划分开发层系，就是把特征相近的油层组合在一起，用单独的一套井网进行开发，并以此为基础进行生产规划、动态分析和调整。

划分开发层系的原则是：把特征相近的油层组合在同一开发层系，以保证各油层对注水方式和井网具有共同的适应性，减少开采过程中的层间矛盾，简化采油工艺；每套层系应具有一定的厚度和储量，以保证油田满足一定的采油速度、较长的稳产时间，并达到较好的经济指标；一个开发层系上下应具有良好的隔层，以便在注水开发的条件下，层系间能严格地区分开，确保层系间不发生窜通和干扰；在同一开发层系内，油层的构造形态、油水边界、压力系统和原油物性应比较接近；从经济方面考虑，在分层开采工艺所能解决的范围内，开发层系不易划分得过细，以利于减少建设工作量。

4. 油田开发方式及方法

由于油藏类型的多样性，决定了油田开发方式的多样性。

（1）利用天然能量的开发方式

一般来说，一个油气藏中，由于地层压力的作用，油气和岩石都具有一定的弹性能量；油中含有较多的天然气，当压力下降到一定程度后，这些溶解在油中的天然气就会逸出，而产生气驱油的能量；在有油藏中，边水或底水随着采油过程中会发生流动，产生水驱油的能量。这些在油藏中自然具备的能量，在油藏开发中，都能很好地发挥作用。

（2）保持和改善地层能量的开发方式

从油藏中采出了流体，这就会使地下发生亏空，从而降低地下原有的能量。为保持地下足够的驱动能量，需要向油藏中再注入相应体积的流体去弥补采出的亏空。现代油田开发中，一般采用注水或注气的办法来保持油层能量。无论是注气还是注水，都要根据油藏的具体条件以及实际的需要来进行，而且注入方式、注入工艺、注入量等，都需要专门的研究和设计，并通过现场试验，逐步实施。

（3）热力采油开发方式

主要是针对稠油油藏（在油层温度条件下，地下原油黏度大于100mPa·s）的开发而采用的一种方式。其基本原理是通过向油层注入热蒸汽提高油藏温度而降低原油的黏度，提高原油的流动性。热力采油又可分为蒸汽吞吐、蒸汽驱和火烧油层等。

（4）强化开发方式

油田进入开发后期，为进一步提高采收率所采取的各种开采方式，包括聚合物驱、二氧化碳驱、微生物驱、表面活性剂驱、凝胶驱等。

5. 油田开发主要技术

我国油气田开发技术发展可以分为五个阶段。

第一阶段，20世纪50年代，学习探索阶段。在这个阶段，初步掌握了油田开发地质、油藏工程设计、注水工艺、人工举升、水力压裂及井下维修作业等基本的油田开发与采油工艺技术。

第二阶段，20 世纪 60 年代，自主创新阶段。在这个阶段，建立了陆相沉积油藏注水开发和分层开采的工艺技术系列，主要是随着大庆油田、大港油田、胜利油田、辽河油田等陆相湖盆沉积油藏的相继投入开发，相继创立了早期注水、分层注水、分层采油、分层测试、分层改造等一整套分层开采工艺技术，同时创立了断块复式油藏滚动勘探开发程序和相应的配套工艺技术系列。

第三阶段，20 世纪 70 年代，发展完善阶段。在这一阶段，形成了以任丘为代表的碳酸盐岩古潜山油藏开发技术；以孤岛为代表的常规稠油油藏开发技术；以大庆喇嘛甸和中原濮西油田为代表的气顶油藏开发技术；对低渗-特低渗透性油田采用了早期注水、压裂投产和保护油层等系列化开发方式及工艺技术，丰富和发展了我国以注水开发为主体的油田开发方式及采油工艺技术。

第四阶段，20 世纪 80 年代，调整提高阶段。在这一阶段，首先是针对高含水采油阶段，含水上升和原油产量递减速度加快的老油田，开展了油藏精细描述、油藏数值模拟和先进采油技术的科技攻关，对高含水油田进行了全面开发调整。其次是研究稠油开发技术，攻克了深井(1000~1600m)稠油油藏蒸汽吞吐的工艺技术。三是开展了三次采油技术攻关，为工业化应用奠定了基础。

第五阶段，20 世纪 90 年代至今，高速发展阶段。一是东部注水开发油田形成了以细分沉积相为主的油藏精细描述、水淹层测井和油藏开发精细数值模拟技术。二是发展了三次采油技术，形成了系统的聚合物驱油技术，同时发展了化学驱、注气混相驱、非混相驱及微生物采油技术。三是发展了特殊类型油气田开发技术，主要包括特低渗透油藏开发技术、挥发性轻质油藏开发技术以及海相底水油藏水平井开采技术和循环注气开采凝析油气田技术等。

6. 油田开发技术的发展方向

(1) 高含水后期油藏表征与剩余油监测技术

主要包括：高含水后期水淹层测井与过套管测井技术；四维地震、井间地震、VSP 技术；井间电磁波技术；高分辨率层序地层学研究与多旋回油层等时对比技术；薄差层及低阻油层识别技术；沉积微相，低幅构造研究与油层非均质性井间预测技术；剩余油饱和度综合反演预测技术。

(2) 提高水驱采收率新技术

主要包括：高含水期二次采油转三次采油技术；油藏整体深度调驱技术；复杂结构井(包括老井侧钻水平井)挖潜技术；注空气低温氧化技术。

(3) 低渗透油气藏开采技术

主要包括：储层保护技术；低渗透油藏同井同层重复压裂技术；注气开采技术；复杂结构井压裂技术。

(4) 重油蒸汽驱开采技术

主要包括：提高蒸汽波及体积与监测技术；水平井蒸汽辅助重力驱技术；重油间歇注汽技术。

(5) 复杂结构井开采技术

主要包括：复杂结构井整体开发各类油气藏技术；复杂结构井完井技术；复杂结构井采油工艺技术(防砂、测试、堵水、酸化、压裂等)。

1.1.2.2 气田开发

1. 气田的驱动方式

气田的驱动方式包括气驱和水驱。

气驱是指气体流向井底的动力是压缩气体的弹性能量。气驱的特征是在开发过程中，边水或底水实际上不进入气藏或者根本不存在。气驱的特点是在开发过程中气藏的含气孔隙体积保持不变。

水驱是指气体流向井底的动力不仅包括压缩气体的弹性能量，也包括向气藏中不断推进的边、底水的作用。水进入到气藏使地层压力下降的速度减慢。水驱特点是随着时间的推移，气藏含气孔隙体积减少。

在水驱条件下开发气田时，开始时与气驱一样，压力下降，水继续进入气藏时通常使地层压力下降的速度明显变慢。水压驱动的出现，有时对开发和集输的指标产生有利的影响，但其负面影响也是很明显的。水进入气藏的结果，使一部分井发生水淹、降低天然气采收率并给矿场集输系统和生产带来麻烦。

2. 气田开发方式

气藏开发方式主要有衰竭式开发和保压开发两种。采用何种方式需要根据气体性质、驱动方式和经济效益等因素综合确定。

干气藏：普遍采用衰竭式开发，充分利用气藏天然能量，以最小投入达到气田最高经济效益。

凝析气藏：根据储量规模、凝析油含量、相态特征及储层非均质程度，研究循环注气的经济可行性、地层压力保持程度及注气时机，提高凝析气藏油气采收率。

气顶气藏：根据油、气储量比例大小，结合市场需求和经济效益分析，确定油环和气顶的开发方式和开发程序。

3. 开发层系划分的基本原则

① 一套层系内储层性质、主要沉积条件、天然气性质、压力系数应大体一致；

② 每套层系应具备一定的储量和单井产能，并能满足开采速度和稳产期需要；

③ 一套层系的跨度不宜过长，上、下产层地层压差要维持在合理范围内，层间干扰小，同时要考虑当时采气工艺水平；

④ 层系划分有利于提高气藏动用储量及最终采收率，便于实施相应的增产改造措施。

1.1.3 油气集输

将油田各油井生产的原油和天然气进行收集、处理，并分别输送至矿场油库或外输站和压气站的过程。油气集输工程要根据油田开发设计、油气物性、产品方案和自然条件等进行设计和建设。油气集输工艺流程要求做到：①合理利用油井压力，尽量减少接转增压次数，减少能耗；②综合考虑各工艺环节的热力条件，减少重复加热次数，进行热平衡，降低燃料消耗；③流程密闭，减少油气损耗；④充分收集和利用油气资源，生产合格产品，净化原油，净化油田气和净化污水(符合回注油层或排放要求)；⑤技术先进，经济合理，安全适用。

1.1.3.1 油气收集

包括集输管网设置、油井产物计量、气液分离、接转增压和油罐烃蒸气回收等，全过程密闭进行。

1. 集输管网设置

用钢管、管件和阀件连接油井井口至各种集输油气站的站外管网系统(见图 1-1)。管线一般敷设在地下，并经防腐蚀处理。

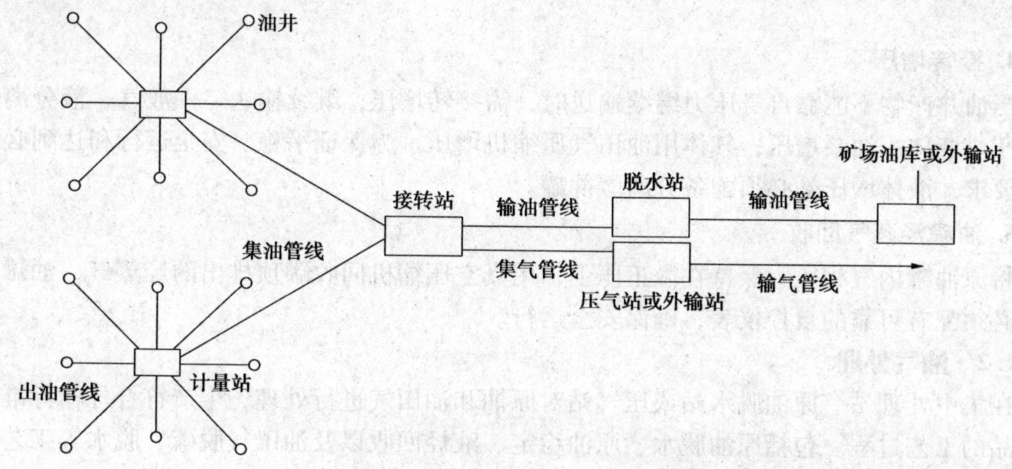

图 1-1 油田油气集输管网系统图

集输管网系统的布局，须根据油田面积和形状，油田地面的地形和地物，油井的产品和产能等条件进行。一般面积大的油田，可分片建立若干个既独立而又有联系的系统；面积小的油田，建立一个系统。系统内从各油井井口到计量站为出油管线；从若干座计量站到接转站为集油管线。在这两种管线中，油、气、水三相介质在同一管线内混相输送。在接转站，气、液经分离后，油水混合物密闭地经泵输送到原油脱水站或集中处理站。脱水原油继续输送到矿场油库或外输站。

2. 油井产物计量

油井产物计量是为了掌握油井生产动态，一般在计量站上进行。对每口油井生产的油、气、水日产量要定期、定时、轮换进行计量。气、液在计量分离器中分离并进行分别计量后，再混合进入集油管线，如图 1-2 所示。

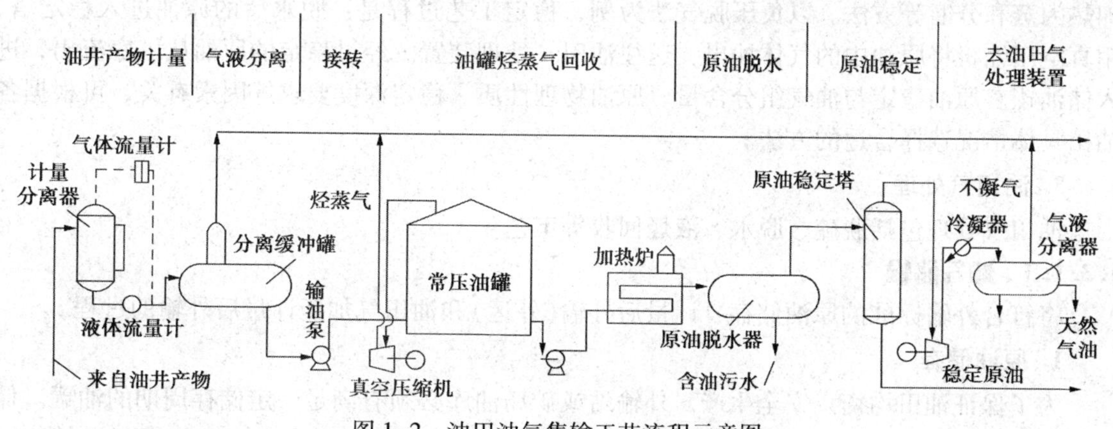

图 1-2 油田油气集输工艺流程示意图

3. 气液分离

为了满足油气处理、储存和外输的需要，气、液混合物要进行分离。气、液分离工艺与油气组分、压力、温度有关。高压油井产物宜采用多级分离工艺。生产分离器也有两相和三相两类。因油、气、水密度不同，可采用重力、离心等方法将油、气、水分离。分离器结构形式有立式和卧式；有高、中、低不同的压力等级。分离器的形式和大小应按处理气、液量和压力大小等选定。处理量较大的分离器采用卧式结构。分离后的气、液分别进入不同的管线。

4. 接转增压

当油井产物不能靠自身压力继续输送时，需接转增压，继续输送。一般气、液分离后分别增压。液体用油泵增压；气体用油田气压缩机增压。为保证平稳、安全运行和达到必要的工艺要求，液体增压站必须配备分离缓冲罐。

5. 油罐烃蒸气回收

将原油罐内气相压力保持在微正压下，用真空压缩机回收罐顶排出的烃蒸气，油罐和压缩机必须配有可靠的自控仪表，确保安全运行。

1.3.1.2 油气处理

在集中处理站、原油脱水站或压气站对原油和油田气进行处理，生产符合外输标准的油气产品的工艺过程。包括原油脱水、原油稳定、液烃回收以及油田气脱硫、脱水等工艺。

1. 原油脱水

脱除原油中的游离水和乳化水，达到外输原油含水量不大于0.5%的标准。脱水方法根据原油物理性质、含水率、乳化程度、化学破乳剂性能等，通过试验确定。一般采用热化学沉降法脱除游离水和电化学法脱除乳化水的工艺。油中含有的盐分和携带的砂子，一般随水脱出。化学沉降脱水应尽量与管道内的原油破乳相配合。脱水器为密闭的立式或卧式容器，一般内装多层电极，自动控制油、水界面和输入电压，使操作平稳，脱出的污水进入污水处理场处理后回注地层。

2. 原油稳定

脱除原油中溶解的甲烷、乙烷、丙烷等烃类气体组分，防止它们在挥发时带走大量液烃，从而降低原油在储运过程中的蒸发损耗。稳定后的原油饱和蒸气压不超过最高储存温度下当地的大气压。在稳定过程中，还可获得液化气和天然气油。原油稳定可采用负压脱气、加热闪蒸和分馏等方法。以负压脱气法为例，稳定工艺过程是：脱水后的原油进入稳定塔，用真空压缩机将原油中的气体抽出，送往油田气处理装置。经过稳定的原油从塔底流出，进入储油罐。原油稳定与油气组分含量、原油物理性质、稳定深度要求等因素有关，可根据各油田具体情况选择合适的方法。

3. 油田气处理

油田气处理包括脱硫、脱水、液烃回收等工艺。

1.3.1.3 油气储输

将符合外输标准的原油储存、计量后外输(外运)和油田气加压计量后外输的过程。

1. 原油储存

为了保证油田均衡、安全生产，外输站或矿场油库必须有满足一定储存周期的油罐。储油罐的数量和总容量应根据油田产量、工艺要求、输送特点(铁道、水道、管道运输等不同方式)确定。油罐一般为钢质立式圆筒形，有固定顶和浮顶两种形式，单座油罐容量一般为5000~20000m^3。油罐外壁设有保温包覆层，为减少热损失，易凝原油罐内设加热盘管，以保持罐内的原油温度，油罐上应设有消防和安全设施。

2. 外输油气计量

外输油气计量是油田产品进行内外交接时经济核算的依据。计量要求有连续性，仪表精度高。外输原油采用高精度的流量仪表连续计量出体积流量，乘以密度，减去含水量，求出质量流量，综合计量误差为±0. 35%。原油流量仪表用相应精度等级的标准体积管进行定期标定。外输油田气的计量，一般采用由节流装置和差压计构成的差压流量计，并附有压力和温度补偿，求出体积流量，综合计量误差为±3%。

3. 原油外输

原油外输是原油集输系统的最后一个环节。管道输送是用油泵将原油从外输站直接向外输送，具有输油成本低、密闭连续运行等优点，是最主要的原油外输方法。

1.2 原油评价及数据库

1.2.1 原油的主要性质与分类

原油的性质包含物理性质和化学性质。物理性质包括颜色、密度、凝固点、黏度等；化学性质包括化学组成、组分组成等。原油常见的性质列举如下。

1.2.1.1 物理性质

1. 密度

密度是指在规定温度下，单位体积内所含原油的质量。原油的密度与其组成有关，密度与其他性质关联可得到和组成有关的常数，如与沸点关联可计算出原油的特性因数 K 值。

我国一般采用标准密度，即原油在 20℃下的密度，用 ρ_{20} 表示，单位为 g/cm^3 或 kg/m^3。也可采用相对密度，即在 1 大气压和 20℃下的原油与 4℃同体积水的质量比值，用 d_4^{20} 表示，无量纲。欧洲和美国常用 API 度表征密度，API 度越大，密度越小，它们之间关系如下式：

$$\mathrm{API}=\frac{141.5}{d_{15.6}^{15.6}}-131.5$$

2. 凝固点

在一定条件下，原油冷却到失去了流动性的最高温度称为凝固点。由于原油凝固点和使用时实际失去流动性的温度有所不同，故凝固点只作为参考指标。国外一般用倾点表征低温流动性。

原油的凝固点大约在-50~35℃之间。凝固点的高低与原油的组分含量有关，轻质组分含量高，凝固点低；重质组分含量高，尤其是石蜡含量高，则凝固点高。

3. 黏度

黏度是指原油在流动时所引起的内部摩擦力的量度。黏度是反映原油流动性的指标，在设计生产装置、输送管线时，黏度是工艺计算的主要参数之一。黏度的大小与原油的馏程以及结构特点有关系。通常情况下，黏度随温度的升高而增加；原油的化学组成不同，黏度也不同，在烃类中，链烷烃的黏度较小，芳烃和环烷烃的黏度较大。

黏度一般有五种表示方式，即动力黏度、运动黏度、恩氏黏度、雷氏黏度和赛氏黏度。我国主要采用运动黏度和恩氏黏度，英美等国多用赛氏黏度和雷氏黏度，德国和西欧各国多用恩氏黏度和运动黏度。国际标准化组织(ISO)规定统一采用运动黏度，现在各国均在逐步统一。

1.2.1.2 化学性质

1. 硫含量

硫含量是指原油中所含硫的质量百分数。原油中的硫会腐蚀输油和炼油设备，影响油品质量，造成催化剂中毒，污染环境，形成酸雨。测定原油硫含量主要用于指导生产，同时，硫含量是影响原油价格的主要因素之一。

原油中硫按性质划分可以分为两大类：活性硫化物和非活性硫化物。活性硫化物主要包括硫、硫化氢和硫醇，它们对设备有较强的腐蚀作用。非活性硫化物如硫醚、二硫化物和噻吩等，它们对设备腐蚀性不大。

2. 氮含量

氮含量是指原油中含氮化合物的质量百分数。氮主要存在于原油的胶质和沥青质中。我国原油中氮含量较高，大多数在0.3%以上，世界原油平均氮含量是0.1%左右。氮化合物可以造成催化剂中毒、铵盐堵塞、产品安定性变差(易生成胶质和沉淀)。此外，氮燃烧时会产生氮氧化物，污染环境。

3. 酸值

酸值是指中和1g原油中游离酸所需消耗氢氧化钾的毫克数，单位为mgKOH/g。

有机酸的相对分子质量越小，腐蚀性越大。当有水存在时，即使是微量的低分子酸也有强烈的腐蚀作用。

酸值用来表征原油潜在的腐蚀性。由于各种氧化产物都会影响酸值，且有机物在腐蚀条件下变化也很大。所以，原油的酸值不能直接用于预测其腐蚀性能，只能作粗略的判断。

4. 水含量

原油中的水含量主要来自两方面：一是原油开采过程中带入的水，二是原油在加工运输和储存过程中进入的水。测定原油水含量的意义是原油计量时需掌握其水含量；原油加工、蒸馏需控制水含量，原油中的水含量越高其溶解的无机盐也越高，对设备腐蚀和催化剂都有影响。

5. 盐含量

盐含量是指原油中可溶于水的氯盐含量，包括氯化钠、氯化钙、氯化镁等，其含量全部折合成氯化钠(NaCl)的量来计算，单位为mgNaCl /L。

原油中盐类通常以氯化钠最多，约占75%左右，其次是氯化钙和氯化镁。盐含量对原油储运、加工和油品质量都有很大影响。如原油中的碱金属和碱土金属氧化物遇热可水解成酸，对设备产生腐蚀；原油中的盐类在储运、加工和燃烧时可能沉积结垢而造成管线堵塞和垢下腐蚀；原油中的金属盐，如钠、钙、镁等对催化剂造成危害，降低催化剂活性直至失活；原油中盐类的存在会使渣油质量降低，石油焦灰分增加，沥青延度降低。

6. 胶质

胶质是指原油中相对分子质量较大(300~1000)的含有氧、氮、硫等元素的多环芳烃化合物，呈半固态分散状溶解于原油中。胶质易溶于石油醚、润滑油、汽油、氯仿等有机溶剂中，不溶于水。胶质和沥青质称为原油的重分子组分，是非碳氢化合物和杂质元素比较集中的部分，含量高时，原油质量变差。

7. 沥青质

沥青质是一种高相对分子质量(大于1000)的具有多环结构的黑色固体物质。沥青质易溶于苯、氯仿、二硫化碳，不溶于酒精和石油醚。沥青质比胶质含的碳氢化合物更少，含氧、硫、氯元素更多。沥青质含量增高时，原油质量变差。原油中沥青质的含量较少，一般小于1%。

国内一般采用SY/T 7550标准用于原油沥青质含量的测定。在标准SY/T 7550中沥青质定义是原油中不溶于正庚烷，溶于甲苯的组分。

8. 蜡含量

蜡含量是指在常温常压条件下原油中所含蜡的质量百分数。我国原油多数为含蜡原油，几种主要原油含蜡量为15%~30%。蜡是混合物，其熔点随着相对分子质量变化而变化。所以即使对同一原油，如果测定方法不同，其结果差别也很大。只有在规定的条件下测定才有意义。

9. 金属含量

金属含量是指原油中所含无机金属的质量百分数。原油中一部分微量金属以溶于原油的有机物的形式存在，例如镍、钒、铁、铜等，这些金属容易造成催化剂中毒，降低加氢效率和腐蚀设备。

原油脱除重金属的方法一般可以分为物理法、化学法和催化剂法。

10. 残炭

残炭是指原油在不通空气的情况下，加热至高温时，发生蒸发及热裂解反应后形成的炭质残余物占原油的质量百分数。残炭值的大小与原油中不稳定烃类化合物、稠环芳烃及非烃化合物等有关，尤其与重质馏分中的沥青质和胶质密切相关。残炭值用来表征原油的相对生焦倾向。

11. *K* 值

以沸点和相对密度计算得到表征原油化学组成的参数，称为特性因数 *K* 值。原油特性因数常用来判断原油的化学组成。各类烃的特性因数不同，烷烃最高，环烷烃次之，芳烃最低。一般原油的特性因数在9.7~13.0之间。根据特性因数 *K*，可以把原油分为石蜡基、中间基和环烷基等类别。

特性因数 *K* 值的计算公式为：

$$K = 1.216\sqrt[3]{T}/d_{15.6}^{15.6}$$

式中 T——以绝对温度表示的平均沸点，K。

1.2.1.3 分类方法

不同地区和不同地层所开采出来的原油，有一些彼此性质很相近，在加工过程中遇到的问题也很相似。因此人们研究原油的合理分类方法，一旦知道原油的类别后，就可以大致推测它的性质和加工方案等。原油可以按工业、地址或化学等来区分，每一大类中又有多种分类法。例如，化学分类法中就有关键馏分特性分类法、特性因数分类法、相关系数分类法、结构族组成分类法等。本节主要介绍关键馏分分类法和商品分类法。

1. 关键馏分特性分类法

1935年，美国矿务局提出原油的关键馏分特性分类法。此分类方法能够较好地反映原油的化学组成特性，在我国也被推荐使用。

用原油简易蒸馏装置在常压下蒸馏得到250~275℃馏分作为第一关键馏分，残油用没有填料柱的蒸馏瓶在40mmHg残压下蒸馏，取275~300℃馏分（相当于常压395~425℃）作为第二关键馏分。测定这两个馏分的密度，对照表1-2确定这个关键馏分的属性。这两个关键馏分的属性，按照表1-3确定该原油属于所列类型中的哪一类。表1-2中括号内的特性因素 K 值是根据关键馏分的中平均沸点和°API计算的，它不作为分类标准，仅作为参考数据。

表1-2　原油关键馏分的分类指标

馏　分	石蜡基	中间基	环烷基
第一关键馏分	$d_4^{20}<0.8210$	$d_4^{20}=0.8210\sim0.8562$	$d_4^{20}>0.8562$
	°API>40	°API=33~40	°API<33
	($K>11.9$)	($K=11.5\sim11.9$)	($K<11.5$)
第二关键馏分	$d_4^{20}<0.8723$	$d_4^{20}=0.8723\sim0.9305$	$d_4^{20}>0.9305$
	°API >30	°API =20~30	°API <20
	($K>12.2$)	($K=11.5\sim12.2$)	($K<11.5$)

表1-3　原油关键馏分特性分类法

编　号	第一关键馏分	第二关键馏分	原油类别
1	石蜡基	石蜡基	石蜡基
2	石蜡基	中间基	石蜡-中间基
3	中间基	石蜡基	中间-石蜡基
4	中间基	中间基	中间基
5	中间基	环烷基	中间-环烷基
6	环烷基	中间基	环烷-中间基
7	环烷基	环烷基	环烷基

属于同一类的原油，具有明显的共性：

石蜡基原油一般烷烃含量超过50%，其特点是密度较小、含蜡较高、含硫和胶质较少，属于地质年代较为古老的原油。这种原油生产的直馏汽油辛烷值低，而柴油的十六烷值较高；航空煤油的密度和结晶点之间的矛盾较大；可以生产黏温性质良好的润滑油，但是脱蜡的负荷很大；重馏分和渣油中金属含量较少，是良好的裂化原料，但难以生产质量较好的沥青。

环烷基原油的特点是环烷烃和芳烃含量较多，凝点低，一般含硫、胶质和沥青质较多，是地质年代较年轻的原油。它所生产的汽油中环烷烃含量多、辛烷值高；航空煤油的密度大、质量热值和体积热值都较高，可以生产大密度航空煤油；柴油的十六烷值较低，润滑油的黏温性质差。环烷基原油中重质油含有大量的胶质和沥青质，又称为沥青基原油。部分沥青基原油可以用来生产各种高等级的沥青。

中间基原油性质介于石蜡基和环烷基之间。

2. 商品分类法

国际原油市场对原油按照密度、硫含量和酸值高低分类并计算原油的价格。原油密度低则有较高的轻质油收率，硫含量高则增加加工成本，高酸值会导致原油加工过程中严重腐蚀加工设备。

原油按密度分类见表1-4，按硫含量分类见表1-5，按酸值分类见表1-6。

表1-4　原油按密度分类

原油分类	°API	d_4^{20}	原油分类	°API	d_4^{20}
轻质原油	>34	<0.8510	重质原油	20~10	0.9301~0.9960
中质原油	34~20	0.8510~0.9300	特重原油	<10	>0.9960

表1-5　原油按硫含量分类

原油分类	硫含量/%	原油分类	硫含量/%
低硫原油	<0.5	高硫原油	>2.0
含硫原油	0.5~2.0		

表1-6　原油按酸值分类

原油分类	酸值/(mgKOH/g)	原油分类	酸值/(mgKOH/g)
低酸原油	<0.5	高酸原油	>1.0
含酸原油	0.5~1.0		

实际上，在石油交易中，使用多种按质论价的分类方法。例如，有的以某种原油为标准，按所交易原油的密度及硫含量与标准原油的差别来计算价格。

1.2.2　原油评价

原油分类确定的是原油大致属性，知道了原油的属性，人们对原油的特性和加工方案就有了一个初步的了解，但只有通过原油评价，才能确切地判断这种原油适宜或不适宜生产某类产品。

原油评价是指利用现代化的仪器和方法，对原油以及馏出的馏分进行物理性质和化学性质分析，根据得到的结果对原油的加工性能进行评价的方法。按照炼油厂在设计及生产方面所提出的不同要求，原油评价的内容和深度有所差别，可分为简单评价和详细评价。原油的简评包括原油性质分析、原油实沸点蒸馏、馏分油及渣油的性质分析。原油的详评除了上述内容外，还包括窄馏分的各种性质、馏分油及渣油的烃类组成、小于 C_6 或 C_7 的单体烃组成、润滑油原料及沥青原料的评价等。

我国的原油评价工作起步于20世纪50年代，目前，在原油评价方法、技术等方面已与国际接轨。原油评价数据在石油的勘探、开采、运输、储存、贸易、加工、使用等整个产业链中，发挥了重要作用。原油评价数据是利用科学、标准的分析方法得到的原油性质的量化指标，而原油评价标准和方法必须要形成统一的规格和标准。目前，评价标准和方法主要来源于我国石油及石油产品分析的国家标准(GB/T)、石油石化行业标准(SY/T、SH/T)，同时也参考了国外标准，如国际标准化组织标准(ISO)、美国试验和材料协会标准(ASTM)、环球石油公司标准(UOP)、英国石油学会标准(IP)等。另外，也引用了一些实验室比较成熟的分析方法，如石油化工研究院的方法(RIPP)。本节将简要介绍原油评价的标准和方法。

1.2.2.1 原油的性质分析和评价标准

取到原油样品后，首先必须分析原油的水含量。如果原油的水含量较高，需将原油的水含量脱到0.5%以下，才能进行原油的其他性质分析。原油的性质分析主要包括密度、凝点、硫、酸值、盐、蜡、胶质、沥青质、残炭、金属含量、特性因数等。原油的分析项目和评价标准见表1-7。

表1-7 原油的分析项目和评价标准

分析项目	评价标准	
	国内	国外
取样	GB/T 4756	ASTM D4057、ASTM D4177
原油脱水	SY/T 6520	
密度	GB/T 1885、SH/T 0604	ASTM D4057
运动黏度	GB/T 11137、GB/T 265	ASTM D445
凝点	GB/T 510	
倾点	SY/T 7551	ASTM D5853
硫	GB/T 17040、SH/T 0253	ASTM D4294
氮	SH/T 0704	ASTM D5762
酸值	GB/T 18609	ASTM D664
闭口闪点	GB/T 261	ASTM D93
水	GB/T 8929	ASTM D4006
盐	GB/T 6532、SY/T 0536	
蜡	SY/T 0537	
胶质	RIPP 7、SY/T 7550	
沥青质	RIPP 7、SY/T 7550	IP 143
金属含量	SH/T 0715	ASTM D5708
残炭(微量法)	GB/T 17144	ASTM D4530
残炭(康氏)	GB/T 268	ISO 6615
特性因数(*K*值)	计算法	UOP 375

1.2.2.2 原油的实沸点蒸馏

原油的实沸点蒸馏是指在标准蒸馏设备中进行的蒸馏(GB/T 17280或ASTM D2892)。这种蒸馏设备的分馏效率相当于14~17个理论塔板，回流比为5∶1，蒸馏在常压及减压条件下进行。为避免裂化，釜底温度最好不超过315℃。由于精馏柱所产生的压差，使釜中的残压不可能太低。因此，实沸点蒸馏只能蒸出相当于常压下小于400℃的馏分，更高沸点的馏分改用不带精馏柱的高真空蒸馏设备蒸出(GB/T 17475或ASTM D5236)。蒸馏时将一定体积的试样在0.013~6.600kPa的压力下，按规定的速率进行蒸馏，原料温度的上升速度不超过50℃/min，且蒸馏釜表面温度不超过400℃，以防靠近釜壁的原料裂化。最终沸点一般可蒸至500~540℃，有些甚至能蒸至565℃。在蒸馏过程中，原油按沸点高低被切割成一系列窄馏分和渣油，每个窄馏分占原油的质量分数为3%~5%，也可按每20~50℃切割一个馏分，分别测定所得各馏分的收率及性质，如密度、黏度、凝点、硫、酸度及折光率等。

从原油实沸点蒸馏得到的各个窄馏分，仍然是混合物，因此所测得的窄馏分性质是各种化合物的平均性质。在绘制原油性质曲线时，假定该窄馏分的性质是馏分馏出一半时候的性质，这样绘制的曲线就成为中比性质曲线，如图 1-3 所示。此外，还有单独的实沸点蒸馏收率曲线，以馏出温度为纵坐标，以馏出收率为横坐标作图所得的曲线，如图 1-4 所示。

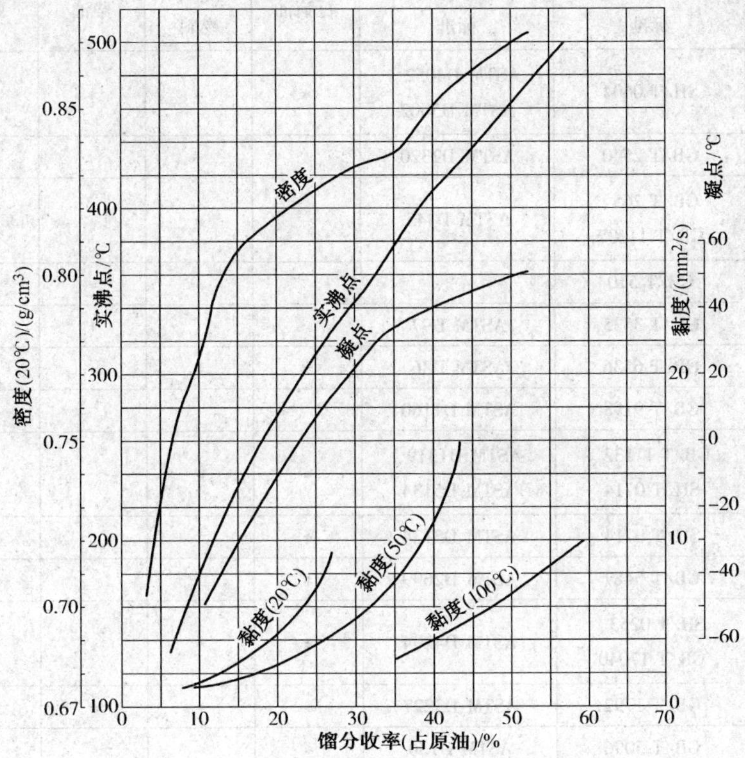

图 1-3　原油实沸点蒸馏曲线中比性质曲线

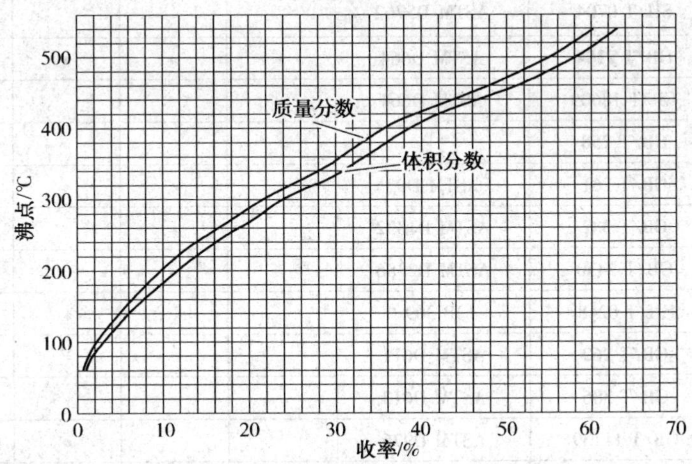

图 1-4　原油实沸点蒸馏收率曲线

1.2.2.3　馏分油的性质分析和评价标准

馏分油一般是较宽的馏分，为了取得其较准确的性质数据作为设计和生产的依据，必须由实验室实际测定。通常的作法是先由实沸点蒸馏将原油切割成多个窄馏分和残油，然后根据产品的需要把相邻的几个馏分按其在原油中的含量比例混合，测定该混合物的性质。也可以直接由实沸点蒸馏切割得相应于该产品的宽馏分。表 1-8 列出了各馏分油的分析项目和评价标准。分析项目是由石油产品标准决定的。

表 1-8　馏分油的分析项目和评价标准

分析项目	国内评价标准	国外评价标准	石脑油	喷气燃料	柴油	蜡油	渣油
密度	SH/T 0604	ASTM D4052、ASTM D5002	*	*	*		
密度	GB/T 2540	ASTM D2320				*	*
运动黏度	GB/T 265、GB/T 11137	ASTM D445		*	*	*	*
凝点	GB/T 510				*	*	*
倾点	GB/T 3535	ASTM D97			*	*	*
馏程(常压)	GB/T 6536	ASTM D86	*	*	*	*	
馏程(减压)	GB/T 9198	ASTM D1160					*
烃类组成	GB/T 11132、SH/T 0714	ASTM D1319、ASTM D5134	*	*			
单体烃	SH/T 0714	ASTM D5134	*				
辛烷值(研究法)	GB/T 5487	ASTM D2699	*				
硫	SH/T 0253、GB/T 17040	ASTM D4294	*	*	*	*	*
硫醇	GB/T 1792	ASTM D3227	*	*	*		
铜片腐蚀	GB/T 5096	ASTM D130	*	*	*		
氮	SH/T 0657、SH/T 0704	ASTM D4629、ASTM D5762	*	*	*	*	*
酸值	GB/T 7304	ASTM D664	*	*	*	*	
酸值	GB/T 18609	ASTM D664					*
酸度	GB/T 258		*		*		
闭口闪点	GB/T 261	ASTM D93		*	*		
烟点	GB/T 382	ASTM D1332		*			
冰点	GB/T 2430	ASTM D2386		*			
冷滤点	SH/T 0248	IP 309			*		
苯胺点	GB/T 262	ASTM D611			*		
十六烷值	GB/T 386	ASTM D613			*		
十六烷指数	GB/T 11139	ASTM D976			*		
折光率	SH/T 0724	ASTM D1218、ASTM D1747				*	
碳、氢含量	SH/T 0656	ASTM D5291				*	*
金属含量	SH/T 0715、RIPP 125	ASTM D5708					*

续表

分析项目	国内评价标准	国外评价标准	石脑油	喷气燃料	柴油	蜡油	渣油
结构族组成	SH/T 0729	ASTM D3238				*	
特性因数	计算法	UOP 375				*	*
相关指数	计算法					*	
四组分①	SH/T 0509					*	*
残炭(微量法)	GB/T 17144	ASTM D4530				*	*
残炭(康氏)	GB/T 268	ISO 6615				*	*
软化点	GB/T 4507	ASTM D36					*②
延度	GB/T 4508	ASTM D113					*②
针入度	GB/T 4509	ASTM D5					*②

注：* 表示分析的项目。

① 指饱和烃、芳烃、胶质和沥青质。

② 减压渣油分析的项目。

1.2.3 原油数据库

1.2.3.1 国际常用原油数据库

国外大型石油石化公司一直以来对原油评价数据库的开发工作都非常重视。20 世纪 80 年代中期，国外一些大公司如 KBC、HIS、BonnerMoore 等就开发了自己的原油数据库系统。目前，国际常用的原油评价数据库包括 Chevron 原油数据库、BP 原油数据库和 Shell 原油数据库等。原油数据处理软件有 Havely 公司的 H/CAMS、Schneider 公司的 CrudeManager 等。

Chevron 原油数据库是目前世界上商业化应用范围最广的原油数据库之一，包括了世界大部分地区的原油评价数据。Chevron 原油数据库每年更新 100~200 套评价数据，包括国外新开发原油的数据及已有原油数据的更新。

BP 原油数据库的原油种类基本涵盖全球，数据套数在几种主要数据库中较少，但评价数据较详细，且新开发油种的数据较全面。

Shell 原油数据库仅与 Schneider 公司的 CrudeManager 有接口，原油评价数据较多，每年更新速度也较快。

国外大型石油石化公司都很重视原油数据库的建设，大都设有原油评价数据管理委员会，有自己统一的原油评价方法和标准。他们通过自行评价、委托专业机构评价或购买第三方评价数据形成自己的原油评价数据库，并广泛用于生产、科研、设计和管理等方面。

1.2.3.2 中国石化原油数据库

1. 原油数据库的概况

近年来进口原油的品种和数量逐年上升，2013 年中国石化进口原油约 2 亿 t，进口油种约 100 种，如何优化原油采购、配置和加工方案，确定总部和企业合理原油加工量，规划企业装置设计以及操作条件的确定等，都依赖原油评价数据。然而，原油评价又是一项费时耗资的工作，随着油种数量的不断增加，离散的原油评价数据已不能满足实际生产需要，为了快速、方便、准确地为计划编制、加工方案制定等提供依据，必须开发一个功能强大、使用方便、性质切割和预测准确的原油数据库，应用原油评价数据快速切割出不同生产方案下的性质数据，实现企业和总部在生产经营决策时基准数据一致，避免不同企业对同一原油进行重复评价造成的成本浪费等。

中国石化于 2004 年开发原油数据库系统，2006 年原油数据库系统开发项目通过验收，转入维护与应用阶段，建成了中国石化自主知识产权的、支撑供应链优化体系的原油评价数据库，成为中国石化进行资源和生产优化的必备工具，为原油资源优化采购和配置，原油储运和调合，原油加工方案的制定以及生产过程优化等提供了有力的数据支撑。

中国石化对原油评价和原油数据库的管理设有专门的组织机构，成立原油评价委员会，作为开展原油评价和数据库管理应用工作的决策机构，统筹安排原油评价、数据引进和数据跟踪管理工作，指导相关体系建设、标准制定与管理制度建设工作，统一部署原油数据库软件开发建设、维护管理与数据服务工作。同时，设有原油评价委员会办公室(设在生产经营管理部)，负责原油评价委员会的日常管理、协调与组织实施工作；承担原油评价品种确认，评价计划制定和品种取样安排；统一发布原油综合性质指标等工作。此外，科技部、信息系统管理部和经济技术研究院各自承担相应的职责，构成了一个完整的原油评价和原油数据库管理的组织机构。

原油评价数据是原油数据库的基础。中国石化原油评价从计划、采样、分析、评审到入库，都有一套完整规范的流程，并形成了统一的评价标准和方法，由以石油化工研究院为主的权威实验室提供原油评价数据，经专家评审后入库，确保了原油评价数据的准确性、有效性和完整性，形成具有中国石化自主知识产权的的原油评价数据。

中国石化原油数据库主要有以下几方面功能：一是原油评价数据的入库维护和归档管理，将经评审的原油评价数据经性质曲线拟合(每种油有 22 条性质曲线)等维护工作后，形成中国石化原油数据库标准库，用户可以在统一的、标准的平台上实现数据共享；二是原油性质的切割应用，用户可根据生产需要和各自的常减压侧线方案，切割不同方案下的性质数据；三是数据报表的生成，为供应链优化等系统提供数据支撑。随着进口原油品种、来源的选择增多，中国石化原油数据库在原油资源管理、原油性质变化趋势分析、原油开采、储运和贸易也具有重要功能。

2. 入库原油

自 2005 年以来的原油数据评价和入库维护等工作，到 2013 年底，中国石化原油数据库共有 374 套原油评价数据，其中，中国石化自评数据 241 套，购买的雪佛龙移库数据 133 套。入库的 374 套原油评价数据中，不重复油种的最新评价数据有 230 种，包括自评原油 179 种，移库原油 51 种，自评原油占 78%。分年度的 241 套自评原油数据入库情况见表 1-9。自评的 179 种不重复原油分地区统计见表 1-10。

表 1-9　2005~2013 分年度自评原油数据入库情况　套

评价年	2005	2006	2007	2008	2009	2010	2011	2012	2013	合计
简评	28	9	21	17	15	38	37	36	22	223
详评	0	2	3	2	0	2	4	3	2	18

表 1-10　179 种自评原油分地区统计情况　种

国内	东南亚	大洋洲	中东	非洲	美洲	欧洲	中亚
29	28	16	27	43	26	8	2

每年，以新增30多套原油评价数据的速度，对原油数据库进行补充和更新，入库数据包括新油种的评价数据和老油种的更新数据。老油种更新数据产生的原因：一是部分原油性质变化比较大，需要重新评价；二是为了替代雪佛龙移库数据，133套移库数据中已有82套被中国石化评价数据更新替代。目前，原油数据库标准库230种原油中，2010年及之后的评价数据约有103种，占45%，更新率较高。同时，原油数据库中原油覆盖范围较广，2013年，中国石化进口原油加工量95%以上都涵盖在原油数据库中。

3. 主要原油基本性质

从中国石化原油数据库中选取了部分进口量较大的油种，其原油基本性质见表1-11。

表1-11 部分进口原油的基本性质

原油	国家	评价日期	API	硫含量/%	酸值/(mgKOH/g)	凝点/℃	*K*值
阿曼	阿曼	2012	31.71	1.40	0.50	<-50	12.2
巴士拉轻油	伊拉克	2013	30.44	2.92	0.14	-18	12.0
沙重	沙特	2013	27.14	3.20	0.15	<-50	11.9
沙中	沙特	2010	30.30	2.60	0.18	<-50	11.8
沙轻	沙特	2009	33.40	2.0	0.05	-31	11.9
伊重	伊朗	2013	29.84	1.90	0.13	-36	11.8
伊轻	伊朗	2009	32.78	1.50	0.36	-14	11.8
索鲁士	伊朗	2010	19.34	2.90	0.68	-34	11.6
科威特	科威特	2010	30.77	2.90	0.13	<-50	11.8
马希拉	也门	2011	34.40	0.51	0.22	0	12
阿布扎库姆	阿联酋	2012	33.53	2.21	0.17	2	11.8
罕戈	安哥拉	2013	28.35	0.65	0.59	<-50	11.9
卡滨达	安哥拉	2012	32.38	0.16	0.12	8	12
普鲁托尼	安哥拉	2008	32.34	0.39	0.16	4	11.9
凯萨杰	安哥拉	2010	29.11	0.35	0.45	-26	12
帕兹夫罗	安哥拉	2012	25.10	0.42	1.45	<-20	11.7
南巴	安哥拉	2013	39.49	0.20	0.10	-34	11.8
达混	苏丹	2011	22.40	0.21	3.12	28	12.2
塞巴	几内亚	2010	27.67	0.39	0.86	-18	11.6
威特亚兹	俄罗斯	2011	42.70	0.24	0.12	<-50	11.5
埃斯坡	俄罗斯	2013	34.64	0.91	0.09	-46	12.0
卡斯提拉	哥伦比亚	2013	15.57	1.52	0.22	-30	11.4

1.3 炼油工艺

炼油工艺是以原油为基本原料，通过一系列工艺流程，例如原油调合、常减压蒸馏、重整、催化裂化、加氢裂化、渣油加氢、焦化、加氢精制、产品调合等，把原油加工成各种石油产品的过程。

1.3.1 炼油生产总流程

炼油生产总流程包括原油调合、装置加工、产品调合等过程。

1. 原油调合

原油调合在炼油生产总流程中具有非常重要的作用。为了满足原油市场对原油密度和硫含量等要求，国外原油供应环节普遍进行以一二个指标为目的的原油调合和控制，且有较高的自控水平，以避免经济效益的损失。

为满足炼厂需求进行的原油调合，通常要根据原油评价进行，国外炼厂根据本厂装置构成和市场需求有着更为复杂的调合要求，除了密度、硫含量等指标外，通常要求实沸点数据，才能为二次加工装置的进料量和质量提供依据，如进口原油较多(80 余种)原油切换频繁的印度 Jamnagar Reliance 炼厂，即是以在线密度和硫含量质量仪表为基础，辅以实验室实沸点数据，用 BPO/BOSS(调合计划优化/调合优化管理系统)进行调合优化。

原油调合可以降低原油成本，稳定常减压进料性质，改善装置操作，提高自动化程度。国际上通常认为，通过原油调合可以给企业带来2%~3%的利润的增加。原油调合主要包括在线调合技术和离线调合技术。

2. 装置加工

从原油中直接得到的轻馏分是有限的，满足不了国民经济对轻质油品的需求。因此需要将重馏分和渣油进行进一步的加工，即重质油的轻质化，以得到更多的轻质油品。通常将常减压蒸馏称为原油的一次加工过程，而将以轻馏分改质与重馏分和渣油的轻质化为主的加工过程称为二次加工过程。常见的二次装置有催化重整、催化裂化、加氢裂化、延迟焦化、加氢精制等装置。这些二次装置可提高石油产品的质量和效益。原油加工基本流程如图 1-5 所示，不同炼油装置的投资见表 1-12。

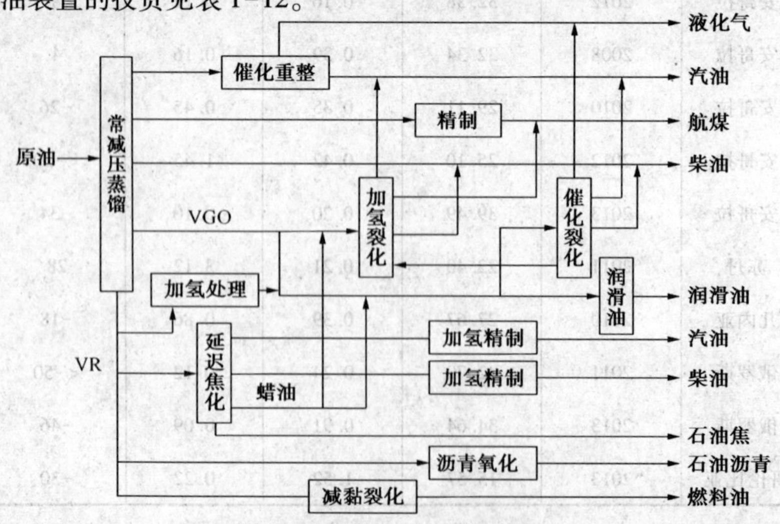

图 1-5 原油加工方案流程图

表 1-12　不同炼油装置的投资对比

装置名称	设计能力/万 t	费用/亿元	装置名称	设计能力/万 t	费用/亿元
常减压蒸馏	800	5.5	柴油加氢	430	5.8
连续重整装置（含芳烃抽提）	150	9.6	S-ZORB	90	1.5
催化裂化	200	7.0	烷基化	20	3.7
加氢裂化	200	9.1	气体分离	48	1.0
延迟焦化	160	4.9	MTBE	10	0.6
渣油加氢	200	11.8	硫磺回收	14	3.9

3. 产品调合

为了降低成本、节约能源、提高效率、优化工艺，常常需要在一次产品油中加入添加剂，或通过双组分、多组分半产品油按不同比例的调合，充分利用不同组分油的物化性质，发挥各自的优良性能，相互取长补短，以达到用户要求的产品质量。随着汽油及柴油升级新标准的实施、润滑油质量的进一步提高，更加推动了油品调合工艺技术的发展，并大大改善和提高了产品质量及性能。汽油、柴油的质量升级和润滑油的高质量要求，使炼油厂为满足新的质量要求而付出高昂的代价。为此，应该通过油品调合手段，在满足汽油、柴油和润滑油指标的条件下，最大限度地将生产过程中产生的各种组分汽油、柴油及其他基础油，按一定的配方进行凋合而生产出成本最低、质量合格的高品质汽油、柴油。

油品调合是炼油企业石油产品在出厂前的最后一道工序，是油品储运专业一项技术基础工作。所谓油品调合，就是将性质相近的两种或两种以上的石油组分按规定的比例，通过一定的方法，利用一定的设备，达到混合均匀而生产出一种新产品(规格)的生产过程。有时在此过程中还需要加入某种添加剂以改善油品的特定性能。油品调合工作要求严，技术性强，涉及知识面广。油品调合工作不仅要求具备油品物性知识、计算机应用知识、仪表自控知识等，还需要有质量意识、成本意识、效益意识、安全环保意识，更要有丰富的实践经验。油品调合工作就是要用最少的优质原料、以较短的时间，调出完全合乎质量要求的产品，而且尽可能实现调合一次成功，从而为企业创造出最大的经济效益。

油品调合的作用和目的：

① 石油经过蒸馏、精馏和其他二次加工装置生产出的一次产品油，除少数产品可直接作为商品出厂外，对绝大多数一次产品油来说，尚需进行调合，以产出各种牌号的合格产品，即达到使用要求的性质并保证质量合格和稳定。

② 改善油品性能，提高产品质量等级，增加企业和社会效益。

③ 充分利用原料，合理使用组分增加产品品种和数量，满足市场需求。

炼油产品种类繁多，主要是汽油、煤油和柴油，占 50%以上，其他包括燃料油、石脑油、分子筛料、重芳烃、沥青、液化气、车用液化气、液态烃、碳四、液氨、丙烷等。汽油产品有 89 号、90 号、92 号、93 号、95 号、97 号等牌号。煤油有灯用煤油、航空煤油等。柴油有-10 号轻柴油、0 号轻柴油和+5 号轻柴油等牌号。

1.3.2　原油的常减压蒸馏

原油蒸馏是原油加工的第一道工序，通过蒸馏将原油分成汽油、煤油、柴油等各种油品和后续加工过程的原料。原油蒸馏装置在炼厂中占有重要的地位，被称为炼油厂的“龙头”。

从油井开采出来的原油大多含有水分、盐类和泥沙等，一般在油田脱除后外输至炼油厂。但由于一次脱盐、脱水不易彻底，因此，原油进炼厂进行蒸馏前，还需要再一次进行脱盐、脱水。

将脱盐、脱水后的液体混合物加热使之汽化，然后再将蒸汽冷凝和冷却，使原液体混合物达到一定程度的分离。这个过程叫做蒸馏。原油中所含的轻质油品是有限的，为了蒸出更多的馏分油作为二次加工的原料，原油的常压蒸馏和减压蒸馏一般连接在一起构成常减压蒸馏。

目前炼油厂最常采用的原油蒸馏流程是双塔流程和三塔流程。双塔流程包括两个部分（不包括原油的预处理）：常压蒸馏和减压蒸馏。三塔流程包括三个部分：原油初馏、常压蒸馏和减压蒸馏。大型炼油厂的原油蒸馏装置多采用三塔流程，现以此为例加以介绍。根据产品的用途不同，可将原油蒸馏工艺流程大致分为以下三种类型。

1. 燃料型

这种类型的工艺流程如图 1-6 所示，包括：

① 原油初馏　其主要作用是拔出原油中的轻汽油馏分。

② 常压蒸馏　其主要作用是分出原油中沸点低于 350℃的轻质馏分油。

③ 减压蒸馏　其作用是从常压重油中分出沸点低于 500℃的高沸点馏分油和渣油。

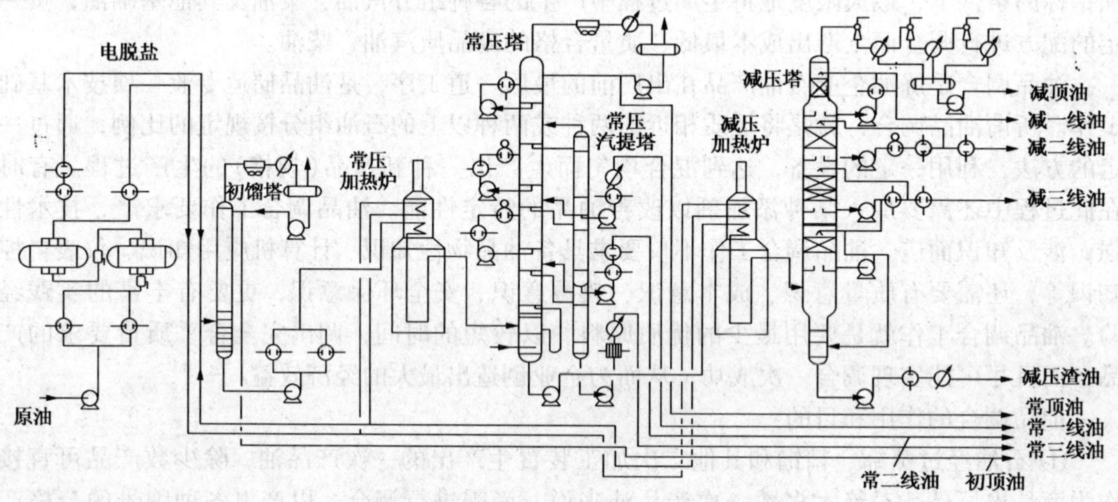

图 1-6　燃料型-原油蒸馏工艺流程

从上述流程来看，在原油蒸馏工艺流程的初馏、常压蒸馏和减压蒸馏这三个部分中，油料在每一部分都经历了一次加热-汽化-冷凝过程，故为三段汽化，通常叫做三塔流程。但从过程的原理来看，初馏也属于常压蒸馏。同理，在两段汽化的流程中，没有初馏部分，脱盐、脱水后原油经换热后直接进常压炉，其后与三段汽化的相同。油料在经过常压蒸馏和减压蒸馏时，经历了两次加热-汽化-冷凝过程，故称为两段汽化，习惯上叫做双塔流程。

2. 燃料-润滑油型

这种类型的原油常减压蒸馏工艺流程如图 1-7 所示，其流程特点如下：

① 常压系统在原油和产品要求方面与燃料型相同时，其流程亦相同。

② 减压系统流程较燃料型复杂。减压塔要出各种润滑油馏分，其分馏效果的优劣直接

影响到后面的加工过程和润滑油产品的质量，所以各侧线馏分馏程要窄，塔的分馏精确度要求较高。为此，减压塔一般是采用板式塔或塔板-填料混合式减压塔，塔板数较燃料型多，侧线一般是4~5个，而且有侧线汽提塔以满足对润滑油馏分闪点的要求，并改善各馏分的馏程范围。

③ 控制减压炉出口最高油温不大于395℃，以免油料因局部过热而裂解，进而影响润滑油质量。减压蒸馏系统一般采用在减压炉管和减压塔底注入水蒸气的操作工艺。注入水蒸气的目的在于改善炉管内油的流动情况，避免油料因局部过热裂解；降低减压塔内油气分压，提高减压馏分油的拔出率。

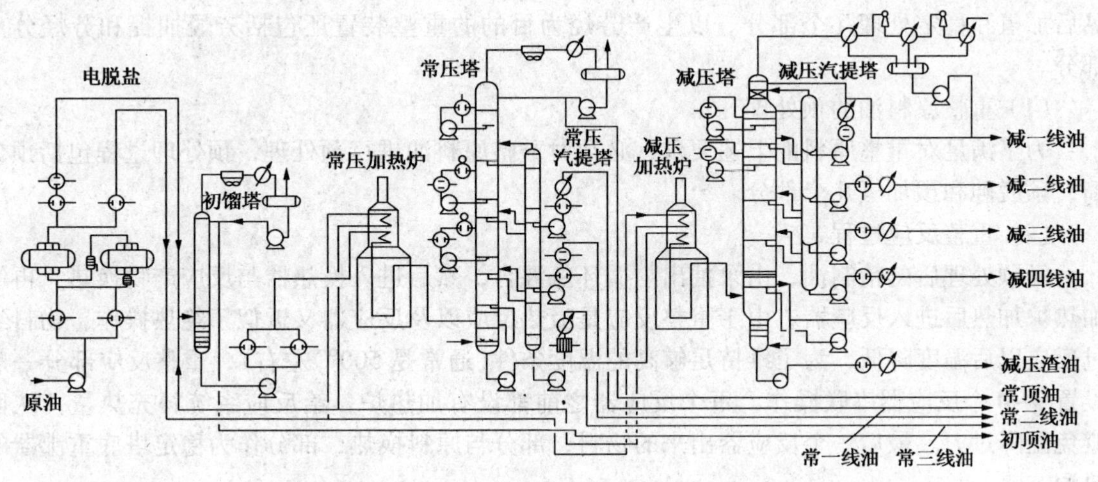

图1-7 燃料-润滑油型原油蒸馏工艺流程

3. 化工型

化工型原油蒸馏的工艺流程最为简单，它的特点是：

① 常压蒸馏系统一般不设初馏塔而设闪蒸塔，闪蒸塔顶油气引入常压塔中上部。

② 常压塔设2~3个侧线，产品作裂解原料，分离精度要求低，塔板数减少，不设汽提塔。

③ 减压系统与燃料型基本相同。

1.3.3 二次加工装置

1.3.3.1 催化重整

催化重整是石油加工过程中重要的二次加工方法，其目的是用以生产高辛烷值汽油或化工原料——芳香烃，同时副产大量氢气可作为加氢工艺的氢气来源。其基本原理是，不同的烃类在催化剂存在及一定条件下可发生不同的化学反应，主要反应包括环烷烃脱氢、烷烃脱氢环化、异构化、加氢裂化。

1. 催化重整原料

催化重整通常以汽油馏分为原料，根据生产目的的不同，对原料油的馏程有一定的要求，为了维持催化剂的活性，对原料油杂质含量有严格的限制。表1-13列出了重整原料油杂质含量的限制。

表 1-13　对重整原料中杂质含量的限制

杂质名称	含量限制	杂质名称	含量限制
砷	<1ppb	硫、氮	<0.5ppm
铅	<20ppb	氯	<1ppm
铜	<10ppb	水	<5ppm

注：$1ppb=10^{-9}$；$1ppm=10^{-6}$。

2. 催化重整基本工艺流程

根据催化重整的基本原理，一套完整的重整装置大都包括原料油预处理、重整反应、产品后加氢和稳定处理几个部分。以生产芳烃为目的的重整装置还包括芳烃抽提和芳烃分离部分。

（1）重整原料油的预处理

为了满足对重整原料的上述要求，必须对重整原料油进行预处理，预处理过程包括预分馏、预脱砷和预加氢几个部分。

（2）重整反应过程

经预处理后的精制油，由泵抽出与循环氢混合，然后进入换热器与反应产物换热，再经加热炉加热后进入反应器。由于重整反应是吸热反应以及反应器又近似于绝热操作，物料经过反应以后温度降低，为了维持足够高的温度条件(通常是500℃左右)，重整反应部分一般设置3~4个反应器串联操作，每个反应器之前都设有加热炉，给反应系统补充热量，从而避免温降过大。最后一个反应器出来的物料，部分与原料换热，部分作为稳定塔底重沸器的热源。

油气分离器底分出的液体与稳定塔底液体换热后进入稳定塔。稳定塔的作用是从塔顶脱除溶于重整产物中的少量气体烃和戊烷。以生产高辛烷值汽油为目的时，重整汽油从稳定塔底抽出经冷却后送出装置。

以生产芳烃为目的时，反应部分的流程稍有不同，即在稳定塔之前增加一个后加氢反应器，先进行后加氢再去稳定塔。这是由于加氢裂化反应使重整产物中含有少量烯烃，会使芳烃产品的纯度降低。因此，将最后一台重整反应器出口的生成油和氢气经换热进入后加氢反应器，通过加氢使烯烃饱和。后加氢催化剂为钼酸钴或钼酸镍，反应温度为330℃左右。

3. 工业重整装置常用工艺流程

工业重整装置广泛采用的反应系统流程可分为两大类：固定床反应器半再生式工艺流程和移动床反应器连续再生式工艺流程。

（1）固定床半再生式重整工艺流程

固定床半再生式重整的特点是当催化剂运转一定时期后，活性下降而不能继续使用时，需就地停工再生(或换用异地再生好的或新鲜的催化剂)，再生后更新开工运转，因此称为半再生式重整过程。

重整反应是强吸热反应，反应时温度下降，因此为得到较高的重整平衡转化率和保持较快的反应速度，就必须维持合适的反应温度，这就需要在反应过程中不断地补充热量。为此，半再生式装置的固定床重整反应器一般由三至四个绝热式反应器串联，反应器之间有加热炉加热到所需的反应温度。每半年至一年停止进油，全部催化剂再生一次。铂铼重整反应流程如图1-8所示。

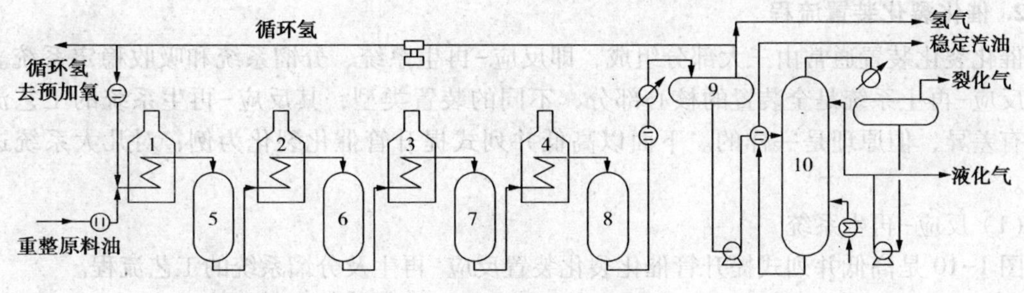

图 1-8　铂铼重整反应流程

(2) 连续再生式重整工艺流程

半再生式重整会因催化剂的积炭而停工进行再生。为了能使催化剂经常保持高活性，在更低的压力和氢油比条件下操作，从而得到质量好收率高的产品，UOP 发展了移动床反应器连续再生式重整(简称连续重整)。

主要特征是设有专门的再生器，反应器和再生器都是采用移动床反应器，催化剂在反应器和再生器之间不断地进行循环反应和再生，一般每 3~7 天可以实现全部催化剂的一遍再生。流程中有 4 个反应器，第一、二、三反应器叠在一起，催化剂由上而下依次通过，然后提升至再生器再生。第四反应器因积碳很多，单独并列。由第三反应器来的油气经中间加热炉加热后进入第四反应器。为减小床层压降，采用径向反应器。如图 1-9 所示为美国 UOP 公司连续再生式重整反应流程。

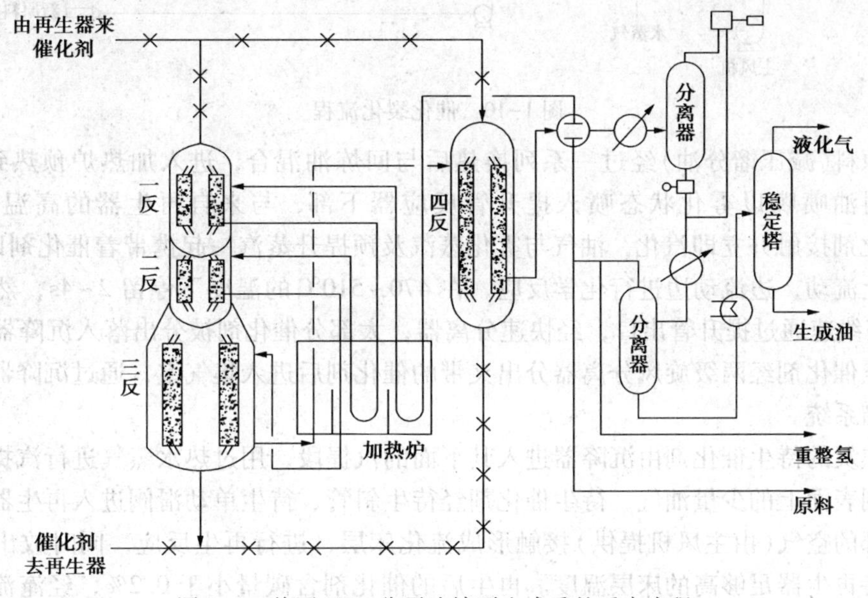

图 1-9　美国 UOP 公司连续再生式重整反应流程

1.3.3.2　催化裂化

催化裂化是石油炼制过程之一，是在热和催化剂的作用下使重质油发生裂化反应，转化成气体、汽油、柴油等轻质产品和焦炭的过程。

1. 催化裂化原料

催化裂化的原料一般是重质馏分油，例如蜡油和焦化馏分油等；随着催化裂化技术和催化剂工艺的不断发展，扩大了催化裂化原料范围，部分或全部渣油也可作催化原料。

2. 催化裂化装置流程

催化裂化装置通常由三大部分组成，即反应-再生系统、分馏系统和吸收稳定系统。其中，反应-再生系统是全装置的核心部分，不同的装置类型，其反应-再生系统的工艺流程会略有差异，但原理是一样的。下面以高低并列式提升管催化裂化为例，对几大系统进行介绍。

（1）反应-再生系统

图 1-10 是高低并列式提升管催化裂化装置反应-再生及分馏系统的工艺流程。

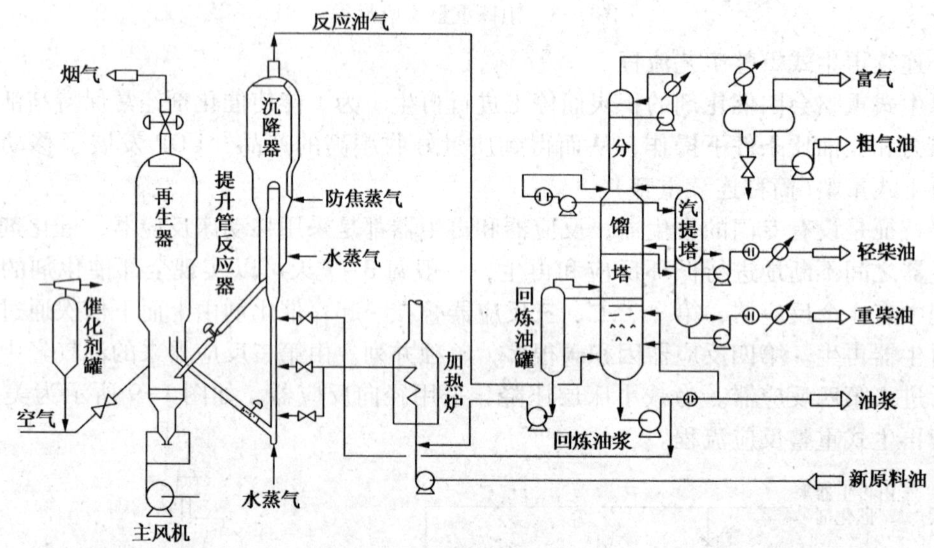

图 1-10 催化裂化流程

新鲜原料（减压馏分油）经过一系列换热后与回炼油混合，进入加热炉预热到 370℃左右，由原料油喷嘴以雾化状态喷入提升管反应器下部，与来自再生器的高温（约 650～700℃）催化剂接触并立即汽化，油气与雾化蒸汽及预提升蒸汽一起携带着催化剂以 7～8m/s 的线速向上流动，边流动边进行化学反应，在 470～510℃的温度下停留 2～4s，然后以 13～20m/s 的高线速通过提升管出口，经快速分离器，大部分催化剂被分出落入沉降器下部，油气携带少量催化剂经两级旋风分离器分出夹带的催化剂后进入集气室，通过沉降器顶部的出口进入分馏系统。

积有焦炭的待生催化剂由沉降器进入其下面的汽提段，用过热水蒸气进行汽提以脱除吸附在催化剂表面上的少量油气，待生催化剂经待生斜管、待生单动滑阀进入再生器，与来自再生器底部的空气（由主风机提供）接触形成流化床层，进行再生反应，同时放出大量燃烧热，以维持再生器足够高的床层温度。再生后的催化剂含碳量小于 0.2%，经淹流管、再生斜管及再生单动滑阀返回提升管反应器循环使用。

（2）分馏系统

分馏系统的作用是将反应-再生系统的产物进行初步分离，得到部分产品和半成品。由反应-再生系统来的高温油气进入催化分馏塔下部，经装有挡板的脱过热段脱过热后进入分馏段，经分馏后得到富气、粗汽油、轻柴油、重柴油、回炼油和油浆（塔底抽出的带有催化剂细粉的渣油），富气和粗汽油去吸收稳定系统；轻、重柴油经汽提、换热或冷却后出装置；回炼油返回反应—再生系统进行回炼；油浆的一部分送反应-再生系统回炼，另一部分经换热后循环回分馏塔(也可将其中一部分冷却后送出装置)。为了取走分馏塔的过剩热量以使塔内气、液负荷分布均匀，在塔的不同位置分别设有4个循环回流，即顶循环回流、一中段回流、二中段回流和油浆循环回流。

(3) 吸收-稳定系统

催化裂化生产过程的主要产品是气体、汽油和柴油，其中气体产品包括干气和液化石油气，干气作为本装置燃料气烧掉，液化石油气是宝贵的石油化工原料和民用燃料。所谓吸收稳定，目的在于将来自分馏部分的催化富气中 C_2 以下组分与 C_3 以上组分分离以便分别利用，同时将混入汽油中的少量气体烃分出，以降低汽油的蒸汽压，保证符合商品规格。

吸收-稳定系统包括吸收塔、解吸塔、再吸收塔、稳定塔以及相应的冷换设备。图1-11是典型的催化裂化吸收稳定系统工艺流程。

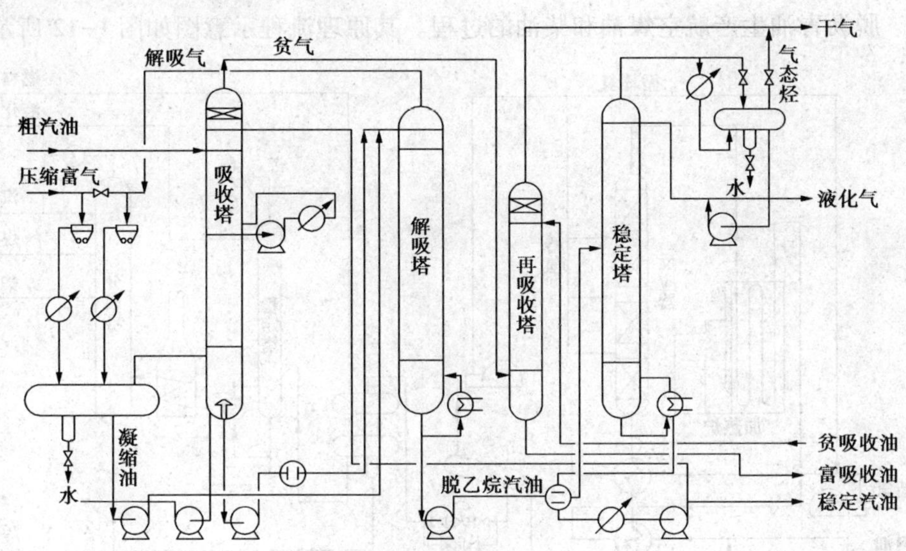

图1-11　催化裂化吸收稳定系统工艺流程

除以上三大系统外，现代催化裂化装置大都设有能量回收系统，其目的是最大限度地回收能量，降低能耗。常采用的手段有：利用烟气轮机将高速烟气的动能转化为机械能；利用一氧化碳锅炉(对非完全再生装置)使烟气中CO燃烧回收其化学能；利用余热锅炉(对完全再生装置)回收烟气的显热，用以发生蒸汽。采用这些措施后，全装置的能耗可大大降低。

1.3.3.3　加氢裂化

加氢裂化是在较高的压力、温度下，氢气经催化剂作用使重质油发生加氢、裂化和异构化反应，转化为轻质油(汽油、煤油、柴油或催化裂化、裂解制烯烃的原料)的加工过程。它与催化裂化不同的是在进行催化裂化反应时，同时伴随有烃类加氢反应。

1. 加氢裂化原料

加氢裂化既可以处理轻柴油、重柴油，又可加工焦化蜡油、减压馏分油和催化裂化循环油，还可加工渣油、页岩油和煤焦油，甚至可以处理固态的煤，将其液化成各种发动机燃料。选择不同的工艺路线、调整操作条件或更改催化剂，就可生产不同品种、不同质量要求的产品，如液化气、汽油、石脑油、航空煤油、灯油、轻柴油、润滑油和某些特种油料等。加氢裂化过程是油化相结合提高原油综合利用的关键工艺。

2. 加氢裂化流程

加氢裂化工艺流程，基本上都是以装有催化剂的涓流床反应器为中心，原料油和氢气升温、升压达到反应条件后进入反应系统，先进行加氢精制以除去氧、氮、硫杂质和二烯烃，再进行加氢裂化。然后反应产物经降温、分离、降压和分馏，将合格的目的产品送出装置。分离出氢气纯度较高(80%~90%)的气体，作为系统的循环气和冷激气。未转化油(尾油)可以全部循环、部分循环或不循环一次通过。一般根据原料性质、目的产品收率和质量要求，以及使用催化剂的性能不同，可分为以下三种流程。

(1) 一段加氢流程

一段加氢裂化流程中只有一个(或一组)反应器，原料油的加氢精制和加氢裂化在同一个(组)反应器内进行，所用催化剂具有一定的抗氮能力。它用于粗汽油生产液化气以及由减压蜡油、脱沥青油生产航空煤油和柴油的过程。其原理流程示意图如图 1-12 所示。

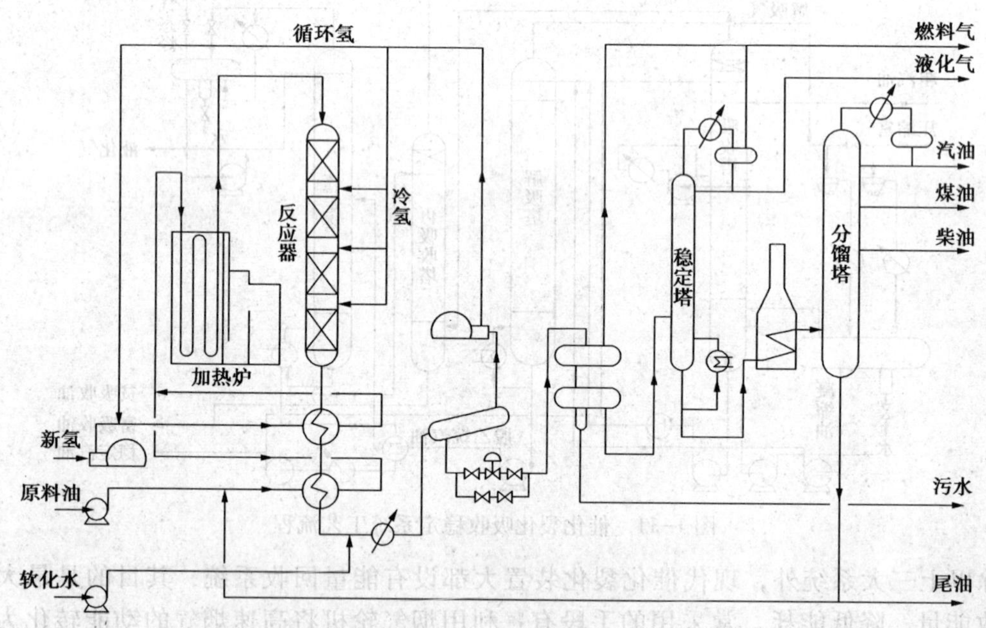

图 1-12　一段加氢流程

(2) 两段加氢流程

两段加氢流程中有两个(或两组)反应器，分类装有不同性能的催化剂。第一个反应器(组)中主要进行油料油的加氢精制，而加氢裂化主要在第二个反应器(组)内进行，并形成独立两段流程体系。

原料油经高压油泵升压并与循环氢混合后首先与第一段生成油换热，再在第一段加热炉中加热至反应温度，进入第一段加氢精制反应器，在加氢活性高的催化剂上进行脱硫、脱氮反应，原料中的微量金属也被脱掉，反应生成物经换热、冷却后进入第一段高压分离器，分出循环氢。生成油进入脱氨(硫)塔，脱去 NH_3 和 H_2S 后作为第二段进料。在脱氨塔中用氢气吹掉溶解气、氨和硫化氢。第二段进料与循环氢混合后，进入第二段加热炉，加热至反应温度，在装有高酸性催化剂的第二段加氢裂化反应器内进行加氢、裂解和异构化等反应。反应生成物经换热、冷却、分离，分出循环氢和溶解气后送至稳定分馏系统。其流程示意图如图 1-13所示。

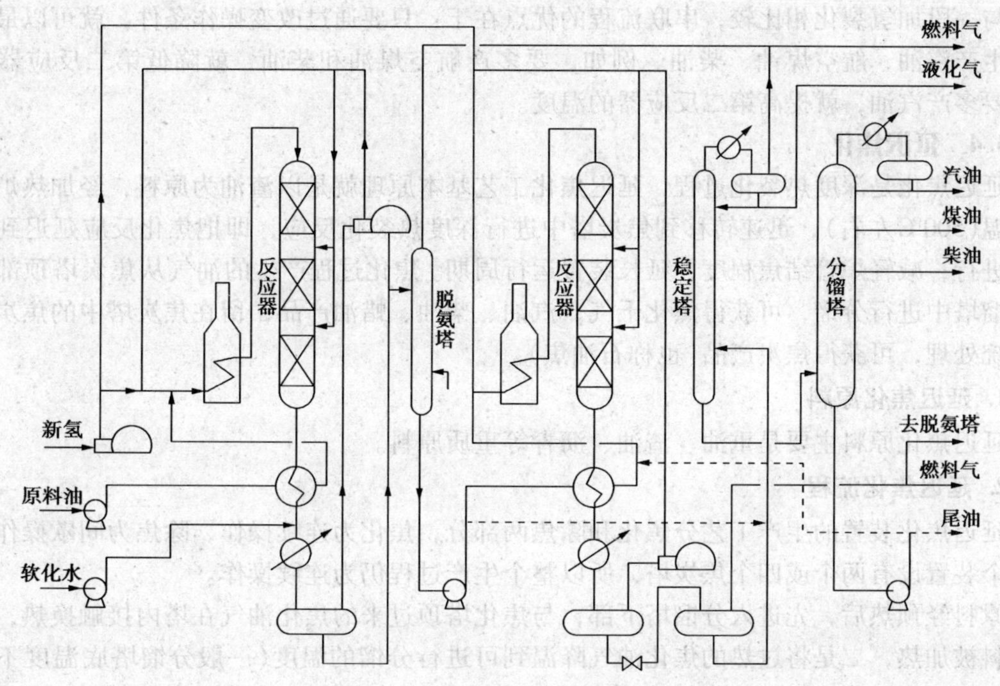

图 1-13　两段加氢流程

(3) 串联加氢裂化工艺流程

串联流程是两段流程的发展。由于开发了抗氨抗硫的分子筛加氢裂化催化剂，所以可以取消两段流程中的脱氨塔，使加氢精制和加氢裂化两个反应器直接串联起来，省掉一整套换热、加热、加压、冷却、减压和分离设备。比一段流程只多了一个(或一组)反应器，第一个反应器中装入脱硫脱氮活性好的加氢催化剂，第二个反应器中装分子筛加氢裂化催化剂，其他部分均与一段加氢裂化流程相同。其流程示意图如图 1-14 所示。

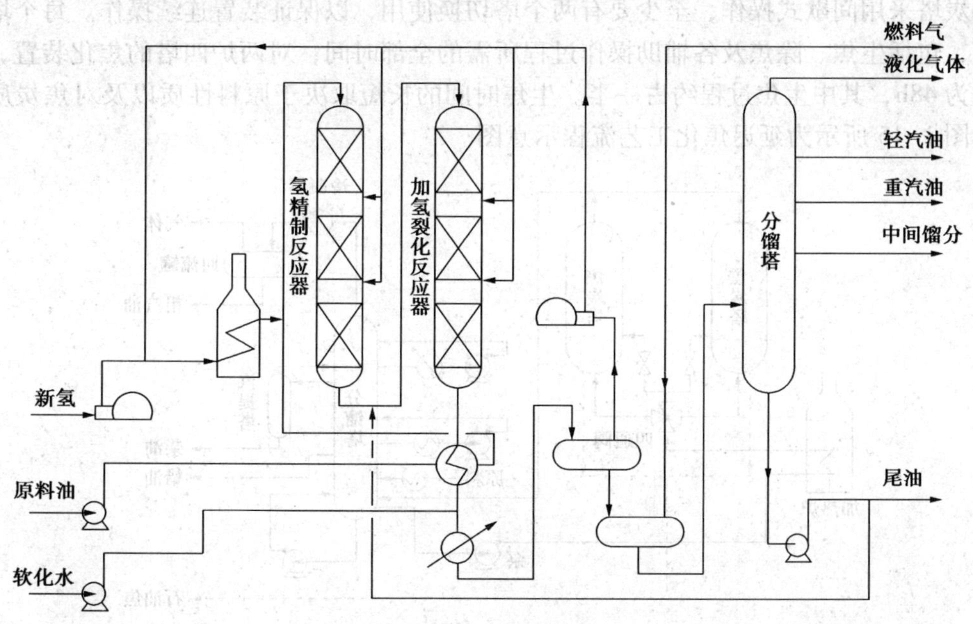

图 1-14　串联加氢裂化工艺流程

与一段加氢裂化相比较，串联流程的优点在于：只要通过改变操作条件，就可以最大限度地生产汽油、航空煤油、柴油。例如，要多产航空煤油和柴油，就降低第二反应器的温度；要多产汽油，就提高第二反应器的温度。

1.3.3.4 延迟焦化

延迟焦化是深度热裂化过程，延迟焦化工艺基本原理就是以渣油为原料，经加热炉加热到高温(500℃左右)，迅速转移到焦炭塔中进行深度热裂化反应，即把焦化反应延迟到焦炭塔中进行，减轻炉管结焦程度，延长装置运行周期。焦化过程产生的油气从焦炭塔顶部出来到分馏塔中进行分馏，可获得焦化干气、汽油、柴油、蜡油产品；留在焦炭塔中的焦炭经除焦系统处理，可获得焦炭产品(也称石油焦)。

1. 延迟焦化原料

延迟焦化原料主要是重油、渣油、沥青等重质原料。

2. 延迟焦化流程

延迟焦化装置的生产工艺分焦化和除焦两部分，焦化为连续操作，除焦为间歇操作。由于整个装置设有两个或四个焦炭塔，所以整个生产过程仍为连续操作。

原料经预热后，先进入分馏塔下部，与焦化塔顶过来的焦化油气在塔内接触换热，一是使原料被加热，二是将过热的焦化油气降温到可进行分馏的温度(一般分馏塔底温度不宜超过400℃)，同时把原料中的轻组分蒸发出来。焦化油气中相当于原料油沸程的部分称为循环油，随原料一起从分馏塔底抽出，打入加热炉辐射室，加热到500℃左右，通过四通阀从底部进入焦炭塔，进行焦化反应。为了防止油在炉管内反应结焦，需向炉管内注水，以加大管内流速(一般为2m/s以上)，缩短油在管内的停留时间，注水量约为原料油的2%左右。

进入焦炭塔的高温渣油，需在塔内停留足够时间，以便充分进行反应，反应生成的油气从焦炭塔顶引出进入分馏塔，分出焦化气体、汽油、柴油和蜡油，塔底循环油与原料一起再进行焦化反应。焦化生成的焦炭留在焦炭塔内，通过水力除焦从塔内排出。

焦炭塔采用间歇式操作，至少要有两个塔切换使用，以保证装置连续操作。每个塔的切换周期，包括生焦、除焦及各辅助操作过程所需的全部时间，对两炉四塔的焦化装置，一个周期约为48h，其中生焦过程约占一半。生焦时间的长短取决于原料性质以及对焦炭质量的要求。图1-15所示为延迟焦化工艺流程示意图。

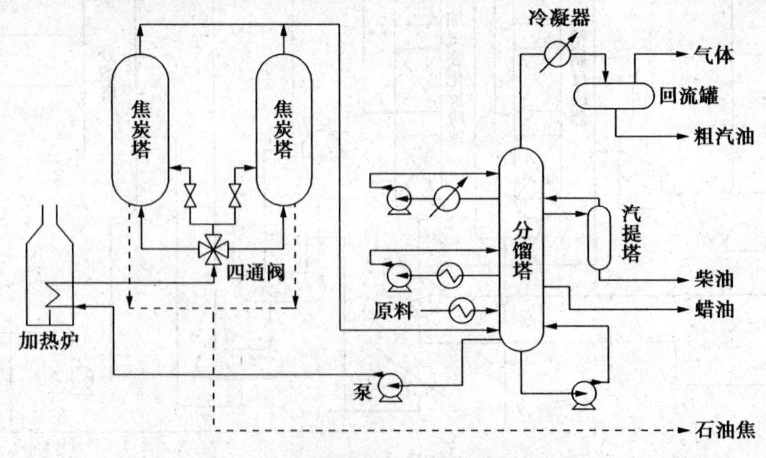

图1-15 延迟焦化工艺流程示意图

1.3.3.5 渣油加氢

渣油加氢是在高温、高压和催化剂存在的条件下，使渣油和氢气发生化学反应，将渣油部分转化为汽油和柴油，剩余的部分可以通过催化裂化等装置加工处理，全部转化为汽油和柴油等其他产品的过程。

1. 渣油加氢原料

渣油加氢原料主要有减压渣油和常压渣油，并可掺炼部分 VGO、CGO、DAO、糠醛抽出油、催化柴油、催化回炼油甚至油浆等。

2. 渣油加氢流程

渣油加氢技术在原油劣质化和产品清洁化交互推动下，正逐步成为炼厂最主要的渣油加工技术手段，并得到了快速的发展。目前，渣油加氢技术主要有以下三类。

（1）固定床渣油加氢技术

固定床渣油加氢技术是比较成熟的渣油加工技术，相较于其他渣油加氢技术，固定床渣油加氢技术的投资和操作费用低、运行安全简单，是目前渣油加氢技术的首选技术，占渣油加氢总加工能力的3/4。

固定床加氢处理装置通常需要在高温、高压和较低体积空速的苛刻条件下操作。在加氢处理过程中，渣油会生成较多的积炭和金属硫化物等固体物，必须有效地控制这些固体物在催化剂床层上沉积的速率和沉积量，否则将导致反应器压力降快速增大或催化剂活性快速下降，直至达到设计极限，装置被迫停工，大大缩短装置操作运转周期，从而影响工艺的经济效益。因此，减少停工次数、延长操作运转周期是提高渣油固定床加氢处理装置经济效益的重要因素。

（2）沸腾床渣油加氢技术

沸腾床加氢工艺最早由美国烃研究公司(HRI)和城市服务公司共同开发，其后衍生出了 H-Oil 工艺和 LC-Fining 工艺。目前，H-Oil 工艺许可证由 Axens 颁发，LC-Fining 工艺许可证由美国 Chevron 公司颁发。沸腾床渣油加氢具有反应器内温度均匀、运转周期长、装置操作灵活等特点，是加工高硫、高残炭、高金属重质原油的重要技术。对于解决固定床渣油加氢空速低、催化剂失活快、系统压降大、易结焦、装置运行周期短等问题，具有明显的优势。自 2000 年以来，为满足劣质重质原油深度加工的需要，国外新建的渣油加氢装置中，沸腾床式装置要多于固定床式装置。

沸腾床渣油加氢工艺的主要特点，一是能较大幅度地降低油品黏度，并具有一定的转化能力；二是能加工一般固定床渣油加氢工艺难于加工的原料来生产催化裂化原料。

（3）悬浮床渣油加氢技术

悬浮床渣油加氢工艺类型较多，早期技术多采用固体颗粒催化剂，具有代表性的技术有加拿大的 CANMET(硫酸亚铁作为添加剂，压力 14MPa，1985 年建成 250 kt/a 工业示范装置)、德国的 VCC(煤粉作为添加剂，压力 25MPa，1988 年改造成 200 kt/a 装置)、委内瑞拉的 HDH(矿石粉作为添加剂，压力 7~14MPa)等。

近期国内外研究较活跃的是采用“均相”催化剂的渣油悬浮床加氢技术。具有代表性的技术有加拿大的 (HC)3 技术、意大利 Eni 集团的 EST 工艺技术、Chevron 公司 VRSH 工艺技术等。悬浮床渣油加氢技术是一种劣质渣油的加氢裂化工艺过程，具有原料适应性强、工艺简单、操作灵活、转化率高等特点。能够加工其他渣油加氢技术难以加工的原料，如油砂沥青等稠油原料，是一种非常有前景的渣油加氢转化技术。

1.3.3.6 加氢精制

加氢精制是在一定的温度、压力、有催化剂和氢气存在的条件下，使油品中的各类非烃化合物发生氢解反应，进而从油品中脱除，以达到精制油品的目的。

1. 加氢精制的原料

加氢精制的原料包括汽油、煤油、柴油、催化重整原料，润滑油、石油蜡、喷气燃料中芳烃部分以及蜡油、渣油等。

2. 加氢精制流程

除重油(或渣油)加氢处理有的采用沸腾床或悬浮床反应器外，加氢精制一般都采用固定床反应器。加氢精制的工艺流程因原料而异，但基本原理是相同的，包括反应系统、生成油换热、冷却、分离系统和循环氢系统三部分。

(1) 反应系统

原料油与新氢、循环氢混合，并与反应产物换热后，以气液混相状态进入加热炉(这种方式称炉前混氢，也有在加热炉后混氢的，称为炉后混氢)，加热至反应温度进入反应器。反应器进料可以是气相(精制汽油时)，也可以是气液混相(精制柴油或比柴油更重的油时)。反应器内的催化剂一般是分层填装，以利于注冷氢来控制反应温度(加氢精制是放热反应)。循环氢与油料混合物通过每段催化剂床层进行加氢反应。

加氢精制反应器可以是一个，也可以是两个。前者叫一段加氢法，后者叫两段加氢法。两段加氢法适用于某些直馏煤油(如孤岛油)的精制，以生产高密度喷气燃料。此时第一段主要是加氢精制，第二段是芳烃加氢饱和。

(2) 生成油换热、冷却、分离系统

反应产物从反应器的底部出来，经过换热、冷却后，进入高压分离器。在冷却器前要向产物中注入高压洗涤水，以溶解反应生成的氮和部分硫化氢。反应产物在高压分离器中进行油气分离，分出的气体是循环氢，其中除了主要成分氢外，还有少量的气态烃(不凝气)和未溶于水的硫化氢；分出的液体产物是加氢生成油，其中也溶解有少量的气态烃和硫化氧，生成油经过减压再进入低压分离器进一步分离出气态烃等组分，产品去分馏系统分离成合格产品。

(3) 循环氢系统

从高压分离器分出的循环氢经储罐及循环氢压缩机后，小部分(约30%)直接进入反应器作冷氢，其余大部分送去与原料油混合，在装置中循环使用。为了保证循环氢的纯度，避免硫化氢在系统中积累，常用硫化氢回收系统。一般用乙醇胺吸收除去硫化氢，富液(吸收液)再生循环使用，解吸出来的硫化氢送到制硫装置回收硫磺，净化后的氢气循环使用。

1.3.3.7 S-Zorb 装置

S-Zorb 装置是一种汽油脱硫工艺技术，该技术采用吸附反应工艺技术原理，可在辛烷值($RON+MON$)/2 损失较小的情况下使汽油产品的硫含量降低到小于10mg/kg。

1. S-Zorb 原料

S-Zorb 装置处理的原料主要是催化汽油。

2. S-Zorb 装置流程

该装置主要包括进料与脱硫反应、吸附剂再生、吸附剂循环和产品稳定四个部分。

进料与脱硫反应系统是将原料汽油和氢气加热汽化后送入反应器进行脱硫反应；吸附剂

再生系统是将吸附了硫的待生吸附剂在再生器内氧化再生，恢复其脱硫活性；吸附剂循环系统是本装置的关键和核心部分，通过闭锁料斗的操作，将反应器内的待生吸附剂送往再生器，再将再生器内的再生吸附剂送往反应器，完成吸附剂的反应-再生循环；产品稳定系统是将脱硫后的汽油产品通过稳定塔，将液化气和轻烃组分从塔顶排出，得到稳定后的合格汽油产品，并送出装置。

1.3.3.8 烷基化装置

烷基化是指异丁烷和烯烃在酸催化剂的作用下反应生成烷基化油的过程，其辛烷值高、敏感性(研究法辛烷值与马达法辛烷值之差)小，不含硫、芳烃、烯烃，具有理想的挥发性和清洁的燃烧性，是航空汽油和车用汽油的理想调合组分。

1. 烷基化装置原料

原料主要是低相对分子质量烯烃(主要由丙烯和丁烯组成)和异丁烯。烷基化反应将小分子烯烃和侧链烷烃转变成更大的具有高辛烷值的侧链烷烃。

2. 烷基化装置流程

根据所用催化剂的不同，可分为氢氟酸法烷基化和硫酸法烷基化两种。

氢氟酸法烷基化流程通常由原料预处理、反应、产品分馏及处理、酸再生和三废治理等部分组成。预处理的目的主要是控制原料的含水量(低于20ppm)以免造成设备严重腐蚀，同时要严格控制硫、丁二烯、C_2、C_6和含氧化合物等杂质含量。由于烃类在氢氟酸中的溶解度较大，烷基化反应速度非常快，仅几十秒钟即可基本完成，故可使用一管式反应器。反应温度为20~40℃，压力为0.7~1.2MPa。为抑制副反应进行，需将大量异丁烷循环回反应进料中，使异丁烷与烯烃进料的体积比保持(8~12)：1。反应热靠酸冷却器带走。酸再生的目的主要是去除反应中生成的叠合物及原料中带入的水，以酸溶性油自再生器底排出，使氢氟酸浓度维持在90%左右。烷基化油从主分馏塔底排出，循环异丁烷从塔的侧线抽出。如要生产航空燃料，则所得烷基化油还需进行再蒸馏，自塔顶分出轻烷基化油作航空汽油组分。自系统排出的含氢氟酸的废气或废液均需经过处理，最后以氯化钙进行反应，使之变成惰性的氟化钙。生产每吨烷基化汽油约消耗氢氟酸0.4~0.6kg。

硫酸法烷基化的基本过程与氢氟酸法相似。主要问题是酸耗高，1t烷基化油需消耗70~80kg硫酸，同时副产大量稀酸。如附近没有硫酸厂或酸提浓设施，将对环境造成严重的污染。

1.3.3.9 气体分馏装置

气体分馏装置是一系列精馏过程，其分馏依据是在一定温度及压力下，混合物中的相对挥发度不同，即各组分的沸点不同。其基本原理是气液相平衡、物料平衡、热量平衡及三者之间的相互联系。主要产品有乙烯、乙烷、丙烯、丙烷、异丁烯馏分和2-丁烯及C_5等产品。

1. 气体分馏装置原料

气体分馏装置原料主要是炼厂加工过程中产生的各种气体，包括热裂化气、催化裂化气、催化裂解气、重整气、加氢裂化气等。这些气体的组成较为复杂，主要有C_1~C_4的烷烃和烯烃，其中有少量的二烯烃和C_5以上重组分，此外还有少量的非烃类气体，如CO、H_2、CO_2、H_2S和有机硫(RSH、COS)等。

2. 气体分馏装置流程

气体分馏是一个标准的精馏过程，是一个基本的化工单元过程，但是，气体分馏不是一个简单的二元精馏，而是一个复杂的典型的多元精馏。它需要几个精馏塔同时操作来完成多组分的分离任务。

一套精馏装置通常由三个主要设备组成，即精馏塔、冷凝冷却器、重沸器。

1.3.3.10 MTBE 装置

MTBE 是甲基叔丁基醚的商品名，是异丁烯和甲醇在强酸性催化剂作用下反应的产物，它的主要用途是替代四乙基铅作为提高汽油辛烷值的添加剂，纯 MTBE 的辛烷值为 109。此外 MTBE 热裂解可以生产高纯度异丁烯，高纯度异丁烯是生产丁基橡胶的原料。

1. MTBE 装置原料

MTBE 装置原料主要为含异丁烯的混合碳四。

2. MTBE 装置流程

（1）醚化反应单元

甲醇与碳四原料混合均匀，自顶部进入醚化反应器，在适宜温度下，混合碳四原料中的异丁烯与甲醇反应生成 MTBE。该反应为可逆的放热反应，处于液相状态。通过控制反应的压力(同时也控制了反应温度)，使反应器内物料部分汽化，以带走反应热。

（2）共沸精馏单元

反应馏出物自压进入 MTBE 换热器，加热后进入共沸蒸馏塔中部。在蒸馏过程中，使未反应的碳四-甲醇共沸物与 MTBE 得以分离。碳四-甲醇共沸物通过压力控制阀由塔顶馏出，经塔顶冷凝器冷凝冷却至 40℃进入塔顶回流罐。冷凝液一部分作塔顶回流，其余部分进甲醇萃取单元。塔底物料——MTBE 产品，自压进入 MTBE 换热器、冷却器冷却至 40℃以下出装置。

（3）甲醇萃取、回收单元

由共沸蒸馏单元来的未反应碳四-甲醇共沸物自下部进入甲醇萃取塔，在塔中与冷却器来的萃取水逆向接触。在萃取过程中，甲醇溶于水使碳四与甲醇得以分离。甲醇水溶液自甲醇水洗塔底自压进入甲醇回收塔中部，在蒸馏过程中，使甲醇从水溶液中分离出来。

1.3.3.11 硫磺回收装置

硫磺回收是将含硫化氢等有毒含硫气体中的硫化物转变为单质硫，从而变废为宝，保护环境的化工过程。产品主要是硫磺。

1. 硫磺回收装置原料

硫磺回收装置的原料主要是从催化、焦化、加氢等装置产生的酸性气。

2. 硫磺回收装置流程

硫磺回收通常采用一种叫做“克劳斯”的工艺来实现。含硫原料气通常称为酸性气。首先将酸性气与空气或氧气在一台称为燃烧炉的设备中燃烧。严格控制空气或氧气量，使燃烧产物中硫化氢与二氧化硫气体体积比为 2：1。之后燃烧气体被冷却，气体中的硫磺冷凝回收。剩余气体经加热后进入一台克劳斯反应器进行反应。反应主要是硫化氢与二氧化硫生产硫磺和水。这一反应需使用催化剂才能实现。反应完后的气体同样需冷却回收硫磺。然后剩余气体在经二级、三级反应。通常硫磺回收装置的硫回收率可达 95%~98%。

1.3.3.12 润滑油生产装置

现代矿物润滑油生产的基本过程是由原油先经常压蒸馏，蒸馏出汽、煤、柴油等轻质馏分，在常压塔底所得的常压渣油再经减压蒸馏，分馏出轻、中、重质馏分润滑油料，减压塔底渣油再经丙烷脱沥青后，制得残渣润滑油料，制备好的馏分及残渣润滑油料分别再经过精制、脱蜡及补充精制，得到润滑油基础油，最后进入成品油调和工序，与添加剂优化配伍，即得成品润滑油。

由于采用原油不同，产品要求各异，润滑油基础油生产工艺就很复杂。但可归纳为三条工艺路线：一是物理加工路线，其工艺流程是溶剂精制-溶剂脱蜡-补充精制；二是化学加工路线，其工艺结构和流程是加氢裂化-催化脱蜡—加氢精制的全氢路线；三是物理-化学联合加工路线，其工艺流程是溶剂预精制-加氢裂化-溶剂脱蜡，或加氢裂化-溶剂脱蜡-高压加氢补充精制，或溶剂精制-溶剂脱蜡—中低压加氢补充精制。路线一、二、三分别简称为溶剂法、加氢法和混合法。目前世界上三条工艺路线共存，但一、二种路线还是主体。

1.3.4 炼油产品主要性质

根据石油炼制工业的特点，炼油装置主要产品可以分为以下几类：燃料(包括汽油、柴油及喷气燃料等发动机燃料以及燃料油等)；润滑油和润滑脂；石油沥青；石油蜡；石油焦(GB/T 498—2014《石油产品及润滑剂　分类方法和类别的确定》)。一般来讲，石油产品并不包括以石油为原料合成的各种石油化工产品。

使用石油产品的场合众多、目的各异，因此需要对其主要产品的性质提出规范的性质指标要求。随着社会经济条件的变化，人们对环境的要求也越来越高，石油产品的质量指标也在不断地变化和发展。从国外油品质量升级的步伐来看，石油产品基本4~5年进行一次质量升级，目前我国周边国家和地区汽油质量标准已经达到相当于欧四或欧五标准的水平，我国在“十二五”规划中对汽柴油等油品的质量也有了更严格的要求。

以下将介绍汽油、煤油、柴油、润滑油基础油、燃料油、石油焦、沥青和液化石油气等8类主要石油产品的使用要求。各种油品的规格指标很多，篇幅所限，只能详细介绍对性能影响最大的指标。汽、煤、柴油全部规格指标见表1-14。

表1-14　汽、煤、柴油规格指标

油　品	规格指标
汽油	馏程、饱和蒸气压、辛烷值、抗爆指数、碘值、诱导期、实际胶质、酸度、水溶性酸碱、铜片腐蚀、硫含量、苯含量、芳烃含量、烯烃含量、氧含量
煤油	热值、密度、馏程参数、烟点、辉光度、结晶点、洁净度、动态热安定性、银片腐蚀、闪点、润滑性能、防静电性
柴油	黏度、馏分组成、十六烷值、浊点、倾点、冷滤点、水含量、硫含量、酸度、水溶性酸/碱、灰分、残炭、机械杂质含量、闪点、实际胶质

1.3.4.1 汽油

汽油通常是由5~12个碳原子构成的烷烃、环烷烃、芳香烃、烯烃及多种添加剂等组成的混合物。汽油是应用于汽油发动机中燃料的统称，如果按应用场合分，又可分为航空汽油与车用汽油两种。本书所提到的汽油专指车用汽油。

1. 汽油的性能要求

汽油的性能主要从蒸发性、抗爆性、抗氧化安定性及抗腐蚀性等几个方面评价。

(1) 汽油的蒸发性

汽油进汽缸前先要在汽化器内蒸发成气体状态，汽油能否在汽化器中蒸发完全，与汽油的蒸发性能有关。相对而言，汽油的馏分越轻，蒸发性能越好，与空气混合也越均匀，进入汽缸燃烧也越完全。但汽油馏分过轻，蒸发性过高，在进入汽化器之前的管路内就会蒸发，形成气阻，从而中断了正常供油，致使发动机停止运行，也是不可取的。

评价汽油蒸发性好坏的指标有馏程和饱和蒸汽压。

馏程是指油品在规定条件下，蒸馏所得到的试样的馏出温度和馏出体积百分数之间的关系。它能大体表示该汽油的沸点范围和蒸发性能，通常测定10%、50%、90%各馏出温度和终馏点来描述汽油蒸发性能。

饱和蒸气压是指在规定条件下，油品在适当的试验装置中，气、液两相达到平衡时，液面上蒸气所显示的最大压力称为饱和蒸汽压。饱和蒸汽压越大，蒸发性越强。

(2) 汽油的抗爆性

抗爆性是指汽油在汽油机中燃烧时不发生爆震现象的性能。通常用辛烷值和抗爆指数来评定汽油抗爆性能的好坏，用辛烷值大小来划分汽油的牌号。

辛烷值是表示汽油抗爆性的指标，在数值上等于和它抗爆性相同的标准燃料中所含异辛烷的体积百分数，辛烷值越高，抗爆性越好。辛烷值有两种表示方法，马达法辛烷值(MON)和研究法辛烷值(RON)。美国、日本和西欧国家常用研究法辛烷值。我国20世纪80年代后期也开始采用研究法辛烷值。

抗爆指数是指同一种汽油研究法辛烷值与马达法辛烷值的平均数，即 $ONI=(MON+RON)/2$。抗爆指数更能综合表示汽油的抗爆性，也更能反映出车辆行驶的实际情况。

炼油厂主要汽油调合组分及其辛烷值(RON典型值)为烷基化油(RON95)、重整生成油(RON102)、催化裂化汽油(RON93)、MTBE(RON117)、加氢裂化石脑油(RON85)。

(3) 汽油的抗氧化安定性

汽油的抗氧化安定性是指汽油在储存、销售和使用过程中，抵抗氧化或生成胶质倾向的能力。安定性不好的汽油，在储存和输送过程中容易发生氧化反应，生成胶质，使汽油的颜色变深，甚至产生沉淀。用于评价汽油抗氧化安定性的指标有碘值、实际胶质、诱导期。

2. 国内外汽油质量升级现状与趋势

(1) 国外汽油质量升级现状

20世纪70年代美国车用汽油开始禁铅，到1996年实现全面禁铅。20世纪90年代美国以清洁空气法修正案(CAAA)为主线进行了汽油配方调整。为了经济合理地降低汽车排放，美国环保局对汽油质量提出新的要求(对大型炼油厂强制执行)，即2004年，炼油厂平均汽油硫含量不大于120μg/g(最大为300μg/g)；2006年，炼油厂平均汽油硫含量不大于30μg/g(最大为80μg/g)。美国车用燃料质量标准中最新关注的目标是汽油中的苯含量，美国环保局在大气有毒物法规(MSAT)实施的第二阶段提出了限制汽油中苯含量的新规格，将美国汽油中的苯含量控制在比现在使用的新配方汽油(RFG)更低的水平，RFG要求苯体积分数低于1.0%，而新法规考虑将美国所有汽油的苯体积分数降至0.60%~0.65%。

欧洲汽油质量要求变化的整体进程相对于美国稍慢些，但后期的步伐比美国要大。1986年以前欧洲市场基本没有无铅汽油，1987年通过相关标准禁止使用普通含铅汽油，2005年开始完全废除含铅汽油的使用。

日本是全世界最早实施无铅汽油的国家，目前也是生产清洁燃料汽油的先进国家。日本1975年推行无铅汽油，彻底无铅化大约用了17年。1991年开始使用MTBE提高辛烷值；1993年普通汽油使用清净剂；1996年修订JIS汽油标准并限定汽油苯含量不大于5%。在

2008 年全国统一的汽油硫含量为小于 10μg/g。

（2）我国汽油质量升级情况

我国自 2000 年全面实行无铅化汽油以来，在不到十年的时间内，顺利地完成了第一、二、三阶段汽油的质量升级。按照国家的统一要求，2014 年 1 月 1 日起国内全面执行国四汽油标准。从国一提升至国四，每提高一次标准，单车污染减少 30%至 50%。

2013 年 12 月 18 日，我国发布第五阶段车用汽油国家标准。与第四阶段车用汽油标准相比，新标准的硫、锰、烯烃含量均有所降低，有助于减少机动车排放污染物，2018 年 1 月 1 日起全面供应。使用新标准的汽油将减排多项污染物，削减 PM2.5 的排放。国五汽油硫含量降到了 10μg/g 以下，苯含量不超过 1%，不允许添加锰添加剂，油品质量得到进一步提高。

我国车用汽油质量标准升级过程及主要指标情况见表 1-15。

表 1-15 我国车用汽油质量标准升级过程及主要指标

标准名称	GB 17930—1999	GB 17930—1999	GB 17930—2004	GB 17930—2006	GB 17930—2011	GB 17930—2013
实施时间	2000 年	2003 年	2005 年	2009 年底	2013 年底	2017 年底
硫含量，ppm ≯	1000	800	500	150	50	10
烯烃含量，v% ≯	35	35	35	30	28	25
芳烃含量，v% ≯	40	40	40	40	40	40
苯含量，v% ≯	2.5	2.5	2.5	1	1	1
氧含量，m% ≯	—	—	2.7	2.7	2.7	2.7

1.3.4.2 煤油

煤油包括灯用煤油和航空煤油，航空煤油又称为喷气燃料，馏程范围一般在 130~280℃之间。本书中主要介绍喷气燃料的相关内容。

喷气燃料的主要性能指标包括密度、冰点、热值、润滑性能等。其主要技术指标要求如下：

（1）要有较高的热值和密度　喷气式飞机功率大、续航时间长、飞机油箱容积有限，因此要求燃料具有较大的密度；同样，燃料热值越高，单位消耗量越低，有利于远距离飞行。

（2）良好的燃烧性能　喷气式发动机是在高空不间断地长期工作，要求用作燃料的航空煤油能够连续进行雾化、蒸发、快速燃烧和极少积炭。因此为保持良好的雾化性能，航空煤油质量标准对黏度大小有所限制，并用馏程参数来保证其蒸发性能。

（3）良好的低温性能　喷气式飞机在 10000m 以上高空飞行，气温很低。因此对喷气燃料的结晶点（冰点）有严格要求，应在-50~-60℃之间。为防止冰晶析出，一般要添加防冰剂。

（4）良好的润滑性能　喷气式发动机的高压燃料油泵是以燃料本身作润滑剂，燃料还作为冷却剂带走摩擦产生的热量，因此要求喷气燃料具有良好的润滑性能。

（5）良好的防静电性　喷气式发动机耗油量很大，每小时达几吨到几十吨。机场采用高速加油，剧烈摩擦容易产生静电。为了安全作业，喷气燃料应具有良好的防静电性。

此外，喷气燃料还应有较好的安定性、洁净度、无腐蚀性等。

1.3.4.3 柴油

柴油是压燃式发动机的燃料，馏程范围一般在170~390℃之间，主要是由10~22个碳原子构成的烷烃、烯烃、环烷烃、芳香烃、多环芳烃等组成的混合物。根据使用需要可分为轻柴油和重柴油。大量应用的是轻柴油，可应用于汽车、拖拉机、内燃机车和各种高速柴油机；重柴油主要应用于船舶和发电机组等中速和低速机燃料。

柴油发动机是将空气压缩在行程终了时喷入柴油，柴油在压缩终了的高温高压条件下自燃，膨胀做功。因此，车用柴油的质量要求与汽油有所不同。

1. 柴油的性能要求

柴油的性能主要从燃烧性、蒸发性、抗氧化安定性、抗腐蚀性及低温性等几个方面评价。

（1）柴油的燃烧性

柴油的燃烧性表示柴油自燃的能力，因为柴油发动机是压燃式发动机，因此柴油若是具有良好的发火性能，进入燃烧室后，就能迅速着火，且燃烧稳定。若柴油的自燃能力差，发动机工作不稳定，会产生爆震。虽然柴油和汽油都会出现爆震现象，但产生的原因是不同的，汽油爆震是因为油品太易产生自燃了，而柴油的爆震则是由于油品不易自燃。评价柴油燃烧性的指标是十六烷值。

十六烷值是表示柴油燃烧性能的指标，它是指和柴油燃烧性能相同的标准燃料中所含正十六烷的体积百分数。十六烷值高，它的自燃点就低，在柴油机中容易自燃，表示柴油的燃烧性能好，实际表现为柴油燃烧充分，不冒黑烟。十六烷值过低，会使柴油车辆产生爆震、冷启动困难等。

炼油厂主要柴油调合组分及其十六烷值（CN典型值）为催化裂化柴油（CN25）、加氢裂化柴油（CN55）、焦化柴油（CN47）。

（2）柴油的蒸发性

为保证车用柴油发动机正常运转，轻柴油要求具有良好的蒸发和雾化性。评价柴油蒸发性能的指标有馏程、黏度、闭口闪点。

（3）柴油的抗氧化安定性

柴油的抗氧化安定性是指柴油在储存和使用过程中抵抗氧化的能力，抗氧化安定性不好的柴油在储存过程中外观颜色明显变深，实际胶质增加，影响正常供油。评定柴油抗氧化安定性能的指标有氧化安定性、总不溶物、实际胶质、残炭。它们的数值越大，说明柴油的安定性越差。

（4）柴油的低温流动性

柴油与汽油不同，由于在柴油中含有一定的蜡，所以当温度下降时，有一部分溶于柴油中的蜡就会结晶出来，使柴油变稠，逐步失去流动性，影响使用。

评价柴油低温流动性能的指标有凝点、冷滤点。凝点是划分柴油牌号的依据。凝点低的柴油，低温性能好，在冬天不易失去流动性。根据柴油的冷滤点可判断柴油的最低使用温度。

2. 国内外柴油质量升级现状与趋势

（1）国外柴油质量升级现状与趋势

从20世纪60年代到80年代初，美国车用柴油标准一直比较稳定，主要增加了快速储存安定性和冷滤点两个指标。美国加州柴油从1993年开始实施低硫柴油标准。加州柴油标准与美国非道路柴油机排放标准（EPA）相比，共同点是硫含量限值一致，区别是芳烃含量限值不同。

欧洲是世界上轿车柴油化最早和最多的地区，欧洲车用柴油标准是世界上最严的标准之一。1987 年，欧委会要求柴油硫含量降低到 3000μg/g，在污染严重地区降至 2000μg/g 以下，成员国必须执行上述限值标准。2009 年 1 月 1 日起，硫含量限值为不大于 10μg/g。

日本石油联盟早在 1989 年 6 月就提出了柴油低硫化目标和炼油工业应采取的相应措施，1993 年要求柴油硫含量降到 2000μg/g；1997 年要求柴油硫含量降至 500μg/g；2005 年降到 50μg/g；到 2008 年硫含量要求降至 10μg/g。

（2）国内柴油质量升级情况

2003 年，我国参照 EN 590—1998 制订了我国首个车用柴油的国家标准 GB/T 19147—2003。其标准规定的产品适用于装有压燃式发动机的车辆，该标准规定的产品质量能够满足国家第二阶段的机动车排放要求。

2013 年 6 月 8 日，车用柴油国五标准发布，计划于 2018 年 1 月 1 日全面实施。国五标准主要质量指标要求为硫含量小于 0. 001%；十六烷值大于 51，多环芳烃含量小于 11%。

我国柴油质量标准升级过程及主要指标情况见表 1-16。

表 1-16　我国柴油质量标准升级过程及主要指标

	国家标准（轻柴油）	国家标准（普通柴油）	国家推荐标准（车用柴油）	国家强制标准（车用柴油）	国家强制标准（车用柴油）	国家强制标准（车用柴油）
标准名称	GB 252—2000	GB 252—2011	GB/T 19147—2003	GB 19147—2009	GB 19147—2012	GB 19147—2012
实施时间	2002 年	2013. 07	2003. 10	2011. 06	2014 年底	2017 年底
硫含量/ppm ≯	2000	350	500	350	50	10
十六烷值，≮($0^{\#}$)	45	45	49	49	49	51
芳烃含量/% ≯			35	11(多环)	11(多环)	11(多环)
密度(20℃)/(kg/m^3)	实测	实测	816~856	810~850	810~850	810~850
T95/℃ ≯	<845	365	365	365	365	365

1. 3. 4. 4　润滑油基础油

润滑油(剂)与人们生活密切相关，其主要作用包括降低摩擦、减少磨损、散热冷却、防腐防锈、清洁冲洗、密封间隙、缓冲减震和传递动力等，以此维持机械的长久正常运行。

润滑油主要由基础油和添加剂组成。从石油中提取轻、中、重质润滑油基础油，在添加剂厂生产具备各种功能的添加剂，在调合厂以优质的基础油与添加剂相配伍，生产商品润滑油。

现代润滑油必备的基本性能是要保证：①机械润滑的最低黏度；②黏度随温度变化小的高黏度指数；③优良的抗氧化性和耐热性；④在使用条件下具有良好的流动性；⑤优良的抗磨损及润滑性；⑥对氧化产物溶解能力强；⑦对机械无腐蚀和锈蚀；⑧在使用环境下的低挥发性；⑨良好的抗乳化和抗泡性等。

润滑油品种、规格、牌号都很复杂，广泛应用于各种机械设备，不同的应用领域要求使用不同的品种，不同的使用环境和不同的使用条件又要求不同的牌号。为此国际标准化组织制定了 ISO 6743/0 1981《润滑剂、工业润滑油和有关产品(L 类)的分类—第 0 部分：总分组》分类标准。我国等效采用了 ISO 6743/0 标准，制定了国家标准 GB/T 7631. 1—1987。

中国石化从20世纪90年代起按照国际上通用的中性油分类方法，并根据国内原油性质和黏度指数，把中性油分为UHVI(超高黏度指数，黏度指数>140)、VHVI(很高黏度指数，黏度指数>120)、HVI(高黏度指数，黏度指数>90)、MVI(中黏度指数，黏度指数40~90)和LVI(低黏度指数，黏度指数<40)四大类。

其中，HVI为高黏度指数中性油，规定黏度指数不小于90，用于配制黏温性能要求较高的润滑油；MVI为中黏度指数中性油，黏度指数不小于40，适用于配制黏温性能要求不高的润滑油；LVI为低黏度指数中性油，未规定最低黏度指数，适用于配制变压器油、冷冻机油等低凝点润滑油。

1.3.4.5 燃料油

燃料油主要由石油的裂化残渣油和直馏残渣油制成，为黑褐色黏稠状可燃液体，其特点是黏度大，含非烃化合物、胶质、沥青质多，黏度适中，燃料性能好，发热量大。用于锅炉燃料，雾化性良好，燃烧完全，积炭及灰分少，腐蚀性小。其闪点较高，存储及使用较安全。广泛用于船舶锅炉燃料、加热炉燃料、冶金炉和其他工业炉燃料。

燃料油的主要技术指标有黏度、含硫量、闪点、水、灰分和机械杂质。

黏度是燃料油最重要的性能指标，是划分燃料油等级的主要依据。它的大小表示燃料油的易流性、易泵送性和易雾化性能的好坏。

燃料油中的硫含量过高会引起金属设备的腐蚀和环境污染。根据含硫量的高低，燃料油可以划分为高硫、中硫和低硫燃料油。

闪点是油品安全性的指标。

灰分是燃烧后剩余不能燃烧的部分，会使泵、阀磨损加速。另外，灰分还会覆盖在锅炉受热面上，使传热性变坏。

机械杂质会堵塞过滤网，造成抽油泵磨损和喷油嘴堵塞，影响正常燃烧。

1.3.4.6 石油焦

石油焦来自石油炼制过程中渣油的焦炭化，是延迟焦化装置的原料油在高温下裂解生产轻质油品时的副产物，是黑色或暗灰色坚硬固体石油产品。石油焦组分是碳氢化合物，含碳90%~97%，含氢1.5%~8%，还含有氮、氯、硫及重金属化合物。它是一种重要的燃料和原料，主要用于有色金属、冶金和化肥、水泥等行业。按用途划分，可作为炼铝、炼钢电极原料，生产超高功率石墨电极和做化肥、水泥的原料与燃料。

根据石油焦结构和外观，石油焦产品可分为针状焦、海绵焦、弹丸焦和粉焦4种。

针状焦，具有明显的针状结构和纤维纹理，主要用作炼钢中的高功率和超高功率石墨电极。由于针状焦在硫含量、灰分、挥发分和真密度等方面有严格质量指标要求，所以对针状焦的生产工艺和原料都有特殊的要求。

海绵焦，化学反应性高，杂质含量低，主要用于炼铝工业及炭素行业。

弹丸焦或球状焦，形状呈圆球形，直径0.6~30mm，一般是由高硫、高沥青质渣油生产，只能用作发电、水泥等工业燃料。

粉焦，经流态化焦化工艺生产，其颗粒细(直径0.1~0.4mm)，挥发分高，热胀系数高，不能直接用于电极制备和炭素行业。

根据石油焦硫含量的不同，可分为高硫焦(硫含量3%以上)和低硫焦(硫含量3%以下)。

1.3.4.7 沥青

石油沥青是指在原油加工过程中制得的沥青产品，一般为石油中馏程大于500℃的重组分，是极为复杂的烃类和非烃类衍生物的混合物，绝大部分可溶于三氯乙烯，其性质和组成随原油来源和生产工艺的不同而变化，在石油产品中属于非能源产品。按用途可分为三大类，即道路石油沥青、建筑石油沥青、防水防潮石油沥青。

目前，世界各国对道路石油沥青产品牌号的划分主要有三种方法，即按针入度分级、按黏度分级和按性能分级。

在针入度分级体系中，沥青针入度试验是测定沥青稠度的标准方法。25℃的针入度给出了接近年平均使用温度下的沥青的稠度。而沥青的延度，特别是沥青的低温延度，可以反映沥青的抗开裂性能。沥青的高温性能则是通过沥青的软化点表征的，在同样的针入度下，软化点越高，沥青的高温性能就越好。

我国的道路沥青分级体系是在以上针入度分级体系的基础上根据我国的具体情况制定的，基本能够满足对沥青质量的控制。

1.3.4.8 液化石油气

液化石油气是指石油当中的气态轻烃，是以碳三、碳四(即丙、丁烷烃和烯烃)为主及少量碳二、碳五等组成的混合物，常温常压下为气态，稍加压缩后成为液化气，装入钢瓶送往用户处当燃料使用。

随着石油化学工业的发展，液化石油气作为一种化工基本原料和新型燃料，已越来越受重视。在化工生产方面，液化石油气经过气体分馏可以得到乙烯、丙烯、丁烯、丁二烯等，用来生产高附加值的石油化工产品，如合成树脂、合成橡胶、合成纤维及生产医药、炸药、染料等产品。用液化石油气作燃料，由于其热值高、无烟尘、无炭渣，操作使用方便，已广泛地进入人们的生活领域。

商品液化石油气要求碳五及以上的烃类含量低，以保证残液少；含硫低，不造成环境污染。当前许多城市公共汽车及出租汽车等大量改装以液化石油气替代汽油，以改善汽车尾气对大气的污染。

1.4 化工工艺

1.4.1 概述

1.4.1.1 炼油化工一体化

炼油化工一体化(即炼化一体化)是将炼油和化工上下游生产紧密衔接起来，实行物料互供和公用工程等的一体化建设，从而优化资源配置，实现效益的最佳化。我国自20世纪80年代起，逐渐建设了一批大型炼油化工一体化企业，已有大庆、抚顺、吉林、燕山、天津、齐鲁、兰州、独山子、上海、扬子、茂名等十多个不同规模的企业，最近几年伴随着一批新的大型炼化企业的建成投产，增强了市场竞争力。2011年底，我国原油一次加工能力达6.1亿t/a，乙烯生产能力达到1520万t/a，炼化一体化的重要性日益提升，一体化的程度已从初级的以单供原料为主的松散型发展到全面互供原料的紧密型。

炼化一体化有五大优势，一是可以减少投资，降低生产成本；二是可以降低原料成本，提高石油资源的利用效率；三是可以拓宽石化原料来源，满足市场不断增长的需求；四是可以提高生产灵活性，应对油品和石化产品市场变化的需求；五是可以实现产品多样化，延伸价值链，提高经济效益。

1.4.1.2 化工生产产品链

化工生产产品链即从一种基本化工产品出发，通过不同的加工方式生产出不同的产品，这些产品之间存在某种上下游的关系，通常一种产品既是上一种产品的产品，又是下一种产品的原料，从而形成以某个化工产品为基础的化工产品链。例如，乙烯是一种基础性化工产品，通过乙烯聚合方式能够生产聚乙烯，聚乙烯又分为高压聚乙烯、低压聚乙烯，聚乙烯又可分为膜料、电缆料等众多牌号；乙烯氧化可生产环氧乙烷，环氧乙烷又可生产乙二醇，乙二醇可以生产聚酯并进一步生产涤纶，还可生产防冻剂、炸药等。

乙烯产品链示意图如图 1-16 所示，芳烃产品链示意图如图 1-17 所示。

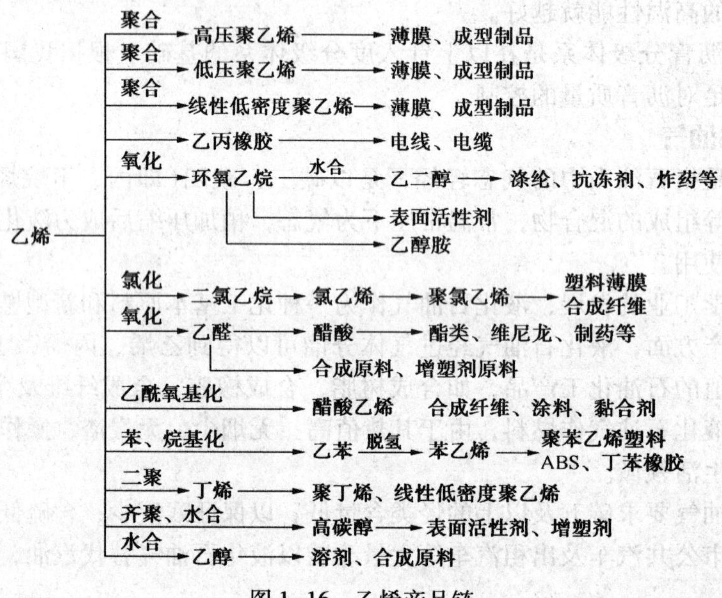

图 1-16 乙烯产品链

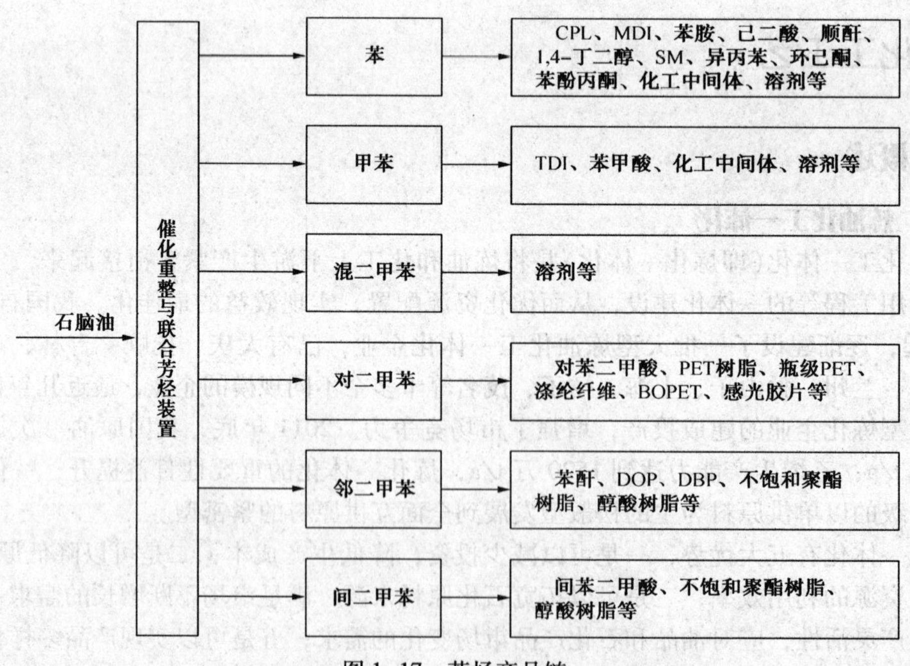

图 1-17 芳烃产品链

化工生产产品链管理是综合性石化企业实现资源综合利用、提高资源利用效率和企业效益与竞争力、实施企业市场战略和产品战略的重要内容。

1.4.2 化工生产主要装置

1.4.2.1 乙烯裂解装置

1. 功能

裂解料在裂解炉中通过高温裂解，深冷分离产出主产品乙烯和丙烯及副产品碳三、碳四、碳五、甲烷、氢气、粗裂解汽油和裂解燃料油等。

2. 裂解原料

乙烷、丙烷、丁烷、炼厂气、拔头油、抽余油、石脑油、加氢尾油、常压柴油、减压柴油等。

3. 产品分布

裂解炉出来的产品为裂解气，为氢气、甲烷、乙烯、乙烷、丙烯、丙烷、丁二烯、裂解汽油、裂解燃料油等组分的混合物。裂解气分离后的主要产品是乙烯、丙烯、丁二烯、氢气、液化气、裂解汽油等。乙烯、丙烯主要用于生产聚乙烯、聚丙烯等产品，丁二烯主要用于生产合成橡胶。

4. 工艺流程

乙烯裂解装置主要由裂解、压缩、分离等工序组成。其工艺流程简述如下(见图1-18)：

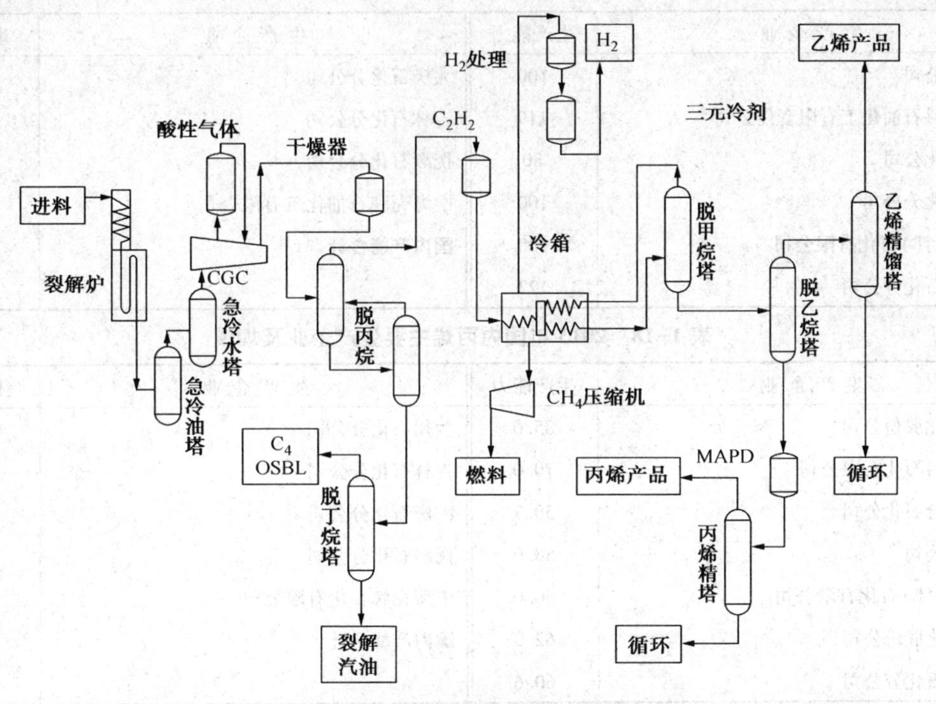

图1-18 乙烯裂解装置工艺流程示意图

(1) 裂解工序 接收裂解原料，送入裂解炉进行蒸汽裂解，得到的裂解气(即氢气、甲烷、乙烯、乙烷、丙烯、丙烷、丁二烯、裂解汽油、裂解燃料油等组分的混合物)经废热锅炉急冷，油冷、水冷至常温，回收部分热量，并把其中大部分油类产品分离后送入后续工序。

（2）压缩工序　将来自裂解工序的裂解气，经压缩后提高压力，为深冷分离提供条件。裂解气在压缩过程中，逐段冷却和分离，除去重烃和水，并经碱洗，除去裂解气中的酸性气体，为分离系统提供合格的裂解气。

（3）分离工序　将压缩工序来的裂解气，经脱水、深冷和精馏等过程，获得乙烯、丙烯产品，同时得到副产品 H_2、CH_4、液化石油气、混合碳四馏分及裂解汽油。

5. 国内外产能

2013 年世界乙烯生产能力为 15355 万 t/a，产量为 13170 万 t，消费量约 13311 万 t。生产和消费主要集中在东北亚、北美、中东和西欧四个地区。2013 年中国国内乙烯生产能力达到 1783 万 t/a，产量为 1621 万 t，居世界第二位，当量消费量为 3400 万 t。

2013 年世界丙烯生产能力为 10378 万 t/a，产量为 8448 万 t，丙烯消费为 8448 万 t。东北亚、北美和西欧是世界丙烯最集中的生产和消费地区。2013 年中国国内丙烯生产能力为 1972 万 t/a，产量达 1675 万 t，当量消费量为 2454 万 t。

2013 年全球丁二烯产能为 1358 万 t/a，产量为 1046 万 t，消费量为 1046 万 t。东北亚、北美和西欧是世界主要丁二烯生产和消费地区。2013 年我国丁二烯生产能力为 369 万 t/a，产量为 221 万 t。全年进口丁二烯 37.1 万 t，表观消费量为 257 万 t。

6. 国内主要生产企业及规模

国内主要乙烯、丙烯及丁二烯生产企业及规模见表 1-17～表 1-19。

表 1-17　2013 年国内乙烯主要生产企业及规模　万 t/a

生 产 企 业	生产能力	生 产 企 业	生产能力
茂名分公司	100	大庆石化分公司	120
上海赛科石油化工有限责任公司	119	吉林石化分公司	85
福建炼化公司	80	抚顺石化分公司	94
镇海炼化分公司	100	中海壳牌石油化工有限公司	95
中沙（天津）石化有限公司	100	**国内产能合计**	**1783**
独山子石化分公司	122		

表 1-18　2013 年国内丙烯主要生产企业及规模　万 t/a

生 产 企 业	生产能力	生 产 企 业	生产能力
镇海炼化股份公司	85.0	兰州石化分公司	56.6
上海赛科石化有限公司	70.0	吉林石化分公司	58.8
福建联合石化公司	50.7	大庆石化分公司	63.0
茂名分公司	50.0	抚顺石化分公司	60.0
中沙（天津）石化有限公司	50.0	中海壳牌石化有限公司	50.0
上海石化股份公司	62.3	**国内产能合计**	**1972**
独山子石化分公司	60.6		

表 1-19　2013 年国内丁二烯主要生产企业及规模　万 t/a

生 产 企 业	生产能力	生 产 企 业	生产能力
扬子石化有限公司	20.6	独山子石化分公司	20.5
中沙（天津）石化有限公司	20.0	大庆石化分公司	23.1

续表

生产企业	生产能力	生产企业	生产能力
茂名分公司	16.4	抚顺石化分公司	16.0
齐鲁分公司	16.1	中海壳牌石油化工有限公司	16.5
镇海分公司	16.0	**国内产能合计**	**369**
吉林石化分公司	23.0		

1.4.2.2 芳烃联合装置

1. 功能

芳烃联合装置主要是以石脑油、混合碳八等为原料，在催化剂的作用下，将环烷烃等非芳烃组分部分转化为芳烃，经歧化反应、异构化反应生成目的产品，经抽提、分馏、吸附等精制分离工艺，生产高纯度对二甲苯、邻二甲苯、纯苯等。

2. 原料

石脑油(直馏轻石脑油、直馏重石脑油、加氢裂化石脑油)、乙烯裂解汽油、混合二甲苯、混合芳烃等。

3. 产品分布

主要产品为苯、对二甲苯和邻二甲苯，副产物为氢气、拔头油、戊烷油、液化气、燃料气、抽余油和重芳烃等。

4. 工艺流程

芳烃联合装置由芳烃抽提装置和二甲苯装置两大部分组成。其中芳烃抽提装置由预分馏、抽提、B/T、溶剂油四个单元组成；二甲苯装置由歧化及烷基转移、二甲苯精馏、吸附分离异构化四个单元组成，以芳烃抽提装置生产的甲苯碳八以上芳烃作为原料，主要产品为苯和对二甲苯。

5. 国内外产能

2013 年世界纯苯生产能力为 5969 万 t/a，产量为 4342 万 t，总消费量为 4342 万 t。2013 年我国纯苯产能达 1171 万 t/a，产量为 841 万 t，表观消费量为 927 万 t。

2013 年世界甲苯生产能力为 3582 万 t/a，产量为 2415 万 t，总消费量为 2415 万 t。2013 年中国商品甲苯产能达 358 万 t/a，产量为 193 万 t，表观消费量为 274 万 t。

2013 年全球对二甲苯能力达 4193 万 t/a，产量为 3380 万 t，实际消费量为 3380 万 t。2013 年中国对二甲苯产能达 1108 万 t/a，产量为 786 万 t，进口量为 905.3 万 t，出口量为 18.1 万 t，表观消费量为 1673 万 t。

6. 国内主要生产企业及规模

国内主要芳烃系列生产企业及其规模见表 1-20~表 1-22。

表 1-20 2013 年国内纯苯主要生产企业及规模 万 t/a

生产企业	生产能力	生产企业	生产能力
上海石油化工股份有限公司	63.2	乌鲁木齐石化分公司	38.5
扬子石油化工有限公司	49.3	独山子石化分公司	32.2
镇海分公司	48.5	吉林石化分公司	30.5

续表

生产企业	生产能力	生产企业	生产能力
天津分公司	38.0	大庆石化分公司	29.3
福建炼化有限公司	30.0	抚顺石化分公司	25.0
九江分公司	27.5	中国海油惠州炼油分公司	30.0
茂名分公司	26.8	青岛丽东化工有限公司	27.6
齐鲁分公司	26.7	大连福佳大化石油化工有限公司	40.0
辽阳石化分公司	41.6	**国内产能合计**	**1171**

表 1-21　2013 年国内甲苯主要生产企业及规模　万 t/a

生产企业	生产能力	生产企业	生产能力
镇海分公司	24.0	独山子石化分公司	27.8
天津分公司	23.4	兰州石化分公司	17.4
金陵分公司	11.0	广西石化分公司	32.3
洛阳分公司	10.0	宁波和邦化学	15.4
茂名分公司	12.2	青岛丽东	18.4
上海赛科石化有限公司	14.0	**国内产能合计**	**358**
抚顺石化分公司	22.0		

表 1-22　2013 年国内对二甲苯主要生产企业及规模　万 t/a

生产企业	生产能力	生产企业	生产能力
上海石油化工股份有限公司	83.5	辽阳石化分公司	76.0
扬子石油化工有限公司	80.0	乌鲁木齐石化分公司	105.5
天津分公司	33.4	青岛丽东化工有限公司	70.0
镇海分公司	52.0	大连福佳大化石油化工有限公司	140.0
洛阳分公司	21.5	中国海油惠州炼油分公司	84.0
金陵分公司	60.0	**国内产能合计**	**1108**
福建炼化有限公司	70.0		

1.4.2.3　合成树脂装置

1. 聚乙烯装置

(1) 功能

将乙烯单体通过聚合反应生成满足要求的聚乙烯产品。

(2) 原料

高纯度乙烯、α-烯烃、引发剂、助剂、己烷溶剂。

(3) 产品分布

高密度聚乙烯、低密度聚乙烯、线性低密度聚乙烯。

(4) 工艺流程

目前聚乙烯生产装置主要分为低密度聚乙烯(LDPE)装置、高密度聚乙烯(HDPE)装置、线性低密度聚乙烯(LLDPE)装置和全密度聚乙烯装置。

高压法生产 LDPE 是聚乙烯树脂生产中技术最成熟的方法，在高温高压下，经引发剂作用，烯烃发生自由基聚合反应得到 LDPE 产品。LDPE 生产必备条件之一是需要一个可以承压的反应容器，根据反应容器的不同可以分为管式法工艺和釜式法工艺两种。

低密度聚乙烯的生产工艺流程如图 1-19 和图 1-20 所示。

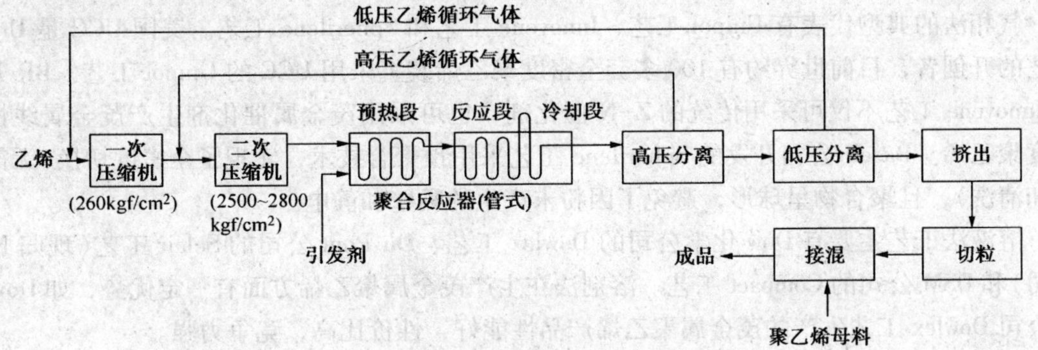

图 1-19　管式法生产流程示意图

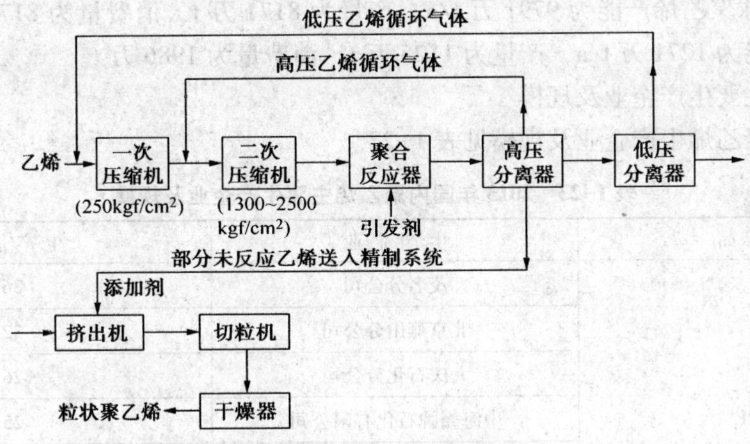

图 1-20　釜式法聚乙烯生产流程示意图

高密度聚乙烯(HDPE)装置生产工艺分为气相法、淤浆法、溶液法。其中淤浆法工艺较为普遍(见图 1-21)，目前采用淤浆法工艺的 HDPE 装置产能约占世界 HDPE 总产能的 79%；其次为气相法工艺，采用此工艺的 HDPE 装置产能约占世界 HDPE 总产能的 17%左右。淤浆法的典型工艺有三井油化工艺、菲利普斯工艺。

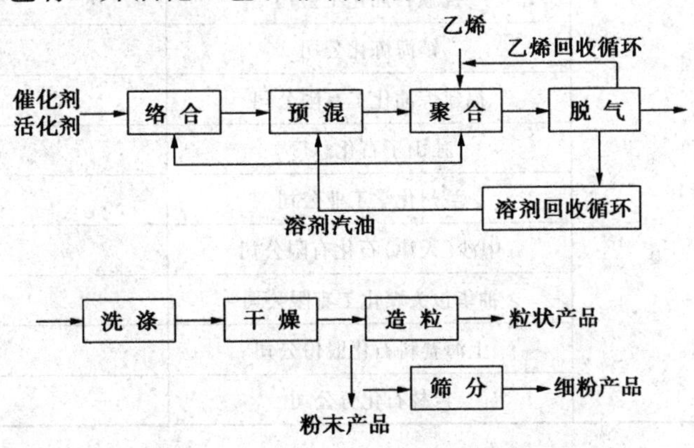

图 1-21　淤浆法聚乙烯生产流程示意图

气相法工艺是乙烯在催化剂存在下直接在流化床反应器内反应生成固体聚乙烯，拥有这一专利技术的有陶氏化学和 BP 公司。上海赛科采用了 BP 的气相流化床工艺。

全密度聚乙烯装置生产工艺分为气相法、淤浆法和溶液法，目前主要以气相法为主，采用气相法的全密度聚乙烯装置产能在全密度聚乙烯总产能中的比例接近 80%。

气相法的典型代表有 Unipol 工艺、Innovene 工艺和 Spherilene 工艺。美国 UCC 是 Unipol 工艺的开创者，目前世界约有 100 多套全密度聚乙烯装置采用 UCC 的 Unipol 工艺。BP 开发的 Innovene 工艺不仅可采用传统的 Z-N 催化剂，也可采用茂金属催化剂生产茂金属线性低密度聚乙烯。Basell 公司开发的 Spherilene 工艺采用预聚合技术，实现了全密度切换（无需停车和清洗），且聚合物呈球形，避免了因粉末产生的黏壁和静电。

溶液法工艺主要有 Dow 化学公司的 Dowlex 工艺、Du Pont 公司的 Sclair 工艺（现归 Nova 公司）和 DSM 公司的 Compact 工艺。溶剂法在生产茂金属聚乙烯方面有一定优势，如 Dow 化学公司 Dowlex 工艺生产的茂金属聚乙烯产品性能好，性价比高，竞争力强。

（5）国内外产能

2013 年全球聚乙烯产能为 9791 万 t/a，产量为 8171 万 t，消费量为 8171 万 t。2013 年我国聚乙烯产能为 1271 万 t/a，产量为 1125 万 t，消费量为 1986 万 t。

（6）国内主要生产企业及规模

国内主要聚乙烯生产企业及规模见表 1-23。

表 1-23　2013 年国内聚乙烯主要生产企业及规模　　万 t/a

产　品	生产企业	生产能力
LDPE	茂名分公司	36
	北京燕山分公司	32
	大庆石化分公司	26
	中海壳牌石化有限公司	25
	扬子巴斯夫有限责任公司	20
	上海石化股份有限公司	15.8
	齐鲁石油化工公司	14
LLDPE（含全密度聚乙烯）	大庆石化分公司	62.8
	抚顺石油化工公司	53
	镇海炼化公司	45
	福建炼油化工有限公司	40
	独山子石化总厂	40
	兰州化学工业公司	36
	中沙（天津）石化有限公司	30
	神华包头煤化工有限公司	30
	上海赛科石化股份公司	30
	吉林石化分公司	27.4

续表

产　　品	生产企业	生产能力
HDPE	独山子石化总厂	70
	福建炼化有限公司	40
	上海石化股份公司	39.5
	茂名分公司	35
	抚顺石油化工公司(全密度)	35
	上海赛科石化有限公司	30
	中沙(天津)石化有限公司	30
	吉林化工公司	30
	辽宁华锦化工(集团)有限责任公司	30
	中海壳牌南海项目	26
全国产能合计		1271

2. 聚丙烯装置

(1) 功能

将丙烯单体通过聚合反应生成满足要求的聚丙烯产品。

(2) 原料

高纯度丙烯、引发剂、助剂。

(3) 产品分布

不同牌号的聚丙烯产品。

(4) 工艺流程

目前，聚丙烯的生产工艺主要有液相本体法、气相法和液相本体-气相法组合工艺3种，早期的溶剂法和淤浆法已基本淘汰。

液相本体法工艺：1964年美国Dart公司采用釜式反应器建成了世界上第一套工业化本体法聚丙烯生产装置。按聚合工艺流程，可分为间歇式聚合工艺和连续式聚合工艺两种。

气相法工艺：气相法聚丙烯工艺的研究和开发始于20世纪60年代。目前，世界上气相法聚丙烯生产工艺主要有BP公司的Innovene工艺、联碳公司的Unipol工艺以及BASF公司的Novolen工艺等。

液相本体-气相法组合工艺：液相本体-气相法组合工艺主要包括巴塞尔公司的Spheripol工艺、日本三井化学公司的Hypol工艺、北欧化工公司的Borstar工艺等。

图1-22为本体法工艺流程示意图。

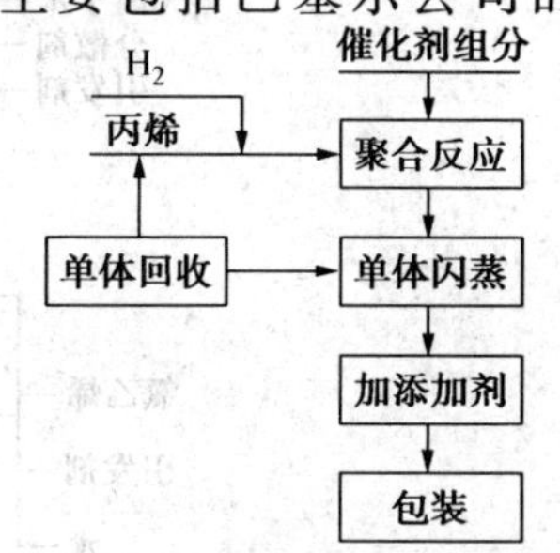

图1-22　本体法工艺流程示意图

(5) 国内外产能

2013年世界聚丙烯产能为6788万t/a，产量为5619万t，需求量为5619万t。2013年我国聚丙烯产能为1539万t/a，产量为1262万t，消费量为1986万t。

(6)国内主要生产企业及规模

国内主要聚丙烯生产企业及规模见表1-24。

表 1-24　2013 年国内聚丙烯主要生产企业及规模　　万 t/a

生产企业	生产能力	生产企业	生产能力
中国石油独山子石化总厂	69	中国石化茂名乙烯工业公司	47
中国石油大庆炼化分公司	60	大唐内蒙古多伦煤化工有限公司	46
中国石化福建炼油化工有限公司	52	中沙(天津)石化有限公司	45
中国石化镇海分公司	50	中国石油兰州石化分公司	45
神华宁煤集团	50	**全国产能合计**	**1539**
浙江绍兴三园石化有限公司	50		

3. 聚氯乙烯装置

(1) 功能

将氯乙烯单体通过聚合反应生成满足要求的聚氯乙烯产品。

(2) 原料

高纯度氯乙烯、引发剂、助剂。

(3) 产品分布

不同牌号的聚氯乙烯产品。

(4) 工艺流程

聚氯乙烯聚合方法主要有四种，悬浮法占 90%，乳液法占 5%，本体法占 2%，溶液法占 2%。

根据氯乙烯单体的获得方法来区分，可分为电石法、乙烯法和进口(EDC、VCM)单体法(习惯上把乙烯法和进口单体法统称为乙烯法)。近年来，欧洲乙烯基公司(EVC)又开发成功以乙烷为原料的 VCM 工艺路线。

乙烯法：该法首先由乙烯经氧氯化或直接氯化法制得二氯乙烷(EDC)，EDC 再热解制得 VCM。

电石法：①乙炔的制备，以电石为原料，水解发生制乙炔。②氯乙烯的合成，从乙炔站送来的精乙炔经过乙炔预冷器后在混合器内与来自氯化氢工段经过冷却的氯化氢按比例混合。通过冷冻、旋风分离、酸雾捕集等步骤后，在经过预热，进入转化器。以乙炔气和氯化氢为原料，在固定床反应器中以氯化汞作催化剂，在一定温度下反应制得氯乙烯。

图 1-23 和图 1-24 分别为悬浮法和乳液法聚氯乙烯聚合工艺流程示意图。

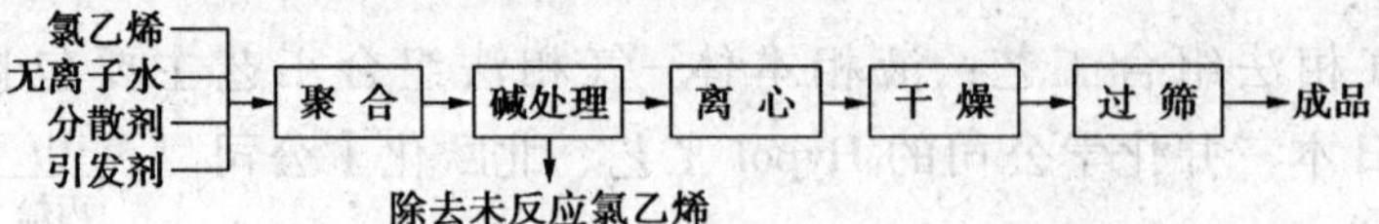

图 1-23　悬浮法聚氯乙烯聚合工艺流程示意图

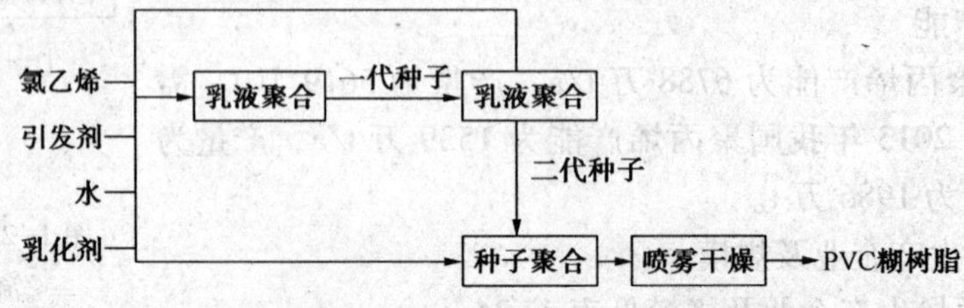

图 1-24　乳液法聚氯乙烯聚合工艺流程示意图

（5）国内外产能

2013年全球聚氯乙烯产能达5676万t/a，产量为3869万t，消费量为3869万t。亚洲、北美及西欧是主要供应及消费地区。2013年我国聚氯乙烯能力达到2784万t/a，产量为1530万t，表观消费量为1561万t。

（6）国内主要生产企业及规模

国内主要聚氯乙烯生产企业及规模见表1-25。

表1-25　2013年国内聚氯乙烯主要生产企业及规模　　万t/a

生产企业	生产能力	生产企业	生产能力
新疆天业股份有限公司	120	齐鲁石油化工公司氯碱厂	60
陕西北元化工有限公司	100	山东茌平信发华宇化工有限公司	60
新疆中泰化学股份有限公司	88	新疆宜化化工有限公司	60
湖北宜化集团有限责任公司	87	宜宾天原集团股份有限公司	52
新疆华泰重化工有限责任公司	85	**全国产能合计**	**2784**
天津大沽化工股份有限公司	80		

4. 聚苯乙烯装置

（1）功能

将苯乙烯单体通过聚合反应生成满足要求的聚苯乙烯产品。

（2）原料

原料有高纯度苯乙烯、引发剂、助剂。

（3）产品分布

产品为通用级聚苯乙烯（GPPS）、抗冲击级聚苯乙烯（HIPS）和发泡级聚苯乙烯（EPS）。

（4）工艺流程

聚苯乙烯可由多种合成方法聚合而成，目前工业上主要采用本体聚合法和悬浮聚合法。

通用聚苯乙烯本体法聚合工艺（见图1-25）：将苯乙烯先在预聚釜中进行预聚合，待转化率达33%左右时，连续送入塔式反应器继续聚合反应，最终转化率维持在97%左右。熔融聚合物从塔底部排出，经挤出造粒得聚苯乙烯产品。

苯乙烯→预聚合→塔式聚合→造　粒→成品

图1-25　通用聚苯乙烯本体法聚合工艺流程示意图

通用聚苯乙烯悬浮法聚合工艺（见图1-26）：苯乙烯以水为介质，以碳酸镁、磷酸钙或聚乙烯醇为分散剂，以顺丁烯二酸酐-苯乙烯共聚物钠盐为助分散剂，于150℃高温或85℃下，以过氧化二苯甲酰引发聚合，制得细珠状聚苯乙烯树脂，再经水洗、离心分离、气流干燥得产品。

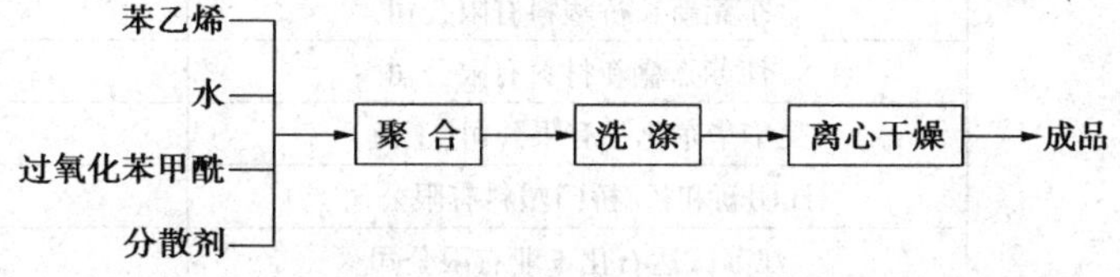

图1-26　通用聚苯乙烯悬浮法聚合工艺流程示意图

发泡聚苯乙烯聚合工艺（见图1-27）：以过氧化苯甲酰为引发剂，以羟乙基纤维素为分散剂，将苯乙烯和水加入备有机械搅拌的反应釜内，在85~90℃条件下，进行悬浮聚合，得珠粒状产物，经离心脱水、气流干燥而得产品。

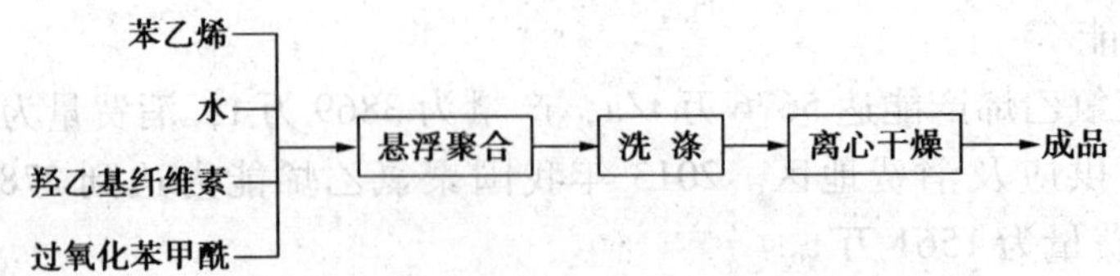

图 1-27 发泡聚苯乙烯聚合工艺流程示意图

高抗冲聚苯乙烯聚合工艺（见图 1-28）：系用苯乙烯与橡胶（顺丁橡胶或丁苯橡胶）借本体-悬浮法接枝共聚制得。首先将橡胶溶于苯乙烯中，在引发剂参与下进行本体预聚。当单体转化率达 34%时，移入含磷酸钙或聚乙烯醇为悬浮剂的水中进行悬浮聚合。引发剂为叔丁基过氧化苯甲酸脂或过氧化二异丙苯。聚合温度为为 80~130℃，聚合时间为 10~16h，然后经水洗、干燥得产品。

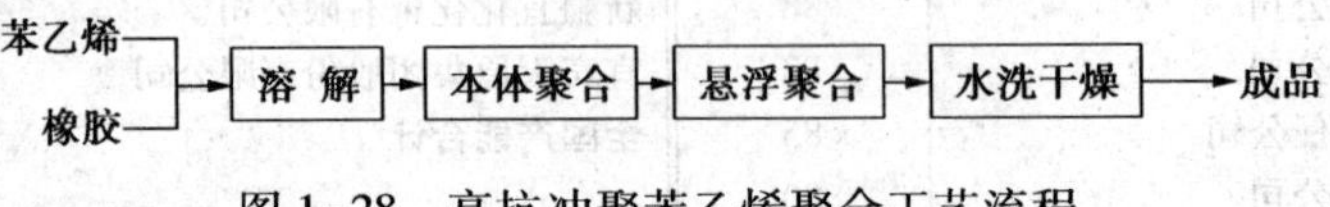

图 1-28 高抗冲聚苯乙烯聚合工艺流程

（5）国内外产能

2013 年世界聚苯乙烯产能为 2555 万 t/a，产量 1684 万 t，消费量为 1684 万 t。2013 年国内聚苯乙烯产能为 932 万 t/a，产量为 496 万 t，消费量为 558 万 t。

（6）国内主要生产企业及规模

国内主要聚苯乙烯生产企业及规模见表 1-26。

表 1-26 2013 年国内聚苯乙烯生产企业及规模 万 t/a

品 种	生产企业	生产能力
GPPS/HIPS	江苏莱顿	37
	上海赛科石化有限公司	30
	镇江奇美化工有限公司	30
	宁波（台塑）塑料有限公司	25
	扬子巴斯夫苯乙烯有限公司	20.3
	张家港雪佛龙化工有限公司	20
	汕头爱开思塑料有限公司	14
	独山子石化分公司	13
	张家港斯泰隆石化有限公司	12
	泉州海洋聚苯树脂有限公司	10
EPS	无锡兴达泡塑集团	65
	天津龙桥工程塑料有限公司	37
	东莞新长桥塑料有限公司	36
	江苏嘉盛新材料有限公司	36
	昊华华东化工有限公司（上海）	34
	江阴新和桥/桥门塑料有限公司	30
	江苏诚达石化工业有限公司	24
	双良集团	24
	倪家巷集团有限公司	24
	宁波和桥/新桥化工有限公司	18
全国产能合计		932

5. ABS(丙烯腈-丁二烯-苯乙烯共聚物)装置

(1) 功能

将丙烯腈、丁二烯及苯乙烯单体通过聚合反应生成满足要求的接枝共聚物产品。

(2) 原料

丙烯腈、丁二烯、苯乙烯、引发剂、助剂。

(3) 产品分布

ABS。

(4) 工艺流程

ABS树脂工业生产方法按技术路线可分为3类：化学接枝法、化学接枝共混法和物理掺混法。其中化学接枝法分为3种：乳液接枝法、连续本体接枝聚合法、乳液接枝-本体聚合法；化学接枝共混法分为3种：乳液接枝-乳液SAN(丙烯腈-苯乙烯共聚树脂)掺混法、乳液接枝-悬浮SAN掺混法、乳液接枝-本体SAN掺混法；物理掺混法是以ABS粉料和SAN粒料为原料，利用挤出机掺混生产ABS树脂，它仅属于塑料加工范畴，不属于传统ABS生产方法。

目前乳液接枝法、乳液接枝-乳液SAN掺混法在发达国家已被淘汰；乳液接枝-本体聚合法因需改变本体聚合配方才能生产出不同品种牌号的产品，应用不普遍；乳液接枝-悬浮SAN掺混法只适合于中小型生产装置。因此现阶段ABS树脂生产的主要方法为乳液接枝-本体SAN掺混法和连续本体聚合法。

乳液接枝-本体SAN掺混法是在乳液接枝法的基础上发展起来的，是目前生产ABS树脂最主要的生产工艺，主要由接枝用主干胶乳的合成、主干胶乳与苯乙烯和丙烯腈的接枝共聚、本体SAN共聚物的合成以及ABS接枝共聚物与SAN树脂的掺混等步骤组成。

各种方法的工艺流程如图1-29~图1-31所示。

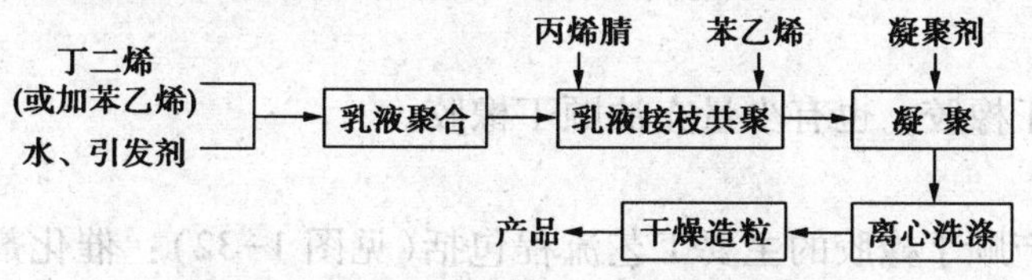

图1-29 乳液接枝法工艺流程示意图

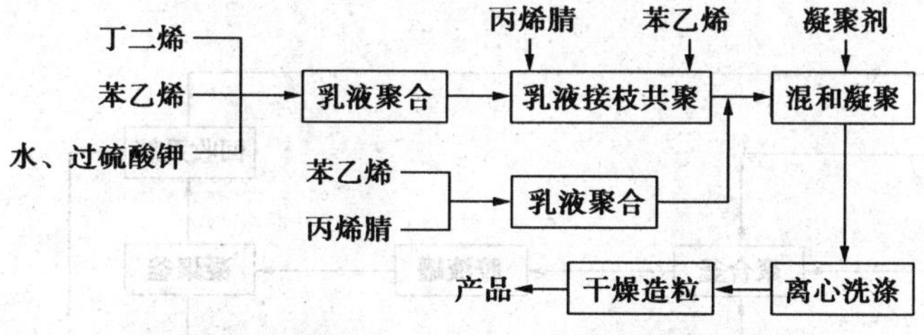

图1-30 乳液接枝共混法工艺流程图示意图

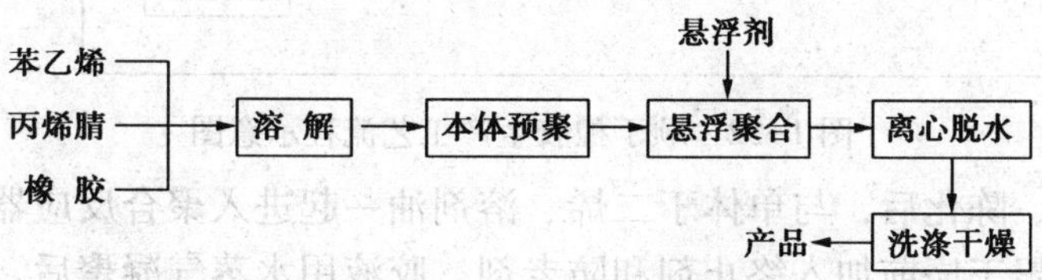

图1-31 本体-悬浮法工艺流程图示意图

（5）国内外产能

2013 年全球 ABS 树脂产能为 1068 万 t/a，产量为 705 万 t，消费为 705 万 t。产能主要集中在东亚地区。2013 年中国 ABS 树脂产能为 359 万 t/a，产量为 238 万 t，消费为 402 万 t。

（6）国内主要生产企业及规模

国内主要 ABS 树脂生产企业及规模见表 1-27。

表 1-27　2013 年国内 ABS 树脂主要生产企业及规模　　万 t/a

生产企业	生产能力	生产企业	生产能力
LG 甬兴化工有限公司	50	天津大沽化工集团	20
吉林石化分公司	37	盘锦双兴工程塑料有限公司	19
镇江奇美化工股份有限公司	36	大庆石化分公司	10.5
宁波台塑化纤 ABS 工厂	35	上海华谊集团	3.8
镇江国亨化学有限公司	25	兰州石化分公司	2
高桥分公司	20	**全国产能合计**	**359**
新湖常州石化有限公司	20		

1.4.2.4　合成橡胶装置

1. 顺丁橡胶装置

（1）功能

将丁二烯单体通过溶液聚合方式生成满足要求的顺丁橡胶。

（2）原料

高纯度丁二烯、引发剂、己烷（抽余油）、终止剂、防老剂及其他助剂。

（3）产品分布

主要产品为顺丁橡胶，也有少量充油顺丁橡胶。

（4）工艺流程

溶液聚合法生产顺丁橡胶的主要工艺流程包括（见图 1-32）：催化剂、终止剂和防老剂的配制和计量；丁二烯聚合；胶液凝聚；湿橡胶脱水、干燥及包装；单体、溶剂的回收和精制。

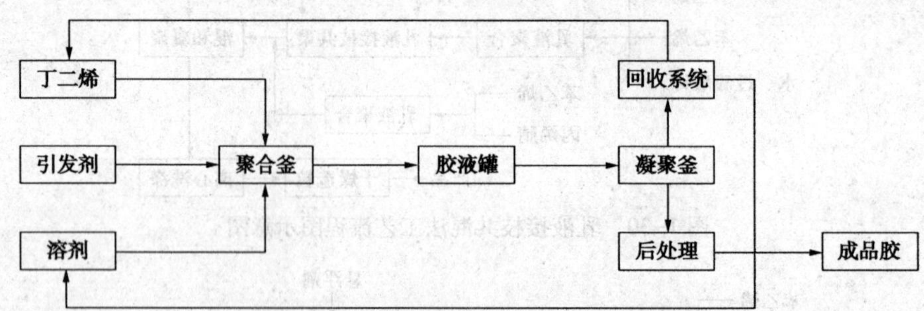

图 1-32　顺丁橡胶生产工艺流程示意图

催化剂经配制、陈化后，与单体丁二烯、溶剂油一起进入聚合反应器，在此合成顺丁橡胶。胶液在进入凝聚工序前加入终止剂和防老剂。胶液用水蒸气凝聚后，橡胶成颗粒状与水一起输送到脱水、干燥工序。干燥后的生胶包装后去成品仓库。在凝聚工序用水蒸气蒸出的溶剂油和丁二烯经回收精制后循环使用。

（5）国内丁二烯橡胶外产能

2013 年全球丁二烯橡胶产能为 460 万 t/a，产量为 314 万 t，消费量为 314 万 t。全球丁二烯橡胶主要分布于东北亚、北美和西欧。2013 年我国丁二烯橡胶能力为 155 万 t/a，产量为 81 万 t，表观消费量为 100.7 万 t。

（6）国内主要生产企业及规模

国内主要丁二烯橡胶生产企业及规模见表 1-28。

表 1-28　2013 国内丁二烯橡胶主要生产企业及规模

万 t/a

生产企业	生产能力	生产企业	生产能力
中国石化	71	锦州石化分公司	5
北京燕山分公司	15	独山子石化分公司	5
上海高桥分公司	18	其他企业	48.2
茂名石化	10	台橡宇部（南通）化学工业公司	7.2
扬子金浦	10	华宇橡胶有限责任公司	16
齐鲁分公司	7	浙江传化	10
巴陵石化公司	6	新疆蓝德精细石油化工股份公司	5
福橡化工有限责任公司	5	山东万达化工有限公司	5
中国石油	31	山东华懋新材料有限公司	5
大庆石化分公司	16	**全国产能合计**	**155**
四川石化	15		

2. 丁基橡胶装置

（1）功能

通过聚合反应使异丁烯和异戊二烯单体生成符合一定要求的高分子共聚物。

（2）原料

异丁烯、异戊二烯、引发剂、助剂。

（3）产品分布

各种不同牌号的丁基橡胶。

（4）生产工艺流程

氯甲烷、异丁烯与异戊二烯按比例配成溶液，经两级冷却后送入聚合釜，在釜的入口附近与预冷后的引发剂溶液相遇，迅速发生共聚反应，反应热由通入聚合釜内管的液态乙烯蒸发带走。聚合反应后，含有丁基橡胶微粒的於浆从聚合釜导出管连续溢流入脱气塔，在搅拌下与热碱水接触，脱除未反应的单体和溶剂，并形成橡胶粒子。聚合物与水混合的物料送入真空脱气塔，以进一步脱除橡胶粒子中残留的氯甲烷和异丁烯，然后送往后处理系统。在后处理系统，经振动筛、挤压脱水机、膨胀干燥机使橡胶中的水分降至 0.5%以下，然后压块、称量和包装。未反应的单体和氯甲烷气体从闪蒸釜及真空脱气塔顶部进入冷却器，再分离精制回收利用。其生产工艺流程如图 1-33 所示。

（5）国内外产能

2013 年全球丁基橡胶产能为 146.3 万 t/a，产量为 108.8 万 t，消费量为 108.8 万 t。

2013 年，国内产能为 17 万 t/a，产量为 9 万 t，净进口量为 4.0 万 t，表观消费量为 13.1 万 t。

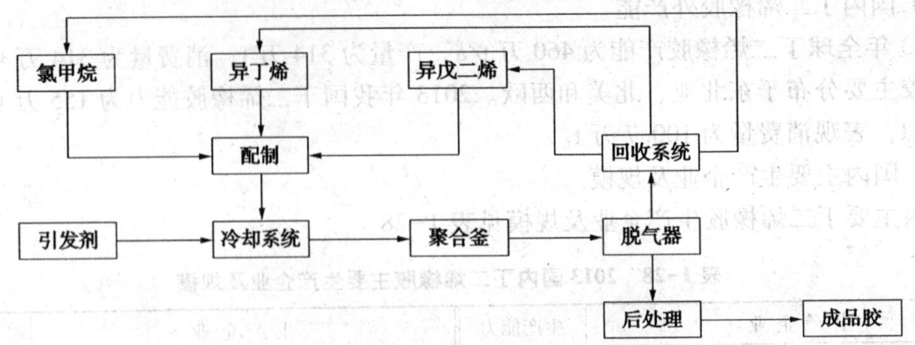

图 1-33　丁基橡胶生产工艺流程示意图

(6) 国内主要生产企业及规模

国内主要丁基橡胶生产企业及规模见表 1-29。

表 1-29　2013 年国内丁基橡胶主要生产企业及规模　　万 t/a

生产企业	生产能力	生产企业	生产能力
中国石化燕山石化分公司	7.5	盘锦和运	3.0
浙江信汇合成新材料有限公司	6.5	全国产能合计	17

3. 丁苯橡胶装置

(1) 功能

通过聚合反应使丁二烯和苯乙烯单体生成符合一定要求的高分子共聚物。

(2) 原料

符合要求的丁二烯、苯乙烯、引发剂、助剂。

(3) 产品分布

丁苯橡胶和充油丁苯橡胶。

(4) 生产工艺流程

以下主要介绍低温乳液聚合生产丁苯橡胶的生产工艺(见图 1-34)。

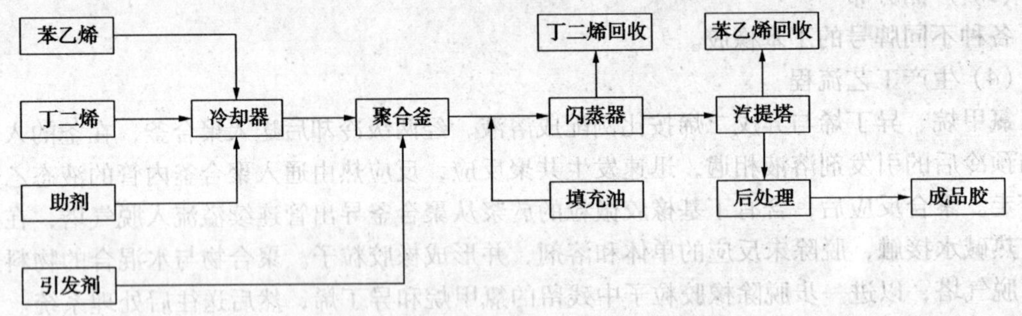

图 1-34　丁苯橡胶生产工艺流程示意图

原料的制备与混合：用计量泵将叔十烷基硫醇与苯乙烯在管路中混合溶解，再与丁二烯在管路中混合，然后与乳化剂混合液在管路中混合后进入冷却器，冷却至 10℃。再与活化剂溶液混合，从第一个釜的底部进入聚合系统，氧化剂直接从第一个釜的底部直接进入。

聚合：聚合系统由 8～12 台聚合釜组成，采用串联操作方式。当聚合达到规定转化率后，在终止釜前加入终止剂终止反应。

单体丁二烯的回收：从终止釜流出的胶液进入缓冲罐。然后经过真空闪蒸器回收未反应的丁二烯。回收的丁二烯经压缩液化，再冷凝除去惰性气体后循环使用。

单体苯乙烯的回收：脱除丁二烯的乳胶进入苯乙烯汽提塔上部，塔底用蒸气直接加热。苯乙烯与水蒸气由塔顶出来，经冷凝后，水和苯乙烯分开，苯乙烯循环使用。塔底得苯乙烯含量小于0.1%的胶乳。

后处理工段准备：经减压脱出苯乙烯的塔底胶乳进入混合槽，在此与防老剂乳液进行混合。必要时加入充油乳液，经搅拌混合均匀后，送入后处理工段。

胶粒的生成：混合好的乳胶用泵送到絮凝器槽中，进行破乳而形成浆状物。然后与稀硫酸混合后连续流入胶粒化槽，在剧烈搅拌下生成胶粒，溢流到转化槽以完成乳化剂转化为游离酸的过程。从转化槽中溢流出来的胶粒和清浆液经振动筛过滤分离后，湿胶粒进入洗涤槽用清浆液和清水洗涤。洗涤后的胶粒再经真空旋转过滤脱除部分水分，然后进入湿粉碎机粉碎成5~50nm的胶粒。

干燥、称量、压块、包装：用空气输送器将胶粒送到干燥箱中进行干燥，然后经称量、压块、检测金属后包装得成品丁苯橡胶。

(5) 国内外产能

2013年全球丁苯橡胶(包括溶液丁苯和乳液丁苯)产能为713万t/a，产量为473万t，消费量为472万t。2013年，国内丁苯橡胶产能为175万t/a，产量为111万t，消费量为138.5万t。

(6)国内主要生产企业及规模

国内主要丁苯橡胶生产企业及规模见表1-30。

表1-30 2013年国内丁苯橡胶生产企业及规模 万t/a

生产企业	生产能力	生产企业	生产能力
中国石化齐鲁分公司	23.0	普利司通(惠州)公司	5.0
中国石化高桥分公司	4.0	杭州浙晨橡胶有限公司	10.0
中国石化燕化分公司	3.0	天津陆港石油橡胶有限公司	10.0
扬子金浦橡胶有限公司	10.0	福橡化工有限责任公司	10.0
中国石油吉林石化分公司	14.0	山东华懋新材料有限公司	5.0
中国石油兰州石化分公司	15.5	中国石油抚顺石化	20
中国石油独山子石化分公司	6.5	**国内产能合计**	**174.5**
南通申华化工有限公司	18.0		

4. SBS橡胶装置

(1) 功能

通过聚合反应使丁二烯和苯乙烯单体生成符合一定要求的SBS橡胶。

(2) 原料

符合要求的丁二烯、苯乙烯、引发剂、助剂。

(3) 产品分布

SBS干胶和充油SBS橡胶。

(4) 生产工艺流程

线形 SBS 采用三步加料法间断聚合。一段苯乙烯和环已烷在聚合釜中经烷基锂破坏杂质后，加入引发剂烷基锂，在一定温度下进行聚合反应，得活性聚苯乙烯段。二段直接加入丁二烯进行聚合反应，得活性双嵌段共聚物。第三段苯乙烯环已烷溶液先在净化釜中净化后，再压入聚合釜进行反应，得活性三嵌段共聚物。其生产工艺流程如图 1-35 所示。

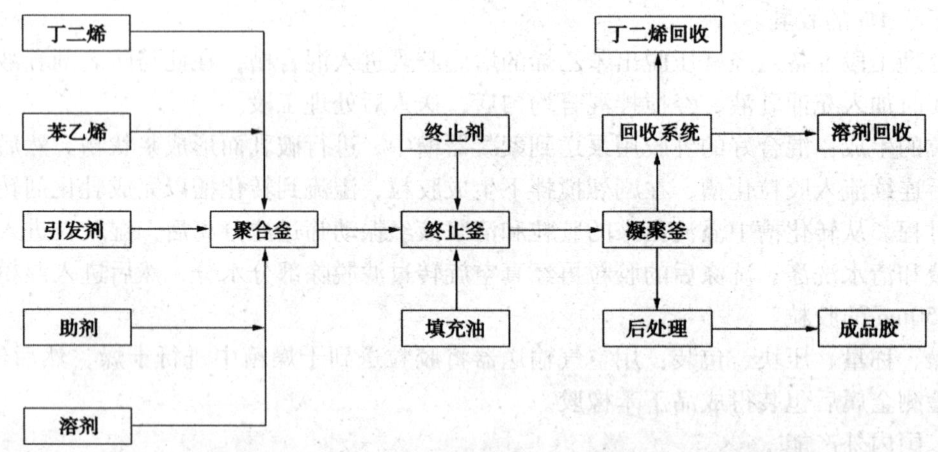

图 1-35　SBS 生产工艺流程示意图

星形 SBS 的一、二段反应同线形 SBS，然后加入偶合剂，进行偶合反应即得星形 SBS。反应结束后，将 SBS 胶液压入终止充油釜，加入终止剂(星形 SBS 不加终止剂)和防老剂。如果生产充油胶则再加入适量环烷油，在一定温度下，混合均匀后，送至胶液罐。胶液用水蒸气凝聚后，橡胶成颗粒状与水一起输送到脱水、干燥工序。干燥后的生胶包装后去成品仓库。

(5) 国内外产能

2013 年全球 SBS 产能为 260 万 t/a，产量为 178 万 t，消费量为 178 万 t。2013 年，国内 SBS 产能为 117 万 t/a，产量为 77 万 t，消费量为 80 万 t。

(6)国内主要生产企业及规模

国内 SBS 主要生产企业及规模见表 1-31。

表 1-31　2013 年国内 SBS 主要生产企业及规模　　万 t/a

生产企业	生产能力	生产企业	生产能力
中国石化	42.0	惠州李长荣橡胶有限公司	20.0
北京燕山分公司	6.0	台橡(南通)实业有限公司	3.5
巴陵石化公司	28.0	天津乐金(LG)渤天化学有限责任公司	6.0
茂名石化分公司	8.0	宁波科元塑胶有限公司	7.0
中国石油	9.0	宁波欧瑞特聚合物有限公司	2.0
独山子石化分公司	9.0	山东聚圣科技有限公司	3.0
其他企业	65.5	国内产能合计	**116.5**

1.4.2.5　合成纤维原料、聚合物、合成纤维装置

1. 环氧乙烷/乙二醇(EO/EG)装置

(1) 功能

通过化学反应使乙烯和氧生成符合一定要求的环氧乙烷，环氧乙烷通过水合反应生

成乙二醇。

(2) 原料

符合要求的乙烯、氧、助剂。

(3) 产品分布

环氧乙烷、乙二醇。

(4) 生产工艺流程

环氧乙烷/乙二醇装置主要包括环氧乙烷生产工段和乙二醇生产工段。

环氧乙烷生产工段(氧化工段，见图1-36)：空气经净化工序后进入第一混合器，与来自第一吸收塔塔顶的循环气混合，然后再与乙烯在第二混合器中混合。混合后的气体经增压、预热后进入主反应器，在银催化剂作用下反应生成环氧乙烷。反应后的气体经换热降温后进入主吸收塔，用水吸收其中的环氧乙烷，从塔顶出来的气体大部分回到第一混合器循环使用，而其余气体进入第三混合器，与补充的净化空气混合，再经预热升温进入副反应器，反应后气体经换热降混后进入副吸收塔，同样用水吸收其中的环氧乙烷，吸收后的气体经能量回收后排空。由主吸收塔和副吸收塔底出来的环氧乙烷水溶液，经减压后进入解吸塔，由解吸塔侧线气相出料，经冷凝后供水合工段使用，或进一步精制，作为环氧乙烷商品出售。

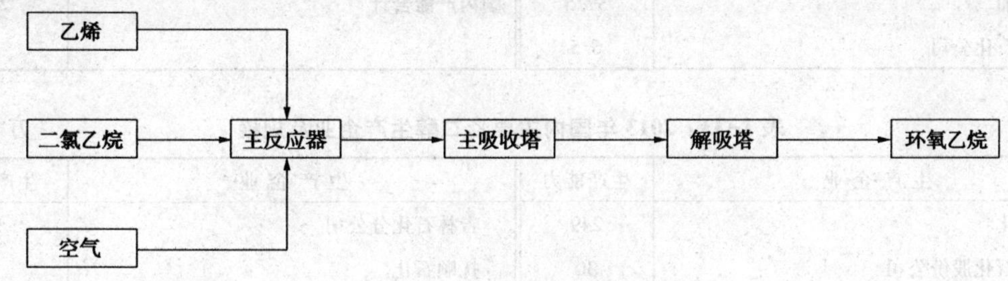

图1-36　氧化工段示意流程图

乙二醇生产工段(水合工段，见图1-37)：由氧化工段来的环氧乙烷，与含醇水混合，再经预热升温后进入水合反应器进行水合反应。生成的乙二醇水溶液经换热降温后，进入双效蒸发器。由第二效蒸发器出来的乙二醇浓缩液送到脱水塔，脱水后的粗乙二醇经换热后进入乙二醇精馏塔，塔顶得到符合要求的乙二醇产品，塔釜液则是二甘醇、三甘醇及多缩物等重组分。

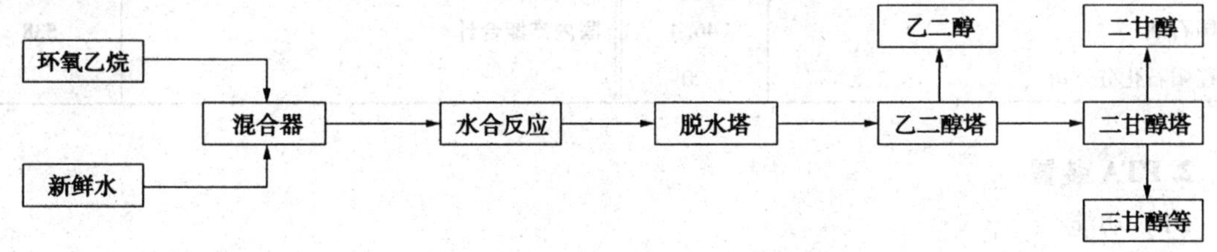

图1-37　水合工段示意流程图

(5) 国内外产能

2013年世界环氧乙烷生产能力(当量)达到2706万t/a，消费量为2435万t。世界67.4%的环氧乙烷用于乙二醇的生产，东北亚、中东和北美是最主要的生产和消费地区。2013年我国环氧乙烷生产能力(精制)为258万t/a，95%以上采用的都是石油乙烯进料生产；环氧乙烷表观消费量为194万t。我国环氧乙烷主要用于生产表面活性剂及助剂和减水剂聚醚大单体，两者消费比例分别为25.2%和20.6%。

2013 年，世界乙二醇生产能力达 2759 万 t/a，产量约为 2295 万 t。世界乙二醇生产能力集中在中东、东北亚和北美地区，乙二醇消费量中 84.6%用于生产聚酯。2013 年我国乙二醇生产能力为 538 万 t/a，产量增至 363 万 t，表观消费量达 1192 万 t。我国乙二醇约 93%用于生产聚酯。

（6）国内主要生产企业及规模

国内主要环氧乙烷生产企业及规模见表 1-32，主要乙二醇生产企业及规模见表 1-33。

表 1-32　2013 年国内主要环氧乙烷生产企业及规模　　万 t/a

生产企业	生产能力	生产企业	生产能力
中国石化	112	辽阳石化公司	10.0
扬子石化公司	10.2	吉林石化公司	11.0
上海石化公司	12.4	其他企业	109
茂名石化公司	8.0	嘉兴三江化工有限公司	33.0
镇海炼化公司	10.0	北方华锦化学	18.0
扬巴石化	15.0	阿克苏诺贝尔有限公司宁波	7.3
中国石油	37.5	国内产能合计	258
抚顺石化公司	6.5		

表 1-33　2013 年国内主要乙二醇生产企业及规模　　万 t/a

生产企业	生产能力	生产企业	生产能力
中国石化	249	吉林石化分公司	16
扬子石化股份公司	30	抚顺石化	5
上海石化股份公司	61	独山子石化	5
燕山石化分公司	12	其他企业	242
茂名石化分公司	12	中海壳牌石油化工有限公司	35
镇海炼化分公司	65	辽宁北方化学工业有限公司	20
中沙(天津)石化有限公司	36	通辽金煤化工有限公司	20
扬子-巴斯夫石化公司	33	河南煤化永金化工有限公司	40
中国石油	46.4	国内产能合计	538
辽阳石化分公司	20		

2. PTA 装置

（1）功能

通过化学反应使对二甲苯生成符合一定要求的 PTA。

（2）原料

PX、醋酸、助剂。

（3）产品分布

精对苯二甲酸。

（4）生产工艺流程

PTA 生产工艺过程可分为氧化单元和加氢精制单元两部分(见图 1-38)。原料对二甲苯

(PX)以醋酸为溶剂，在催化剂作用下经空气氧化成粗对苯二甲酸(TPA)，再依次经结晶、过滤、干燥为粗品。粗对苯二甲酸经加氢脱除杂质，再经结晶、离心分离、干燥为PTA成品。

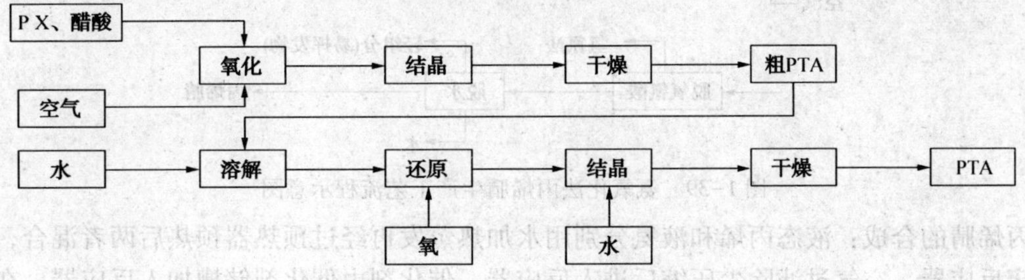

图1-38　PTA生产工艺流程示意图

(5) 国内外产能

2013年世界PTA生产能力为6852万t/a，产量和消费量均为4964万t。2013年我国TPAPTA生产能力达3509万t/a，产量约为2457万t，进口为273万t，表观消费量为2719万t。

(6)国内主要生产企业及规模

国内主要PTA生产企业及规模见表1-34。

表1-34　2013年国内主要PTA生产企业及规模　万t/a

生产企业	年末能力	生产企业	年末能力
中国石化	311.9	浙江逸盛石化公司	330
仪征化纤股份有限公司	100	大连逸盛石化公司	500
扬子石油化工有限公司	105	重庆蓬威石化有限责任公司	90
中国石油	87.5	绍兴远东石化公司	320
辽阳石化分公司	80	福建佳龙石化纺纤有限公司	60
其他企业	3110	汉邦(江阴)石化有限公司	60
厦门翔鹭石化公司	160	江苏三房巷集团有限公司	120
珠海碧阳化工公司	168	海南逸盛石化	210
亚东石化(上海)有限公司	72	浙江桐昆集团嘉兴石化有限公司	150
宁波三菱化学TPA项目	60	恒力石化(大连)有限公司	440
宁波台湾化纤	80	**国内产能合计**	**3509**

3. 丙烯腈装置

(1) 功能

通过化学反应使丙烯生成符合一定要求的丙烯腈。

(2) 原料

符合要求的丙烯、液氨、空气、助剂。

(3) 产品分布

丙烯腈及副产物。

(4) 生产工艺流程

以下只介绍丙烯氨氧化法生产丙烯腈的工艺流程。

丙烯腈生产工艺包括：丙烯腈的合成、产品和副产品的回收及精制三部分(见图1-39)。

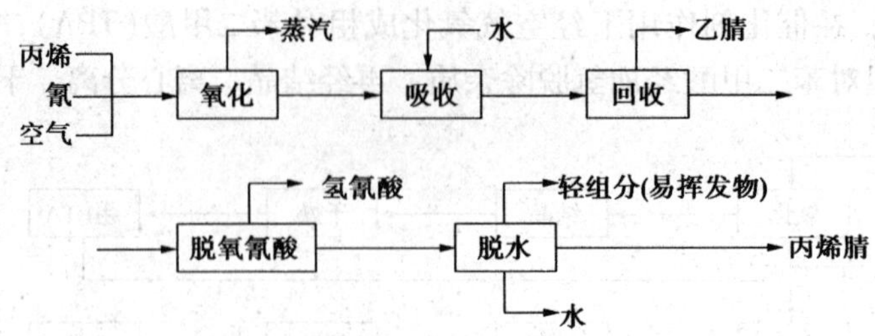

图 1-39　氨氧化法丙烯腈生产工艺流程示意图

丙烯腈的合成：液态丙烯和液氨分别用水加热蒸发再经过预热器预热后两者混合，进入流化床反应器，空气过滤除尘压缩后进入反应器，催化剂由催化剂储槽加入反应器，在反应器内进行化学反应。反应后的气体从反应器顶部出来，热交换后，进入回收和分离工序。

回收和分离：反应气组成中有易溶于水的有机物及不溶或微溶于水的惰性气体，因此可以用水吸收法将它们分离。

丙烯腈的精制：分出粗丙烯腈中的副产物和水获得合格的丙烯腈产品。

(5) 国内外产能

2013 年全球丙烯腈产能达 731 万 t/a，产量为 527 万 t，消费量为 527 万 t。亚洲、北美和西欧是世界丙烯腈主要的生产地区，消费主要集中在亚洲。2013 年我国丙烯腈产能为 139 万 t/a，产量为 127 万 t，进口量为 54.6 万 t，表观消费量为 182 万 t。

(6)国内主要生产企业及规模

国内主要丙烯腈生产企业及规模见表 1-35。

表 1-35　2013 年国内主要丙烯腈生产企业及规模　　万 t/a

生产企业	生产能力	生产企业	生产能力
中国石化集团	58.0	吉林石化分公司	42.4
上海石化股份	13.0	大庆石化分公司	8.0
安庆分公司	21.0	大庆炼化分公司	8.0
齐鲁分公司	8.0	抚顺石化分公司	9.2
上海赛科石化	26.0	兰州石化分公司	3.1
中国石油集团	70.7	**国内产能合计**	**139**

4. 腈纶装置

(1) 功能

通过聚合反应使丙烯腈单体生成符合一定要求的高分子共聚物。

(2) 原料

符合要求的丙烯腈、助剂、溶剂。

(3) 产品分布

腈纶。

(4) 生产工艺流程

这里只介绍均相溶液聚合工艺流程(见图 1-40)。

原料丙烯腈(AN)、第二单体丙烯酸甲酯(MA)、第三单体衣康酸(ITA)及硫氰酸钠(NaSCN)溶剂分别经由计量、调温后放入调配桶。引发剂偶氮二异丁腈(AIBN)和浅色剂二氧化硫脲(TuD)经称量后由旋流液封加料斗加入调配桶。经调配桶调配后，注入试剂混合桶。相对分子质量调节剂异丙醇(IPA)直接加入混合桶，混合桶内的聚合原料与从聚合浆液中脱除出来的未反应单体等物(如AN、MA、IPA和水分)充分混合并调温后，送入聚合釜进行聚合反应。

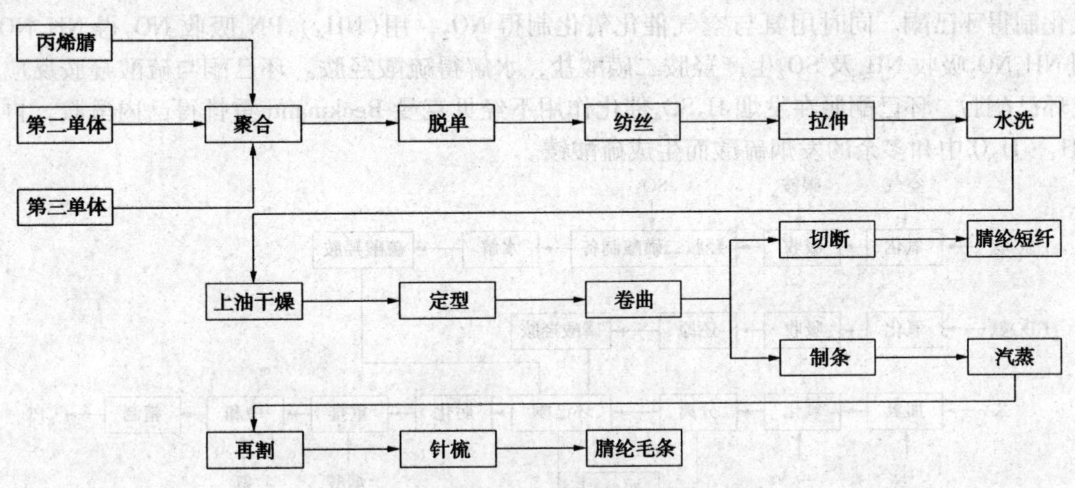

图1-40　丙烯腈均相溶液聚合流程示意图

完成聚合后的浆液由釜顶出料，通往脱单体塔，未反应的单体在脱单体塔中分离逸出，进入单体冷凝器。在这里反应用的试剂混合液又被作为回收单体的冷凝液，经泵注入喷淋冷凝器，把末反应的单体冷凝下来，而后被一起带回试剂混合桶。脱单体后的浆液被送入脱泡工段。

(5) 国内外产能

2013年全球腈纶产能为301万t/a，产量及消费量均为201万t。世界腈纶产能集中在亚太、中东及西欧。2013年国内产能为85.7万t/a，产量为69万t，净进口量为22万t，表观消费量为91.4万t。

(6) 国内主要生产厂家及规模

国内主要腈纶生产企业及规模见表1-36。

表1-36　2013年国内主要腈纶生产企业及规模　　万t/a

生产企业	生产能力	生产企业	生产能力
吉林化纤集团公司	15.0	中国石油集团抚顺石化公司	5.5
中国石化上海石化股份公司	14.1	秦皇岛腈纶厂	5.5
吉蒙腈纶有限公司	10.0	中国石化齐鲁分公司	5.4
中国石化安庆分公司	7.0	宁波中新腈纶(原三菱丽阳化纤有限公司)	5.0
中国石油大庆石化分公司	6.0	**国内产能合计**	**85.7**
浙江杭州湾腈纶有限公司	7.2		

5. 己内酰胺装置

(1) 功能

通过化学反应使苯、氨生成符合一定要求的己内酰胺。

(2) 原料

苯、氨、氢及助剂。

(3) 产品分布

己内酰胺。

(4) 生产工艺流程

这里只介绍采用苯为原料的生产工艺(见图 1-41)。首先是苯加氢制得环己烷，环己烷氧化制得环己酮。同时用氨与空气催化氧化制得 NO_2，用$(NH_4)_3PN_4$吸收 NO_2得 NH_4NO_2，用 NH_4NO_2吸收 NH_3及 SO_2生产羟胺二磺酸盐，水解得硫酸羟胺。环己酮与硫酸羟胺反应生成环己酮肟，环己酮肟在发烟 H_2SO_4催化作用下经贝克曼 Beckmann 重排得己内酰胺，再用 $NH_3 \cdot H_2O$ 中和多余的发烟硫酸而生成硫酸铵。

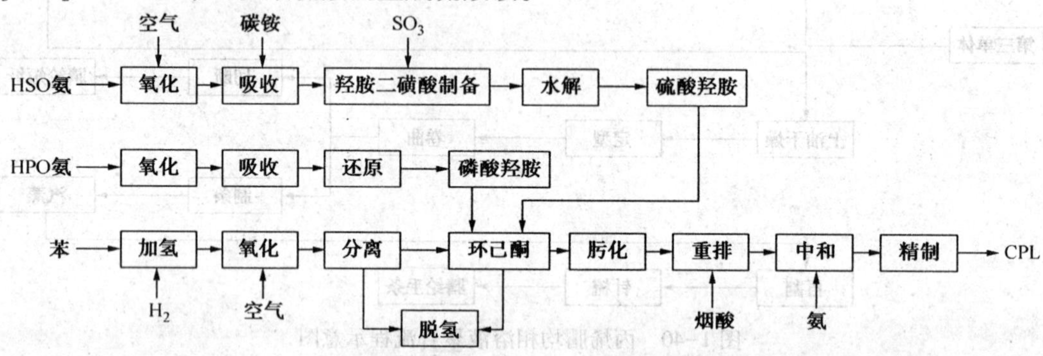

图 1-41 环己酮-羟胺法生产己内酰胺工艺流程示意图

(5) 国内外产能

2013 年全球己内酰胺产能达 605 万 t/a，产量及消费量分别为 468 万 t 和 468 万 t。产能主要集中在东北亚、西欧、北美及中东欧地区。2013 年国内产能为 181 万 t/a，产量为 115 万 t，全年进口量为 45.5 万 t，出口量为 0.4 万 t。表观消费量为 159.7 万 t。

(6) 国内主要生产企业及规模

国内主要己内酰胺生产企业及规模见表 1-37。

表 1-37 2013 年国内主要己内酰胺生产企业及规模 万 t/a

生产企业	生产能力	生产企业	生产能力
巴陵分公司	20.0	巴陵恒逸己内酰胺有限责任公司	20.0
石家庄化纤公司	16.0	山东海力化工股份有限公司	20.0
南京帝斯曼东方化工公司	20.0	山东方明化工有限公司	10.0
浙江巨化股份	5.0	**国内产能合计**	**181**

6. 聚酰胺(锦纶)装置

(1) 功能

通过聚合反应使己内酰胺单体生成符合一定要求的高分子共聚物。

(2) 原料

符合要求的己内酰胺、助剂、溶剂。

(3) 产品分布

聚酰胺。

(4) 生产工艺流程

下面以用量多、用途广泛、生产工艺成熟的聚酰胺 6 为例简述其由单体己内酰胺合成为聚己内酰胺聚合物(聚酰胺 6)的生产工艺过程(见图 1-42)。

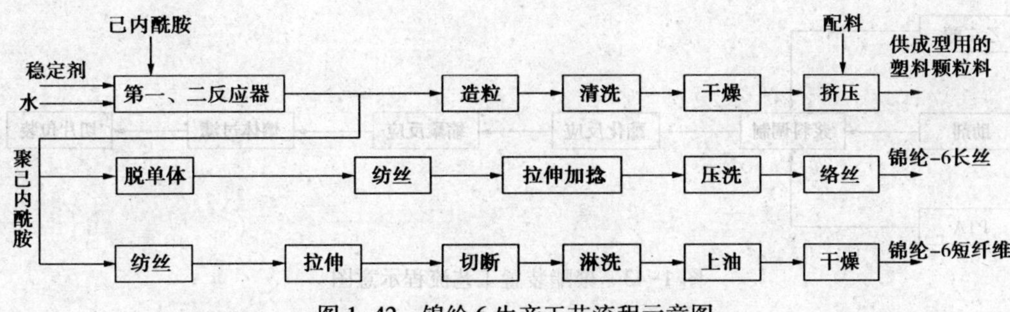

图 1-42　锦纶 6 生产工艺流程示意图

聚己内酰胺的聚合工艺分间歇和连续工艺两种，间歇聚合是将引发剂、相对分子质量调节剂和熔融的已内酰胺一起加入聚合釜中，在一定的温度和压力下进行聚合。当相对分子质量达到预定要求后，便将聚合物从釜底排出，并用水急冷，经铸带、切粒，即得到聚已内酰胺树脂。

在已内酰胺连续聚合工艺中，用得最多的是常压连续聚合，这一方法根据聚合管的外形不同，分为直型和 u 型两种，尤以常压直型连续聚合管法(又称直型 VK 管)最为广泛。但对高黏度聚合物(用于制造轮胎帘子线等)除了用常压法以外，也采用高压密闭聚合法和先常压后抽真空的二段聚合法。

(5) 国内外产能

2013 年全球锦纶产能、产量分别为 641 万 t/a 及 390 万 t，消费量为 390 万 t。亚洲是世界最大的锦纶生产和消费地区。2013 年国内产能为 310 万 t/a，产量为 211 万 t，净进口量为 3. 5 万 t，表观消费量达 214. 7 万 t。

(6)国内主要生产企业及规模

国内主要锦纶生产企业及规模见表 1-38。

表 1-38　2013 年国内主要锦纶生产企业及规模　　万 t/a

生 产 企 业	生产能力	生 产 企 业	生产能力
福建锦江科技有限公司	17. 0	浙江金轮集团公司	8. 5
福建长乐力恒锦纶科技有限公司	15. 5	浙江义乌华鼎锦纶有限公司	8. 2
河南神马集团公司	13. 0	福建凯邦锦纶有限公司	7. 0
江苏骏马集团公司	12. 0	广东新会美达锦纶公司	7. 0
泉州天宇化纤织造实业有限公司	11. 5	**国内产能合计**	**310**

7. 聚酯装置

(1) 功能

通过化学反应使对苯二甲酸和乙二醇生成符合一定要求的聚合物。

(2) 原料

符合要求的对苯二甲酸、乙二醇。

(3) 产品分布

聚酯。

(4) 生产工艺流程

以某生产装置实际工艺流程加以介绍(见图 1-43)。装置分为以下几个系统：浆料系统、酯化系统、聚合系统、切片制造和包装系统、催化剂和消光剂配制系统。

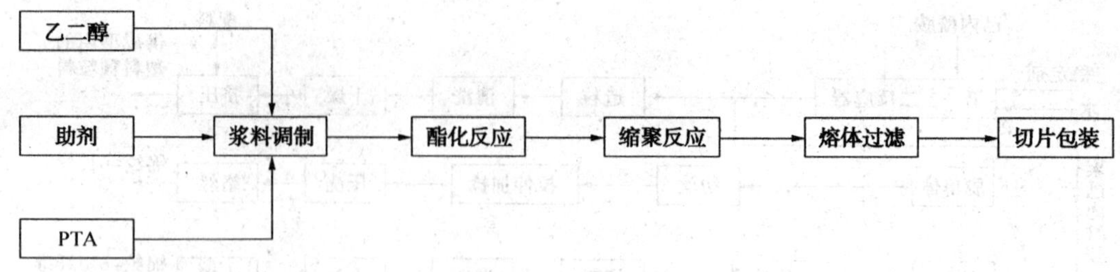

图 1-43　聚酯装置工艺流程示意图

浆料系统：PTA 粉料送入浆料罐中。在 PTA 粉料送入浆料罐的同时，EG、消光剂也同时加入到浆料罐中。调制好的浆料连续输送到酯化系统。

酯化系统：进入第一酯化釜中的浆料反应生成 BHET，然后自流进入第二酯化釜继续酯化反应。在酯化反应的同时，缩聚反应也在进行，生成低聚物。第二酯化釜的低聚物送至聚合系统。

聚合系统：在第一缩聚反应器内进行预缩聚，然后进入第二缩聚釜继续反应，再进入终缩聚反应器后，完成缩聚反应并进入成形系统。

切片制造和包装系统：熔融聚合物被挤压成为条状进入切粒机造粒。经冷却、干燥后，合格切片打包出厂。

(5) 国内外产能

2013 年世界聚酯产能为 8586 万 t/a，产量及消费为 5896 万 t。2013 年国内聚酯产能为 4150 万 t/a，产量为 3150 万 t，全年进口量为 21.3 万 t，出口为 196.5 万 t，聚酯表观消费量为 2975.1 万 t。

(6) 国内主要生产企业及规模

国内主要聚酯生产企业及规模见表 1-39。

表 1-39　2013 年国内主要聚酯生产企业及规模　　万 t/a

生产企业	生产能力	生产企业	生产能力
浙江恒逸集团	250	浙江杭州荣盛化纤	120
中国石化仪征化纤	220	浙江远东化纤集团	80
江苏三房巷集团	200	浙江翔盛集团有限公司	76
浙江桐昆集团	217	福建百宏实业控股有限公司	72.5
江苏恒力集团	145	浙江万凯新材料有限公司	65
远纺工业(上海)有限公司	135	中国石化上海分公司	55
华润包装材料	130	其他	2144.5
江苏盛虹科技股份有限公司	120	**国内产能合计**	**4150**
浙江新凤鸣集团	120		

8. 涤纶装置

(1) 功能

主要通过物理过程将聚酯加工成纤维。

(2) 原料

聚酯。

（3）产品分布

涤纶。

（4）生产工艺流程

涤纶加工工艺流程可分为纺丝、卷绕和包装三个工序（见图 1-44）。

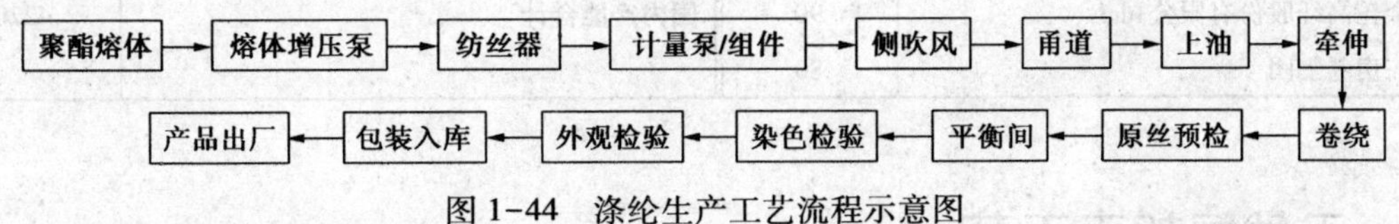

图 1-44　涤纶生产工艺流程示意图

纺丝：从聚酯装置来的聚酯熔体经增压泵增压后，通过电动三通阀和特殊设计的分配管系统，被喂入到各纺丝位，从而保证每个纺丝位之间的聚合物熔体具有相同的停留时间。在增压泵后的主熔体管线上配有熔体换热器，用液相热媒调节熔体温度，在熔体分配管的每一个歧点又分别装有静态混合器，保证分配系统内不产生死角，温度分布均匀恒定。

纺丝箱体由汽相热媒加热保温，熔体被调整到一定温度，经计量泵定量地送入纺丝组件，熔体在纺丝组件内被过滤、增压，并从喷丝板的微孔挤出，通过侧吹风室而骤冷固化成形，经纺丝南遭到达 FDY 卷绕机。

卷绕：来自纺丝南道的丝束经油轮均匀上油后，在第一和第二牵伸辊之间进行拉伸。为了保证丝束在牵伸辊和分丝辊上有一定的停留时间和固定拉伸点，丝束在牵伸辐和分丝辊上缠绕 5~7 圈，以便使丝束在拉伸辊之间完全拉伸。已拉伸的长丝经加网络后，卷绕在筒管上，定时自动落丝。

分级包装：生产车间生产的 FDY 长丝，由于设备、工艺、操作等因素的影响，产品的质量也有一定的差别，外观质量与织造、染色、织物质量及服用性能之间有着较密切的关系。各种疵点，如毛丝、僵丝、色泽差异、成形不良等都会在织物上造成严重疵点，而且影响后加工性能，大大降低了织造效率和服用性能，另外，外观疵点又比较直观，它能给用户产生第一印象，所以对出厂产品必须进行外观分级检验。

外观分级检验就是按照标准和标样，用肉眼来判定丝的外观等级。分级包装的工艺流程为：成品丝经分级检验后，套袋、装箱，然后送到成品库存放，最后出库。

（5）国内外产能

2013 年全球涤纶生产能力达 5884 万 t/a，产量、消费量为 4029 万 t 和 4029 万 t。我国是世界上最大的涤纶生产国和消费国。2013 年国内涤纶生产能力约为 4220 万 t/a，产量为 3341 万 t，涤纶净出口量为 179 万 t，表观消费量达 3162 万 t。

（6）国内主要生产企业及规模

国内主要涤纶生产企业及规模见表 1-40。

表 1-40　2013 年国内主要涤纶生产企业及规模　　万 t/a

生产企业	生产能力	生产企业	生产能力
浙江桐昆集团	217	浙江远东化纤集团	80
浙江恒逸集团	147	浙江翔盛集团有限公司	76
浙江新凤鸣化纤有限公司	129	吴江新民化纤	60
中国石化集团公司	124	浙江纵横轻纺集团	56
江苏恒力化纤有限公司	120	浙江华欣控股	55

续表

生产企业	生产能力	生产企业	生产能力
江苏盛虹化纤有限公司	120	江苏华亚化纤	50
浙江荣盛化纤集团有限公司	95	其他	2721
福建金轮高纤股份有限公司	90	**国内产能合计**	**4220**
江苏三房巷集团	80		

1.5 天然气加工工艺

天然气是指在地下储集层中以气相存在，且在常温常压下仍然为气相(或有部分凝液析出)，或在地下储集层中溶解在原油内，在常温常压下从原油中分离出来呈气相的那部分石油。

天然气的化学组成及其理化特性因地而异，主要成分是甲烷，还含有少量乙烷、丁烷、戊烷、二氧化碳、一氧化碳、硫化氢等。无硫化氢时天然气为无色无臭易燃易爆气体，密度多在0.6~0.8g/cm^{3}之间，比空气轻。通常将含甲烷高于90%的称为干气，含甲烷低于90%的称为湿气。

世界天然气资源丰富，集中在少数地区和国家。根据BP能源统计，到2013年底，全球天然气探明储量为185.7万亿m^3，全球技术可采天然气资源剩余量为810万亿m^3。

近年来，全球天然气产量增长较快，已从1970年的1万亿m^{3}增长到2013年的约3.4万亿m^3，产量增长240%。从区域分布看，世界天然气生产主要集中在欧洲和欧亚地区、北美和亚太地区。

我国天然气资源丰富，据2013年统计，我国天然气地质资源量达335.72万亿m^3，可采资源量达91.71万亿m^3。2013年，我国常规气产量约为1178亿m^3，同比增长9.8%。

天然气是一种优质、高效、清洁的低碳能源。加快天然气业务发展，提高天然气在中国石化主营业务中的比重，既是中国石化实施资源战略、优化业务结构、提高发展质量和效益的需要，也是促进节能减排、履行社会责任、树立公司形象的需要。

据中国石化发展计划部会同有关部门和单位，对中国石化天然气业务发展的研究和初步测算，2030年力争国内供气规模达到1800亿m^3，占国内市场份额的33%。2043年是中国石化成立60周年，力争供气规模达到2500亿m^{3}以上，占国内市场份额的三分之一以上。

1.5.1 天然气的处理

天然气处理是指来自集气管网的天然气，在处理厂(站)经脱硫、脱水、脱除凝液(含凝液回收)、硫磺回收和尾气处理等过程，生产商品天然气及其他产品的一系列工艺过程的总称。此外，液化天然气和压缩天然气生产一般也属于天然气处理的范畴。

典型的天然气处理工艺流程如图1-45所示。

1.5.2 天然气的利用

1.5.2.1 天然气制氢

天然气制氢项目需要包括脱硫、蒸汽转化和变换过程、脱碳、变压吸附脱除其他气体杂质等环节。在一定的压力和一定的高温及催化剂作用下，天然气中烷烃和水蒸气发生化学反应。转化气经过换热，进入变换炉使 CO 变换成 H_2 和 CO_2。再经过换热、冷凝、汽水分离，通过程序控制将气体依序通过装有三种特定吸附剂的吸附塔，由变压吸附设备(PSA)升压吸附 N_2、CO、CH_4、CO_2 等气体，提取产品氢气。天然气制氢流程如图 1-46 所示。

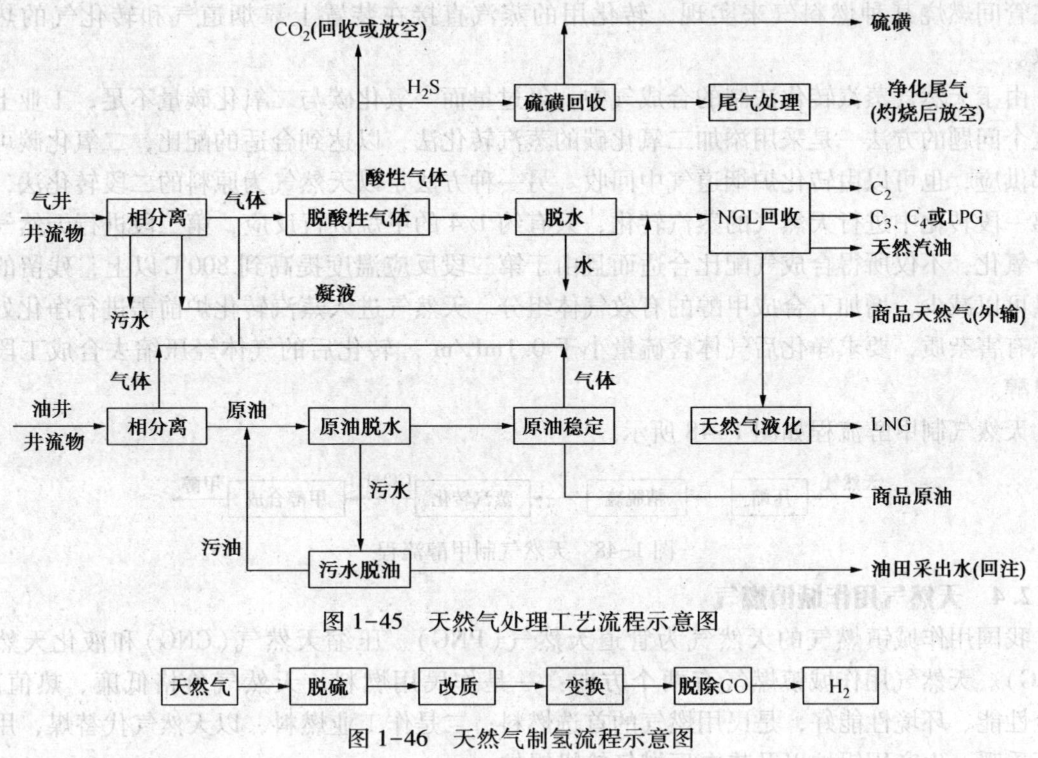

图 1-45　天然气处理工艺流程示意图

天然气 → 脱硫 → 改质 → 变换 → 脱除CO → H_2

图 1-46　天然气制氢流程示意图

1.5.2.2　天然气发电

天然气联合循环发电系统是指将传统的燃气轮机和蒸汽轮机进行有效联合的发电系统。其基本原理是首先用天然气燃烧后产生的具有一定压力的高温气体，推动燃气轮机做功，燃气轮机带动同轴发电机进行第一级发电，然后将燃气轮机排出的仍具有相当高温度的燃烧气体送入余热蒸汽发生器，产生高压高温蒸汽驱动蒸汽轮机进行第二级发电。

采用联合循环发电充分利用了天然气的高温位能量，从而提高了天然气的利用效率，增加了电力输出，减少了发电厂的冷却水用量，降低了发电成本。燃气轮机-蒸汽轮机联合循环发电机组的工作流程如图 1-47 所示。

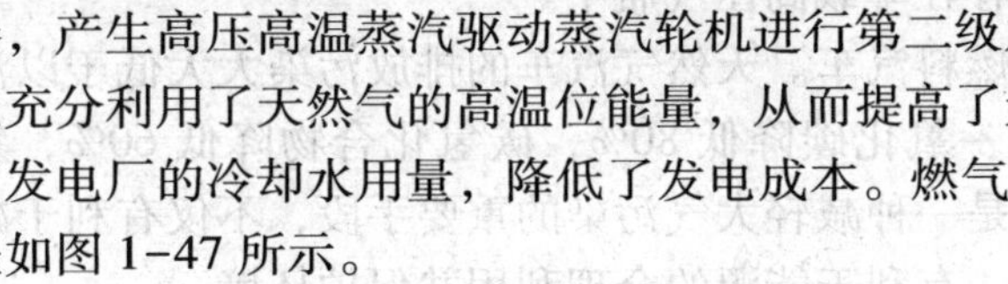

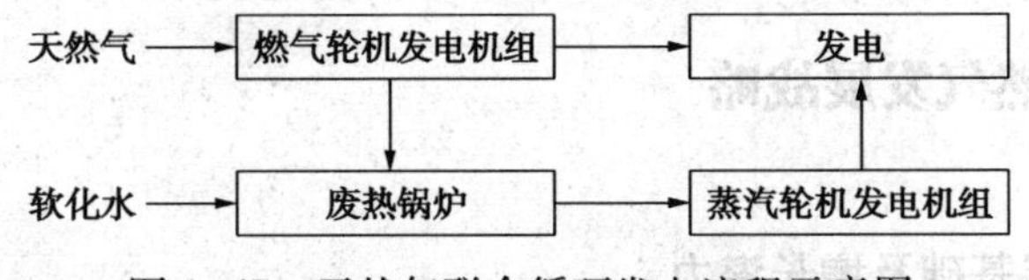

图 1-47　天然气联合循环发电流程示意图

1.5.2.3　天然气制甲醇

近年来，世界上甲醇生产技术的发展主要是围绕天然气转化制甲醇进行的。当有多种原料可供选择时，由于天然气制甲醇工艺流程短、投资省、生产成本低、三废排放少、市场竞争力强等，可考虑选用天然气。目前全世界 90%的甲醇生产都以天然气为原料。天然气制甲醇工艺主要由合成气制备(包括天然气压缩、脱硫、转化和余热回收)、甲醇合成(包括合成气压缩、甲醇合成、甲醇分离)和甲醇精馏三个部分组成。以天然气生产甲醇原料气有蒸汽转化、催化部分氧化、非催化部分氧化等方法，其中蒸汽转化法应用得最广泛，它是在管式炉中常压或加压下进行的。由于反应吸热必须从外部供热以保持所要求的转化温度，一般是在管间燃烧某种燃料气来实现，转化用的蒸汽直接在装置上靠烟道气和转化气的热量制取。

由于天然气蒸汽转化法制的合成气中，氢过量而一氧化碳与二氧化碳量不足，工业上解决这个问题的方法一是采用添加二氧化碳的蒸汽转化法，以达到合适的配比，二氧化碳可以外部供应，也可以由转化炉烟道气中回收。另一种方法是以天然气为原料的二段转化法，即在第一段转化中进行天然气的蒸汽转化，只有约1/4的甲烷进行反应，第二段进行天然气的部分氧化，不仅所得合成气配比合适而且由于第二段反应温度提高到800℃以上，残留的甲烷量可以减少，增加了合成甲醇的有效气体组分。天然气进入蒸汽转化炉前需进行净化处理清除有害杂质，要求净化后气体含硫量小于0.1mL/m^3。转化后的气体经压缩去合成工段合成甲醇。

天然气制甲醇流程如图1-48所示。

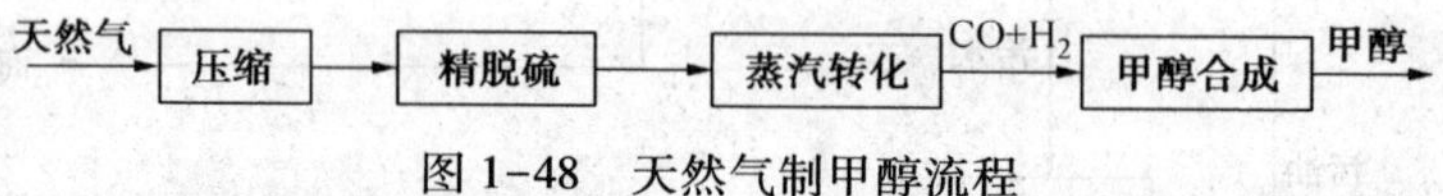

图1-48　天然气制甲醇流程

1.5.2.4　天然气用作城镇燃气

我国用作城镇燃气的天然气为管道天然气(PNG)、压缩天然气(CNG)和液化天然气(LNG)。天然气用作城镇燃气有两个方向：一是作民用燃料，天然气价格低廉、热值高、安全性能、环境性能好，是民用燃气的首选燃料；二是作工业燃料，以天然气代替煤，用于工厂采暖、生产用锅炉以及热电厂燃气轮机锅炉。

随着我国天然气气源的不断增加，近年来交通工具燃气化在我国也有了较大的发展。交通工具燃气化即发展燃气汽车，是降低城镇环境污染的有力措施之一。目前，燃气汽车主要有液化石油气(LPG)汽车和压缩天然气(CNG)汽车两大类。压缩天然气是指压缩到20.7~24.8MPa的天然气，储存在车载高压气瓶中。

天然气汽车是清洁燃料汽车。天然气汽车的排放污染大大低于以汽油为燃料的汽车，尾气中不含硫化物和铅，一氧化碳降低80%，碳氢化合物降低60%，氮氧化合物降低70%。因此，发展天然气汽车是一种减轻大气污染的重要手段，不仅有利于减少城镇环境污染，还可以减轻对汽油的依赖，有利于能源的合理利用并保护环境。

1.5.3　中国石化天然气发展战略

1.5.3.1　资源基础

1. 常规天然气发展基础及增长潜力

据第三次资源评价，中国石化探区内常规天然气资源量为17.42万亿m^3，占全国的31%。截至2012年底，累计探明2.1万亿m^3，探明程度为12%。研究分析认为，2013~2020年，四川、鄂尔多斯、塔里木、松辽和海域等五大勘探领域具备新增探明储量2.1~2.2万亿m^3的资源潜力。

产能基础及增长潜力：2012年产量为169亿m^3；立足于已探明未动用储量和新增探明

储量潜力，预计2013~2020年可新建产能466亿m^3左右。

2. 非常规天然气发展基础及潜力

（1）页岩气　根据中国石化页岩气勘探选区评价实践与资源评价研究成果，进一步明确了四川盆地及周缘为页岩气勘探开发最有利地区。初步优选5.4万km^2的Ⅰ、Ⅱ类有利区块，地质资源量为12.8万亿m^3，可采2.64万亿m^3。截止2012年底，在涪陵、彭水、元坝、建南、川西等地区完钻页岩气井23口，压裂测试14口，其中13口获得气流，启动了涪陵产能建设。

（2）煤层气　初步估算，煤层气区块内1500m以内浅地质资源量为0.74万亿m^3。截止2012年底，在延川南、和顺、织金地区钻探煤层气井200余口，其中30口获得日产1000m^3以上气流。

3. 煤制天然气发展基础及潜力

（1）已获煤炭资源300亿t。在新疆、内蒙、贵州等地开展了煤制天然气可行性论证或前期研究，其中新疆准东项目纳入了国家《煤炭深加工示范项目规划》。已与新疆国投成立合资公司，一期建设80亿m^3/a煤制天然气产能，配套建设3000万t/a采煤能力。与国电签订了战略协议，研究参与其兴安盟和伊犁煤制天然气项目。此外，与有关企业签订了超过1400亿m^3/a的煤制天然气采购框架协议，其中纳入国家规划的项目拟建产能达到260亿m^3/a。

（2）煤制天然气技术准备方面，拥有煤气化、合成气甲烷化等核心专利技术7项。南化公司建设的100m^3/h的煤制天然气中试装置已产出合格产品，甲烷含量大于95%。上海石化院、南化研究院和宁波公司正在开发20亿m^3/a高温甲烷化成套工艺包。

4. 海外天然气勘探开发

（1）发展基础　在6个地区13个国家获得天然气勘探开发项目18个，总面积为12.8万km^2。到2011年底，保有2P权益储量1454亿m^3，2C权益资源量1247亿m^3。2012年权益气产量为39.1亿m^3，权益气销售量为32.8亿m^3。

（2）储量潜力　2012~2020年预计可新增2P权益储量5617亿m^3。一是现有项目储量升级和勘探增储，预计新增2P权益储量1707亿m^3。二是新购储量和新增项目勘探增储，重点是加拿大、美国、俄罗斯、哈萨克斯坦、土库曼斯坦、尼日利亚、莫桑比克、澳大利亚、印度尼西亚、卡塔尔、伊朗、阿根廷、巴西等资源国，预计收购2P权益储量3000亿m^3，勘探新增2P权益储量910亿m^3。

（3）产能潜力　2012~2020年预计可新增动用2P权益储量2110亿m^3，新建产能174亿m^3。一是立足于现有项目的未开发储量动用，预计可新增动用2P权益储量835亿m^3，新建权益产能68亿m^3。二是加快2C资源升级以及勘探转开发，预计可新增动用2P权益储量1275亿m^3，新建权益产能106亿m^3。

5. 海外天然气资源引进

已签订LNG采购合同960万t/a，分别是：2009年，与巴布亚新几内亚签订200万t/a的LNG采购合同，2014年起开始供气，合同期20年；2011年和2012年，与澳大利亚APLNG项目签订两单总计760万t/a的采购合同，2015年起开始供气，合同期20年。同时，参股了上述LNG资源的配套船运项目(共10条船)。正在开展加拿大、美国、俄罗斯等国LNG采购谈判或资源跟踪工作。

思考题

1. 就世界油气分布和我国油气分布情况，浅谈自己对未来石油资源供应的看法。
2. 试谈油田开发的主要技术及未来发展方向。
3. 简述油气处理与存储运输过程。
4. 原油的主要性质有哪些？并叙述原油的分类方法与类别？
5. 原油数据库有哪些功能？为什么不同企业都有自己的原油数据库。
6. 简述原油调合与汽柴油调合的重要性与其区别。
7. 徒手勾画炼油生产原则流程，并思考每套生产装置所起的作用。
8. 蜡油的加工有哪几种技术？分别有什么优点和缺点？
9. 渣油的加工有哪几种技术？分别有什么优点和缺点？
10. 简述汽油的主要性质与质量升级趋势。
11. 简述柴油的主要性质与质量升级趋势。
13. 炼油化工一体化有什么优势？
14. 乙烯生产链包括哪些主要生产过程？生产什么主要产品？
15. 芳烃生产链包括哪些主要生产过程？生产什么主要产品？

第二章　原油贸易与财务基础

宏观经济形势是企业制定生产经营计划的依据，财务管理是企业管理的核心，关系到整个企业资源的获得和有效配置。我国石油进口依存度逐年增高，原油贸易是中国石化生产经营的重要保障。本章介绍了与石化企业生产经营密切相关的世界和国内宏观经济形势、原油贸易、企业财务管理、石化产业价税政策及主要炼油、化工产品市场情况等基础知识和实务，使读者对与石化企业生产经营计划相关的经济知识有基本的认识。

2.1　宏观经济

2.1.1　世界经济状况

20 世纪以来，由于科技进步以及各国政府宏观调控能力的不断提高，世界经济获得了巨大发展。同时，世界经济格局也由发达经济体独占鳌头的单极格局逐步变化为发达经济体与新兴市场和发展中经济体共存的多极格局。据世界银行统计，2013 年世界经济总量达 74.9 万亿美元，其中，发达经济体所占比重从 1960 年的 79%下降到 2013 年的 68%，新兴和发展中经济体从 1960 年的 22%提高到 2013 年的 32%。2013 年国内生产总值居世界前 10 位的国家见表 2-1。

表 2-1　2013 年国内生产总值居世界前 10 位的国家

排名	国家	GDP 总值/亿美元	GDP 占世界比重/%	人口/百万	人均 GDP/美元	商品及服务出口		外国直接投资净流入	
						总额/亿美元	占 GDP 比重/%	总额/亿美元	占 GDP 比重/%
1	美国	168000	22.4	316	53165	*22125*	*13.5*	2359	1.4
2	中国	92403	12.3	1357	6809	24396	26.4	3478	3.8
3	日本	49015	6.5	127	38594	9108	14.7	37	0.1
4	德国	36348	4.9	81	44874	18418	50.7	326	0.9
5	法国	27349	3.7	66	41438	7438	27.2	34	0.1
6	英国	25223	3.4	64	39411	7918	31.4	351	1.4
7	巴西	22457	3.0	200	11229	2819	12.6	809	3.6
8	俄罗斯	20968	2.8	144	14561	5948	28.4	793	3.8
9	意大利	20713	2.8	60	34522	6303	30.4	131	0.6
10	印度	18768	2.5	1252	1499	4657	24.8	*240*	*1.3*
世界总计	748999	100	7125	10512	—	—	—	—	

注：① 数据来源：世界银行。

② 表中斜体字数据为 2012 年数据。

20 世纪世界经济发展历程大体可分为以下三个阶段：

第一阶段，军事科技和政府调控推动世界经济发展。20 世纪 30 年代，整个西方发达国家爆发了经济“大萧条”，为摆脱危机，发达国家抛弃了完全自由市场经济政策，开始推崇主张通过扩大政府支出以创造需求和推动经济增长的凯恩斯主义，同时，第二次世界大战结束后，军事科学技术获得了巨大发展，以及相对统一的国际经济规则和众多国际机构(包括国际货币基金组织、世界银行等)的建立，为战后世界经济快速发展创造了有利条件，20 世纪 50~60 年代成为世界经济增长的黄金时期，世界经济年均增长率达 5.5%。在此期间发达国家完成了工业化，开始向工业化后期阶段发展。但是，凯恩斯主义扩张性财政政策的长期推行，以及 20 世纪 70 年代初布雷顿森林体系的解体，造成全球货币金融市场的动荡，加上技术进步陷于停滞，两次石油危机爆发，导致 1973~1975 年西方发达国家经济普遍陷入高通胀、高失业、低经济增长并存的“滞胀”困境，拉美等许多发展中国家也发生了严重的债务危机。

第二阶段，信息化和全球化成为世界经济主要发展趋势。在凯恩斯主义面对“滞胀”束手无策的形势下，20 世纪 80 年代初开始，伴随美国总统里根和英国首相撒切尔夫人上台，反对政府过度干预经济和主张经济自由化、私有化和市场化的新自由主义理论开始在西方发达国家兴起并向全球传播。同时，以信息通讯技术为代表的新技术革命掀起和世界贸易组织成立，各国产业结构加速升级，国际分工格局发生深刻变化，促使国际贸易和跨国直接投资迅猛发展，全球化和区域经济一体化不断加深，对 90 年代以来的世界经济持续繁荣起到了巨大的推动作用。然而，新自由主义的政策主张在解决发达国家滞胀的同时，也充分暴露出其内在的弊端和缺陷。金融自由化和全球化导致 20 世纪 90 年代中期以来爆发了一系列金融危机(1994 年墨西哥金融危机，1997 年亚洲金融危机，1998 年俄罗斯金融危机，21 世纪初拉丁美洲国家金融危机以及 2008 年国际金融危机)，使世界经济发展受到了严重阻碍，尤其是 2008 年国际金融危机导致世界经济陷入全面衰退之中。

第三阶段，绿色产业以及区域经济一体化将是带动未来世界经济发展的新驱动力。为应对金融危机和促进经济复苏，2009 年世界主要经济体陆续出台了一揽子大规模和综合性经济刺激政策，世界经济在缓慢复苏的同时，也深受全球流动性过剩、政府财政和债务压力大幅上升等风险困扰。预计未来 10 年，国际金融危机的后续影响将继续存在，主要发达经济体金融机构将持续去杠杆化，重新加强实体经济的发展，世界各国将更好地发挥政府调控和市场机制的协同作用，大力发展以低碳清洁能源为主要内容的新兴产业，以及进一步加强区域性经济合作，推动世界经济重新步入快速复苏与发展。

1960 年以来世界经济增长率曲线如图 2-1 所示。

2.1.1.1 美国

20 世纪以来，美国先后通过实施“罗斯福新政”、“里根经济学”和“奥巴马新政”为核心的政策措施，逐步建立并巩固了雄厚的经济基础，在世界经济中一直占据霸主地位。据美国经济分析局统计，2013 年美国 GDP(即国内生产总值，下同)为 16.8 万亿美元，占世界经济总量的 22.4%。

20 世纪 30 年代大萧条爆发后，罗斯福总统摒弃了以往自由放任主义的传统，运用国家干预的手段，成功克服了经济危机。二次世界大战后，美国又制定了一系列有利于其对外扩张的国际经济制度和秩序，如根据布雷顿森林协定，建立了以美元为中心的国际货币制度，推动美国迅速确立了世界第一经济强国的地位。然而，美国政府军费和社会福利开支不断扩

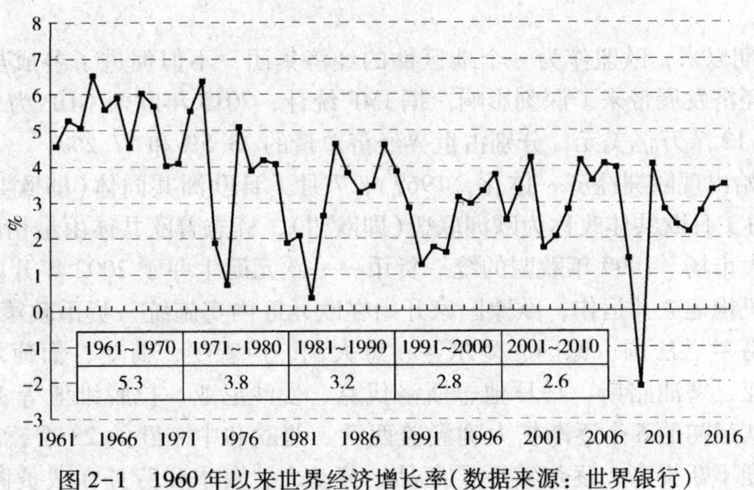

图 2-1　1960 年以来世界经济增长率（数据来源：世界银行）

大，1973 年 3 月放弃美元与黄金挂钩的政策，货币供应量开始持续较快增加，带来了巨额财政赤字和日益严重的通货膨胀，导致 70 年代出现了明显“滞胀”。

为摆脱危机，80 年代初里根政府秉承新自由主义思想的政策主张，实施了社会保障制度和税制改革、减少联邦政府财政预算支出等激励政策措施。80 年代后美国进入“新经济”时代，以信息技术为核心的高科技产业获得突飞猛进的发展，特别是在一些附加值极高的尖端科技行业占有垄断和绝对领先的地位，推动美国经济持续多年保持低通胀和高增长并存的繁荣局面。但与此同时，美国政府放松金融监管导致金融创新严重过度，低利率和信贷盲目扩张造成私人超前消费不断膨胀，以及政府财政和国际收支状况不断恶化，最终导致美国金融和房地产部门泡沫破灭，引发 2007 年美国次级住房按揭贷款危机（即次贷危机）并波及全球，世界金融危机大规模爆发，美国经济陷入战后以来最严重衰退。

为应对危机，奥巴马政府出台了大规模财政刺激政策和极度宽松货币政策（包括 0%~0. 25%的联邦基金利率和四轮量化宽松政策），提振美国经济增长动能逐渐增强。随着美国金融机构坏账损失、财政赤字（根据自动减赤协议，2013~2021 年自动削减 1. 2 万亿美元联邦财政预算赤字）和家庭负债等负面因素逐渐消退，同时页岩油气产量增加极大削减了美国的能源成本，预计未来 10 年美国经济将持续稳步发展，增速快于欧元区和日本（见图 2-2），继续保持世界上最大经济体的地位，科技、信息和金融产业将继续保持全球领先优势。

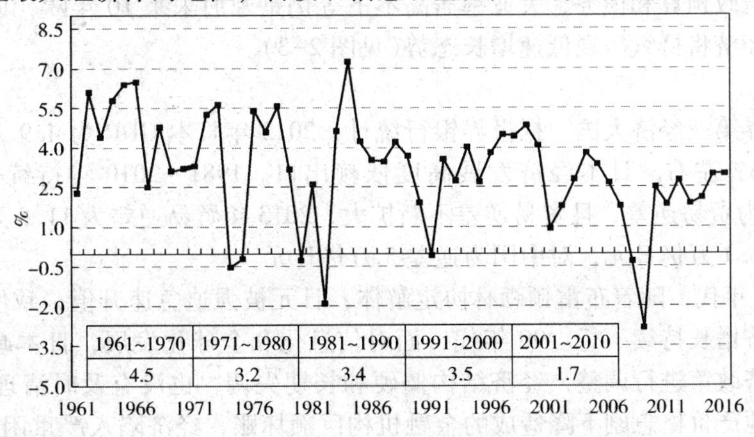

图 2-2　1960 年以来美国经济增长率（数据来源：世界银行）

2.1.1.2 欧盟

20 世纪中期以来，欧盟作为一个地区性的经济集团，不但促进了各成员国经济持续增长，也对世界经济发展带来了深刻影响。据 IMF 统计，2013 年欧盟 GDP 为 17.4 万亿美元，欧元区 GDP 为 12.7 万亿美元，分别占世界经济总量的 23.5%和 17.2%。

1951 年开始出现欧洲经济一体化，1967 年 7 月 1 日欧洲共同体(即欧共体)正式成立，到 1993 年 11 月 1 日欧共体改称为欧洲联盟(即欧盟)，标志着欧共体由最初的关税联盟过渡到一个统一的大市场。1999 年欧盟的统一货币——欧元诞生并于 2002 年开始流通，欧洲统一的中央金融机构建立并运作，欧盟国家开始在欧元区内实施统一货币政策(目前包括奥地利、比利时、芬兰、法国、德国、爱尔兰、意大利、卢森堡、荷兰、葡萄牙、西班牙、希腊、斯洛文尼亚、塞浦路斯、马耳他、斯洛伐克、爱沙尼亚、拉脱维亚等 18 国)。欧盟成立后，成员国从最初的 6 个逐渐扩大到涵盖西欧、北欧和中东欧的 28 个，总人口超过 4.8 亿，一体化程度不断提高，逐步实现了商品、劳动力、资本和劳务在成员国之间的自由流动，成为世界上经济一体化程度最高的一个地区性经济集团，进出口成为拉动欧盟经济增长的主要力量。

得益于欧盟成立后的欧洲经济一体化所发挥的巨大作用，欧盟经济一直呈现稳定较快发展态势，尤其是德国更多地享受了“欧元红利”。但欧盟在制度设计上存在的缺陷与不足也慢慢显露出来，欧盟各国仅实现货币联盟而缺乏紧密财政统一，造成欧元区各国经济发展差异较大，财政赤字不断扩大和债务负担日益加重，已达到不可持续性。在世界金融危机的诱发下，2009 年 12 月希腊首先爆发了主权债务危机，并向葡萄牙、爱尔兰、意大利、西班牙等国不断蔓延，迫使这些国家开始推行财政紧缩和金融机构去杠杆措施，严重削弱私人消费和企业投资信心，出口大幅下滑，导致 2008 年以来欧元区经济衰退程度不断加深。

为遏制危机进一步恶化，欧盟和欧洲央行不断加强危机救助规模，并于 2010 年 6 月创立欧洲金融稳定基金(EFSF)，2012 年 10 月启动永久救助机制——欧洲稳定机制(ESM)，向危机国家金融系统先后注入低成本资金，推出极度宽松货币政策(主要再融资利率降低至 0.25%和进行再融资操作)以吸引外商直接投资和促进出口，建立“防火墙”取得积极进展，支撑 2013 年欧债危机状况逐渐企稳，欧盟经济走出衰退，但复苏态势微弱，集团内经济体分化严重，核心国家(包括德国、法国和英国)复苏势头良好，边缘国家(包括希腊、葡萄牙、爱尔兰、意大利、西班牙等)增长仍乏力。预计欧债危机的影响将持续一段较长时期，大幅削减公共财政预算和债务、失业率居高不下等仍是掣肘未来 10 年欧元区经济增长的主要因素，欧盟经济将持续呈现低速增长态势(见图 2-3)。

2.1.1.3 日本

日本是世界第三经济大国。据世界银行统计，2013 年日本 GDP 为 4.9 万亿美元，占世界经济总量 6.5%左右。日本经济发展高度依赖出口。1981~2010 年持续保持贸易顺差，2011 年以来转为贸易逆差，且贸易逆差不断扩大，2013 年贸易逆差为 11.5 万亿日元，其中对美国为顺差 6.1 万亿日元，对中国为逆差 5 万亿日元。

20 世纪 70 年代，随着布雷顿森林协定解体，日元被强迫急速升值，致使日本经济遭受巨大打击，经济增长持续下行。90 年代，面对信息化和全球化发展，日本政府没有及时对产业结构和经济政策进行调整，经济结构僵硬和长期失调，也没有及时清理 1997~1998 年股价暴跌和房地产价格急剧下降造成的金融机构巨额坏账，经济陷入严重困境，经历了“失落的 10 年”。2001~2006 年，日本央行首次出台量化宽松政策和近零利率，使企业盈利能力

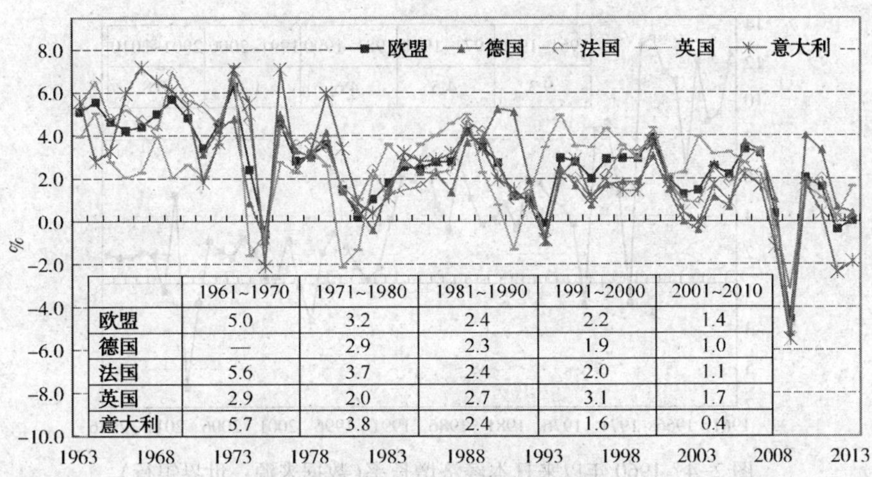

	1961~1970	1971~1980	1981~1990	1991~2000	2001~2010
欧盟	5.0	3.2	2.4	2.2	1.4
德国	—	2.9	2.3	1.9	1.0
法国	5.6	3.7	2.4	2.0	1.1
英国	2.9	2.0	2.7	3.1	1.7
意大利	5.7	3.8	2.4	1.6	0.4

图 2-3　1960 年以来欧盟国家经济增长率(数据来源：世界银行)

和金融机构不良债务问题有所改善，结构调整有所加大，但 2008 年国际金融危机爆发和 2011 年日本大地震，使日本经济增长又变得困难重重。欧美对汽车与电子产品的需求急剧减少，以及欧债危机压迫日元汇率持续升值，造成净出口大幅下滑，继而抑制制造业生产扩张。另外，灾后重建迟缓，核电陆续停运，导致高度依赖国际市场需求的日本经济明显衰退。

为支持灾后重建和摆脱困境，2010 年开始日本政府不断扩大财政支出，批准高额年度财政预算并不断追加新预算，创出财政预算史上的资金额之最。同时，日本央行时隔 4 年多重启量化宽松货币政策和零利率政策(无担保隔夜拆借利率维持 0%~0.1%区间不变)。2012 年底安倍政府上台后，引入 2%的通胀目标，进一步实施激进货币政策和大规模财政政策，刺激日元汇率持续走弱，带动出口大幅增加，工业强劲复苏，建筑业较快增长，日本经济强势反弹，也走出了通货紧缩阴影(2013 年 6 月，核心 CPI 同比 2012 年 4 月以来首次转为正值)。

从中长期来看，日本经济增长仍将面临较大的负面因素。一是人口老龄化和负增长，内需增长动力不足；二是政府债务负担沉重，IMF 预计 2013 年日本政府债务占 GDP 比重达 243.2%，为发达国家之首。虽然 2014 年 4 月日本将消费税从 5%提高到 8%，但财政增长空间依然非常有限。预计未来 10 年日本经济增长空间有限，低迷趋势难改(见图 2-4)。

2.1.1.4　新兴经济体

以“金砖四国(包括中国、巴西、印度和俄罗斯)”为代表的新兴经济体大多数采取的是出口导向型的经济增长模式。据世界银行统计，2013 年中国、巴西、印度和俄罗斯 GDP 合计为 15.5 万亿美元，占世界经济总量的 20.6%。

20 世纪 50 年代，新兴经济体陆续走上了发展民族经济和工业化的道路，有力地促进了自身经济的较快发展。80 年代后半期以来，发达国家的大型跨国公司将低附加值的生产制造环节，转移到具有劳动力成本比较优势的新兴经济体，新兴经济体积极承接国际产业转移，努力推动产业结构升级，制造业得到快速增长。80 年代末苏联和东欧国家解体和 90 年代一些新兴经济体发生的严重债务危机，致使经济出现了严重滑坡。进入 21 世纪，新兴经济体顺应全球化、信息化的世界潮流，积极推动产业结构向高科技化转型，加强区域合作。2008 年国际金融危机爆发以来，受发达经济体经济衰退引起外需急剧收缩的巨大冲击，新

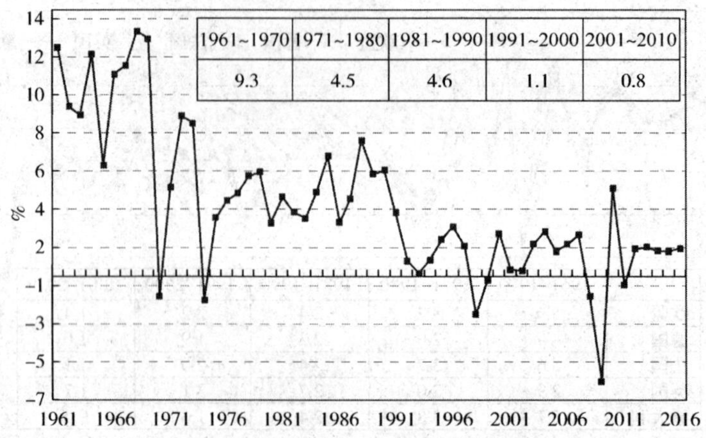

1961~1970	1971~1980	1981~1990	1991~2000	2001~2010
9.3	4.5	4.6	1.1	0.8

图 2-4　1960 年以来日本经济增长率（数据来源：世界银行）

兴经济体出口和制造业生产受到打压，而发达经济体推出的量化宽松货币政策，又促使新兴经济体通货膨胀压力不断上升，资产泡沫不断膨胀，经济增速明显放慢，至今仍未完全走出低谷。

未来 10 年，新兴经济体将面临较大挑战：一是发达经济体需求持续不振，将使新兴经济体出口增速难以提高；二是美国逐渐退出极度宽松货币政策，致使新兴经济体金融动荡风险加大、融资成本增加、美元升值和初级商品价格下行压力增加，给依靠资本流入和商品出口贸易的新兴国家带来不利影响；三是新兴经济体经济发展及人口数量急剧增加，自然资源和能源面临日益短缺的问题。但相对发达经济体而言，新兴经济体仍具有以下优势：一是新兴经济体劳动力丰富和成本较低，且国内市场需求潜力大；二是 1997~1998 年亚洲金融危机以来，新兴经济体主动加快调整产业结构和宏观经济政策，为未来经济增长提供了有利条件；三是财政和金融政策相对稳健，财政和货币政策放松空间仍较大。预计未来 10 年新兴经济体将继续保持较快增长势头（见图 2-5），增长动力将主要依靠出口和内需增长。

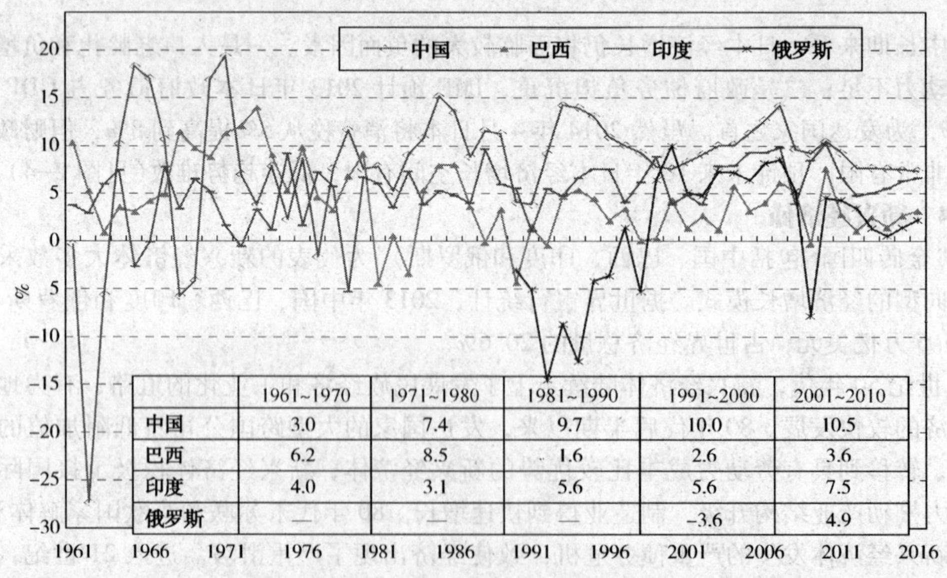

	1961~1970	1971~1980	1981~1990	1991~2000	2001~2010
中国	3.0	7.4	9.7	10.0	10.5
巴西	6.2	8.5	1.6	2.6	3.6
印度	4.0	3.1	5.6	5.6	7.5
俄罗斯	—	—	—	−3.6	4.9

图 2-5　1960 年以来金砖国家经济增长率（数据来源：世界银行）

2.1.2　中国经济状况

2.1.2.1　中国近5年经济增长情况

进入新世纪以后，特别是近5年来，面对复杂多变的国内外环境和一系列重大挑战，我国积极采取有效措施，促进经济增长，调整经济结构，为全面建设建成小康社会、完善现代化建设奠定了新的重要基础。

1. 取得的成就

（1）经济持续较快发展　2008年下半年至2010年，为抵御国际金融危机，我国果断实施了一揽子刺激计划扩内需、保增长，经济增速在全球率先实现“V”形反转。在受国际金融危机冲击最严重的2009年，我国经济实现9.2%的增速（见图2-6）；2010年，我国经济增长速率重新回到两位数；2011年，在货币政策稳健趋紧、部分刺激政策适时退出、房地产有保有压等政策的主动调控下，宏观经济增长平稳减速；2012年，我国8年来首次把年度经济增长目标从8%左右下调至7.5%，更加注重提高经济发展的质量和效益；2013年，面对较大的经济下行压力，实施长短兼顾的稳增长政策，我国经济逐步回稳，全年GDP同比增长7.7%。2009~2013年，我国经济保持了平稳较快增长，GDP年均增长8.9%。

图2-6　2000~2013年中国经济走势

（数据来源：中国国家统计局）

（2）整体实力不断提升　经济总量居世界位次稳步提升，2008年我国GDP超过德国，居世界第三位；2010年超过日本，成为仅次于美国的世界第二大经济体。2013年我国GDP达到56.9万亿元。经济总量占世界的份额由2008年的7.3%提高到2012年的11.5%。我国经济增长对世界经济的贡献不断提高。2008年下半年国际金融危机爆发以来，在世界主要经济体增长明显放缓甚至面临衰退时，我国经济依然保持了较高的增速并率先回升，成为带动世界经济复苏的重要引擎。随着我国经济的发展，主要经济指标居世界的位次继续上升（见表2-2）。GDP总量、货物进出口贸易、外汇储备等经济指标已位居前列，对国际经济的影响明显增强，成为推动世界经济发展的重要力量。

表2-2　中国主要经济指标和主要工业产品产量居世界位次

	2008年	2009年	2010年	2011年	2012年
国内生产总值	3	3	2	2	2
人均国民总收入①	127(210)	124(213)	120(215)	114(214)	112(214)
货物进出口额	3	2	2	2	2

续表

	2008年	2009年	2010年	2011年	2012年
外汇储备	1	1	1	1	1
重要工业产品产量：粗钢	1	1	1	1	1
煤	1	1	1	1	1
原油	5	4	4	4	4
发电量	2	2	1	1	1
水泥	1	1	1	1	1

注：数据来源：《中国统计摘要》。

① 括号中为参加排序的国家和地区数。

（3）人均国内生产总值快速增加　2013 年我国人均国内生产总值达到 41805 元。按照平均汇率计算，我国人均国内生产总值由 2009 年的 3740 美元上升至 2013 年的 6750 美元，已处于中等发达国家水平。

（4）产业结构不断优化　2009~2013 年，第一产业年均增长 4.3%，第二产业年均增长 9.6%，第三产业年均增长 9.0%，均保持较快发展态势。三次产业的比例从 2009 年的 10.3:46.3:43.4 调整为 2013 年的 10.0:43.9:46.1（见表 2-3）。第一产业、第二产业比重分别下降 0.3 个和 2.4 个百分点，第三产业比重上升 2.7 个百分点。农业基础稳固、工业生产能力不断提升、服务业较快发展的格局逐步形成。信息服务业、快递业等现代物流业、商务服务业、高技术服务业等迅速发展，服务业对经济社会发展的支撑和带动作用日益凸显。

表 2-3　2008~2013 年中国三次产业比重和增速　　%

年　份	三次产业占全国比重			三次产业同比增速		
	第一产业	第二产业	第三产业	第一产业	第二产业	第三产业
2008年	10.7	47.5	41.8	5.4	9.9	10.4
2009年	10.3	46.3	43.4	4.2	9.9	9.6
2010年	10.1	46.7	43.2	4.3	12.3	9.8
2011年	10.0	46.6	43.4	4.3	10.3	9.4
2012年	10.1	45.3	44.6	4.5	7.9	8.1
2013年	10.0	43.9	46.1	4.0	7.8	8.3

注：数据来源：《中国统计摘要》，国家统计局。

（5）需求结构改善　2009 年，受国际金融危机冲击，进出口对经济增长的贡献率大幅下滑。在国家扩大内需战略的带动下，内需对经济增长的拉动作用显著增强，投资和消费成为经济增长的主要推动力。内需的强劲增长有效弥补了外需的不足，对实现经济平稳较快发展起到了极为关键的作用。2013 年，最终消费支出、资本形成总额、货物和服务净出口对经济增长贡献率分别为 50.0%、54.4%和-4.4%（见表 2-4）。

（6）城镇化水平持续提高　2009~2013 年，城镇化率由 2009 年的 48.34%上升到 2013 年的 53.73%，提高了 5.39 个百分点，每年增加城镇人口 2000 万以上。近年来，有关部门和地方不断加大市政设施建设，市政设施供给能力和服务水平明显提高，城市体系和功能不断完善。2011 年，城市人均道路面积达到 13.8m^2，人均公园绿地面积达到 11.8m^2，城市用水普及率、污水处理率分别达到 97%、83.6%。

表 2-4　2008~2013 年中国三大需求的比重与贡献率　%

年　份	三大需求占总需求的比重			三大需求对国内生产总值增长的贡献率		
	最终消费	资本形成	货物和服务净流出	最终消费	资本形成	货物和服务净流出
2008 年	48.6	43.7	7.7	44.2	47.0	8.8
2009 年	48.5	47.2	4.3	49.8	87.6	-37.4
2010 年	48.2	48.1	3.4	43.1	52.9	4.0
2011 年	49.1	48.3	2.6	56.5	47.7	-4.2
2012 年	49.5	47.8	2.8	55.1	47.0	-2.1
2013 年	49.8	47.8	2.4	50.0	54.4	-4.4

注：数据来源：中国国家统计局。

(7) 区域发展协调性增强　近几年，随着西部大开发、振兴东北地区等老工业基地、促进中部地区崛起、鼓励东部地区率先发展等重大区域发展战略向纵深推进，区域间产业梯度转移步伐加快，中西部地区发展潜力不断释放，区域间的协调性进一步改善。从生产总值看，2009~2013 年东部地区生产总值加权增长率为 10.4%，中部、西部和东北地区分别为 11.8%、13.0%和 11.8%。在国际金融危机冲击下，我国东部沿海地区由于经济外向度高，受影响较大，中西部地区在全国发展格局中的地位日益突出，经济总量占全国的比重持续上升。2013 年，中部、西部地区的地区生产总值占全国的比重分别为 20.2%、20.0%，分别比 2008 年提高 0.9 和 2.2 个百分点(见表 2-5)。区域协调发展，不仅有力促进了资源优化配置和发展方式的转变，同时也提高了我国经济抗风险能力。

表 2-5　2008~2013 年各地区生产总值比重和增长率　%

年　份	各地区生产总值占全国的比重				各地区生产总值加权平均增长率			
	东部地区	中部地区	西部地区	东北地区	东部地区	中部地区	西部地区	东北地区
2008 年	54.3	19.3	17.8	8.6	11.1	12.2	12.5	13.4
2009 年	53.7	19.4	18.5	8.4	10.8	11.7	13.5	12.6
2010 年	53.0	19.7	18.7	8.6	12.3	13.8	14.2	15.4
2011 年	52.0	20.1	19.2	8.7	10.5	12.8	14.1	12.5
2012 年	51.3	20.2	19.8	8.7	9.3	11.0	12.5	10.2
2013 年	51.2	20.2	20.0	8.6	9.1	9.7	10.7	8.4

注：① 东部地区包括北京、天津、河北、上海、江苏、浙江、福建、山东、广东、海南；中部地区包括山西、安徽、江西、河南、湖北、湖南；西部地区包括内蒙古、广西、重庆、四川、贵州、云南、西藏、陕西、甘肃、青海、宁夏、新疆；东北地区包括辽宁、吉林、黑龙江。

② 数据来源：《中国统计摘要》，中国区域金融运行报告。

2. 存在问题

(1) 部分行业产能过剩严重　产能过剩是目前我国经济中最为突出和急需解决的问题。不但钢铁、有色金属、建材、化工、造船等传统行业，而且风电、光伏、碳纤维等新兴产业，都出现产能过剩。据统计局调查，2013 年上半年在各相关行业协会调查的 39 个产品中，有 21 个产能利用率低于 75%，其中光伏、电石等产品甚至不足 60%。产能过剩现象，使投资的大量人力物力财力效率低下，且产品供过于求易引发企业之间恶性竞争，扰乱市场经济秩序，导致产品价格回落、库存增加、企业经济效益下降甚至亏损倒闭，增加银行坏账率及信贷风险。

（2）地方政府债务负担较重　为加快交通运输、市政建设等基础设施建设，地方政府普遍通过举债方式筹措建设资金。截至 2013 年 6 月底，全国各级政府负有偿还责任的债务 20.7 万亿元，负有担保责任的债务 2.9 万亿元，可能承担一定救助责任的债务 6.7 万亿元。一些地方政府性债务数额巨大、发展过快、结构不合理，而政府可用财力较小，用于偿债的资金不足，存在债务金融风险隐患。

（3）资源和环境压力巨大　我国处于工业化中期阶段，经济较快发展，需要大量的矿产品及相关的能源与原材料加工制品。“十一五”时期节能减排和生态建设虽取得了积极成效，但能源资源相对不足、生态环境承载能力不强仍为我国的基本国情。在工业化所需要的 45 种主要能源与矿产资源中，除煤炭外，其他人均拥有量都排在世界 80 位以后。人均耕地水平也仅是世界平均水平的 1/3。2012 年，我国经济总量约占全球的 11.5%，却消耗了全球 21.3%的能源、45%的钢、43%的铜、54%的水泥；原油、铁矿石对外依存度分别达到 56.4%和 66.5%，排放的二氧化硫、氮氧化物总量居世界第一，能源资源利用效率亟需显著提高。

3. 展望未来

当前和今后一个时期，我国发展仍处在可以大有作为的重要战略机遇期。尽管面临产能过剩、资源环境压力加大等不利因素，但是也具备工业化和城镇化持续推进、区域发展提升空间大等有利条件，我国经济仍具有巨大潜力和回旋余地。2013 年 11 月十八届三中全会《中共中央关于全面深化改革若干重大问题的决定》，对全面深化改革进行了顶层设计和整体谋划，强调使市场在资源配置中起决定性作用和更好发挥政府作用。随着新一轮改革开放的深入推进，经济发展的内在潜力将得到进一步释放，经济发展方式转变不断取得新进展，我国经济将进入中高速增长的“新常态”。

2.1.2.2　消费、投资、出口对宏观经济的拉动作用

消费、投资和净出口是社会总需求的重要组成部分，直接影响到整个国民经济增长的数量和质量，被称为拉动经济增长的“三驾马车”。

按支出法统计的 GDP 是从需求角度衡量国民经济发展的总量指标，由最终消费、资本形成总额、货物和服务净出口三部分构成。按照国家统计局的定义，贡献率是指三大需求增量分别与支出法 GDP 增量之比，其中每一要素的增加量占 GDP 总增加量的比重就是当年该要素对 GDP 增长的贡献率，而用这一贡献率乘以 GDP 的年增长率就是该要素对当年 GDP 增长拉动的百分点。

金融危机后，我国外部需求增长放缓，经济发展更加倚重国内需求。从近几年的数据来看，我国经济增长主要靠内需拉动。2013 年，我国最终消费支出、资本形成总额、货物和服务净出口对经济增长的贡献率分别为 54.4%、50.0%、-4.4%（见图 2-7）。

1. 消费

消费需求对经济增长的拉动作用更为持久和相对稳定，是经济增长的稳定器。消费需求具有刚性，决定了在 GDP 的年新增额中，消费需求的波动幅度远小于投资等其他因素，对经济增长影响惯性最大。在经济增长扩张期，消费需求增加不如投资明显；同样，在经济收缩期，消费需求的下降幅度也最小。

2009 年以来，通过提高居民收入水平，加快社会保障制度建设，积极实施家电、汽车

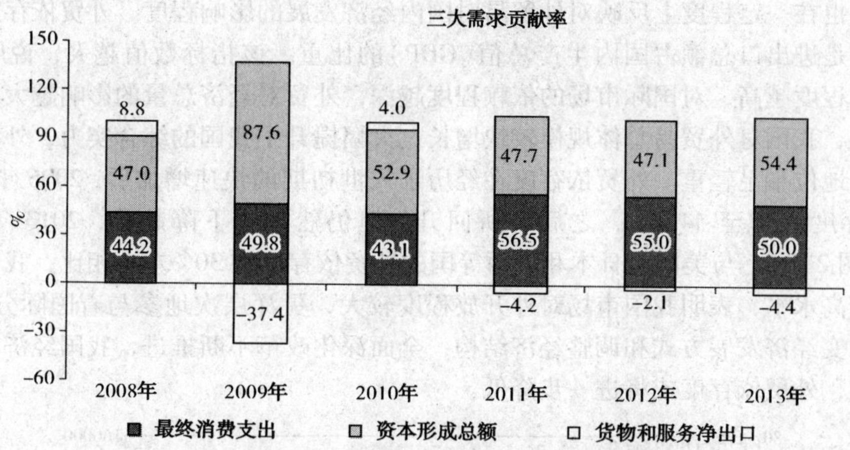

图 2-7　2008~2013 年三大需求对国内生产总值增长的贡献率

（数据来源：中国国家统计局）

下乡等鼓励消费政策，扎实推进万村千乡市场工程，释放农村消费潜力，规范市场秩序，改善消费环境，居民消费能力和消费预期进一步改善，消费对经济增长的贡献和拉动作用增强。2009~2013 年，最终消费需求贡献度在 43%~57%区间波动。其中，2011~2012 年，最终消费对经济增长的拉动作用超过投资，贡献率达 56.5%和 55.0%；2013 年最终消费贡献率略有回落，为 50.0%。消费需求成为我国经济稳定发展的重要保证，但相对世界主要国家而言，我国消费需求对经济的增长、推动作用仍需进一步增强。

2. 投资

投资是拉动经济增长的重要动力。首先，投资作为 GDP 的重要组成部分，每增加一定量的投资，就促进 GDP 总量的相应增加；其次，扩大投资有助于增加就业提高收入，有利于促进消费需求增长；第三，投资可以提供改善生产环境和人民生活质量等方面的基础设施，服务于整个经济社会的发展，间接带动经济增长。投资也是推动经济结构调整的有效手段。在很大程度上，固定资产投资规模及其结构决定着经济规模、经济结构、经济发展水平和经济效益。通过调整投资规模和结构，不仅能够影响国民经济整体效益和质量的提高，而且能够影响结构调整和资源优化配置进程。

2008 年席卷全球的金融危机给我国经济带来严重冲击。由于投资对经济的拉动具有立竿见影的效果，短时间内对经济增长影响显著，因此扩大投资是刺激经济增长最直接、最有效的手段之一。我国推出 4 万亿元投资计划以及一系列扩大内需的刺激措施，极大地带动了社会需求，促使我国经济在全球率先回升向好，继续保持较快增长势头。2009~2013 年，资本形成总额对经济增长的平均贡献率为 57.9%，为三大需求贡献率之首。作为发展中国家，我国在高铁、城市基础设施、信息基础设施、节能减排、棚户区改造以及保障房建设等领域，投资需求空间巨大，未来投资仍将在拉动经济和调整结构中发挥重要作用。

3. 出口

从支出法 GDP 核算的角度来看出口对经济增长的贡献，近几年净出口平均贡献率为负。其中，受国际金融危机冲击最为严重的 2009 年，货物和服务净出口值为 15037 亿元，较 2008 年减少 9190 亿元，贡献率为-37.4%。2011~2013 年净出口贡献率均为负值。

外贸依存度，是评估与衡量开放程度的主要指标，反映一国或地区的经济对国际市场的依赖程度，也在一定程度上反映对外贸易对国内经济发展的影响程度。外贸依存度，最普遍的计算方法是进出口总额占国内生产总值(GDP)的比重。该指标数值越大，说明该国融入世界经济的程度越高，对国际市场的依赖程度越深，外贸对经济总量的影响越大。

入世后，我国对外贸易总体规模较快增长，大幅提升了我国的综合实力，外贸在我国经济活动中的地位举足轻重。外贸依存度在经历了入世初期的快速增加后，2006 年到达高点。2009 年依存度下降至 44.2%，之后有所回升，但仍然处于下降趋势，2013 年依存度为 45.4%(见图 2-8)。与美国、日本和巴西等国的外贸依存度在 30%左右相比，我国外贸依存度仍处于较高水平，表明我国市场对外开放程度较大，更深层次地参与着国际分工和竞争。随着加快转变经济发展方式和调整经济结构，全面深化改革不断推进，我国经济将更多地依靠内需拉动，外贸依存度或将进一步降低。

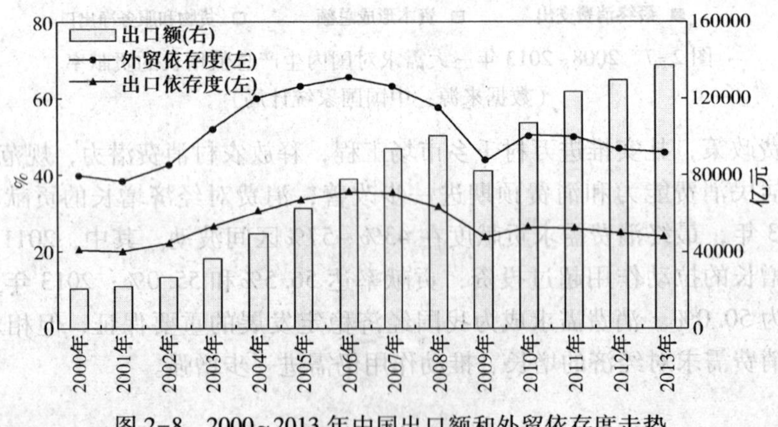

图 2-8　2000~2013 年中国出口额和外贸依存度走势

[数据来源：中国国家统计局，EDRI(中石化经济技术研究院)]

2.2　国际原油贸易

2.2.1　原油资源

2.2.1.1　世界原油储量

自 1859 年现代石油工业诞生，世界石油工业已经走过 150 多个春秋。随着石油勘探开发技术的不断突破，世界石油探明储量不断增加，但分布极不平衡。据统计，截至 2013 年底，世界已探明可采石油储量(以下简称为“储量”)为 1.69 万亿桶，比 2012 年增加 6 亿桶。分区域看，中东地区是世界上石油储量最丰富的地区，石油储量达 8085 亿桶，占世界储量的 47.9%；其次是中南美洲，储量为 3296 亿桶，占世界储量的 19.5%，主要是委内瑞拉除了拥有丰富的常规石油资源外，还蕴藏着大量的非常规超重油，到 2013 年底该国的石油储量达 2983 亿桶，其中，奥里尼科超重油储量达 2205 亿桶，约占该国石油总储量的 73.9%，考虑奥里尼科重油储量，委内瑞拉已经超过沙特，成为世界上拥有石油储量最多的国家；北美地区排名第三，石油储量(包括加拿大油砂)为 2296 亿桶，占世界储量的 13.6%；欧洲和欧亚地区，2013 年底原油储量为 1478 亿桶，占世界储量的 8.8%；近年来非洲地区的储量也增长较快，2013 年底储量为 1303 亿桶，占世界储量的 7.7%；亚太地区 2013 年石油储量为 421 亿桶，占世界储量的 2.5%。世界石油储量分地区(国家)情况见表 2-6。

表 2-6　世界石油储量分布情况　　十亿桶

国家/地区	1992	2002	2012	2013	全球占比	储采比
美国	31.2	30.7	44.2	44.2	2.6%	12.1
加拿大	39.6	180.4	174.3	174.3	10.3%	121
墨西哥	51.2	17.2	11.4	11.1	0.7%	10.6
北美洲总计	**122.1**	**228.3**	**229.9**	**229.6**	**13.6%**	**37.4**
阿根廷	2.0	2.8	2.4	2.4	0.1%	9.8
巴西	5.0	9.8	15.3	15.6	0.9%	20.2
哥伦比亚	3.2	1.6	2.2	2.4	0.1%	6.5
厄瓜多尔	3.2	5.1	8.4	8.2	0.5%	42.6
秘鲁	0.8	1.0	1.4	1.4	0.1%	37.5
特立尼达和多巴哥	0.5	1.1	0.8	0.8	0.05%	19.2
委内瑞拉	63.3	77.3	297.6	298.3	17.7%	312
其他中南美洲国家	0.6	1.6	0.5	0.5	0.03%	9.6
中南美洲总计	**78.8**	**100.3**	**328.6**	**329.6**	**19.5%**	**124**
阿塞拜疆	n/a	7.0	7.0	7.0	0.4%	20.6
丹麦	0.7	1.3	0.7	0.7	0.04%	10.3
意大利	0.6	0.8	1.4	1.4	0.1%	32.7
哈萨克斯坦	n/a	5.4	30.0	30.0	1.8%	46.0
挪威	9.7	10.4	9.2	8.7	0.5%	12.9
罗马尼亚	1.2	0.5	0.6	0.6	0.04%	19.0
俄罗斯	n/a	76.1	92.1	93.0	5.5%	23.6
土库曼斯坦	n/a	0.5	0.6	0.6	0.04%	7.1
英国	4.6	4.5	3.0	3.0	0.2%	9.6
乌兹别克斯坦	n/a	0.6	0.6	0.6	0.04%	25.9
其他欧洲及欧亚大陆国家	61.3	2.2	2.1	2.2	0.1%	15.1
欧洲及欧亚大陆合计	**78.3**	**109.3**	**147.4**	**147.8**	**8.8%**	**23.4**
伊朗	92.9	130.7	157.0	157.0	9.3%	121
伊拉克	100.0	115.0	150.0	150.0	8.9%	131
科威特	96.5	96.5	101.5	101.5	6.0%	89.0
阿曼	4.7	5.7	5.5	5.5	0.3%	16.0
卡塔尔	3.1	27.6	25.2	25.1	1.5%	34.4
沙特阿拉伯	261.2	262.8	265.9	265.9	15.8%	63.2
叙利亚	3.0	2.3	2.5	2.5	0.1%	123
阿联酋	98.1	97.8	97.8	97.8	5.8%	73.5
也门	2.0	2.9	3.0	3.0	0.2%	51.2
其他中东国家	0.1	0.1	0.3	0.3	0.02%	3.4
中东国家合计	**661.6**	**741.3**	**808.7**	**808.5**	**47.9%**	**78.1**
阿尔及利亚	9.2	11.3	12.2	12.2	0.7%	21.2

续表

国家/地区	1992	2002	2012	2013	全球占比	储采比
安哥拉	1.3	8.9	12.7	12.7	0.8%	19.3
乍得	—	0.9	1.5	1.5	0.1%	43.5
刚果共和国	0.7	1.5	1.6	1.6	0.1%	15.6
埃及	3.4	3.5	4.2	3.9	0.2%	15.0
赤道几内亚	0.3	1.1	1.7	1.7	0.1%	15.0
加蓬	0.8	2.4	2.0	2.0	0.1%	23.1
利比亚	22.8	36.0	48.5	48.5	2.9%	134
尼日利亚	21.0	34.3	37.1	37.1	2.2%	43.8
南苏丹	—	—	3.5	3.5	0.2%	96.9
苏丹	0.3	0.6	1.5	1.5	0.1%	33.7
突尼斯	0.5	0.5	0.4	0.4	0.02%	18.7
其他非洲国家	0.8	0.6	3.7	3.7	0.2%	47.7
非洲总计	**61.1**	**101.6**	**130.6**	**130.3**	**7.7%**	**40.5**
澳大利亚	3.2	4.6	3.9	4.0	0.2%	26.1
文莱	1.1	1.1	1.1	1.1	0.1%	22.3
中国	15.2	15.5	18.1	18.1	1.1%	11.9
印度	5.9	5.6	5.7	5.7	0.3%	17.5
印度尼西亚	5.6	4.7	3.7	3.7	0.2%	11.6
马来西亚	5.1	4.5	3.7	3.7	0.2%	15.3
泰国	0.2	0.7	0.4	0.4	0.02%	2.5
越南	0.3	2.8	4.4	4.4	0.3%	34.5
其他亚太地区国家	0.9	1.1	1.1	1.1	0.1%	11.2
亚太地区总计	**37.5**	**40.6**	**42.1**	**42.1**	**2.5%**	**14.0**
世界总计	**1039.3**	**1321.5**	**1687.3**	**1687.9**	**100.0%**	**53.3**
其中：经合组织	142.7	251.2	249.6	248.8	14.7%	33.2
非经合组织	896.6	1070.3	1437.7	1439.1	85.3%	59.5
石油输出国组织	772.7	903.3	1213.8	1214.2	71.9%	90.3
非石油输出国组织	207.1	327.9	342.6	341.9	20.3%	26.0
欧盟	8.3	8.0	6.8	6.8	0.4%	13.0
前苏联	59.6	90.3	130.9	131.8	7.8%	25.9
加拿大油砂：总计	32.4	174.4	167.8	167.8	9.9%	—
委内瑞拉：奥里诺科重油带	—	—	220.0	220.5	13.1%	—

从分国家石油储量情况看，世界石油储量排名前 15 的国家中有 9 个为欧佩克（OPEC）成员国。15 个国家石油总储量为 1.85 万亿桶（见表 2-7），占世界储量的 90.8%。其中，委内瑞拉是世界上石油储量最多的国家，该国石油储量占世界的 17.7%，此外，沙特占 15.8%、加拿大占 10.3%、伊朗占 9.3%、伊拉克占 8.9%，以上 5 国石油储量占世界储量的 50%以上。

表 2-7 世界石油储量排名前 15 位国家的石油储量 十亿桶

国家/地区	1992	2002	2012	2013	全球占比	储采比
委内瑞拉	63.3	77.3	297.6	298.3	17.7%	312
沙特阿拉伯	261.2	262.8	265.9	265.9	15.8%	63.2
加拿大	39.6	180.4	174.3	174.3	10.3%	121
伊朗	92.9	130.7	157.0	157.0	9.3%	121
伊拉克	100.0	115.0	150.0	150.0	8.9%	131
科威特	96.5	96.5	101.5	101.5	6.0%	89.0
阿联酋	98.1	97.8	97.8	97.8	5.8%	73.5
俄罗斯	n/a	76.1	92.1	93.0	5.5%	23.6
利比亚	22.8	36.0	48.5	48.5	2.9%	134
美国	31.2	30.7	44.2	44.2	2.6%	12.1
尼日利亚	21.0	34.3	37.1	37.1	2.2%	43.8
哈萨克斯坦		5.4	30.0	30.0	1.8%	46.0
卡塔尔	3.1	27.6	25.2	25.1	1.5%	34.4
中国	15.2	15.5	18.1	18.1	1.1%	11.9
巴西	5.0	9.8	15.3	15.6	0.9%	20.2
合计	**849.9**	**1195.9**	**1837.6**	**1854.7**	**90.8%**	**77.3**

2.2.1.2 世界原油产量

通常所说的石油产量除原油外，还包括凝析油、天然气液和非常规原油的产量。对世界石油产量的统计，不同机构的统计结果也有所不同，这主要是统计口径和数据来源略有不同。

1. 世界原油产量

据 BP 统计，2013 年世界原油产量约 8681 万桶/日，比 2012 年增加 56 万桶/日，增产约 0.6%。世界原油产量分地区情况见表 2-8。

表 2-8 世界原油产量(分地区) 万桶/日

地 区	1992	2002	2007	2011	2012	2013
北美洲	1403	1408	1363	1432	1554	1683
中南美洲	484	675	732	745	727	729
欧洲及欧亚大陆	1421	1635	1784	1745	1723	1728
中东国家	1874	2196	2530	2798	2848	2836
非洲	700	794	1018	858	935	882
亚太地区	689	788	800	827	837	823
世界总计	**6572**	**7495**	**8228**	**8405**	**8625**	**8681**
其中：经合组织	1959	2148	1915	1860	1949	2052
非经合组织	4612	5347	6314	6545	6676	6628
石油输出国组织	2543	2927	3516	3591	3743	3683
非石油输出国组织	3118	3612	3432	3453	3512	3606
欧盟	272	337	241	172	153	144
前苏联	911	956	1280	1361	1370	1392

2. 世界凝析油产量

凝析油(Condensate)是比常规原油轻的碳氢化合物的混合物，其来源主要有两个方面，一是天然气生产中井口的深沉液(Wet Gas)；二是石油生产中产出的轻烃，其成分主要包括丙烷、丁烷、戊烷和更重的碳氢化合物。其 API 度通常为 50~70，硫含量低于 0.3%。凝析油是石油的重要组成部分，据统计，2013 年世界凝析油产量为 582.6 万桶/日，比 2000 年增加约 52.8 万桶/日。世界凝析油分地区(国家)产量情况见表 2-9。

表 2-9　世界凝析油分地区(国家)产量　　万桶/日

国　家	2000 年	2005 年	2010 年	2011 年	2012 年	2013 年
美国	4.9	3.6	1.9	1.4	1.2	1.1
加拿大	17.1	15.6	14.0	13.5	15.4	15.1
墨西哥	2.0	1.5	0.7	0.6	0.5	0.4
北美小计	**22.1**	**19.3**	**15.9**	**14.9**	**16.7**	**16.2**
阿根廷	5.4	4.3	3.6	3.3	2.9	2.6
巴西	2.8	2.2	2.3	2.5	2.3	2.1
哥伦比亚	17.5	8.2	7.5	6.9	7.3	6.5
秘鲁	0.4	3.6	7.1	7.2	7.0	6.5
特立尼达	1.9	1.9	2.4	2.1	2.4	2.1
委内瑞拉	13.5	10.3	12.9	13.3	12.7	11.4
拉美小计	**41.6**	**30.5**	**35.7**	**35.3**	**34.5**	**31.2**
挪威	28.3	30.3	27.3	27.6	28.5	26.0
英国	28.8	32.7	22.1	17.9	15.4	13.6
丹麦	3.9	2.0	0.9	0.8	0.7	0.7
欧洲小计	**61.0**	**65.0**	**50.3**	**46.3**	**44.6**	**40.2**
阿塞拜疆	0.5	0.5	6.7	6.7	6.3	6.3
哈萨克斯坦	13.1	29.0	38.7	38.6	39.0	39.9
俄罗斯	24.5	40.8	44.8	49.2	52.0	52.1
前苏联小计	**38.1**	**70.2**	**90.2**	**94.6**	**97.3**	**98.2**
阿尔及利亚	48.3	37.3	33.0	31.8	32.1	36.7
埃及	5.6	6.3	7.0	7.1	8.0	8.9
利比亚	1.0	5.2	10.9	1.7	4.6	7.3
尼日利亚	23.0	19.6	27.8	26.5	24.5	22.5
非洲小计	**78.0**	**68.4**	**78.6**	**67.1**	**69.1**	**75.4**
阿布扎比	19.7	28.4	30.7	31.1	29.7	28.8
伊朗	85.1	97.1	87.4	88.3	89.6	87.8
伊拉克	0.0	0.0	0.3	0.7	0.8	0.8
科威特	23.0	22.6	25.7	25.0	23.8	22.9
阿曼	12.2	13.7	19.9	17.9	16.1	14.4
卡塔尔	34.6	45.9	64.7	64.8	65.1	66.0

续表

国家	2000年	2005年	2010年	2011年	2012年	2013年
沙特	21.1	23.2	26.0	25.9	25.7	25.8
叙利亚	1.4	0.9	0.8	1.1	1.2	1.4
也门	3.5	2.0	1.4	1.1	0.9	0.9
中东小计	**200.7**	**233.7**	**257.0**	**255.9**	**252.9**	**248.9**
澳大利亚	30.9	13.1	12.8	10.7	9.8	9.1
文莱	5.9	5.9	5.1	5.0	4.8	4.7
中国	1.7	1.7	2.8	3.3	3.2	3.2
印度	13.8	13.1	16.1	15.0	14.5	14.7
印尼	17.7	14.5	11.5	12.2	11.1	10.2
马来西亚	6.9	18.2	15.1	13.3	11.8	10.6
巴布亚新几内亚	6.2	3.0	2.1	1.8	2.0	2.1
泰国	5.5	9.2	12.0	10.8	10.0	9.3
越南	0.1	0.6	1.2	1.7	2.6	8.7
亚太小计	**88.5**	**79.3**	**78.6**	**73.7**	**70.0**	**72.5**
全球总计	**529.8**	**566.4**	**606.4**	**587.7**	**585.1**	**582.6**

3. 世界天然气液的产量

目前，对天然气液(NGLs)的定义和组成国际上还没有统一的标准。在西欧，天然气液通常指天然气处理过程中的伴生液，其成分主要包括碳二以上的碳氢化合物；而在美国，除了在天然气处理过程中的伴生液外，还包括炼厂生产的液化石油气(LPG)。本书所指的天然气液只是在天然气生产过程中的伴生液，不包括炼厂产出的液化石油气。国外有关研究报告显示，2013年世界天然气液的产量约为1116.6万桶/日，比2000年增加426.2万桶/日左右。世界天然气液分地区(国家)产量情况见表2-10。

表2-10 世界天然气液(NGLs)分地区(国家)产量 万桶/日

国家	2000年	2005年	2010年	2011年	2012年	2013年
美国	191.1	171.7	207.4	218.3	230.9	238.0
加拿大	62.1	56.5	50.5	49.8	52.2	57.0
墨西哥	35.7	31.8	45.5	47.5	49.2	50.1
北美小计	**288.8**	**260.0**	**303.4**	**315.6**	**332.3**	**345.2**
阿根廷	6.5	7.9	7.6	7.6	7.8	7.9
玻利维亚	0.7	0.8	0.9	1.1	1.2	1.9
巴西	3.6	6.2	7.9	8.3	8.8	13.0
哥伦比亚	0.4	0.4	0.6	0.7	0.7	0.7
秘鲁	2.6	3.2	7.0	7.4	8.4	9.7
特立尼达	3.1	4.6	5.5	5.4	5.4	5.4
委内瑞拉	32.3	34.8	25.6	26.1	26.6	27.0
其他	1.5	0.9	1.5	1.5	1.5	1.5

续表

国 家	2000 年	2005 年	2010 年	2011 年	2012 年	2013 年
拉美小计	**50.8**	**58.8**	**56.6**	**58.1**	**60.3**	**67.2**
挪威	12.4	26.6	31.6	31.1	31.2	30.8
英国	22.7	17.1	12.2	11.4	10.7	10.5
其他	4.6	3.8	3.3	3.1	3.1	3.0
欧洲小计	**39.7**	**47.4**	**47.1**	**45.7**	**45.0**	**44.3**
俄罗斯	25.2	46.2	49.7	51.1	52.4	53.8
哈萨卡斯坦	1.9	4.5	8.0	8.3	8.6	9.0
阿塞拜疆	0.6	0.7	2.6	2.8	2.9	3.1
土库曼斯坦	1.2	1.6	2.1	2.9	3.0	3.0
乌孜别卡斯坦	6.5	7.3	7.9	8.8	8.8	8.9
乌克兰	1.0	1.0	1.3	1.3	1.3	1.4
前苏联小计	**36.4**	**61.4**	**71.5**	**75.1**	**77.0**	**79.1**
阿尔及利亚	24.9	31.1	35.5	35.6	36.0	37.1
安哥拉	0.0	1.5	2.4	2.4	4.0	7.2
埃及	3.5	4.9	6.6	6.7	7.0	7.3
赤几	0.0	1.2	2.1	2.0	1.8	1.8
利比亚	6.0	8.7	15.4	5.0	13.0	18.2
尼日利亚	7.7	12.6	16.1	16.5	16.8	17.5
其他	0.6	0.6	1.8	2.6	2.5	2.2
非洲小计	**42.8**	**60.6**	**80.0**	**70.7**	**81.1**	**91.3**
阿布扎比	23.1	31.7	38.5	39.9	40.7	41.5
伊朗	8.5	10.6	16.6	17.0	17.0	17.5
伊拉克	7.4	6.8	1.3	1.4	1.5	2.2
科威特	10.0	12.1	15.0	16.0	18.0	20.0
阿曼	0.3	0.9	1.3	2.1	2.2	2.4
卡塔尔	15.3	27.0	68.3	76.6	85.5	89.2
沙特	112.8	154.8	171.9	182.4	201.6	212.3
叙利亚	2.0	4.6	7.6	8.0	3.0	2.8
也门	0.0	0.0	4.5	5.5	5.8	5.5
其他	3.8	2.8	4.2	4.4	4.3	4.3
中东小计	**183.2**	**251.4**	**329.2**	**353.3**	**379.5**	**397.7**
澳大利亚	9.1	8.5	10.1	11.3	12.8	12.9
文莱	3.2	3.3	3.0	3.0	3.4	3.4
中国	0.6	0.1	0.9	0.9	1.0	1.0
印度	9.9	12.7	18.7	21.5	23.4	25.4
印尼	9.7	8.0	10.0	10.1	10.3	10.8
马来西亚	7.1	8.9	10.0	10.2	10.4	10.9

续表

国　家	2000 年	2005 年	2010 年	2011 年	2012 年	2013 年
巴基斯坦	0.3	0.3	0.5	0.4	0.4	0.4
巴布亚新几内亚	0.0	0.0	0.0	0.0	0.0	0.0
泰国	7.0	10.8	14.4	15.2	16.4	16.4
越南	0.0	1.9	4.0	4.5	6.0	6.5
其他	1.8	2.4	3.9	4.0	3.8	4.1
亚太小计	**48.6**	**56.9**	**75.5**	**81.1**	**88.0**	**91.8**
全球总计	**690.4**	**796.5**	**963.3**	**999.6**	**1063.4**	**1116.6**

2.2.2　原油价格

原油价格由固定的贴水和浮动的基准价组成，贴水在合同成交时买卖双方谈定，而浮动基准价随油种不同而不同。下面介绍原油价格机制。

1. 进口原油成本

进口原油实货成本计算公式：

进口原油实货成本=特定时间内的基础价格+(-)贴水+运费+其他杂费

基础价格是一个变量，在计价公式中占比很高，是影响原油价格的主要因素，贴水及其他费用一般为常数。在实货交易中，一般都是以浮动基础价和一定的贴水折扣进行交易。中东原油基础价一般为：官价(OSP)或基础油价(DUBAI)。

2. 原油交易作价

原油交易作价分为固定价格(Fixed Price)和浮动价格(Floating Price)。固定价格是指买卖双方固定原油价格的作价方法；浮动价格是指买卖双方选定基准油并协商贴水而不固定原油具体价格的作价方法，在国际原油交易中，贴水的波动幅度远小于基准油价的波动幅度，且趋势比较容易预测，因此浮动价格是原油交易的主要作价方式。浮动价格一般由基准油、贴水、计价期构成。

(1) 基准油

基准油是原油作价中的参照原油。主要有以下几种：

① 带装船期的布伦特原油(Dated Brent)　部分加拿大东部原油、西北欧原油、地中海地区原油、西北非原油以及中东也门原油的作价一般以此为作价基准油。该原油起源于 20 世纪 80 年代，采用对装期在 7~15 天内的布伦特交易进行评估的办法形成带船期的布伦特原油(Dated Brent)价格。由于布伦特原油日产量在进入 1990 年后仅 43 万桶/日左右，而且交易基本掌握在为数不多的几个大石油公司和贸易商手中，控制现货挤兑纸货的杠杆交易盛行导致计价风险巨大。自 2002 年 7 月开始，评估机构对船期布伦特原油的评估方式作了改变，将 10~21 日内装船的奥斯伯格(Osberg)原油、福提斯(Forties)原油、布伦特(Brent)原油一起评估，选择最具有竞争力的估算构成带船期布伦特(Dated Brent)。

② 西德克萨斯中质原油(WTI)　美国、南美各国以及大多数运往美国的原油以此为作价基准油。该基准油的确立基本上始于 1983 年纽约商品交易所设立西德克萨斯中质原油(WTI)期货品种。

③ 迪拜(Dubai)和阿曼(Oman)原油　中东运往亚洲地区的原油一般以两者的平均值为

作价基准油价格。1980 年后，沙特停止了所有的现货交易；迪拜原油确立了基准油的地位。此后，迪拜原油的产量不断下降，2001 年日出口量仅为 17 万桶/日。交易也掌握在为数不多的交易人手中，控制现货挤兑纸货的杠杆交易盛行导致计价风险巨大。2001 年 12 月，阿曼原油被确立为可以替代迪拜原油交货的品种，这在一定程度上降低了挤兑计价的风险。

④ 塔皮斯原油（Tapis）　印尼、马来西亚以及其他远东地区原油以此为作价基准油。

⑤ 米纳斯原油（Minas）　印尼、越南等部分亚洲地区原油以此作为作价基准油。

（2）贴水

由于所采购的油种与基准油在品质、收益以及净回收效益等方面有差距而造成其与基准油在价格方面有一个差值，这个差值在原油价格公式中成为贴水。贴水有加贴水和减贴水。不同油种的贴水不同；同一油种由于计价期的不同也可能会导致时间相近的同类原油贴水差别很大。

（3）计价期

计价期一般以提单月或提单日为基础，提单月计价以全月基准油平均值为基准价格，提单日计价一般为 5 天计价，不同油种有不同的计价期：西北非、北海、前苏联地区原油与布伦特（DTD BRENT）联动，计价方式一般为提单日后五天（AROUND OR AFTER BL）、提单月或其他月全月 DTD BRT 平均价及固定价。中东原油与迪拜（DUBAI）、阿曼（OMAN）联动，现货计价方式一般以提单日所在全月计价；远东、澳洲原油与塔皮斯（TAPIS）、米纳斯（MINAS）联动，印尼、文莱及部分马来西亚原油以提单日所在全月计价。

3. 装期和付款条款

① 装期　西非、远东一般固定在 2~3 天；中东原油只规定提货月，具体装期在 $M-1$ 月的 1~7 日申请 M 提货月装期。

② 付款条款　一般标准合同为提单日后 30 天以提单净桶量支付货款。北海原油由于运距较长我们习惯以船到卸港递交 NOR 时间加若干天（10 天）为付款时间。

4. 原油价格计算案例

在 7 月份采购 100 万桶 9 月 3~4 日装期的 CABINDA 原油，计价期为提单日后五天，基准原油为 DTD BRENT，计价期前后几天价格见表 2-11，贴水为-0.5 美元/桶，如果实际装货时提单日落在 9 月 4 日，则计价期为 9 月 5 日、6 日、7 日、8 日、9 日，基准价格 =（112.7+113.5+114.2+116.9+115.2）/5 = 114.5 美元/桶，该合同价格 = 114.5-0.5 = $114.0/bbl。

表 2-11　原油价格表

日　期	DTD BRENT $/bbl	日　期	DTD BRENT $/bbl
9 月 1 日	113.200	9 月 7 日	114.200
9 月 2 日	112.500	9 月 8 日	116.900
9 月 5 日	112.700	9 月 9 日	115.200
9 月 6 日	113.500	9 月 12 日	117.500

2.2.3 原油交易

2.2.3.1 石油贸易分类

按贸易形式分，石油贸易可分为两类：实货交易和期纸货交易。石油实货交易就是买卖原油实际货物的交易，主要目的为买入或卖出原油实物，石油实货交易可分为现货交易和长期合同交易两大类贸易形式。石油期纸货交易是买卖原油衍生品的交易，主要目的是为了实现投机套利或套期保值，而不是获取原油实物。石油期纸货交易可分为场内交易和场外交易两类。

石油贸易的主要形式如图 2-9 所示。

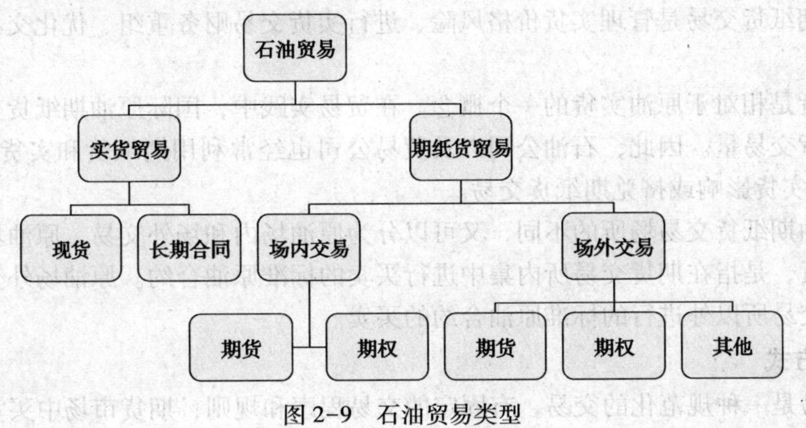

图 2-9　石油贸易类型

2.2.3.2　原油实货交易

原油实货，又名 Physical Crude。其交易主要有两种形式，即现货交易(SPOT)及长期合同(Term)。

1. 现货交易

现货交易是买卖双方对已经装货的或即将装运的原油进行的一种贸易形式，例如西非原油主要以现货交易投标的形式出售。

西非现货原油一般在装船期前 25~60 天时间谈定现货合同，国内交易员在 $M-2$ 月下旬与企业衔接低硫西非原油现货需求(M 月为提货月)，确定企业 $M+1$ 月到货现货油种、数量、时间的初步需求；中东现货原油一般在 $M-2$ 月交易 M 月提货，$M+1$ 到货现货中东原油，国内交易员在 $M-2$ 月初与企业衔接含硫中东原油现货需求(M 月为提货月)，确定企业 $M+1$ 月到货现货油种、数量、时间的初步需求；远东现货原油一般在 $M-1$ 月开始交易 M 提货月远东现货(M 月或 $M+1$ 月到货)；北海和地中海现货原油一般在装船期前 10~21 天时间谈定现货合同；美洲地区原油一般在装船期前 20~30 天时间谈定现货合同。

2. 长期合同交易

长期合同是买卖双方之间以合同的形式约定在一段时间内买卖若干数量原油的交易行为，例如中东原油大多以长期合同的形式出售。现货交易比远期交易的装运时间更加准确，一般是具体到日。长期合同也是原油交易的一种非常重要的形式。无论用户和产油商都愿意签订一定数量的长期合同以确保供应和销售。对于某些油种，长期合同是实货交易的唯一形式。例如沙特油，其通过国家石油公司与用户签订年度长期合同。

原油长期合同有效期一般为一年左右，固定油种、固定每月提货量、贴水等贸易条款合同，通常在前一年 8~10 月份谈判并签定。联合石化大部分中东油、部分西非、远东油为长期合同，长期合同量约占进口总量的 60%~70%左右。

2.2.3.3 原油期货交易

1. 简介

期货交易是指在商品交易所通过公开竞争价，买卖期货合约，并在合约到期前通过对冲（即先买进后卖出或先卖出后买进）及实物交割来完成的交易。期纸货交易同实货交易的区别在于它一般不以物权转移为根本目的。大多数期纸货交易不发生物流。对于实货交易商和用户来说，期纸货交易是管理实货价格风险、进行实货交易财务重组、优化交易现金流的有效工具。

原油期货是相对于原油实货的一个概念。在贸易实践中，国际原油期纸货交易的数量要远远大于实货交易量。因此，石油公司以及贸易公司也经常利用期纸货和实货结合进行“杠杆”交易，以实货影响或挤兑期纸货交易。

根据原油期纸货交易场所的不同，又可以分为原油场内和场外交易。原油场内交易通常称为原油期货，是指在期货交易所内集中进行买卖的标准原油合约。原油场外交易是指买卖双方在期货交易所以外进行的标准原油合约的买卖。

2. 交易方式

期货交易是一种规范化的交易，有固定的交易程序和规则；期货市场中买卖的是标准化的合同，只有价格是可变因素；所有期货交易都通过商品结算所进行结算，交易所为每笔交易作担保，结算所成为任何一个卖方或者买方的交易对象，交易者不必担心交易的履约问题。

3. 期货交易价值

期货交易的主要目的是为了转移交易中的风险（即套期保值）或获取风险利润，交易中的风险包括价格风险、汇率风险和利率风险。由于价格、利率或汇率的波动，合约本身就有价差和利差，因此不必等到实货完成，只需要买卖合约即可获利。

4. 期货合约

原油期货合约是买卖双方之间具有法律约束力的协议，指在某个指定的日期以今天商定的价格水平就指定数量及质量的原油进行实货交割或现金交割。

主要的原油期货合约有 NYMEX 交易所的 WTI 原油、ICE 交易所的 BRENT 原油以及 SIMEX 的 DUBAI 原油等。

（1）合约的单位　原油期货合约的最小单位为手，每一手原油为 1000 桶原油。

（2）合约月份　原油合约一般实行月份交易，例如 WTI6 月合约，在这里 6 月即为合约月，也称交割月。

（3）头寸　头寸为购买或出售期货合约的定量及定性的描述方法。如果一方买入 BRENT6 月合约 100 手，则其持有多头头寸 100 手。一个交易过程一般包括建仓或开仓、持有、平仓或交割几个步骤。

（4）交割　期货交易的交割方式分实物交割和现金交割两种。实物交割是指交易双方通过交易所的安排，按规定在交割日将合约商品的所有权进行转移，从而对冲未平仓合约头寸的过程。现金交割是指交易双方通过交易清算所，在交割日对合约的盈亏以现金的方式进行结算的过程。NYMEX 交易所采用实物交割的方法，IPE 和 SIMEX 交易所采用现金交割的方式。

（5）到期　原油期货合约采用月份合约的形式，需要交割。在某一合约进入交割月份前，该合约即到期终止交易，如 NYMEX 的 WTI6 月原油合约的到期日为 5 月 20 日。在此日之前的大部分头寸都已经平仓完毕，未平仓部分将进行实物交割。又如 IPE 的 BRENT6 月原油合约到期日为 5 月 15 日，当日未平仓合约持有人根据结算价格进行现金交割。

5. 期货的基本功能

(1) 价格发现功能　期货交易的是远期的合约，是人们对未来价格走势的一种预期，通过在市场中不断的交易，达到一种发现未来价格的目的。

(2) 规避风险功能(套期保值)　通过 OTC 场外市场的操作，人们可以结合现货市场上的头寸情况进行数量相同、方向相反的期货操作，来达到一种套期保值的目的，从而锁定成本或利润，减少价格波动风险。

例如：某一原油实货贸易商现在手头持有 200 万桶的原油实货，为了预防市场价格下跌的风险，他只要在期货市场卖出 200 万桶的原油期货合约就可以达到套期保值的目的。如果原油价格上涨，贸易商持有的实货将盈利，而期货头寸将亏损，但两者可以相互抵消。反之，原油价格下跌，实货亏损，期货则盈利。

(3) 投机功能　期货具有较强的金融属性，市场投机者可以通过期货交易进行投机，从而达到实现超额利润的目的，但风险巨大。

6. 期货市场的操作模式

(1) 远期场外交易　常见远期场外交易有布伦特-福提斯奥斯伯格远期合约(BFO)，该合约由 15 天布伦特远期合约演变而来的。在 15 天布伦特远期合约中，买卖双方通过订立标准的 15 天布伦特远期合约，同意在将来某一时间以某一固定价格买/卖一定数量(标准合约为 50 万桶，卖方可以选择±5%的公差)的布伦特原油。该交易的卖方必须提前 15 天提示买方明确的装期(3 天装期)。买方买入一个布伦特远期合约后便持有一个多头 15 天布伦特远期合约，卖方则持有一个空头合约。15 天布伦特远期合约一般以上“链”交易形式进行。每个合约从供货商出售开始连续交易，形成一个交易链，交易链在布伦特装船期前 15 天的伦敦时间 17 时终止。届时持有多头者可在装船期到布伦特装运港兑现原油实货。交易人通常可以交易装船期在 3~4 个月后的 15 天布伦特远期合约，流动性比较好的为 1 个月后的合约。合约的持有人可以通过买卖、对冲的方法了结持有的头寸。

原油远期场外合约同原油期货机理相似，两者均有标准合约，均是固定价格交易。其不同之处见表 2-12。

表 2-12　原油远期场外合约与原油期货的不同点

不同点	原油远期场外合约	原油期货
合约制定者不同	行业认可的结构或公司	期货交易所
履约保证不同	商家信用	清算机构+保证金制度
交易细节不同	有公差等规定	没有这些细节规定
交割方式不同		

(2) 掉期交易　掉期的一个更准确的称谓是换价。原油掉期是指双方通过订立标准合约的方式，将某种计价方式进行互换的交易形式。通常的原油掉期交易是为了实现浮动价格和固定价格之间的互相转换。

(3) 保值　保值是一种价格风险管理，它是在假定国内油品价格不变的前提下，进行的锁定原油和油品之间利润的过程。通过期货(纸货)市场操作，将价格风险转嫁到愿意承担风险的原油贸易商那边。实货市场价格走势同纸货市场价格走势的趋势相同，因此可以利用实货和纸货的相关性，进行品种相同、数量相当、方向相反的操作来达到风险对冲的目的。例如，原油买家可以在期货市场、场外工具市场建立买仓，通过适时平仓对冲实货计价，达到规避风险、锁定成本的目的。

7. 全球主要原油期货品种及上市交易所

(1) 伦敦国际石油交易所(ICE)　国际石油交易所是欧洲最重要的能源期货交易场所。成立于1980年，主要交易品种有原油和柴油，其主要特点是灵活性大、价格透明、小批量交易、合约的安全性强。伦敦国际石油交易所主要运行方式包括：合约单位：1000桶；合约月份：12个连续月份，一季度后扩展至24个月，半年后最长至36个月；报价方式：美元及美分/桶；最小价格波动：0.01美元/桶；最后交易日：如果交割月第一天前的第15天为伦敦的银行日，交易应于当天收盘时停止，如果当日是伦敦的非银行日(包括星期六)，交易将于当天前一个工作日停止，该日期由交易所公布。

(2) 纽约商品交易所(NYMEX)　该交易所是目前世界上最大的商品期货交易所，包括了能源、贵金属、铜、铝等方面的交易。其中，中质低硫原油期货合约是目前世界上商品期货合约中交易量最大、流动性最好的合约。其合约单位、报价方式、最小价格波动等方面与ICE相同，但也有不同点，具体为：最后交易日：如果交割月前一个月的25日是工作日，则该日之后第三个交易日是最后交易日；如果交割月份前一个月的25日不是工作日，那么该日之前的倒数第四个交易日是最后的交易日。

2.3 财务管理

2.3.1 财务报表

2.3.1.1 资产负债表

资产负债表是反映企业在某一特定日期财务状况的报表。特定日期是指编制报表日期，如月末、季末、年末。财务状况主要是指企业资产、负债、所有者权益的总额、构成以及各项目之间的合理组合。资产负债表根据“资产=负债+所有者权益”公式，依照一定分量标准和一定次序，把企业在某一特定日期的资产、负债和所有者权益项目予以适当排列编制而成。资产负债表所提供的会计信息是国家宏观管理和企业内部管理制定决策所必需的资料，企业投资者和债权人也要分别从不同的角度加以利用。

资产负债表采取了资产总额和负债与所有者权益总额相平衡对照的结构。资产负债表的项目，分为资产、负债和所有者权益三类，并分别给出总额。资产类项目：按其流动性大小或资产变现能力强弱，分为流动资产和非流动资产两类，并分项列示；负债类项目：按其承担经济义务期限长短，分为流动负债和长期负债两类，并分项列示；所有者权益类项目：按其来源划分，一般分为实收资本、盈余公积、未分配利润等项目。

为了提高资产负债表的利用效率，资产负债表设计时采用了前后期对比方式编列，表中各项目不仅列出了期末数，还列出了年初数，相当于两年期的资产负债表，使用者利用期末数与年初数的比较，可了解企业财务状况变动情况以及企业经营发展趋势。

典型的资产负债表格式见表2-13。

表 2-13　资产负债表

资　产	行次	期末余额	年初余额	负债及股东权益	行次	期末余额	年初余额
流动资产：	1			**流动负债：**	51		
货币资金	2			短期借款	52		
内部存款	3			内部存入款	53		
交易性金融资产	4			交易性金融负债	54		
应收票据	5			应付票据	55		
应收账款	6			应付账款	56		
预付账款	7			应付内部单位款	57		
应收利息	8			预收账款	58		
应收股利	9			应付职工薪酬	59		
应收内部单位款	10			应交税费	60		
其他应收款	11			应付利息	61		
内部拨出款	12			应付股利	62		
存货	13			其他应付款	63		
一年内到期的非流动资产	14			内部拨入款	64		
其他流动资产	15			一年内到期的非流动负债	65		
	16			其他流动负债	66		
流动资产合计	17			**流动负债合计**	67		
	18			**非流动负债：**	68		
非流动资产：	19			长期借款	69		
可供出售金融资产	20			应付债券	70		
持有至到期投资	21			长期应付款	71		
委托贷款	22			专项应付款	72		
长期应收款	23			预计负债	73		
长期股权投资	24			递延收益	74		
内部投资	25			递延所得税负债	75		
投资性房地产	26			其他非流动负债	76		
固定资产原值	27			**非流动负债合计**	77		
减：累计折旧	28			**负债合计**	78		
固定资产减值准备	29			**股东权益：**	79		
固定资产账面价值	30			股本	80		
油气资产原值	31			其中：国家资本	81		
减：油气资产折耗	32			集体资本	82		
油气资产减值准备	33			法人资本	83		
油气资产账面价值	34			其中：国有法人资本	84		
在建工程	35			集体法人资本	85		
油气勘探支出	36			个人资本	86		
油气开发支出	37			外商资本	87		
固定资产清理	38			内部资本	88		
油气资产清理	39			资本公积	89		
无形资产	40			减：库存股	90		
科研开发支出	41			**专项储备**	91		
商誉	42			盈余公积	92		
长期待摊费用	43			其中：法定盈余公积	93		
递延所得税资产	44			任意盈余公积	94		
其他非流动资产	45			未分配利润	95		
	46			外币报表折算差额	96		
非流动资产合计	47			**归属于母公司权益合计**	97		
	48			少数股东权益	98		
	49			**股东权益合计**	99		
资产总计	50			**负债和股东权益合计**	100		

2.3.1.2 利润(及利润分配)表

1. 利润的概念及计算

利润是指企业在一定会计期间的经营成果，包括收入减去费用后的净额、直接计入当期利润的利得和损失等。利得是指由企业非日常活动所形成的、会导致所有者权益增加的、与所有者投入资本无关的经济利益的流入；损失是指由企业非日常活动所发生的、会导致所有者权益减少的、与向所有者分配利润无关的经济利益的流出。直接计入当期利润的利得和损失，是指应当计入当期损益、会导致所有者权益发生增减变动的、与所有者投入资本或者向所有者分配利润无关的利得或者损失。直接计入所有者权益的利得和损失，是指不应计入当期损益、会导致所有者权益发生增减变动的、与所有者投入资本或者向所有者分配利润无关的利得或者损失。

利润金额取决于收入和费用、直接计入当期利润的利得和损失金额的计量。

利润相关计算公式如下：

(1) 营业利润=营业收入-营业成本-营业税金及附加-销售费用-管理费用-财务费用-资产减值损失+公允价值变动收益(-公允价值变动损失)+投资收益(-投资损失)

(2) 利润总额=营业利润+营业外收入-营业外支出

(3) 净利润=利润总额-所得税费用

(4) 毛利=销售收入-原料成本-营业税金及附加

企业净利润是扣除期间费用(管理费用、销售费用、财务费用等)和所得税后的结果，如果企业期间费用大，就会蚕食掉产品本身的盈利，不能反映产品的市场适应性、价格优势等信息。毛利是生产过程获得的利润，只扣减原料成本和营业税金及附加，直接反映产品本身增值的高低，毛利越大，企业价格空间也越大，竞争能力越强。

2. 利润及利润分配表的作用及一般格式

利润及利润分配表用于反映公司在一定会计期间经营成果及对净利润的分配情况。利润表是主要会计报表之一，利用利润表资料，可以了解企业一定时期实现利润或发生亏损的情况，评价企业该时期经营业绩的好坏，检查影响利润(或亏损)变动的原因，分析企业的盈利能力和经济效益；利润分配表是利润表的附表，说明利润表上反映的净利润的分配去向，了解企业一定时期利润分配或亏损弥补情况等。

利润表按利润形成进行排列，格式有多步式和单步式两种。我国企业会计准则规定利润表采取多步式。多步式利润表中利润形成的排列格式注意了收入与费用支出配比的层次性，便于对企业生产经营情况进行分析，有利于不同企业之间进行比较，重要的是多步式利润表有利于预测企业今后的盈利能力，因而被普遍采用。多步式利润表通过多步计算求出当前利润：

① 从营业收入出发，减去生产经营产生的营业成本、营业税金及附加、期间费用(石油石化行业按4项期间费用计，即销售费用、管理费用、勘探费用、财务费用)，再考虑资产类项目的损益后得到营业利润；

② 营业利润加上营业外收入，减去营业外支出得到利润总额；

③ 利润总额减去所得税费用得到净利润。

公司向股东分派利润，应按一定的顺序进行。按照公司法及中国石化股份公司有关规定，进行利润分配。分配顺序一般为：

① 计算归属于母公司所有者的净利润及可供分配的利润；

② 提取法定盈余公积、提取职工奖励及福利基金、提取储备基金、提取企业发展基金、利润归还投资等；

③ 计算出可供股东分配的利润；

④ 将可供股东分配的利润分配为应付优先股股利、提取任意盈余公积、应付普通股股利、转作股本的普通股股利和未分配利润。

利润及利润分配表样表见表 2-14。

表 2-14 利润及利润分配表

项　　目	行次	本月数	本年累计数	上年同期数
一、营业收入	1			
减：营业成本	2			
营业税金及附加	3			
销售费用	4			
管理费用	5			
勘探费用	6			
财务费用	7			
资产减值损失	8			
加：公允价值变动收益（损失以"-"号填列）	9			
投资收益（净损失以"-"号填列）	10			
其中：对联营企业和合营企业的投资收益	11			
二、营业利润（亏损以"-"号填列）	12			
加：营业外收入	13			
其中：非流动资产处置收益	14			
减：营业外支出	15			
其中：非流动资产处置损失	16			
三、利润总额（亏损总额以"-"号填列）	17			
减：所得税费用	18			
其中：当期所得税费用	19			
递延所得税费用	20			
四、净利润（净亏损以"-"号填列）	21			
其中：被合并方在合并前实现的净利润	22			
减：少数股东损益	23			
五、归属于母公司所有者的净利润	24			
加：年初未分配利润	25			
其他转入	26			
六、可供分配的利润	27			

续表

项　　目	行次	本月数	本年累计数	上年同期数
减：提取法定盈余公积	28			
提取职工奖励及福利基金	29			
提取储备基金	30			
提取企业发展基金	31			
利润归还投资	32			
其他	33			
七、可供股东分配的利润	34			
减：应付优先股股利	35			
提取任意盈余公积	36			
应付普通股股利	37			
转作股本的普通股股利	38			
八、未分配利润	39			

2.3.1.3　现金流量表

现金流量表，是反映企业在一定会计期间现金和现金等价物流入流出的报表。现金，是指企业库存现金以及可以随时用于支付的存款，包括现金、可以随时用于支付的银行存款、内部存款和其他货币资金；现金等价物，是指企业持有的期限短、流动性强、易于转换为已知金额现金、价值变动风险很小的投资。现金流量表主要是想反映出资产负债表中各个项目对现金流量的影响，并根据其用途划分为经营、投资及融资三个活动。

现金流量表是一份显示于指定时期(如月度、季度、年度)的现金流入和流出的财务报表。现金流量表显示资产负债表、利润表如何影响现金和等同现金，以及根据公司的经营，投资和融资角度作出分析。作为一个分析的工具，现金流量表的主要作用是决定公司短期生存能力，特别是缴付帐单的能力。随着企业经营的扩展与复杂化，对财务资讯的需求日渐增长，更因许多企业经营的中断源于资金的周转问题，反映企业资金动向的现金流量表逐渐获得许多企业经营者的重视，将之列为必备的财务报表。

现金流量表首先要对企业各项经营活动产生和运用的现金流量进行合理的分类，按其产生的原因和支付的用途不同，分为经营活动产生的现金流量、投资活动产生的现金流量及筹资活动产生的现金流量三大类。

(1) 经营活动产生的现金流量　指企业投资活动和筹资活动以外的所有交易活动和事项的现金流入和流出量。包括：销售商品、提供劳务、经营租赁等活动收到的现金；购买商品、接受劳务、广告宣传、交纳税金等活动支付的现金。

(2) 投资活动产生的现金流量　指企业长期资产的购建和对外投资活动(不包括现金等价物范围的投资)产生的现金流入和流出量。包括：收回投资、取得投资收益、处置长期资产等活动收到的现金；购建固定资产、在建工程、无形资产等长期资产和对外投资等活动所支付的现金等。

(3) 筹资活动产生的现金流量　指企业接受投资和借入资金导致的现金流入和流出量。包括：接受投资、借入款项、发行债券等活动收到的现金；偿还借款、偿还债券、支付利息、分配股利等活动支付的现金等。

合并现金流量表样表见表 2-15。

表 2-15　合并现金流量表

项　目	本期累计数					上年同期数
	分子公司内部	分分公司之间	分子公司之间	股份公司外部	总计	
一、经营活动产生的现金流量：						
销售商品、提供劳务收到的现金						
收到的税费返还						
收到内部费用性拨款（拨出以"-"号填列）						
收到其他与经营活动有关的现金						
经营活动现金流入小计						
购买商品、接受劳务支付的现金						
支付给职工以及为职工支付的现金						
支付的各项税费						
上交折旧、利润等资金（收到以"-"号填列）						
支付其他与经营活动有关的现金						
经营活动现金流出小计						
经营活动产生的现金流量净额						
二、投资活动产生的现金流量：						
收回投资收到的现金						
取得投资收益收到的现金						
处置固定资产、油气资产、无形资产和其他长期资产收回的现金净额						
内部资本性拨入款（拨出以"-"号填列）						
处置子公司及其他营业单位收到的现金净额						
收到其他与投资活动有关的现金						
投资活动现金流入小计						
购建固定资产、油气资产、无形资产和其他长期资产支付的现金						
投资支付的现金						
取得子公司及其他营业单位支付的现金净额						
支付其他与投资活动有关的现金						
投资活动现金流出小计						
投资活动产生的现金流量净额						
三、筹资活动产生的现金流量：						
吸收投资收到的现金						
其中：子公司吸收少数股东投资收到的现金						
取得借款收到的现金						

续表

项目	本期累计数					上年同期数
	分子公司内部	分分公司之间	分子公司之间	股份公司外部	总计	
获得内部资本收到的现金(投出以“-”号填列)						
收到其他与筹资活动有关的现金						
筹资活动现金流入小计						
偿还债务支付的现金						
分配股利、利润或偿付利息支付的现金						
其中：子公司支付给少数股东的股利、利润或偿付的利息						
减少内部资本支付的现金(收回内部投资以“-”)						
支付其他与筹资活动有关的现金						
其中：依法减资支付给少数股东的现金						
筹资活动现金流出小计						
筹资活动产生的现金流量净额						
四、汇率变动对现金的影响						
五、现金及现金等价物净增加额						
年初现金及现金等价物余额						
期末现金及现金等价物余额						

2.3.1.4 经营收入(明细)表

经营收入(明细)表反映事业部所属各分、子公司产品的销售数量、销售金额及销售流向。样表见表2-16。

表2-16 炼油事业部经营收入明细表(部分)

产品名称	本期合计			股份公司内部收入					
				分部收入小计			……		
	销售数量	销售价格	金额	销售数量	销售价格	金额	……	……	……
一、主营业务收入									
(一)炼油产品小计									
1. 汽油									
90$^{\#}$汽油									
92$^{\#}$汽油									
93$^{\#}$汽油									
95$^{\#}$汽油									
97$^{\#}$汽油									
98$^{\#}$汽油									
其他汽油									
2. 柴油									

续表

产品名称	本期合计			股份公司内部收入					
				分部收入小计			……		
	销售数量	销售价格	金额	销售数量	销售价格	金额	……	……	……
0#柴油									
-10#柴油									
-20#柴油									
-35#柴油									
-5#柴油									
+5#柴油									
+10#柴油									
其他柴油									
3. 煤油									
灯用煤油									
航空煤油									
其他煤油									
4. 化工原料类									
裂解用石脑油									
裂解用柴油									

2.3.1.5 成本报表

成本报表是根据产品成本和期间费用的核算资料以及其他有关资料编制的，用以反映和监督企业一定时期产品成本和期间费用水平及其构成情况的报告文件。按其所反映的内容可分为两种：一是反映产品成本情况的报表，一般为原料成本表；二是反映各种费用支出的报表。原料成本报表主要反映企业为生产一定种类和一定数量产品所支出的生产费用的水平及其构成情况；费用支出报表主要反映企业在一定时期内各种费用总额及其构成情况。

成本报表属于内部报表，主要是为满足企业内部经营管理的需要编制的，不对外公开。因此，成本报表的种类、格式、项目、指标的设计和编制方法、编报日期、具体报送对象，国家不作统一规定，由企业自行决定。

1. 原料成本表

在中国石化成本报表体系中，根据板块不同，原料成本表名称不同：

油田板块原料成本表主要有油气提升成本计算表、驱油物注入成本计算表、井下作业成本计算表、轻烃回收成本计算表、稠油热采成本计算表、油气处理成本计算表、输油输气成本计算表、测井测试成本计算表等；炼油板块原料成本表主要有原油及外购原料油库存明细表、炼油事业部聚丙烯费用表等；化工事业部原料成本表主要有主营业务成本明细表。

2. 生产经营费用表

生产经营费用表属于成本报表中反映各种费用支出的报表，相对于原料成本表，更侧重于反映生产经营过程中的各种费用支出。

生产经营费用分析侧重点不同，不同板块的生产经营费用表略有不同：油田事业部生产经营费用表中侧重于反映生产经营费用和现金操作成本情况；炼油板块侧重于反映炼油业务现金操作成本和完全费用；化工板块主要体现各主要装置的现金操作费用。

生产经营费用表样表见表 2-17。

表 2-17　炼油事业部生产经营费用表

项　　目	行次	本月数			本期累计数			上年同期数		
		数量	单价	金额	数量	单价	金额	数量	单价	金额
一、原料	1									
1. 原油	2									
2. 外购原料油	3									
3. 来料加工	9									
4. 其他外购原料	10									
5. 其他（含添加剂）	16									
二、完全费用总额及单位完全费用	17									
三、现金操作成本总额及单位现金操作成本	18									
（一）变动费用小计及单位变动费用	19									
1. 外购辅助材料	20									
2. 外购动力	26									
3. 外购燃料	60									
（二）不含折旧、财务费用的固定费用小计	68									
1. 修理费	69									
2. 职工薪酬	75									
3. 其他管理销售费用	95									
（三）供本事业部外用	188									
四、折旧费及摊销	201									
1. 折旧费	202									
2. 无形资产摊销	203									
3. 长期待摊费用摊销（催化剂摊销除外）	204									
五、财务费用	205									
六、其他费用转出	206									
减：管理费用	207									
财务费用	208									
销售费用	209									
加：期初半成品	210									
减：期末半成品	211									
来料加工费用转出	212									
七、商品产品总成本合计	213									
加：期初产成品	214									

续表

项　　目	行次	本月数			本期累计数			上年同期数		
		数量	单价	金额	数量	单价	金额	数量	单价	金额
减：期末产成品	215									
产成品其他减少	216									
加：产成品盘盈盘亏	217									
产成品其他增加	218									
本期自用	219									
其他	220									
八、销售成本合计	221									
九、自用小计	222									
十、含自用的完全费用总额及单位完全费用	232									

2.3.2　操作费用

2.3.2.1　完全费用

完全费用是指生产产品消耗的不含原料成本的各项付现和非付现的生产、管理、营业和财务费用，包括外购的辅助材料、燃料、动力和其他生产、管理、营业、财务费用。

炼油企业单位完全费用是指平均加工1t原油(含外购原料油)而消耗的不含原料成本的各项付现和非付现的生产、管理、营业和财务费用，包括外购的辅助材料、燃料、动力和其他生产、管理、营业、财务费用。外送、转供的水、电、蒸汽以及其他产品和劳务费作为减项扣除。

单位完全费用(元/吨)=(外购辅助材料、燃料、动力、折旧和摊销项目+其他生产、管理、营业、财务费用支出-外送、转供的水、电、蒸汽以及其他产品和劳务费)/原油加工量(含外购原料油)。

外购辅助材料、燃料、动力费用属于变动费用；其他生产、管理、营业费用支出属于固定费用，则计算公式可变为：

单位完全费用(元/吨)=(变动费用+固定费用+折旧及摊销+财务费用-外送、转供的水、电、蒸汽以及其他产品和劳务费)/原油加工量(含外购原料油)

2.3.2.2　现金操作费用

现金操作费用是指生产产品消耗的不含原料成本的各项付现生产支出以及付现管理和营业费用，包括外购的辅助材料、燃料、动力、外委修理费用、职工薪酬以及除非付现的折旧和摊销以外的其他生产、管理、营业费用支出。

1. 炼油企业单位现金操作费用

指平均加工1吨原油(含外购原料油)而消耗的不含原料成本的各项付现生产支出以及付现管理和营业费用，包括外购的辅助材料、燃料、动力、外委修理费用、职工薪酬以及除非付现的折旧和摊销以外的其他生产、管理、营业费用支出。外送、转供的水、电、蒸汽以及其他产品和劳务费作为减项扣除。计算公式如下：

单位现金操作费用(元/吨)=(外购辅助材料、燃料、动力+不包括折旧和摊销项目以外

的其他生产、管理、营业费用支出-外送、转供的水、电、蒸汽以及其他产品和劳务费)/原油加工量(含外购原料油)

外送、转供的水、电、蒸汽以及其他产品和劳务费，是指对外部单位销售，结转到其他业务支出以及由工程项目、福利费等承担的水、电、蒸汽以及其他产品和劳务费。如前所述，按固定费用和变动费用的记法，计算公式又可变为：

单位现金操作费用(元/吨)=(变动费用+不含折旧、摊销及财务费用的固定费用-外送、转供的水、电、蒸汽以及其他产品和劳务费)/原油加工量(含外购原料油)。

2. 化工企业吨产品现金操作费用

指某化工装置平均每生产1t产品(指该装置主要产品)而发生的不含原料成本的各项付现费用支出。

化工装置的产品现金操作费用一般包括：该装置耗用的辅助材料、燃料、动力，以及该装置的生产、管理人员薪酬和除折旧和摊销以外的其他间接生产费用，外送、转供的水、电、蒸汽以及其他产品和劳务费作为减项扣除。烯烃装置的产品现金操作费用还包括烯烃装置应分摊的除折旧和摊销以外的管理费用、营业费用。

2.3.3 财务预算

预算是企业在预测、决策的基础上，以数量和金额的形式反映企业未来一定时期内经营、投资、财务等活动的具体计划，是为实现企业目标而对各种资源和企业活动的详细安排。具有两个特征：首先，编制预算的目的是促成企业以最经济有效的方式实现预定目标，因此，预算必须与企业的战略或目标保持一致；其次，预算作为一种数量化的详细计划，它是对未来活动的细致、周密安排，是未来经营活动的依据，数量化和可执行性是预算最主要的特征。因此，预算是一种可据以执行和控制经济活动的、最为具体的计划，是对目标的具体化，是将企业活动导向预定目标的有力工具。

根据预算内容不同，企业预算可以分为业务预算(即经营预算)、专门决策预算和财务预算。

业务预算是指与企业日常经营活动直接相关的经营业务的各种预算。它主要包括销售预算、生产预算、材料采购预算、直接材料消耗预算、直接人工预算、制造费用预算、产品生产成本预算、经营费用和管理费用预算等。

专门决策预算是指企业不经常发生的、一次性的重要决策预算。专门决策预算直接反映相关决策的结果，是实际中选方案的进一步规划。如资本支出预算，其编制依据可以追溯到决策之前搜集到的有关资料，只不过预算比决策估算更细致、更准确一些。例如，企业对一切固定资产购置都必须在事先做好可行性分析的基础上来编制预算，具体反映投资额需要多少，何时进行投资，资金从何筹得，投资期限多长，何时可以投产，未来每年的现金流量多少。

财务预算是指企业在计划期内反映有关预计现金收支、财务状况和经营成果的预算。财务预算作为全面预算体系的最后环节，它是从价值方面总括地反映企业业务预算与专门决策预算的结果，也就是说，业务预算和专门决策预算中的资料都可以用货币金额反映在财务预算内，这样一来，财务预算就成为了各项业务预算和专门决策预算的整体计划，故亦称为总预算，其他预算则相应称为辅助预算或分预算。显然，财务预算在全面预算中占有举足轻重的地位。

2.3.3.1 国家对财务预算的要求

为了促进企业建立、健全内部约束机制，提高财务管理水平，国家财政部 2002 年发布《关于印发<关于企业实行财务预算管理的指导意见>的通知》(财企[2002]102 号)。而《关于企业实行财务预算管理的指导意见》是根据《企业国有资本与财务管理暂行办法》(财企[2001]325 号)第十七条的规定制定的。

《指导意见》就企业财务预算管理工作提出 7 个方面的指导意见：

一、财务预算管理的基本内容

二、财务预算管理的组织机构

三、财务预算的形式及其编制依据

四、财务预算的编制程序和方法

五、财务预算的执行与控制

六、财务预算的调整

七、财务预算的分析与考核

2.3.3.2 集团(股份)公司对财务预算的要求

集团(股份)公司对财务预算有系统的规范和要求，主要有：

股份公司财务部制定的《关于实行全面预算管理的通知》(石化股份财[2001]83 号)，适用于股份公司各分(子)公司，目的是配合中国石化股份有限公司发展战略的实施，建立严谨的财务管理体系，预见并避免经营中潜在的困难和风险，科学合理地利用资源，及时有效地调控和控制公司经营活动，实现公司的经营目标。

集团公司财务部制定的《中国石油化工集团公司预算管理办法》(中国石化财[2011]472 号)，适用于各企事业单位，目的是加强集团公司及所属企业的财务监管，规范企业预算管理，引导和促进企业细化战略规划目标，充分发挥预算对生产经营的指导和约束作用，保证集团公司经营战略及目标的实现。

集团公司财务部制定的《中国石化国有资本经营预算管理办法》(中国石化财[2013]411 号)，适用于总部机关各有关部门、各企事业单位、股份公司各分(子)公司，目的是根据《财政部关于印发〈加强企业财务信息管理暂行规定〉的通知》(财企[2012]23 号)等有关文件规定，进一步规范中国石油化工集团公司国有资本经营预算管理工作。

另外，各事业部(板块)根据集团(股份)公司相关精神和规定，制定了具体适用于本事业部的财务预算规定或考核办法，如炼油事业部制定的《中国石化炼油企业全面预算管理竞赛考核办法》(石化股份炼[2011]335 号)、《中国石油化工股份有限公司油田企业全面预算管理规范》(石化股份油[2011]437 号)等。

2.3.4 财务管理与生产经营和投资的关系

财务管理是企业组织财务活动、处理财务关系的一项综合性的管理工作。在商品经济条件下，社会产品是使用价值和价值的统一体。企业的生产经营过程也表现为使用价值的生产和交换过程与价值的形成和实现过程的统一。在这个过程中，劳动者将生产中所消耗的生产资料的价值转移到产品或服务中去，并且创造出新的价值，通过实物商品的出售或服务的提供，使转移价值和新创造的价值得以实现。企业资金的实质是生产经营过程中运动着的价值。

在企业生产经营过程中，实物商品或服务在不断地变化，它们的价值形态也不断地发生变化，由一种形态转化为另一种形态，周而复始，不断循环，形成了资金运动。所以，企业的生产经营过程，一方面表现为实物商品或服务的运动过程，另一方面表现为资金的运动过程。资金运动不仅以资金循环的形式存在，而且伴随生产经营过程不断进行，因此资金运动也表现为一个周而复始的周转过程：资金运动是企业生产经营过程的价值方面，它以价值形式综合地反映着企业的生产经营过程。企业的资金运动，构成企业生产经营活动的一个独立方面，具有自己的运动规律，这就是企业的财务活动。企业的资金运动和财务活动离不开人与人之间的经济利益关系。

财务管理作为企业管理的核心，关系到整个企业资源的获得和有效配置。为使企业创造更大的价值，财务决策渗透到可以计量的、增加企业价值的各个领域和环境中，因此，现代财务管理的内容变得十分广泛和复杂。从一般职能上看，财务管理主要分为投资管理、筹资管理和营运资金管理三大块。这三大块是相辅相成、有机联系的。没有新的投资选择，不会产生新的筹资需要，日常经营管理也不会产生新的业务，更不会有增长的赢利及分配问题。反过来，有效的营运管理，又为投资的回收、筹资的归还本息创造条件。

2.3.4.1 投资管理

财务主管必须根据企业经营和发展目标，分析可供投资的各种机会，选择对企业发展最有利的某项投资或某组投资组合，并根据项目的进度，确定各阶段的投资计划。不仅如此，现代财务管理的投资项目的范畴也被进一步拓宽了。购买建造生产设施是投资，购买金融衍生产品也是投资；新建是投资，购并已有企业也是投资；长期项目是投资，短期项目也是投资。投资多元化、跨地域已成为企业集团的经常战略。由此导致投资分析更加复杂，投资管理向体系化方向发展，投资形成的资产也更为丰富。

2.3.4.2 筹资管理

投资与筹资是密不可分的。投资资本的要求是：最低的代价和及时地到位。筹资决策正是从这两方面对资本进行安排的。为此，要估算各种资本的使用成本、研究资本的最佳结构、构造有弹性的资本组合、选择资本的期限和安排资本的偿还计划；同时，在分析资本市场状况的基础上，利用各种筹资工具降低成本和风险，满足企业资本需要。现代筹资还涉及金融衍生产品创新问题的研究。

2.3.4.3 营运资金管理

从企业正常经营的第一天起，就面临着如何合理地分配经营所需资金到原材料、半成品、成品及结算、分配等环节上的问题。在不影响正常企业运转的前提下，最大限度地减少各环节的占用，提高资金使用效率，降低经营资金成本。从这部分资金管理策略上看，可以用长期筹集的资金来保证，也可以用短期负债来满足，不同性质和数量的资金，对企业所承担的风险和整个资金成本有不同影响。

要管理好这类日常营运资金，财务经理要详细地制定经营预测和现金等的动态计划，并在计划付诸实施时，进行严格的控制和及时的调整。对于资金的临时性不足，要迅速借助货币市场进行筹资；而对于资金的临时性有余，也要寻找出路，发挥其应有的潜力。

资金的日常管理除内部计划周密之外，还涉及与金融机构、供应商和客户之间的金融关系处理，与政府管理部门和税务部门的交往和协调，对股东眼前收益和长远增长的分配决策，与下层子企业和上层母企业的核算关系，等等。

2.4 价税政策

2.4.1 价格机制

2.4.1.1 原油

1. 原油价格与国际接轨的历程

我国原油价格形成机制经历了一个由封闭到开放、由计划经济到市场经济的渐进改革和不断探索过程。1998 年以前，国内陆上原油价格由国家计划制定。1998 年，确定了“以国内陆上原油运达炼厂的成本与进口原油到厂成本基本相当”的原油价格改革方案：

一是原油基准价格由原国家计委根据每月国际市场相近品质原油离岸价（新加坡市场上月 26 日至本月 25 日相近品质参照油种各交易日的实际成交价格）加关税确定。贴水（或升水）由购销双方根据原油运杂费负担和国内外油种的质量差价以及市场供求等情况协商确定。

二是国内原油分为轻质油、中质油Ⅰ、中质油Ⅱ、重质油四类。国际相近品质参照油种为：轻质油参照塔皮斯原油、中质油Ⅰ参照米纳斯原油、中质油Ⅱ参照辛塔原油、重质油参照杜里原油。

三是对原油运杂费升贴水问题，按照国产陆上原油运达炼厂的成本与进口原油到厂成本基本相当的原则确定。

四是国内两个集团间购销的原油价格由双方协商确定，购销价格（不含税）由原油基准价格和运杂费贴水、品质贴水（或升水）构成。

计价公式为：

国内陆上原油不含税价格=（国际市场挂靠油种月度平均离岸价×国产原油实际吨桶比×汇率）+贴水

含税价格=国内陆上原油不含税价格+17%增值税

1998 年原油价格改革方案实施后，我国原油价格进入了与国际市场价格水平相接轨的新阶段。国内原油价格形成机制基本消除了长期计划单价的弊端，为形成合理的原油价格奠定了基础，同时促进了石油勘探的不断开发和石油资源的稳定供应。

2. 挂靠油种变化

近年来国内陆上原油性质逐渐变重，但挂靠的国际油种一直没有相应调整。随着国际油价的不断上涨，企业缴纳石油特别收益金的压力越来越大。为此，我国对国产陆上原油定价挂靠的油种进行了调整：2008 年 6 月，轻质油挂靠由塔皮斯改为米纳斯；中质Ⅰ类由米纳斯改为辛塔；中质Ⅱ类由辛塔改为辛塔+杜里，重质油仍挂靠杜里不变，调整后结果见表 2-18～表 2-20。

2012 年 4 月，国产陆上原油定价方案作了新调整，将原轻质、中质Ⅰ、中质Ⅱ和重质原油分别挂靠国际原油米纳斯、辛塔和杜里油价，改为全部挂靠迪拜原油价格。米纳斯、辛塔和杜里与迪拜原油的品质贴水以 2006～2010 年平均价差为基准，其中，中质Ⅰ类直接挂靠迪拜油价；轻质原油与迪拜价差为 4.4 美元/桶；中质Ⅱ和重质原油与迪拜价差为-6.8 美元/桶。

3. 国内海上原油

海上原油按国际通行作价办法，以国际市场基准原油价格加贴水估算平台价格。其计价公式为：

海洋原油平台价格=(国际市场挂靠油种月度平均离岸价+贴水)×海洋原油实际吨桶比×汇率

含税价=海洋原油平台价格+5%增值税

表 2-18　中国石化自产原油

原油种类	API 度	硫含量/%	酸值/(mgKOH/g)	凝点/℃	吨桶比	贴水/(元/t)
1. 轻质原油	挂靠：	ICP 米纳斯				
焉耆油	44.24	0.02	0.03	<-20	7.851	-458
雅克拉轻质原油	44.50	0.30	0.03	<-23	7.863	-502
新星西达里亚原油	33.17				7.354	-544
新星阿克库勒	33.17				7.354	-544
塔河凝析油	49.17	0.08	0.06		8.073	0
西部春光原油	43.75	0.05	0.14	11.00	7.834	0
2. 中质Ⅰ类	挂靠：	ICP 辛塔				
中原油	32.14	0.58	0.22	30.00	7.308	0
江汉油	32.27	0.92	0.31	28.00	7.314	0
新星华北	31.70				7.253	0
3. 中质Ⅱ类	挂靠：	辛塔+杜里				
江苏油	30.17	0.32	0.70	34.00	7.220	0
临盘油	25.68	0.33	0.54		7.018	0
新星江苏	32.45	0.22	0.86		7.322	0
河南原油	31.62	0.11	0.47		7.285	0
新星秦家屯原油	31.70				7.288	0
4. 重质原油	挂靠：	PLATTS 杜里				
胜利东临线(鲁宁线)	21.60	1.00	1.00	12	6.834	0
东辛高硫胜利油	19.40	1.80	1.90	10	6.735	-100
供稠油厂胜利油	22.80	0.40	1.00		6.888	0
江苏原油(周43)	19.12				6.723	0
塔河轻质油	35.00	0.10	0.26		7.435	0
塔河中质油	24.85	1.80	0.26		6.979	-710
塔河混和原油(D0.945)	18.01	2.38	0.26	-4	6.673	-870
塔河重质原油	19.50	2.20	0.02		6.740	0

表 2-19　中国石油自产原油

原油种类	API 度	硫含量/%	酸值/(mgKOH/g)	凝点/℃	吨桶比	贴水/(元/t)
1. 轻质原油	挂靠：	ICP 米纳斯				
吐哈原油	45.45	0.02	0.02		7.906	

续表

原油种类	API度	硫含量/%	酸值/(mgKOH/g)	凝点/℃	吨桶比	贴水/(元/t)
新疆轻质						
四川原油						
2. 中质Ⅰ类	挂靠：	ICP辛塔				
大庆原油	31.82	0.18	0.37	29	7.294	
冀东原油	27.56	0.12	0.99	30	7.103	
华北原油	31.01	0.20	0.11	33	7.257	
塔里木原油	31.50	0.81	0.22	-6	7.279	
长庆原油	32.20	0.11	0.08	17	7.311	
3. 中质Ⅱ类	挂靠：	辛塔+杜里				
大港原油	25.69	0.16	0.81	23	7.019	
辽河						
新疆中质						

注：中石油吐哈、新疆轻质和四川原油挂靠米纳斯；大港、辽河、新疆中质和新疆重质油挂靠杜里；其余大庆、冀东、华北、塔里木、长庆等均挂靠辛塔。

表2-20　中国海洋自产原油

原油种类	API度	硫含量/%	酸值/(mgKOH/g)	凝点/℃	吨桶比
1. 挂靠　APPI塔皮斯					
惠州原油	37.40	0.06	0.11	30	7.548
平湖原油	54.40	0.01	0.15		8.312
2. 挂靠　ICP辛塔+杜里					
西江原油	32.17	0.08	0.11	33	7.311
涠洲原油	31.90	0.16	0.35	32	7.299
陆丰	30.79	0.10	0.33	37	7.248
文昌	34.50	0.11	0.73	-3	7.411
番禺	28.20	0.13	0.09	34	7.132
渤西	29.54	0.16	0.17	12	7.192
渤南	37.70	0.07	0.06	22	7.561
渤中	33.90	0.13	0.05	20	7.389
西江23-1	26.75	0.11	0.42		7.068
新文昌	27.35	0.14	0.84		7.095
3. 挂靠　PLATTS杜里					
流花原油	21.54	0.24	1.12	-16	6.831
绥中361	15.70	0.39	2.92	13	6.573
蓬莱	20.90	0.28	2.60		6.802

2.4.1.2 成品油

1. 国内成品油定价机制变化情况

在计划经济体制下，我国成品油价格一直由政府统一制订和管理。随着我国的经济体制从计划经济不断向社会主义市场经济转变，成品油定价机制也经历了朝着市场化方向不断改革的过程，为促进我国石油工业健康发展，保障国内石油供应安全，保持国民经济持续健康发展发挥了重要作用。

1998 年以前，我国的成品油价格由国家统一制订和管理。

1998 年开始的市场化改革，建立了与新加坡国际市场油价变动相适应的价格形成机制。汽、柴油零售价实行政府指导价，由原国家计委制定并公布零售中准价。定价原则是：以国际市场汽油、柴油进口完税成本为基础，加上按合理流向计算的从炼厂经中转配送到各加油站的运杂费，再加批发企业和零售企业的经营差率制定。当新加坡市场汽油、柴油交易价格累计变动幅度超过 5%时，国家调整汽油、柴油零售中准价格。国内成品油价格与国际油价联动，促进了我国石油工业健康持续发展，促进了统一、开放、竞争、有序的石油流通体制的建立。这是国内石油价格与国际市场接轨的重要转折，也是国内石油价格市场化改革的一个里程碑。

2001 年，价格形成机制由将原来的一地接轨改为与新加坡、鹿特丹、纽约三地国际市场价格接轨。这是为了满足加入"WTO"的要求，针对原油接轨办法过于直接透明、与国内市场供求不太一致的情况，解决成品油价格出现倒挂的问题。新机制同时还将汽柴油零售中准价浮动幅度调整扩大到 8%，并放开灯用煤油、化工轻油和燃料用重油价格。

2006 年，成品油价格形成机制进一步改革完善，建立了与国际原油价格有控制地间接接轨机制。2003 年至 2006 年间，国际油价大幅上涨且频繁波动，国家对成品油价格实施了调控，国内成品油价格没有按照机制随国际油价相应调整，造成国内成品油价格与国际价格严重脱轨，与国内原油价格倒挂，致使国内炼油企业严重亏损。间接间轨即以国际市场原油价格为基础，加上国内合理加工成本和适当利润确定国内成品油价格；当国际市场油价超过 50 美元/桶时，国家对成品油价格实施有控制的调整，适当少提价，以减缓对下游企业和居民的影响。该方案在完善成品油价格机制的同时，建立了"相关行业价格联动机制"、"对部分弱势群体和公益性行业进行补贴的机制"、"石油涨价特别收益金的财政调节机制"。

2008 年国家实施成品油价格和税费改革，并于 2009 年颁布了《石油价格管理办法(试行)》，明确了国内成品油价格继续与国际市场有控制地间接接轨。其主要内容：一是国内成品油出厂价格以国际市场原油价格为基础，考虑国内平均加工成本、税金和适当利润确定；二是汽、柴油零售实行最高零售价格，最高零售价格由出厂价格和流通环节差价构成，汽、柴油批发实行最高批发价格；三是调价依据：当国际市场原油连续 22 个工作日移动平均价格变化超过 4%时，相应调整国内成品油价格；四是调控办法：当国际市场原油价格低于每桶 80 美元时，按正常加工利润率计算成品油价格，高于每桶 80 美元时，开始扣减加工利润率，直至按加工零利润计算成品油价格，高于每桶 130 美元时，按照兼顾生产者、消费者利益，保持国民经济平稳运行的原则，采取适当财税政策保证成品油生产和供应，汽、柴油价格原则上不提或少提；五是航空煤油等其他成品油价格继续按现行办法管理，液化气改为实行最高出厂价格管理，液化气与汽油标准品比价关系为 0.92∶1；六是调整成品油消费税，汽油消费税从 0.2 元/升涨至 1 元/升，柴油消费税从 0.1 元/升涨至 0.8 元/升。价税费改革后成品油税收比例大幅提高。2008 年底改革后的成品油价税机制总体运行比较顺畅，成效显著。

2013 年针对成品油价格形成机制存在的调价周期过长，调价边界条件较高以及挂靠油种不适应形势变化等问题，国家发布了《关于进一步完善成品油价格形成机制的通知》，同时对《石油价格管理办法(试行)》作了相应修改。主要内容如下：一是缩短调价周期，将成品油计价和调价周期由现行的 22 个工作日缩短至 10 个工作日，并取消上下 4%的幅度限制，当汽、柴油调价幅度低于每吨 50 元时，不作调整，纳入下次调价时累加或冲抵；二是根据进口原油结构及国际市场原油贸易变化，相应调整了国内成品油价格挂靠油种；三是完善价格调控程序，当国外原油或国内成品油价格剧烈波动，需对成品油价格进行调控时，依法采取临时调控措施，国家可以暂停、延迟调价或缩小调价幅度。

2. 航空煤油价格市场化改革

2011 年国家决定进一步完善航空煤油出厂价格形成机制，主要内容为：一是航空煤油出厂价格逐步实行市场定价，为平稳推进市场化改革，过渡期间航空煤油出厂价格暂按不超过新加坡市场进口到岸完税价的原则，由供需双方协商确定，具体出厂价格由进口到岸完税价和贴水两部分构成；二是航空煤油进口到岸完税价格由新加坡市场平均离岸价加海上运保费、关税、增值税、港口费等因素构成；三是贴水由供需双方考虑市场供求、运费、交易数量、国际市场油价走势等因素协商确定；四是航空煤油出厂价格每月调整一次，调价时间为每月 1 日。

2.4.1.3 天然气

目前，我国天然气终端销售价格由出厂价格、长输管道的管输价格和城市输配价格三部分组成。井口价格即天然气的出厂价格，反映天然气勘探、产能建设和开采成本；管输价格主要包括输气管线建设和运营成本，它形成了天然气到达各城市的门站价格；配气价格包括天然气到达各城市门站后，各级天然气支线及配套设施建设和运营成本，并最终形成了用户价格。

1. 井口价格定价方法及历史沿革

按照价格管理形式，我国天然气井口价的演变过程大体可分为三个阶段。

(1) 单一的国家定价阶段(1956~1993 年)　1993 年以前，国家对天然气井口价格一直实行单一的国家定价，在这一阶段，按制定价格的原则，又可分为两个时期。1956~1987 年，优惠低价政策以鼓励使用天然气时期。我国天然气价格最早制定于 1956 年，为 0.07 元/立方米，期间虽然价格作过微调，但总体偏低，以鼓励天然气消费。1987~1993 年，提高天然气井口价格，筹集天然气勘探开发资金时期。实行天然气商品量常数包干，对超包干基数外天然气实行高价政策，但计划外天然气井口价格仍由国家定价。1992 年，原国家计委对我国天然气实行了分类气价，按用途分为化肥用气、其他工业用气、城市居民用气和商业用气。同时对四川天然气井口价格实行了计划内外并轨。

(2) 国家定价、国家计划指导价并存阶段(1993~2005 年)　1993 年为加快企业转换经营机制，逐步向社会主义市场经济体制过渡，国家实行了企业自销天然气价格政策，同年原国家物价局下文，同意四川石油管理局自销的天然气实行市场价格。1994 年 5 月 1 日以后，对企业自销天然气井口价格规定了中准价，允许企业在此基础上上下浮动 10%，自此，我国进入了国家定价、国家计划指导价并存的价格管理阶段。企业自销天然气价格政策对筹集资金、提高天然气产量、满足市场需求起到了积极作用。

(3) 国家计划指导价阶段(2005~2013 年)　2005 年国家出台了一整套气价改革政策。

此次天然气出厂价格形成机制改革主要包括四个方面：一是简化价格分类，规范价格管理。将现行按化肥、居民、商业和其他用气分类简化为化肥生产用气、直供工业用气和城市燃气用气。同时将天然气出厂价格归并为两档价格，归并后85%左右的气量执行一档气价格，即计划内价格，二档气出厂价格为自销气出厂基准价格。二是坚持市场取向，改变价格形式。天然气出厂价格由政府定价、政府指导价并存改为统一实行政府指导价。其中，一档气出厂价在基准价基础上，可上下浮动10%，二档气出厂价格基准价基础上可上浮幅度为10%，不限下浮幅度。三是理顺比价关系，建立挂钩机制。天然气出厂基准价格与可替代能源价格挂钩，每年调整一次，相邻年度的调整幅度最大不超过8%。在3~5年过渡期内，一档气价暂不随可替代能源价格变化调整。四是逐步提高价格，实现价格并轨。将目前自销气出厂基准价格每千立方米980元作为二档气出厂基准价。将归并后的现行一档气出厂价格，作为不同油田一档气出厂基准价，用3~5年时间逐步调整到二档气出厂基准价格水平，最终实现一、二档气价并轨。

2007年，又进行了进一步改革：一是适当提高了工业用天然气出厂基准价格，全国陆上各油气田(包括西气东输、忠武线、陕京输气系统等)供工业用户(含天然气发电企业、不含化肥生产和独立供热企业，下同)天然气的出厂基准价格每千立方米均提高400元。二是理顺车用天然气与汽油的比价关系。各地按照与90号汽油零售基准价格不低于0.75:1的比价关系，提高车用天然气销售价格。一步执行到位有困难的地区，可先按不低于0.6:1的比价关系提高车用天然气销售价格，今后随汽油价格调整同步调整到位。三是放开供LNG生产企业的天然气出厂价格，各油气田供LNG生产企业的天然气出厂价格由供需双方协商确定。

2010年，天然气价格机制改革：一是适当提高国产陆上天然气出厂基准价格，取消价格“双轨制”。各油气田(含西气东输、忠武线、陕京线、川气东送)出厂(或首站)基准价格每千立方米均提高230元。同时将大港、辽河和中原三个油气田一、二档出厂基准价格加权并轨。二是扩大价格浮动幅度，气价并轨后，将出厂基准价格允许浮动的幅度统一改为上浮10%，下浮不限。三是明确进口中亚天然气价格政策。鉴于2010年进口中亚天然气数量较少，进口中亚天然气价格暂按国产天然气供同类用户价格执行。各油田天然气出厂基准价格见文件《国产陆上天然气出厂(或首站)基准价格调整表》。

2011年12月26日起，在广东、广西开展天然气价格形成机制改革试点。一是将以成本加成为主的定价方法改为按“市场净回值”方法定价，建立天然气与可替代能源价格挂钩机制。二是以计价基准点价格为基础，考虑天然气市场资源主体流向和管输费用，确定各省(区、市)天然气门站价格。国家制订的统一门站价格为最高上限价格，供需双方可在不超过这一价格水平的前提下，自主协商确定实际交易价格。三是天然气门站价格实行动态调整机制，根据可替代能源价格变化情况每年调整一次，并逐步过渡到每半年或者按季度调整。四是放开页岩气、煤层气、煤制气等非常规天然气出厂价格，实行市场调节。按照新机制测算，广东、广西两省最高门站价格分别为每千立方米2740元和2570元。

2013年，为尽快建立新的天然气定价机制，平稳推出价格调整方案，区分存量气和增量气。其中增量气价格一步调整到与燃料油和液化石油气(权重分别为60%和40%)等可替代能源保持合理比价的水平；存量气价格分步调整，力争“十二五”末调整到位。适用范围是天然气价格管理由出厂环节调整为门站环节，门站价格为政府指导价，实行最高上限价格管理，供需双方可在国家规定的最高上限价格范围内协商确定具体价格。门站价格以下的销售价格，由地方价格主管部门管理。门站价格适用于国产陆上天然气、进口管道天然气。页岩气、煤层气、煤制气出厂价格，以及液化天然气气源价格放开，由供需双方协商确定，需进入长输管道混合输送并一起销售的(即运输企业和销售企业为同一市场主体)，执行统一门站价格；进入长输管道混合输送但单独销售的，气源价格由供需双方协商确定，并按国家规定的管道运输价格向管道运输企业支付运输费用。

我国天然气定价机制改革历程详见表2-21。

表2-21 我国天然气定价机制改革历程

时间	内 容
1956	优惠低价政策以鼓励使用天然气，1956年的井口价位70元/10^3m^3，1958年为鼓励就地使用天然气，将价格下调为30元/10^3m^3
1978	为了弥补天然气生产企业成本支出，允许四川天然气在气价外向用户收取净化费50元/10^3m^3，并实行天然气商品量常数包干、超产天然气按250元/10^3m^3高价销售的政策
1982	为遏制天然气产量滑坡、增加天然气生产投入，国家将四川天然气价格提高到80元/10^3m^3
1992	对陆上天然气井口价格实行了分类气价
1994	进一步调整天然气井口价格，四川进口价格平均为540元/10^3m^3，企业自销天然气中准价为900元/10^3m^3，允许上下浮动10%
1997	对计划内用气价格和自销气价格实行“并轨”
2002	将天然气井口价外加净化费并入价内，合并后统称为天然气出厂价，同时将天然气出厂价提高30元/10^3m^3
2005	一是简化价格分类，规范价格管理。井口价分类简化为化肥生产用气、直供工业用气和城市燃气用气，同时将天然气出厂价格归并为两档价格。二是统一实行政府指导价，规定价格浮动幅度。天然气终端售价根据不同的出厂价格和管道运输价格确定。三是建立与可替代能源挂钩和定期调价机制。四是逐步提高价格，实现价格并轨
2007	提高供工业用户(含天然气发电企业、不含化肥生产和独立供热企业)天然气的出厂基准价格400元/10^3m^3
2010	国产陆上天然气出厂基准价格每千立方米提高230元，将部分油气田一、二档气价进行并轨，取消了价格“双轨制”
2011	在广东、广西开展天然气价格形成机制改革试点。一是将现行以成本加成为主的定价方法改为按“市场净回值”方法定价；二是以计价基准点价格为基础，考虑天然气市场资源主体流向和管输费用，确定各省(区、市)天然气门站价格；三是天然气门站价格实行动态调整机制；四是放开页岩气、煤层气、煤制气等非常规天然气出厂价格，实行市场调节
2013	在总结两广天然气价格机制改革经验基础上推广至全国。此次非居民用天然气价格调整，将天然气分为存量气和增量气。增量气价格一步调整到与燃料油、液化石油气(权重分别为60%和40%)等可替代能源保持合理比价的水平；存量气价格分步调整，力争“十二五”末调整到位。我国天然气价格调整的基本思路是，按照市场化取向，建立起反映市场供求和资源稀缺程度的与可替代能源价格挂钩的动态调整机制，逐步理顺与可替代能源比价关系。通知明确，国家对天然气价格管理由出厂环节调整为门站环节，门站价格实行最高上限价格管理，供需双方可在国家规定的价格范围内协商确定具体价格

2. 管输价格定价方法

我国目前天然气管输价格管理的原则是：老线老价；新线新价；一线一价。

老线老价是指计划经济时期由国家拨款建设的输气管道，运输价格由国家统一定价，执行国家统一的运价率。我国1964年起开始收取天然气管输费。1976年采取根据统一运价率按输送距离收费的形式，是参照当时铁路货运费率制定的收费标准。1991~1997年，国家对管输价格作了几次微调。1964年以来我国天然气管输费的变化情况见表2-22。

表2-22 国家规定的管线统一运输价格 元/m^3

年份	管输费率/（元/10^3m^3）	制订部门	批准文号	颁布日期	备注
1964	23	石油工业部、冶金部	（64）油财成发067号、（64）冶财第734号	1964.2.6	
1976	<50km：30	石油化学工业部	（76）油化财劳字第1356号	1976.12.20	开始按运距收费
	50~100km：35				
	101~200km：40				
1977	201~300km：50	石油化学工业部	（77）油化财劳字1213号	1977.10.6	
1979	50	石油工业部	（79）油财278号	1979.4.2	地方优惠价：20~35
1991	53	国家物价局 中国石油天然气总公司	（1991）价费字108号	1991.3.14	
1997	<50km：36	国家计划委员会	计电（97）34号	1997.3.14	
	51~100km：41				
	101~200km：47				
	201~250km：58				
	251~300km：63				
	301~350km：68				
	351~400km：74				
	401~450km：79				
	451~500km：85				

新线新价是指由国内外贷款建设的新输气管线，采取新线新价、一线一价的管理办法，报国家价格主管部门批准后单独执行。国家核定新管道运输价格主要按照补偿成本、合理盈利和有利于市场销售，同时兼顾用户承受能力的原则核定，采用项目经济评价法来测算管输价格水平。实行“新线新价”的管线主要有：中沧线、鄯乌线、轮南库尔勒管线、塔中轮南管线、西气东输管线、陕京一线、陕京二线、忠武管道等管道。主要按照补偿成本、合理盈利和有利于市场销售、同时兼顾用户承受能力的原则核定管输费。新线新价的定价方式也各不相同，如西气东输线定价采用在成本加成法基础上与可替代能源挂钩的价格公式，忠武线采用两部制，陕京线采用成本加成法。部分实行“一线一价”管道的管输费见表2-23。

表2-23 “一线一价”管输费

管道名称	管道走向	长度/km	管输费/（元/10^3m^3）	批准部门	批准时间	备注
陕京管道	陕西靖边-北京	918	68	国家计委	1997.11	
靖西管道	陕西靖边-西安	488.5	470			
陕宁管道	陕西靖边-银川	320	220	国家计委	1999.7	化肥用气：170

续表

管道名称	管道走向	长度/km	管输费/（元/10^3m^3）	批准部门	批准时间	备　注
陕京线榆林段	陕西靖边-榆林	60	200	国家计委	1999.12	
西气东输管道	新疆轮南-上海	3900	790	国家发改委		全线均价
忠武管道	重庆忠县-湖北武汉	719	干线：400 支线：490 平均：449	国家发改委	2004.12	含储气库费

3. 配气价格定价方法

城市终端用户管道燃气的价格由省一级价格主管部门管理。管网设施建设费(初装费、入户费)和天然气售后服务价格由当地价格部门制定，并报上级主管部门审批。我国地方配气公司采取捆绑式销售方式，由地方政府和价格主管部门依据购进成本以及价格承受能力制定最终销售价格。居民用气价格调整，应按有关规定，履行听证等相关程序。

2014 年 12 月 26 日，财政部、海关总署、国家税务总局发布《关于调整进口天然气税收优惠政策有关问题的通知》：自 2014 年 10 月 1 日起，将液化天然气销售定价调整为 38.82 元/GJ，将管道天然气销售定价调整为 1.37 元/m^3。2014 年 7~9 月期间，液化天然气销售定价适用 35.14 元/GJ，管道天然气销售定价适用 1.24 元/m^3。

此次天然气调价有利于促进国内天然气进口，缓解进口天然气价格倒挂问题。

2.4.2 税费政策

2.4.2.1 消费税

消费税是以消费品的流转额作为课税对象的各种税收的统称，是典型的间接税。我国实行价内税，只在应税消费品的生产、委托加工和进口环节由企业代为缴纳，从量计征。自 2009 年 1 月 1 日起，汽油(无铅汽油)、溶剂油、润滑油、石脑油消费税单位税额提高至 1.0 元，柴油、航空煤油和燃料油消费税单位税额提高至 0.8 元；进口石脑油征收消费税；用于连续生产的外购自产汽油、甲醇汽油、生物柴油或委托加工收回的汽油、柴油，准予将已纳的消费税税款从应纳税额中扣除。

2013 年 1 月 1 日，国税总局出台消费税新政，对液体石油产品统一征收消费税。MTBE(甲基叔丁基醚)、芳烃、混芳等用于调油和化工原料的产品纳入征收范围，且亦按照 1.0 元/升来征收。但政策实施效果不佳，实际中并未得到有效落实。

2014 年继续提高成品油消费税税率与调整税目。2014 年 11 月 28 日，为了促进环境治理和节能减排，趁国际油价大幅下跌之际，财政部和国税总局通知，提高国内成品油消费税税率：一是将汽油、石脑油、溶剂油和润滑油的消费税单位税额在现行单位税额基础上提高 0.12 元/升；二是将柴油、航空煤油和燃料油的消费税单位税额在现行单位税额基础上提高 0.14 元/升。航空煤油继续暂缓征收。

仅隔 2 周之后，财政部和国税总局又发布提高成品油消费税的通知：即从 2014 年 12 月 13 日起，将汽油、石脑油、溶剂油和润滑油的消费税单位税额由 1.12 元/升提高到 1.4 元/升；将柴油、航空煤油和燃料油的消费税单位税额由 0.94 元/升提高到 1.1 元/升。2015 年 1 月 12，财政部和国税总局再次通知：从 2015 年 1 月 13 日起，将汽油、石脑油、溶剂油和润滑油的消费税单位税额由 1.4 元/升提高到 1.52 元/升；将柴油、航空煤油和燃料油的消费税单位税额由 1.1 元/升提高到 1.2 元/升。航空煤油继续暂缓征收。经过连续三次提税后，最新成品油消费税率见表 2-24。

表 2-24 石油天然气行业消费税税率(2015 年 1 月 13 日)

项 目	税 率
汽油(无铅汽油)、溶剂油、润滑油、石脑油	1.52 元/升
柴油、航空煤油(暂缓征收)、燃料油	1.2 元/升

2.4.2.2 增值税

增值税是对销售货物或者提供加工、修理修配劳务以及进口货物的单位和个人就其实现的增值额征收的一个税种。

1. 销售货物

原油、成品油销售税率为 17%，液化石油气、天然气及部分农业用产品税率为 13%；中外合作油气田税率为 5%；中国海洋石油总公司独立生产的原油、天然气按 5.5%计征，分成油气按 5%计征。

2. 提供劳务

油气田企业勘探、开发、销售等环节发生的生产性劳务，增值税税率为 17%。2009 年 1 月 19 日颁布的《油气田企业增值税管理办法》规定，油气田企业跨省、自治区、直辖市提供生产性劳务，应当在劳务发生地按 3%预征率计算缴纳增值税。从 2012 年 1 月 1 日起，上海市、北京市、天津市、江苏省、浙江省(含宁波市)、安徽省、福建省(含厦门市)、湖北省、广东省(含深圳市)等地区的交通运输业和部分现代服务业开展营业税改征增值税试点，试点地区的油气田企业发生涉及交通运输和部分现代服务业劳务不再执行《油气田企业增值税管理办法》。试点地区的油气田企业应将应税服务与原生产性劳务取得的经营收入分别核算，未分别核算的，则从高适用税率，税率为 11%。

3. 进口环节增值税特殊规定

根据《关于对 2011—2020 年期间进口天然气及 2010 年底前“中亚气”项目进口天然气按比例返还进口环节增值税有关问题的通知》，在经国家准许的进口天然气项目进口天然气价格高于国家天然气销售定价的情况下，石油天然气企业进口天然气(包括液化天然气)的进口环节增值税将按该项目进口天然气价格和国家天然气销售定价的倒挂比例予以返还。2013 年，国家又对此通知内容进行了补充调整，除“中亚气”项目外，中缅天然气管道项目、浙江 LNG 项目、广东珠海 LNG 项目都可以享受税收优惠。

我国石油天然气行业增值税税率见表 2-25。

表 2-25 我国石油天然气行业增值税税率

项 目		税 率
销售货物	原油、成品油销售	17%
	液化石油气、天然气及部分农业用产品	13%
	中外合作油气田	5%
	中国海洋石油总公司	独立生产的原油、天然气按 5.5%；分成油气按 5%
提供劳务	勘探、开发、销售等环节的生产性劳务	17%

2009 年国家推行增值税转型改革，由生产型增值税转为国际上通用的消费型增值税。这一改革的核心内容是允许企业抵扣其购进设备所含的增值税，可消除我国当前生产型增值税制产生的重复征税因素，降低企业设备投资的税收负担，在维持现行税率不变的前提下，从一定程度上减轻了石油行业的相关投资(炼油化工、工程技术服务等)。

2.4.2.3 所得税

企业所得税是对我国内资企业和经营单位的生产经营所得及其他所得征收的一种税，纳税人即所有实行独立经济核算的中华人民共和国境内的内资企业或其他组织，税率为 25%。根据《关于深入实施西部大开发战略有关税收政策问题的通知》，2011 年 1 月 1 日至 2020 年 12 月 31 日，对设在西部地区的鼓励类产业企业减按 15%的税率征收企业所得税。2009 年起，“西气东输”管道运营企业的企业所得税税率定为 15%，从开始获利年度起，前两年免征企业所得税，第三至五年减半征收。

2.4.2.4 资源税

资源税以应税自然资源为课税对象，可以有效调节资源级差收入，石油天然气行业涉及的原油、天然气处于资源税的征税范围内。

自 2010 年 6 月 1 日起，资源税改革率先在新疆试行，原油、天然气资源税由从量征收改为从价征收，从价税率为 5%；油田范围内运输稠油过程中用于加热的原油、天然气，免征资源税；稠油、高凝油和高含硫天然气资源税减征 40%；三次采油资源税减征 30%。自 2010 年 12 月 1 日起，西部地区 12 个省市原油、天然气资源税均变更为从价计征，税率为 5%。自 2011 年 11 月 1 日起资源税改革在全国施行，根据《关于修改<中华人民共和国资源税暂行条例>的决定》，在我国领域及管辖海域开采原油及天然气的单位和个人，实行从价计征，税率为 5%~10%；而《中华人民共和国资源税暂行条例实施细则》则规定原油和天然气的适用税率为 5%。2014 年 10 月，原油、天然气资源税适用税率由 5%提高至 6%。

2011 年，国家规定中外合作开采陆上、海上石油资源应依法缴纳资源税，不再缴纳矿区使用费。

石油天然气行业资源税税率规定见表 2-26。

表 2-26 石油天然气行业资源税税率规定

项 目		税 率
新疆	原油、天然气	5%
	油田范围内运输稠油过程中用于加热的原油、天然气	免税
	稠油、高凝油、高含硫天然气	减征 40%
	三次采油	减征 30%
普遍适用	在我国领域及管辖海域开采原油及天然气	5%~10%(目前细则规定为 5%)

2.4.2.5 石油特别收益金

2004 年以来，由于国际市场石油价格持续大幅上涨，国内原油采掘业利润增加较多，其他行业和社会用油成本加大，造成各行业利益分配不平衡，影响经济平稳运行。为妥善处理各方面利益关系，推进石油价格形成机制改革，加强国家调控，促进国民经济持续健康协调发展，国务院决定对石油开采企业销售国产原油因油价上涨获得的超额收入征收石油特别收益金。

石油特别收益金属于中央财政非税收入，纳入中央财政预算管理。但因其非税性质使特别收益金的支出难以得到法律保障，难以保障被用于下游行业的补贴或者对地方进行转移支付。

然而，由于老油田处于开发后期，产量递减大，实现稳产生产成本逐年增加。与此同时，低渗透、稠油等高难度开发油藏动用储量比例越来越高，再加上原材料、人工成本的大幅上涨，老油田的成本已超过 70 美元/桶，油田企业并无特别收益可言。

为此，财政部决定从 2011 年 11 月 1 日起，将石油特别收益金起征点由 40 美元提高至 55 美元。这一举措在一定程度上减轻了油田企业的税费负担。我国石油特别收益金税率见表 2-27。

表 2-27　我国石油特别收益金 5 级超额累进从价税率

原油价格(美元/桶)	征收比率/%	速算扣除数
55~60(含)	20	0
60~65(含)	25	0.25
65~70(含)	30	0.75
70~75(含)	35	1.5
75 以上	40	2.5

2.5　国内油品和化工产品市场状况

2.5.1　国内成品油市场状况

2.5.1.1　炼油能力现状

我国炼油能力从 2000 年的 2.8 亿 t/a 激增到 2013 年的 7.1 亿 t/a，炼油企业主要集中在华北、东北、西北以及沿海沿江地区，2013 年加工量达到 4.8 亿 t。

2013 年三大集团及延长集团以外的炼厂规模达到 2.27 亿 t/a(包括以生产燃料油/沥青名义建设的炼厂、中海油惠州以外的炼厂)，占全国的 32%；中国石油、中国石化两大集团的能力分别为 1.68 亿 t/a 和 2.84 亿 t/a，占全国的 24%和 40%。

2013 年，全国炼厂平均规模达到 302 万 t/a，继续向大型化发展，但仍远低于 740 万 t/a 的世界平均水平，其中两大集团炼厂平均规模达到 731 万 t/a，接近世界平均水平。2013 年，全国千万吨级炼厂达到 22 家，能力合计达到 3 亿 t/a，占全国的 45.3%，详见表 2-28。

2.5.1.2　成品油供应现状

1. 原油加工量及成品油产量现状

从成品油产量来看，汽油由 2000 年的 4135 万 t 增加到 2013 年的 9833 万 t，年均增长 6.9%；煤油由 2000 年的 872 万 t 增加到 2013 年的 2510 万 t，年均增长 8.4%；柴油由 2000 年的 7080 万 t 增加到 2013 年的 17273 万 t，年均增长 7.1%。三大类油品产量合计由 2000 年的 1.21 亿 t 增加到 2013 年的 2.96 亿 t，年均增长 7.1%，成品油产量增长幅度略低于消费增幅。

表 2-28　2013 年全国千万吨级炼厂能力统计　　万 t/a

所属集团	地　区	炼　厂	一次能力
中国石化(12)	环渤海	燕山石化	1350
		天津石化	1380
		齐鲁石化	1400
		青岛炼化	1200
	长三角	上海高桥	1300
		上海石化	1400
		金陵石化	2100
		镇海炼化	2300
	华中	长岭石化	1150
	珠三角	广州石化	1320
		茂名石化	2350
		福建炼化	1200
中国石油(8)	东北	抚顺石化	1170
		大连石化	2050
		大连西太	1000
		辽阳石化	900
		吉林石化	980
	西北	兰州石化	1050
		独山子石化	1000
	华南	广西石化	1000
中国海油(1)	华南	惠州炼油	1200
地方企业(1)	山东	东明石化	1200
总计(22)			30000

我国奉行成品油供应立足自身炼厂生产的政策，成品油产量基本上是以需定产，但个别年份因为短期因素也造成了供需紧张。一是国内成品油价格与国外倒挂时期，地方炼厂开工率下降，社会加油站歇业，从而导致全国出现供需缺口；二是电力紧张时期，部分企业使用柴油自备发电机，造成短期内需求的急剧增加，引起“油荒”。近年来，随着成品油价格机制逐步理顺，以及国内需求的放缓和炼油产能的增加，供需紧张已经很少见到。

油品流向方面，“北油南下”是一个重要特征。东北炼油能力过剩，而我国华北地区又有相对充足的炼油能力，促使东北成品油资源通过海运流向南方。同时，西北地区的成品油也因本地消费能力有限，而向东通过管道运输。沿海沿江地区则依靠地域优势辐射内陆。我国西南地区由于原油资源和运输不便，炼厂能力不足，一直是成品油资源吸纳地区。

运输方面，截至 2012 年底，全国已建成成品油管道 2.05 万公里，全国成品油管网进一步完善，已在西北、华北、华东、西南和珠三角地区建成了骨干输油管道，炼化基地与市场之间的运输更加便捷，成品油供应更加畅通。地方炼厂成品油则大量依靠陆路运输，辐射周边地区。

2. 成品油进出口分析

我国成品油进出口占全国产量的比例很低，2013 年进出口占总产量的比例分别为 2.3% 和 5.6%。从进出口平衡来看，多数年份国内汽油处于过剩状态，2013 年出口 469 万 t；2012 年之前煤油进出口数量几乎同步增加，并且大体平衡，2013 年主营单位加大了以出顶进等经营策略，出口大幅增加，进出口分别为 669 万 t 和 981 万 t，其中部分出口航煤为保税油，供外航加油；2013 年柴油进出口量分别为 27 万 t 和 278 万 t，2000~2013 年，净进口与净出口年份不时出现，反映国内柴油需求波动反复。

从进出口地区来看，2013 年国内汽油出口去向仍以周边国家为主，印尼、新加坡、越南依然位居中国汽油出口目的地前三位。出口省市主要集中在辽宁省。辽宁大连西太平洋炼厂装置是全国唯一的全加氢系列，主要以来料加工方式加工进口高硫油，所产产品以出口为主。煤油进口主要来源于韩国、日本和新加坡，国内煤油出口主要去往中国香港、越南和美国等地。进出口以北京、上海、广东为主。柴油进口主要源于韩国、俄罗斯和日本等地，出口主要去往新加坡、香港、越南和印尼。

2.5.1.3 替代燃料的发展

1. 天然气汽车

CNG、LNG 已经成为我国油品替代的主力，据统计，2013 年我国的天然气汽车已经超过 150 万辆，发展的动力主要来自其资源可得性、环保性和经济性。中国石化的川气东送、中国石油的西气东输二线、三线，中国海油的江苏、上海、浙江 LNG 接收站等陆续建成投产，为天然气汽车的发展提供了有力支持。

2. 燃料乙醇

目前我国的乙醇燃料使用仅限于黑龙江、吉林、辽宁、河北、江苏、湖北、山东、广西、河南、安徽等 10 个省份，年用量在 200 万 t 左右。2007 年发布的《可再生能源中长期发展规划》中提出，到 2020 年中国的生物燃料乙醇利用量将达 1000 万 t。随后，为保障粮食安全，国家禁止用粮食生产燃料乙醇，燃料乙醇的发展速度明显减缓。

3. 生物柴油

国内生物柴油生产原料以废弃油脂及油脂加工的下脚料为主。目前我国具有生物柴油生产能力约 200 万 t/a，产量却仅有 40 万 t 左右。原料供应分散、不稳定，造成生物柴油工厂生产不连续。同时，在销售领域，除海南省从 2010 年开始全省封闭运行 B5 生物柴油外，其他地区并无执行方案。即使是在海南省，也由于生物柴油产量不足，导致销售运行并不顺利。近年来我国先后出现地沟油等食品质量事件，各地政府可能将加强废弃油脂的回收和利用，这将为生物柴油原料收集提供便利。2012 年云南省提出，到 2015 年实现地沟油制生物柴油产量、应用量达到 5~10 万 t/a 的目标。

4. 甲醇汽油

2009 年国家出台了《车用燃料甲醇》和《车用甲醇汽油(M85)》标准，为燃料甲醇的推广做了铺垫，2012 年在山西、陕西、上海进行了高比例甲醇燃料汽车的试运行，目前进展顺利，但距离大范围推广尚需时日。低比例甲醇燃料不需要专门改造汽车，但《车用甲醇汽油(M15)》标准的推出还面临硬软件配套不完善、监管等一系列问题。目前只有山西省进行大范围的甲醇汽油 M15(甲醇体积含量 15%)使用，还有十余个省市在进行试点。

5. 电动汽车

《节能与新能源汽车产业发展规划(2012~2020 年)》要求：到 2015 年，纯电动汽车和插电式混合动力汽车累计产销量力争达到50万辆；到2020年，纯电动汽车和插电式混合动力汽车生产能力达200万辆、累计产销量超过500万辆。但从2012年的实际情况看，由于成本高昂，电动汽车发展相对缓慢，目前主要集中在个别城市的公共服务领域，扩大使用仍需时日。

6. 煤制油

截至2013年底，我国煤制油项目已经建成五套，分别是神华鄂尔多斯108万t/a煤直接液化、神华鄂尔多斯18万t/a煤间接液化、内蒙古伊泰16万t/a煤间接液化、山西晋城10万t/a煤制汽油和山西潞安16万t/a煤间接液化。2013年全国煤制汽柴油产量100万t左右。

2.5.1.4 成品油需求现状及发展趋势

2000~2013年国内成品油市场整体经历了快速增长阶段，表观消费量由1.11亿t增长至2.87亿t，年均增长7.6%。其中，2013年我国同比增长4.3%，这一增速远低于“十一五”期间年均增长7.9%，也低于2012年的5.1%，仅与金融危机期间的2009年增速相当；柴汽比也由2005年的2.27:1降低为1.81:1，标志着我国成品油消费主要拉动力量已由柴油切换为汽油。

1. 汽油

2013年我国汽油消费9406万t，同比增长10.3%。汽油消费主要用于汽车和摩托车，2013年两者的消费量合计占到汽油消费总量的98%。根据成熟国家的发展经验来看，乘用车市场的发展一般要经历四个阶段：导入期、孕育期、普及期和复数保有期，不同阶段不同时期乘用车市场有着不同的发展特点。目前我国正处于起飞期，2013年我国的汽车销量已经达到2198万辆，其中乘用车已经达到1793万辆。未来十年我国乘用车需求将继续保持快速增长的势头，预计2020年前后乘用车的保有量有望突破2亿辆。

乘用车不同阶段的特点见表2-29。

表2-29 乘用车不同阶段的特点

阶 段	时 期	特 点
导入期		1. 千人保有量在5辆以下，增长缓慢而不稳定 2. 影响车辆需求主要因素为GDP和收入
孕育期		1. 千人保有量在5~20辆，净增量开始呈现加速趋势 2. 需求量高速增长，一般在20%以上 3. 影响车辆需求主要因素为GDP和供给
普及期	起飞期	1. 千人保有量大约在20~100辆 2. 需求增速仍较快，但比孕育期有所放缓 3. 影响车辆需求主要因素为GDP和人口
	起飞后期	1. 千人保有量大约在100~250辆 2. 千人保有量净增量比较稳定或者略有增长 3. 需求增长相对缓慢 4. 影响车辆需求主要因素为GDP、人口和消费环境
复数保有期		1. 千人保有量大约在250辆以上 2. 千人保有量变化不大 3. 销量基本稳定 4. 影响车辆需求主要因素为人口和消费环境

从平均油耗上看，目前我国乘用车平均燃料消耗量约为7.38L/100km。根据国家《节能与新能源汽车产业发展规划》制定的发展目标，到2015年将降至6.9L/100km，2020年降至5.0L/100km。这对我国未来乘用车汽油消耗有一定影响。

摩托车也是汽油的主要消费用具。中西部和广大农村、城乡结合部是摩托车巨大的潜在市场，而大城市市场将逐渐萎缩。目前我国摩托车保有量已经超过1亿辆，未来在乘用车和电动自行车的夹击下，增长空间有限。

同时考虑到天然气替代、燃料乙醇、甲醇、电动汽车等影响，预计2020年我国汽油需求为1.5亿t左右。

2. 煤油

我国煤油消费从2000年的898万t增长到2013年的2273万t，年均增幅7.4%。煤油消费主要用于航空以及部分工业，航煤占煤油总消费量的82%左右。2013年国内航空运输业完成运输总周转量672亿t·km。随着我国航空业的快速发展，航煤消费保持较快增速，工业煤油逐步萎缩，但近年有企业非法进口动力煤油用作国内柴油消费，导致"其他"煤油消费略有增加。

《中国民用航空发展第十二个五年规划》提出，2015年国内民航运输总周转量将达990亿t·km，旅客运输量达4.5亿人次，货邮运输量达900万t，年均分别增长13%、11%和10%。2012年《国务院关于促进民航业发展的若干意见》进一步提出，2020年航空运输总周转量将达到1700亿t·km，年均增长12.2%。总体来看，未来10年民航运输量仍将以年均10%以上的速度增长，预计2020年国内煤油需求为3500万t。

3. 柴油

我国柴油消费从2000年的6735万t上升到2012年的1.7亿t，年均增长7.4%。但是到2011~2013年同比增速分别为5.5%、2.1%和0%，柴油消费增速快速回落。宏观经济放缓、工业生产下滑、投资增幅降至十年最低等因素使货运需求放缓，抑制生产型柴油消费，导致近两年国内柴油消费持续低迷。

国内柴油消费行业较多。最大消费行业为柴油机动车，包括大部分商用车和低速汽车。2013年汽车用油占柴油消费总量的比例为65%，其中中重型货车又占其消费的大多数；农用车在20世纪90年代发展较快，目前其用油占柴油消费量的9%左右；农业渔业、铁路、水运、以及工矿企业等也消费部分柴油。

柴油消费与工业生产密切相关。根据社科院发布的《工业化蓝皮书》，目前我国已经进入工业化中期后半段，2020年前后我国主要地区将完成工业化，2030年前后西部不发达地区将完成工业化。目前我国经济正进行转型调整，经济将从高速增长转为中速增长，因此我国车用柴油需求增速也将相应放缓。预计2020年国内商用车保有量将为6400万辆，2015~2020年年均增长4%，较2010~2015年的10%大幅回落。根据《国务院关于促进农业机械化和农机工业又好又快发展的意见》，到2020年，农机总动力将由2012年的10.2亿kW稳定在12亿kW左右，主要农作物耕种收综合机械化水平将从2012年的57%提高达到65%。农业柴油机械将呈现大型化和高效率趋势，农业用油增幅减缓。根据铁路建设中长期规划，2020年我国铁路营业里程将超过12万km，其中新建高速铁路将达到1.6万km，新建铁路主要依靠电力运行；同时，普通铁路电气化改造已经加快，部分内燃机车被电力机车替代；铁路用油将呈逐步下降趋势。综合以上因素预计，2020年国内柴油需求将达到1.7亿t左右。

2.5.2　国内石化产品市场状况

石化产品生产链相对较长，乙烯裂解和芳烃联合装置是链接炼油和化工的重要枢纽装置，其生产的烯烃和芳烃经进一步加工后可生产包括合成树脂、合成橡胶、合成纤维等高分子产品及一系列化工产品。石化产品生产链简单示意如图2-10所示。

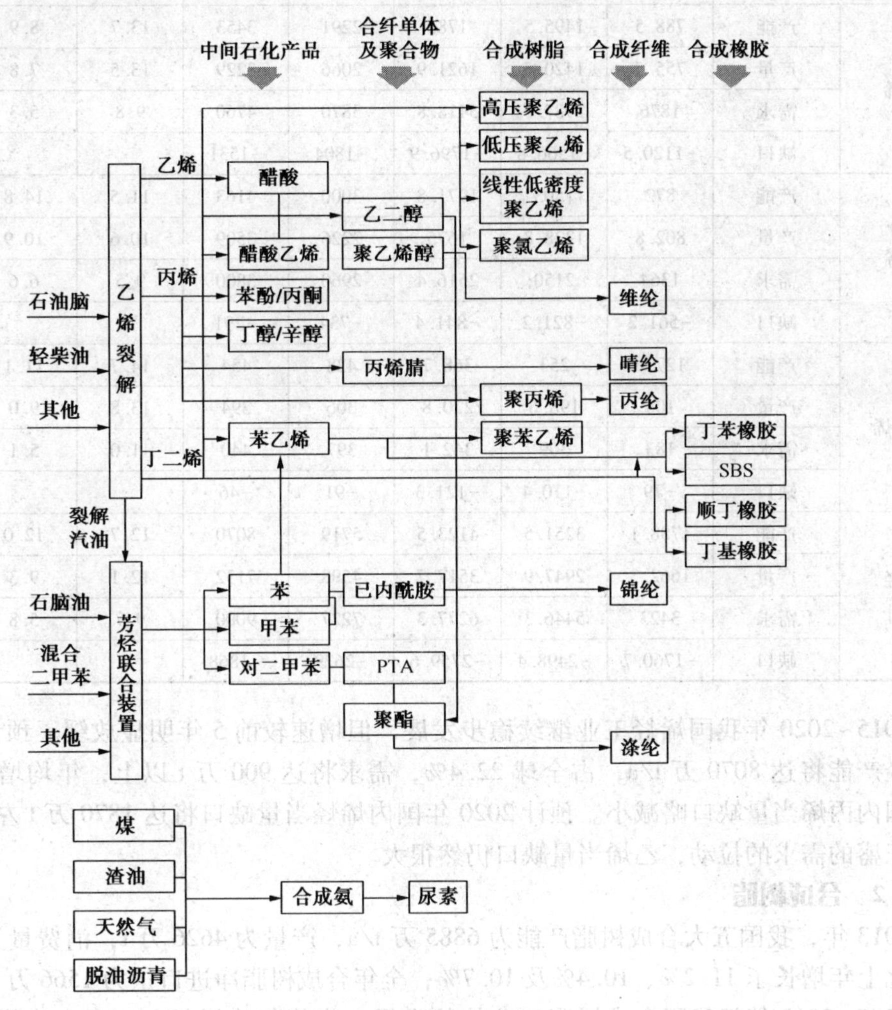

图2-10　石化产品生产链

2.5.2.1　烯烃

2013年我国烯烃产能为4124万t/a，产量3518万t，当量需求6277万t，当量自给率为56%左右。

2005~2010年我国石化工业快速发展，带动了烯烃工业的迅猛发展，供需增速分别为12.7%和9.7%，超过世界平均水平6~8个百分点。其中乙烯及丙烯需求起着决定性作用。因新建大量项目，三烯供应增长快于需求。国内乙烯缺口最大，当量自给率不足50%，丙烯和丁二烯也存在较大缺口，当量自给率为65%左右。

2010~2015年间我国进入新一轮发展高峰期，烯烃产能增长加快，增速为13.0%，到2015年我国烯烃产能将达5719万t/a，占全球比重由14.2%升至19.3%，同期需求增速为5.8%左右，到2015年当量需求将达7227万t，当量缺口扩大至2629万t。其中丙烯原料来源更为多样化，其供需增速快于乙烯和丁二烯，是拉动国内烯烃发展的主力。

我国三烯供需情况见表 2-30。

表 2-30 我国三烯供需情况表

项目		供需数据/(万 t/a)					年均增速/%		
		2005	2010	2013	2015	2020	5~10	10~15	15~20
乙烯	产能	788.5	1495.5	1783	2291	3453	13.7	8.9	8.6
	产量	755.5	1420.5	1621.9	2066	3229	13.5	7.8	9.3
	需求	1876	2987.3	3418.8	3870	4760	9.8	5.3	4.2
	缺口	-1120.5	-1566.8	-1796.9	-1804	-1531			
丙烯	产能	872	1503	1971.8	3000	4163	11.5	14.8	6.8
	产量	802.8	1328.8	1675	2226	3509	10.6	10.9	9.5
	需求	1364	2150	2516.4	2960	3800	9.5	6.6	5.1
	缺口	-561.2	-821.2	-841.4	-734	-291			
丁二烯	产能	127.6	253	368.7	428	454	14.7	11.1	1.2
	产量	104	198.6	220.8	306	394	13.8	9.0	5.2
	需求	183	309	342.1	397	440	11.0	5.1	2.1
	缺口	-79	-110.4	-121.3	-91	-46			
烯烃合计	产能	1788.1	3251.5	4123.5	5719	8070	12.7	12.0	7.1
	产量	1662.3	2947.9	3517.7	4598	7132	12.1	9.3	9.2
	需求	3423	5446.3	6277.3	7227	9000	9.7	5.8	4.5
	缺口	-1760.7	-2498.4	-2759.6	-2629	-1868			

2015~2020 年我国烯烃工业继续稳步发展，但增速较前 5 年明显放缓。预计 2020 年我国烯烃产能将达 8070 万 t/a，占全球 22.4%，需求将达 900 万 t 以上，年均增速为 4.5%，届时国内丙烯当量缺口略减小。预计 2020 年国内烯烃当量缺口将达 1870 万 t 左右。受国内下游旺盛的需求的拉动，乙烯当量缺口仍然很大。

2.5.2.2 合成树脂

2013 年，我国五大合成树脂产能为 6885 万 t/a，产量为 4626 万 t，消费量为 6209 万 t，分别比上年增长了 11.2%、10.4%及 10.7%，全年合成树脂净进口量为 1566 万 t。

2005~2010 年间我国合成树脂工业快速发展，产能年均增长 15.9%，净增 2730 万 t/a 左右，其中 PVC 产能净增量高达 1230 万 t/a，导致目前 PVC 产能过剩；合成树脂消费增速低于产能增速，约为 9.8%，净增 1947 万 t，其中 PE 和 PP 净增量排在前列，分别为 700 万 t 和 500 万 t。我国合成树脂自给率提高。我国塑料加工企业集中在华东和中南，合成树脂供应集中在华东、中南、西北、东北，造成华东和中南供不应求，西北和东北资源过剩。

预计 2015 年，我国合成树脂产能超过 7700 万 t/a，消费量约 6814 万 t 左右。2010~2015 年间，合成树脂产能年均增速将达 8.0%，需求年均增速约为 5.1%，供需缺口略有缩小。在此期间，煤化工的发展将是一大特点，以煤制烯烃为原料的聚烯烃产能在总产能中的占比将由目前的 7%提高到 11%。在此期间，华东和中南地区仍将是合成树脂需求增长的主要地区，但随着各地区产业结构调整及塑料加工行业向中、西部转移步伐加快，未来西北及西南地区合成树脂需求增速将进一步加快，而华东和中南地区随着规模的上升，增速开始放缓。

预计 2020 年，我国合成树脂产能接近 9587 万 t/a，消费量增至 8622 万 t 左右，2015~2020 年间平均增速分别达 4.5%及 4.8%，供需缺口进一步扩大。在此期间，西部煤化工的发展，将使以煤制烯烃为原料的聚烯烃产能占总产能的份额进一步提升至 21%左右。在此期间，华东和中南需求增速快于产能增速，供需缺口不断扩大，西北和华北地区产能增速快于需求增速，资源过剩更加明显。

我国五大合成树脂供需情况见表 2-31。

表 2-31 我国五大合成树脂供需情况表

品种	项目	供需数据/(万 t/a)					年均增速/%		
		2005	2010	2013	2015	2020	5~10	10~15	15~20
聚乙烯	产能	532.1	1040.8	1271.0	1576	2445	14.4	8.7	9.2
	产量	503.5	1004.8	1132.0	1470	2285	14.8	7.9	9.2
	需求	1023.8	1724.8	1993.3	2190	2810	11.0	4.9	5.1
	缺口	-520.3	-720	-861.3	-720	-525			
聚丙烯	产能	561.2	1151.1	1539.0	2208	3066	15.5	13.9	6.8
	产量	522.9	993	1266.4	1780	2490	13.7	12.4	6.9
	需求	858	1464	1731.5	1970	2580	11.3	6.1	5.5
	缺口	-335.1	-471	-465.1	-190	-90			
聚氯乙烯	产能	913.5	2146.6	2784.0	2645	2802	18.6	4.3	1.2
	产量	649.2	1130	1529.5	1587	1962	11.7	7.0	4.3
	需求	800.4	1252.7	1560.6	1662	2036	9.4	5.8	4.1
	缺口	-151.2	-122.7	-31.1	-75	-74			
聚苯乙烯	产能	383.3	667.6	932.0	905	905	11.7	6.3	0.0
	产量	251.2	404.1	472.3	589	593	10.0	7.8	0.1
	需求	380.8	483.3	534.4	582	686	4.9	3.8	3.4
	缺口	-129.6	-79.2	-62.1	8	-93			
ABS	产能	112.5	227.5	359.0	368	368	15.1	10.1	0.0
	产量	110.3	179.5	225.3	283	316	10.2	9.5	2.2
	需求	307.6	390.9	389.3	410	510	4.9	1.0	4.5
	缺口	-197.3	-211.4	-164.0	-127	-194			
树脂合计	产能	2502.6	5233.6	6885.0	7703	9587	15.9	8.0	4.5
	产量	2037.1	3711.4	4625.5	5710	7646	12.7	9.0	6.0
	需求	3370.6	5315.7	6209.1	6814	8622	9.5	5.1	4.8
	缺口	-1333.5	-1604.3	-1583.6	-1104	-976			

2.5.2.3 合纤原料及聚合物

经济危机后，聚酯行业成为最先反弹的产业之一，其投资规模及下游需求连续两年达两位数增长，不仅弥补了 2008 年的下降缺口，也使得国内供需达到一个新的历史高点。从下游产业情况看，未来较长时间内，聚酯系产品仍将是国内合纤原料及聚合物供需增长的主力。

2013 年，我国合纤原料小计产能为 4367 万 t/a，产量为 3062 万 t，消费量为 4251 万 t，分别比上年增长了 17%、18%及 9.7%；PET 产能达 3860 万 t/a，产量及消费量分别为 3000

万 t 及 2884 万 t，分别比上年增长了 10.6%、9.8%及 8.3%。全年合纤原料净进口量达 1189 万 t，其中进口原料中 92%为聚酯原料，国内合纤原料平均自给率为 72.0%，其中 EG 自给率低至 30%左右，CPL、AN 及 PTA 自给率高达 72%、70%及 90%。

2005~2010 年间我国聚酯工业快速发展，产业技术进步、投资门槛降低、产业规模化、一体化水平提升，使得国内合纤原料，特别是 PTA 产能快速增长，并带动合纤原料产能的年均增速高达 15.6%，从 984 万 t/a 增至 2036 万 t/a，净增量超过 1000 万 t/a。在此期间国内合纤原料的产量增速更快，达 18.5%，装置开工明显好转，产量从 779 万 t 增至 1825 万 t，增量超过 1000 万 t；受下游聚酯生产拉动，合纤原料消费量从 1904 万 t 增至 3240 万 t，增量达 1336 万 t，年均增速为 11.2%，其中 PTA 及 EG 需求增速达 12%左右，各合纤原料缺口均有不同程度扩大。在此期间，国内 PET 产能、产量及消费也呈两位数增长，供需净增量也达 1000 万 t 左右。“十一五”期间受华东地区纺织集群的崛起的影响，国内合原供需分布表现为：华东及中南地区供需均保持快速增长，其中华东地区合纤原料供应缺口持续快速扩大，中南地区富余量扩大；其他地区供需增长有限，产品流入到区外市场。聚酯供需分布特点相同。

预计到 2015 年，国内各合纤原料产能均快速扩充，产能可达 6213 万 t/a，消费量约 5128 万 t。2010~2015 年间国内合原产能及需求平均增速分别达 25%及 9.6%，略快于合纤增速。其中除 PTA 转为净出口，其他合纤原料净进口呈下降态势。期间，国内 PET 工业继续保持较快增长，产能可达 4650 万 t/a，需求约 3700 万 t，净出口量保持扩大势头。

在此期间，国内合纤原料产能的扩充主要集中在华东、中南及东北地区，以上地区或有发达的下游产业配套，或有上游石化工业及便利的运输条件等，其中产能增量最大的是 PTA，净增近 2000 万 t/a，增速为 20.6%；增速最快的是 CPL，净增 100 万 t/a，增速达 25%。虽然未来 PET 新增产能仍集中在华东、中南等地区，但随着中西部承接东部产业转移的能力增强及地区纺织产业结构调整的逐步完成，其他地区 PET 产能增速较快，未来华东 PET 产能所占比重将下降。

预计 2020 年，国内各合纤原料产能仍保持稳步增长，产能将达 8184 万 t/a，消费量增至 6410 万 t，2015~2020 年增速分别达 5.7%及 4.6%，虽较前期放缓，但仍略快于合纤增速，供应缺口进一步缩小，其中除 PTA 仍保持过剩外，其他原料缺口均有所缩小。预计 PET 产能增至 5650 万 t/a，需求达 4460 万 t，增速降至 5.0%左右。预计到 2020 年，国内合纤原料需求增长的主力仍将是聚酯原料，其中 PTA 需求净增 800 万 t 左右，其次 EG 增量接近 40 万 t，AN 及 CPL 需求增量仍将超过 50 万 t。未来合纤原料及 PET 需求增长主要集中在华东及中南地区，约占增量的 90%左右。

我国合纤原料及聚酯供需情况见表 2-32。

表 2-32 我国合纤原料及聚酯供需情况

品种	项目	供需数据/(万 t/a)					年均增速/%		
		2005	2010	2013	2015	2020	5~10	10~15	15~20
EG	产能	139.3	362.7	538	960	1705	21.1	21.5	12.2
	产量	110	256.9	363	687	1257	18.5	21.7	12.9
	需求	508.8	900.8	1192.3	1380	1710	12.1	8.9	4.4
	缺口	-398.8	-643.9	-829.3	-693	-453			

品种	项目	供需数据/(万 t/a)					年均增速/%		
		2005	2010	2013	2015	2020	5~10	10~15	15~20
PTA	产能	716	1502	3509	4672	5692	16.0	25.5	4.0
	产量	556	1410	2457	3310	4100	20.5	18.6	4.4
	需求	1204.2	2074	2718.6	3310	4100	11.5	9.8	4.4
	缺口	-648.2	-664	-261.6	0	0			
AN	产能	101	122	139	190	256	3.9	9.3	6.1
	产量	92	108.7	127	185	235	3.4	11.2	4.9
	需求	120	153	181.5	190	240	5.0	4.4	4.8
	缺口	-28	-44.3	-54.5	-5	-5			
CPL	产能	28	49	181	391	531	11.8	51.5	6.3
	产量	21.4	49	115	240	361	18.0	37.4	8.5
	需求	70.5	112	158.7	248	360	9.7	17.2	7.7
	缺口	-49.1	-63	-43.7	-8	1			
合纤原料小计	产能	984.3	2035.7	4367	6213	8184	15.6	25.0	5.7
	产量	779.4	1824.6	3062	4422	5953	18.5	19.4	6.1
	需求	1903.5	3239.8	4251.1	5128	6410	11.2	9.6	4.6
	缺口	-1124.1	-1415.2	-1189.1	-706	-457			
PET	产能	1892	2930	4150	4650	5650	9.1	9.7	4.0
	产量	1400	2388	3150	3700	4660	11.3	9.2	4.7
	需求	1356	2337	2974.1	3500	4460	11.5	8.4	5.0
	缺口	44	51	175.9	200	200			

2.5.2.4 合成橡胶

2013 年，我国合成橡胶产能为 450 万 t/a，产量为 280.1 万 t，消费量为 375 万 t，分别比上年增长了 17.1%、5.9%及 5.6%。

2005~2010 年间我国合成橡胶工业快速发展，产能年均增长 15.5%，净增 133 万 t/a；消费增长低于产能增长，为 11.9%，消费净增 141 万 t，合成橡胶净进口量不断增加。在此期间，丁苯橡胶、顺丁橡胶和 SBC 是拉动国内合成橡胶供需增长的主力品种，其他品种增幅较小。“十一五”期间受国内汽车业快速发展及轮胎、鞋等橡胶制品快速增长的带动，华东地区，特别是山东轮胎业规模的不断扩大，江浙沪、福建等省市橡胶制品加工业也快速发展，华东及中南地区合成橡胶供需增长较快，但中南地区受经济危机及产业转移的影响，需求增速有所减慢；西南地区受产业转移惠及，需求增速有所加快，其他地区合成橡胶需求也有所增长，但增速相对较慢。

预计 2015 年，国内合成橡胶产能接近 574 万 t/a，消费量约 446 万 t，2010~2015 年间平均增速分别达 17.4%及 6.3%，净进口减少。在此期间，华东及中南地区仍将是合成橡胶主要供需地区，但随着产业结构调整及向中、西部转移步伐加快，未来西南地区成为国内合成橡胶需求的增长最快的地区，而中南、华东地区增速放缓，但“十二五”期间，华东和中南地区仍是国内消费量居前的两个地区，随着供应的增加，供需缺口将有所减少。

2005~2020 我国主要合成胶种供需状况见表 2-33。

表 2-33　2005~2020 我国主要合成胶种供需状况

品种	项目	供需数据/(万 t/a)					年均增速/%		
		2005	2010	2013	2015	2020	5~10	10~15	15~20
顺丁胶	产能	44.6	65.3	155	178.2	198.2	7.9	22.2	2.2
	产量	39.5	64.7	81	104	150	10.4	10.0	7.6
	需求	47.3	87.4	100.7	120	160	13.1	6.5	5.9
	缺口	-7.8	-22.7	-19.7	-16	-10			
丁苯胶	产能	52.5	105.7	156	179.5	196.5	15.0	11.2	1.8
	产量	51.6	94.3	111	150	190	12.8	9.7	4.8
	需求	64.5	116.6	138.5	172	208	12.6	8.1	3.9
	缺口	-12.9	-22.3	-27.5	-22	-18			
丁基胶	产能	3	9.5	17	50	55	25.9	39.4	1.9
	产量	3.9	4	9	24.5	40	0.5	43.7	10.3
	需求	15.6	27.8	29.6	37	48	12.2	5.9	5.3
	缺口	-11.7	-23.8	-20.6	-13	-8			
乙丙胶	产能	2	4.5	4.5	49	64.5	17.6	61.2	5.7
	产量	2	1.9	2.1	20	42	-1.0	60.1	16.0
	需求	9.2	23.4	25.9	34	47	20.5	7.8	6.7
	缺口	-7.2	-21.5	-23.8	-14	-5			
SBC	产能	23.3	73	117.5	117.5	117.5	25.7	10.0	0.0
	产量	28.5	64.1	77	81	89	17.6	4.8	1.9
	需求	50.2	72.9	80.3	83	92	7.7	2.6	2.1
	缺口	-21.7	-8.8	-3.3	-2	-3			
合计	产能	125.4	258	450	574.2	631.7	15.5	17.4	1.9
	产量	125.5	229	280.1	379.5	511	12.8	10.6	6.1
	需求	186.8	328.1	375	446	555	11.9	6.3	4.5
	缺口	-61.3	-99.1	-94.9	-67	-44			

预计 2020 年，我国合成橡胶产能接近 632 万 t/a，消费量将超过 550 万 t，2015~2020 年间平均增速分别达 1.9%及 4.5%，净进口量将较 2015 年继续减少。在此期间，除中南地区需求平均增速将低至 4%以下，其他地区仍将保持快速增长。除西北地区增速有所加快外，其他地区供需增速均较“十二五”期间有所减缓。

东北、西北和华北地区是国内主要的合成橡胶供应地区，“十二五”、“十三五”期间除满足各自地区的需求外，向其他地区的输出量还将进一步增加。其他地区合成橡胶供应均满足不了本地区的需求，均需从其他地区输入。未来几年，这种状况仍将持续。

2.5.2.5 合成纤维

2013 年，我国合纤小计产能为 4616 万 t/a，产量为 3621 万 t，消费量为 3468 万 t，分别比上年增长了 7.9%、9.5%及 9.2%，全年合纤小计净出口量 153 万 t。

2005~2010 年间我国合纤工业快速发展，小计产能年均增长 7.7%，净增超过 1000 万 t/a；消费增长比产能增速快，达 10.9%，净增 1100 万 t，合纤由净进口转为净出口。在此期间，涤纶是拉动中国合纤小计供需增长的绝对主力，腈纶呈小幅萎缩态势。“十一五”期间受华东地区纺织集群的崛起、开发大西部的政策倾向等影响，在此期间，除华东及西南地区合纤供需增长较快外，其他地区合纤供需均有不同程度萎缩。

预计 2015 年，我国合纤小计产能可达 5148 万 t/a，消费量约 3890 万 t，2010~2015 年间平均增速分别达 9.2%及 8.0%，净出口有所扩大。在此期间，华东地区仍将是合纤供需增长的主要地区，但随着各地区产业结构调整及纺织行业向中、西部转移步伐加快，未来西北及西南地区合纤供需的增速将进一步加快，而华东地区随着规模的上升，增速开始放缓。

预计 2020 年，中国合纤小计产能为 6005 万 t/a，消费量增至 4895 万 t，2015~2020 年间平均增速分别达 3.1%及 4.7%左右，净出口优势依然保持。在此期间，除华东地区供需平均增速将低至 4%以下，其他地区仍将保持快速增长，但除西北地区外，其他地区供需增速均较“十二五”期间有所减缓，区域内自给自足率提高。

我国主要合纤产品供需情况见表 2-34。

表 2-34　我国主要合纤产品供需情况

品种	项目	供需数据/(万 t/a)					年均增速/%		
		2005	2010	2013	2015	2020	5~10	10~15	15~20
涤纶	产能	2120	3055	4220	4700	5500	7.6	9.0	3.2
	产量	1350	2515	3341	3750	4650	13.3	8.3	4.4
	需求	1367	2405	3162	3550	4450	12.0	8.1	4.6
	缺口	-17	110	179	200	200			
腈纶	产能	78	82.5	86	83	85	1.1	0.1	0.5
	产量	73	66	69	72	75	-2.0	1.8	0.8
	需求	119	85.6	91	90	95	-6.4	1.0	1.1
	缺口	-46	-19.6	-22	-18	-20			
锦纶	产能	95	182	310	365	420	13.9	14.9	2.8
	产量	72	152	211	248	350	16.1	10.3	7.1
	需求	90.3	157.6	215	250	350	11.8	9.7	7.0
	缺口	-18.3	-5.6	-4	-2	0			
合纤合计	产能	2293	3319.5	4616	5148	6005	7.7	9.2	3.1
	产量	1495	2733	3621	4070	5075	12.8	8.3	4.5
	需求	1576.3	2648.2	3468	3890	4895	10.9	8.0	4.7
	缺口	-81.3	84.8	153	180	180			

2.6 成品油出口

目前，国家对成品油出口实行严格的配额许可证管理，成品油出口配额由国务院批准下达出口总量，再由商务部、海关总署分批次、分品种、分企业下达出口数量，总量控制紧，发放环节多，流程较长，随市场进行调节困难。由于一般贸易出口成品油无法退税，成品油主要通过原油加工贸易的方式出口（以来料加工方式为主）。

由于我国成品油消费存在季节性、区域性和品种结构的不平衡，成品油出口成为调节国内市场总量、品种结构和区域性矛盾的重要措施。在目前国内成品油储备机制和硬件设施等尚不完备的情况下，可以承担成品油代储功能，增强国内市场保供能力。

1. 成品油出口是保证国内市场总量平衡的重要措施

随着国内成品油价格逐步理顺，煤制油、天然气和醇类替代进一步增加，进口原油政策的进一步放开，国内炼油行业的竞争将更加激烈。积极拓展国外市场，增加成品油出口，保持稳定的炼油加工负荷，成为化解产能过剩、保证国内成品油总量平衡的重要措施。自2000年以来，除2008年金融危机外，我国成品油一直处于净出口状态，近几年净出口数量逐渐增加。

2. 成品油出口是调整国内成品油市场结构矛盾的重要措施

随着居民收入的稳定增长，居民消费结构升级，尤其是汽车保有量的高速增长，直接刺激了汽油消费量的增加。2003~2013年，汽油表观消费量年均增长率为8.9%。2014年上半年我国汽油表观需求为5141万t，同比增加10.6%。而柴油方面，2012年以前，随着中国经济的快速发展，中国柴油消费量快速增长，一直是国内成品油中消费增速最快的品种，但2012年以后由于中国经济增速放缓，再加上环保要求日益严格，工业活动减少，柴油需求萎靡不振。因此，为了满足不同时期国内成品油品种结构的消费需求，利用成品油出口这一有效手段，可以将某一时段某种过剩油品出口至国际市场，保证国内成品油市场结构平衡。以2010年为例，消费柴汽比最高月与最低月相差0.66个单位，油品消费不平衡性矛盾突出，单纯依靠生产技术调节很难达到平衡，只能通过成品油出口进行调节。

3. 成品油出口可以承担成品油储备功能，在紧急情况下保证国内市场供应

我国加工原油资源57%来自进口原油，在这种资源结构下，临时增加的原油加工量往往以进口原油为主。受进口原油贸易诸多因素制约，从原油采购、运输、加工到成品油出厂需要一定时间。当国内油品资源供应紧张时将出口产品直接转供国内，可以有效保证国内市场的稳定供应。2005年和2008年国内油品供应紧张时，两大集团暂停出口，转供国内，发挥了重要作用。实践证明，这种方式可以在目前国内成品油储备机制和硬件设施等尚不完备的情况下，实现部分成品油代储功能，增强国内市场保供能力。

4. 成品油出口是中国石化企业走向世界的重要途径

在国内石油化工行业竞争日益激烈的今天，中国石化企业走向国际，参与国际市场竞争势在必行。近年来，中国成品油出口主要开辟了东南亚等地区的成品油市场，特别是在香港、澳门地区已经成为市场供应的主渠道，提升了良好的企业和社会形象，为港澳市场成品油稳定供应提供保障。

图2-11为2000~2014年成品油出口数据。

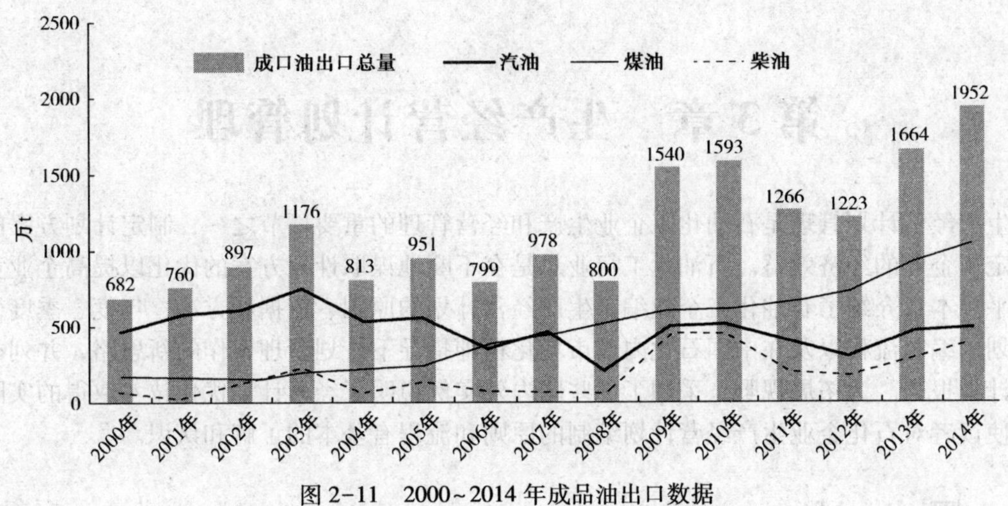

图 2-11　2000~2014 年成品油出口数据

思考题

1. 简述你对世界宏观经济状况的理解。
2. 近几年来中国在经济方面取得的成就与在在的问题有哪些？
3. 世界原油与凝析油产量分布情况如何？
4. 原油价格构成与作价公式是什么？
5. 原油贸易有哪些方式？你所在的企业主要采用什么方式？
6. 简述资产负债表的主要构成与功能。
7. 简述利润(及利润分配)表的主要构成与功能。
8. 什么是企业现金流量？企业为什么要有现金流量表？
9. 企业生产的完成成本是由什么构成的？徒手勾画隶属关系。
10. 什么是财务预算？怎样做财务预算？
11. 简述我国原油价格与国际接轨的原则与方法。
12. 简述我国成品油定价原则与方案。
13. 简述我国天然气定价(包括运输)原则与方案。
14. 简述我国税费政策的主要内容。
15. 简述我国油品与化工产品市场情况。

第3章　生产经营计划管理

生产经营计划管理是石油化工企业生产和经营管理的重要环节之一，制定计划方案的水平决定了企业的经济效益。石油化工行业总是在不断地谋取计划方案的优化以提高企业竞争力水平。本章介绍了石油化工企业编制生产经营计划的原则、依据和方法，年度、季度、月度计划的编制流程以及在中国石化内部市场化精神指导下计划管理工作的新思路，并列举了典型计划报表。为拓展视野，采用了一些国内外实例说明了经营计划优化技术取得的实际效益。使读者对石化企业生产经营计划编制的原则和流程有基本的了解和认识。

3.1　概　　述

3.1.1　目的和意义

管理与资金、技术和劳动力一样，是企业经营生产不可或缺的要素。企业的计划和调度是企业管理最重要的组成部分，与企业的经营效率和经济效益休戚相关。当前，石油化工的原料和产品市场跌宕起伏，价格和需求瞬息万变，各国的环保政策对石油化工产品的要求日趋严格，行业整体处于薄利和微利态势。如何充分利用企业自身的加工和经营资源，根据原料和产品市场以及经营环境的变化，及时地调整整个企业的利润目标和企业的各项计划，将计划分解落实到企业生产经营的各个环节，并保证各个环节的协调一致，对于企业的生产经营管理具有决定意义。

企业生产经营计划管理主要负责一定时间范围内企业生产经营过程中涉及的不可再生资源的配置与优化。对于中国石化所属企业，生产经营计划的要求是遵守国家有关法规和政策，贯彻执行集团公司及股份公司的相关制度、规定和经营方针，从中国石化全局和上下游一体化的角度出发，以效益为中心，以市场为导向，根据国际、国内市场情况及时提出生产经营对策和建议。应用先进的管理理念和信息化工具，优化生产经营和资源配置方案，搞好综合平衡，优化原材料采购，密切产销衔接，降低产销成本，保证产品质量，提高经济效益，不断提升企业竞争力，努力实现中国石化整体效益最大化。

3.1.2　编制原则

根据中国石油化工集团相关规章制度的要求，中国石化生产经营计划编制的原则主要包括：

① 坚持安全第一，保证产品质量，符合环保要求，推进节能降耗。

② 优化资源配置和运输、优化加工方案、优化产品结构，挖掘生产潜力，努力降低原油加工成本。

③ 调整产品结构，最大限度增产高价值产品，努力实现效益最大化。

④ 生产企业编制计划建议时，要根据本企业生产装置实际情况，合理安排装置检修，充分发挥装置潜能，优化资源、生产方案，调整产品结构，努力降低成本。

⑤ 分析市场走势，统筹安排、合理优化，保证市场需求和下游企业原料需要，以效益为中心、市场需求为导向，坚持“以销定产、以产定供、以产促销”，使生产和销售计划建议更贴近市场需求，努力做到产销平衡，确保整体效益最大化。

⑥ 坚持按照滚动计划排产，强调计划管理的严肃性、准确性。

3.2 计划管理分类

3.2.1 按性质分类

中国石油化工集团公司对生产经营计划实行全口径管理，包括中国石油化工股份有限公司（以下简称股份公司）生产经营计划和集团公司非上市部分（以下简称非上市部分）生产经营计划。

股份公司生产经营计划管理主要内容包括：国内市场分析预测与总部集成优化模型测算、产销平衡总量计划、油气产销平衡与互供计划、海外油气生产计划、原油资源采购计划、原油配置与运输计划、原料油采购计划、炼油生产计划、化工轻油互供计划、化工原材料采购与互供计划、化工生产与销售计划、化工产品进出口计划、成品油营销计划、成品油进出口计划、装置检维修及新装置（设施）投产计划、产品质量升级与新产品实施计划等。

非上市部分生产经营计划管理主要内容包括：海外权益油气产量计划、石油工程计划、公用工程产量计划、工程设计、施工及检维修作业计划、储运及机械制造计划、资产公司特色化工产品生产计划等。

3.2.2 按时间分类

企业生产经营计划主要负责一定时间范围内企业生产经营过程中涉及的不可再生资源的配置与优化。计划的时间周期一般较长，可以长达3~5年，但通常为1个月以上。根据计划周期的长短，可以分为年度计划、季度计划、月度计划等。计划的时间越长，涉及的不确定因素越多，需要考虑的计划方案个数和组合可能也越多，同时所要求的计划精度也越粗略。

3.2.3 按层次分类

按管理层次，中国石油化工集团公司的生产经营计划分为总部、板块和企业三个层级。

中国石化总部生产经营计划主要依据对年度/季度国内宏观经济的分析，使用总部集成MPIMS模型进行优化测算，根据优化测算结果及事业部、企业计划建议上报情况，制定年度/季度生产经营总量计划。

各事业部生产经营计划制定要贯彻落实总部生产经营方针，从实际出发，动态分析原料、产品市场情况，结合装置运行，在公司生产经营总量计划框架下，制定符合实际、操作性强，充分体现降低成本、提高效益的优化生产经营方案。

石化企业生产经营计划的编制要严格遵守国家有关法律法规和政策，贯彻落实集团公司及股份公司的相关制度和规定，紧密结合国际、国内市场形势，以生产为基础，市场为导向，贯彻执行总部生产经营方针，动态分析原料、产品市场变化，结合企业实际生产运行情况，进行测算和优化，组织计划、生产、技术质量、机动设备、财务、销售、供应等相关部门及单位进行讨论研究，广泛征求意见，制定符合实际、操作性强、充分体现降低成本、提高效益的生产经营方案。通过精细化管理，进一步优化资源配置和生产经营指标，实现生产经营计划经济效益最大化目标。

3.3 中国石化年度、季度、月度计划编制

3.3.1 年度计划编制流程

1. 上报建议

（1）生产经营企业

① 油田企业　上报次年原油、天然气老井产量初步安排建议，油田轻烃产销安排建议，全口径油田自用成品油需求，产能建设的重点方向和部署建议。

② 炼油企业　上报次年加工能力、检修及新建、改扩建安排建议，原油加工量及产品产量计划建议(附流程图)，原油资源、外购原料油、天然气需求、成品油出口计划建议，区域优化资源需求及外供资源安排建议，采用的测算价格体系等情况。

③ 化工企业　上报次年主要装置能力、检修及新建、改扩建安排建议，主要化工产品、中间产品、副产品生产与销售计划建议(附流程图)，乙烯原料优化和降本措施安排建议，产品结构调整措施安排建议，化工轻油及主要化工原料互供建议，天然气需求建议，采用的测算价格体系等情况。

④ 销售企业　上报成品油分品种消费预测，分品种经营量及零售、直销、外采计划建议，CNG(含 LNG)需求计划建议。燃料油销售有限公司上报燃料油市场分析和销售计划建议。中石化(香港)公司上报国际市场汽油、航煤、柴油供需分析，成品油出口资源需求建议与目标市场、长期合同安排。

（2）管理部(专业公司)

国际石油勘探开发有限公司：上报次年重点国家、地区勘探开发计划建议，权益原油、天然气产量和油气当量安排建议。

天然气分公司：上报次年天然气市场开拓、产销平衡计划建议，LNG 进口、销售计划建议。

新星公司：上报次年地热、海外非油气工程等安排建议。

管道储运公司：上报次年主要原油管线能力、输量、比例安排建议，主要瓶颈和措施，管线新建和改扩建工作安排。

联合石化公司：上报次年原油、成品油第三方贸易建议；海外原油资源、贸易、新区块品种分析报告，进口原油可供资源品种与数量建议和长期合同建议；国际市场汽油、航煤、柴油供需分析，成品油出口资源与市场建议。

资产管理公司、矿区(社区)管理部：上报次年水、电、气、热等主要指标安排建议。

石油工程技术服务公司、炼化工程股份有限公司：上报次年工程施工工程量、产值、合同额、投资额等指标安排建议。

经济技术研究院：上报次年成品油、化工产品市场需求预测报告及总部集成优化模型测算方案。

（3）事业部、能环部

根据股份财务部制定的次年产品价格预算体系，开展多方案效益测算比选，提供次年分

季度计划方案安排建议，重点做好：

油田事业部：提供次年分企业原油、天然气和轻烃产销安排建议，全口径油田自用成品油需求建议，主要技术经济指标安排建议，当年新建产能实际效果分析，次年新建产能安排建议。

炼油事业部：提供次年分企业原料油加工量、主要产品产量安排建议，分企业装置检修安排建议，区域优化工作安排，分企业天然气需求建议，分企业成品油出口安排建议，主要技术经济指标安排建议，新建产能实际效果分析。

化工事业部：提供次年乙烯、PX、大类化工产品产量安排建议，装置检修安排建议，主要产品链效益情况，乙烯原料优化及化工轻油、轻烃需求建议，区域优化工作安排，天然气需求建议，产品结构调整措施安排，新建产能实际效果分析。

销售事业部：提供次年成品油分品种消费预测，分省市、分品种经营量及零售、直销、外采计划建议，CNG(含LNG)需求及来源建议，新建加油(气)站及市场开拓实际效果分析。

能源管理与环境保护部：提供当年节能减排指标完成和次年安排建议。

2. 开展市场分析

分析国内外宏观形势、国际油价、成品油供需、化工产品供需、宏观政策变化。依托经济技术研究院，建立三大预测小组(国际油价预测小组、成品油市场预测小组和化工产品预测小组)，形成五个系列报告，指导生产经营。《国际石化产品价格分析报告》、《国际原油价格分析报告》、《成品油市场预测报告》、《化工产品市场预测报告》四种为定期报告。《专题调研报告》根据市场的变化情况随时安排。

每年三季度组织讨论并出版成品油及化工产品预测报告，作为年度生产经营计划编制的主要依据之一。

3. 开展优化方案测算

采用总部集成优化模型和股份财务部确定的价格体系，开展方案优化测算，进行原油、天然气、加工量、成品油流向、出口、产品结构等方面的优化。

4. 提出总量初步安排

总部生产经营计划管理职能部门商各事业部、管理部、专业公司，通过优化比选，提出比较优化的可行的年度生产经营总量计划初步安排方案，包括油田油气产量、商品量、海外权益油气当量；炼油分企业原油加工量、产品产量；销售国内要货量；化工产品生产安排；国际贸易等。

5. 开展全局性和区域性资源优化

确定提出全局性和区域性资源优化项目，每个优化方案都由部门领导牵头，组织相关责任部门、配合部门，对方案进行了讨论，明确每个专题的责任领导和责任处室，以及配合部门、配合领导和配合处室，并制定详细的运行表。包括进口原油采购、做大出口总量、国内原油配置、天然气内部配置、原油运输、区域原料互供和商储原油运作、原油库存、成品油库存、生产运行计划、外部市场环境应对和装置检修等优化专题。

6. 向总裁班子汇报年度生产经营总量计划初步安排

根据汇报情况，组织各事业部、管理部对年度生产经营计划指标进行调整和深化，组织专题会议深化年度生产经营计划。

根据调整情况组织开展年度生产经营计划分企业初步对接。根据对接情况，进一步深化年度生产计划编制，做好向党组汇报准备。

7. 向党组汇报年度生产经营计划安排情况

根据汇报情况，进一步深化年度生产经营计划安排。

8. 召开年度产销衔接会，确认年度生产经营计划安排

总裁签发后，下发年度生产经营计划。

9. 下达执行计划

非上市计划在汇报通过后，下达执行。

3.3.2 季度计划编制流程

每季度前一个月组织讨论季度市场预测小组会议，讨论并出版季度市场预测报告，指导季度生产经营安排。

不定期组织特定产品、特定事件或特定时段的市场专题调研，组织讨论并出版专题调研报告，作为市场分析预测的支撑。

季度计划编制流程如图 3-1 所示。

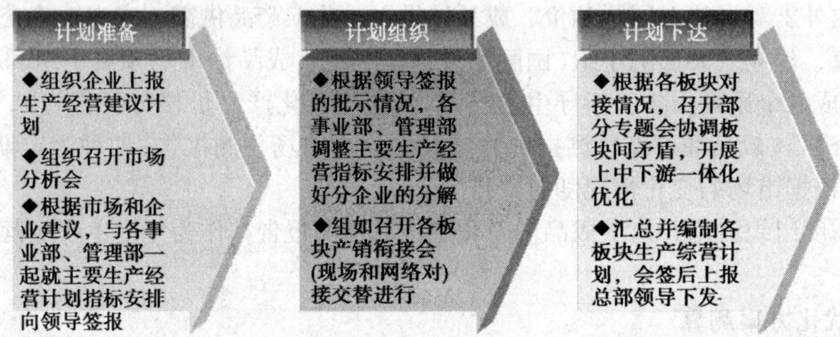

图 3-1 季度计划编制流程图

3.3.3 月度计划编制流程

在年度、季度生产经营计划的框架内，结合市场和企业的变化情况，研究提出下月生产经营计划草案，由生产经营管理部汇总，向总裁或总裁授权的股份公司领导汇报下月生产经营建议计划。

月度计划编制流程如图 3-2 所示。

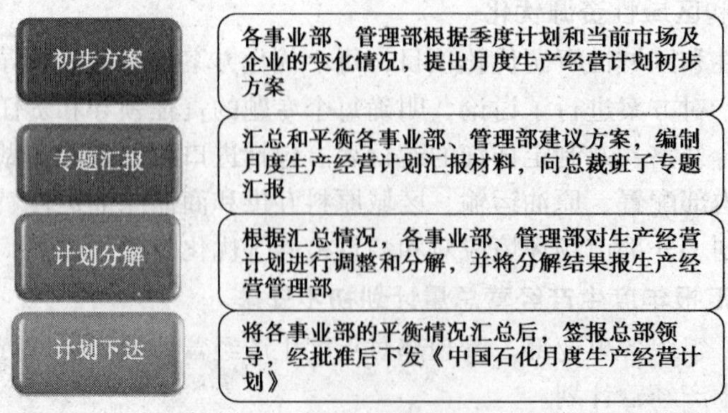

图 3-2 月度计划编制流程图

3.4 生产经营计划体系

近年随着国际政治、经济环境的日趋复杂及我国市场运行机制的转换，我国石油石化市场环境发生了很大变化，尤其是加入 WTO 后，外资、民营等多种经营力量的进入，使得不可预见因素增多，市场波动更为剧烈。为提高市场预见性和准确性，把握生产经营主动权，目前中国石化集团公司已经建立基于市场反应机制的生产经营计划体系，主要包括以下几部分。

1. 形成了一套完善的市场分析预测体系，指导年度生产经营计划编制工作

一是为做好年度计划的编制工作，中国石化集团公司初步建立了统一的市场研究平台。通过开发建设市场预测基础数据库和市场情报收集网络，实现了对重点产品、重点下游行业、重点消费地区、重大突发事件的跟踪。信息数据主要包括宏观经济、相关行业、表观消费、内部经营、国内市场、国际市场六大类数据应用，内容翔实，数据海量。在年度计划的编制过程中，由经济技术研究院起草编写国内成品油、石化产品市场预测报告，经相关部门共同讨论修改后，作为编制安排年度生产经营计划的重要参考依据之一。总体来看，尽管年度市场预测报告准确性有待进一步提高，但已经成为年度生产经营计划编制的重要依据。在年度生产经营计划编制过程中，市场化理念已深入人心，年度生产经营计划安排已经做到了以市场为导向。

二是总部集成模型应用更加深入，生产经营计划安排充分体现优化思路。利用开发的中国石化总部集成 MPIMS 模型，开展年度、季度计划排产优化研究，将预测的原油价格及当前产品价格作为边界条件，分别对原油加工量、原油品种选择和分企业配置、化工轻油互供、国内成品油分区域和成品油出口等进行专题分项研究，提出优化方案，并进行加工量增减的敏感性分析，为制定生产经营计划提供数据支撑和优化参考。

2. 形成了一套较为准确的季度市场预测体系，指导季度计划编制工作

一是在年度市场预测体系基础上，为提高预测水平，中国石化建立了季度市场分析预判制度。在每季度编制市场报告前，首先召开由总部相关部门及部分省市石油公司、化工销售公司等部门参加的季度市场分析报告讨论会，充分沟通宏观和微观、整体和局部、总部和一线等各方面信息，共同对后续市场进行分析，形成初步判断，确定重点、难点问题，再据此深入分析，编制季度分析报告，提交季度分析会讨论，提高了预测体系工作的科学性和准确性。

二是针对当期的市场热点、敏感问题开展专题调研分析，为深入了解市场变化及生产经营决策提供了重要信息和参考建议。例如《国内汽车单车油耗专项调查》、《燃料油消费税政策调整对石化企业的影响》、《日本大地震对石化业的影响及对策》、《“油荒”发生的规律》、《欧债危机对市场的影响》、《2011 年国内地炼发展和存在问题及对中国石化的建议》等专题报告。通过较为准确的市场分析预测，及时了解市场可能发生的变化趋势，为合理安排季度原油加工总量和产品国内市场供应量、出口量，优化库存结构，适时调整油品销售和化工销售的定价策略提供了方向。

3. 形成了一套较为灵活的月度生产经营计划市场应对体系

每月定期参加国家发改委、工信部、能源局、国资委以及商务部等部门组织的月度经济形势分析例会。通过参加会议，一方面反映中国石化生产经营情况和存在问题、有关政策建议，另一方面也为了解主要行业运行情况提供了重要渠道，对我们了解国民经济的整体运行情况，把握当前宏观经济形势提供便利。

4. 形成了一套长期坚持的日常市场分析例会制度，为及时调整月度生产经营计划提供依据

一是长期以来总部领导坚持每周组织召开市场分析会例会。由生产经营管理部组织，由财务部、炼油部、销售事业部、经济技术研究院以及燃料油公司、润滑油公司、天然气分公司等单位参加，研究当前成品油、燃料油、润滑油等产品市场情况，及时调整经营策略。

二是由总部领导定期召开每周国际原油市场分析例会。为进一步加强对国际原油市场的科学分析、准确判断，总部领导每周定期召集生产经营管理部、油品销售事业部、联合石化、经济技术研究院等单位，共同讨论近期国际原油价格走势和进口原油有关事宜，研究应对策略。通过认真分析国际国内两个市场，着力把握市场脉搏，灵活应对市场和政策变化，通过调整采购策略和合理安排原油库存等手段，有效地化解了油价波动及国内市场变化等风险。

例如：在某次国际原油市场分析例会上，根据当时油价高位波动、高低硫价差逐步拉宽的情况，作出“由生产经营管理部会同联合石化制定具体操作方案，由总部统一进行锁价差操作，降低原油采购成本”的正确决策。四天后，生产经营管理部会同联合石化起草签报《关于进口原油高低硫价差锁价方案的情况汇报》，明确操作原则：一是高低硫价差目标位在 4.0~4.5 美元/桶水平；二是总部层面统一安排联化操作总量 1000 万桶左右；三是所有盘位与实货相匹配；四是逐步并均匀地卖出 DATED BRENT/DUBAI 价差。五是盘位的部署要与高低硫原油的采购比例相匹配，服务于总体降本的需求。签报经总部领导审阅后批准执行。

5. 形成了一支仅有几个人组成的、灵活应对市场变化的原油运作小组

原油商业储备在保证原油资源安全稳定供应、优化进口原油资源采购和配置、应对油价波动、提高市场话语权等方面，都发挥了积极有效作用，通过深入探索石油储备公司可持续经营、发展的政策和机制，更好服务于公司生产经营。针对商业储备原油的运作，原油运作小组定期开会商议对策，每天 24 小时紧盯国际原油市场，灵活地应对市场变化。除每天早上定时发送油价实时信息外，晚上盯盘期间，当 ICE BRENT 油价每变化 1.0 美元/桶时，系统就会给相应的部门领导和相关业务同志发送价格变动提示短信，包括原油实时价格信息、油价变化信息、场外交易信息等，今年 1~11 月已经发送油价提示短信 1.7 万条。今年原油运作小组利用已经成熟的高卖低买、锁定价差等多种模式，积极开展库存存量原油运作，全年运作销售商业储备原油 438 万吨·次，平均每桶价差 3.77 美元，并通过运作储备原油先卖后买的时间差，将回笼资金用于提前还贷和委贷，以及将利率高的人民币贷款置换为利率低的美元贷款等，全年预计运作效益约 15 亿元。

6. 完成统计分析

总部领导每月组织召开经济活动分析会和月度生产经营计划平衡会，及时调整月度生产经营计划。根据市场变化及时调整生产经营策略，抓好总量平衡，合理安排和调整原油库存、炼油加工量和化工装置负荷，及时采取“限产、扩销、控采、降库”等综合措施，维持原油、成品油、化产品和半成品库存的合理水平。

3.5 内部市场化

内部市场化是指企业根据市场经济运行规律，以价格为纽带，将企业内部上下工序之间、服务与被服务之间，由行政关系变为等价交换的经济往来关系，从而最大限度地挖掘公司人、财、物的潜力，实现公司整体效益的最大化。

党的十八届三中全会提出，“全面深化改革，使市场在资源配置中起决定性作用”，明确了今后经济体制改革将“市场化”作为工作的核心。集团公司党组 2011 年就提出：市场化运营、专业化发展、差异化竞争、一体化管理、集团化管控、规范化治理为公司的发展模式，市场导向原则是企业生存发展的首要条件，各业务领域、各业务链条都要始终保持高度的市场敏感性和适应性，要进一步完善市场反应机制和内部市场化机制，积极推进做实事业部和专业化重组。可以说，完善内部市场化符合党中央的战略部署，符合公司发展战略和发展模式，是公司提高效益、增强竞争力、建设世界一流跨国能源化工公司的必然要求。

3.5.1 公司内部市场化管理现状

1. 初步形成了总部、事业部、企业三个层次内部市场化运行机制

总部作为战略规划中心、投资决策中心、资源配置中心、风险管控中心和协调服务中心，在计划管理、协调服务、考核评价等方面的职能作用不断增强，“以市场为导向”贯穿于各项工作之中，资源利用效率显著提升。事业部作为利润中心和管理中心，开展资源优化，强化成本管控，按照市场、效益组织板块内部的生产经营，不断完善预算形成和预算考核机制，逐步形成自树目标、自我加压、追求回报的市场导向机制。企业作为利润中心和运行中心，在生产运行、降本增效、安全稳定等方面的职能作用不断增强，基本建立了以班组为单位的成本核算和与薪酬挂钩的生产经营指标考核体系。

2. 初步形成了与市场接轨的原料、产品价格体系

自产原油、中石油原油、海洋原油、进口原油均以国际市场原油价格为基准。天然气执行国家制定的存量气和增量气价格。成品油执行由国家发改委根据国际油价计算确定的统一定价，每 10 个工作日调整，并且按照油品销售板块重组关联交易协议规定，今后销售增量的成品油价格按市场价格或协议价格确定。石脑油出厂价格参照普氏报价系统中的国际市场石脑油价格，由股份公司财务部根据定价公式，每月调整。化工中间原料按照成本+合理利润确定互供价格，不定期调整。轻质燃料油价格以 0#柴油出厂价为基础协商定价，重质燃料油价格按市场价格或协议价格确定。液化气、石油焦等炼油小产品由炼销公司代理统一经营。化工产品由化工销售公司买断，定价参照市场标杆价格及相关定价参数计算得出。

3. 初步形成了以市场为依据的内部服务价格体系

工程施工定额以国家、地方、行业标准为基础，结合中国石化实际和区域市场情况合理制定，并基本实现业务的全覆盖。其中：钻井、测井、录井项目交易价格，根据各油田企业不同地质区块、井型、井深的单井设计预算和委托施工作业内容，按招投标价格执行；没有进行招投标的，参考集团公司制定的钻井、录井、测井工程预算定额确定协议价。工程设计、建筑安装施工和检维修项目交易价格，根据国家和企业所在地或集团公司规定的工程预算定额和取费标准，采用招投标或协商方式确认交易价格。汽运、铁路运输、水运、仓储业务交易价格，按企业所在地市场价，由交易双方确定。文教卫生、社区服务价格由集团公司与股份公司总部根据关联交易协议，每年作一次调整，确认当年交易价格，并逐步向社会化方向发展。土地租赁由总部根据各单位土地估价结果，以及土地估价规程规定的租金计算公式测算，其他租赁按规定的原则由交易双方协商确定。水、电、汽、风等动力产品以同区域、同类企业的平均成本加销售环节税金及合理利润确定。

4. 建立了以效益为中心的绩效考核和以劳动力市场价格为基准的用工体系

逐步建立完善指向明确、导向清晰的绩效考核体系，以提高效益和发展质量为导向，完善逐级考核、层层落实效益责任的考核模式，总部职能部门、事业部、企业效益责任共担，形成了共同提升集团公司效益的整体合力。在已实行企业和党组管理干部年度绩效考核和三年任期考核的基础上，今年开始又实行了季度绩效考核。人力资源逐步完善员工流动配置机制，使员工在集团范围内有序流动、优化配置，并建立了人才统一招聘平台，做到公平公正、公开透明。建立了经营管理、专业技术、技能操作人才队伍成长通道，设置了职位序列体系及相应薪酬体系，积极拓宽员工创造价值的平台。

5. 做实事业部和专业化重组为内部市场化奠定了更好的基础

做实事业部和专业化重组方面取得大幅度突破，按照市场化原则对事业部的职责进行重新梳理和确定，进一步明确了责权利关系和板块之间的市场化运行原则，近年来，集团公司在新的市场形势下不断优化调整产业结构，加快转变发展方式，进行了一系列整合重组，推进相关业务的市场化、专业化发展。石油工程、炼化工程、润滑油、催化剂等专业化改革，以及正在开展的油品销售混合所有制改革，都遵循了市场化、专业化、国际化的发展方向。推行企业化管理，引入市场机制，专业化细分使各级组织走向市场，直面市场竞争，发挥各层级组织的积极性和创造力，通过提高服务水平和质量来提高盈利能力，进而提高企业整体的价值。做实事业部和专业化重组，为完善内部市场化机制的规范运行奠定了基础。

3.5.2 完善内部市场化的主要内容

1. 完善内部市场化的目的

内部市场化的目的，就是让市场在资源配置中起决定性作用，使各业务板块真正成为市场化运行的主体，激发各板块活力，真实反映各业务板块盈利水平，实现公司整体效益最大化。

2. 完善内部市场化的目标

近期目标：梳理已出台的所有关联交易价格和服务体系，调整其中不符合内部市场化原则、不能真实和及时反映市场变化、对正常运营带来负面影响的做法。

远期目标：建立真实反映公司各板块、各企业盈利能力，能够灵活高效、快速反映市场变化和高效决策的内部市场化机制。

3. 完善内部市场化的主要范围

内部市场化涉及公司投资、资源、人才、薪酬、技术、服务、仓储运输等多个方面，包括：生产经营内部市场化机制研究；劳动力用工薪酬市场化机制研究；人才队伍建设市场化机制研究；社区服务市场化机制研究；投资管理市场化机制研究；技术服务市场化机制研究；工程施工服务市场化机制研究；仓储运输服务市场化机制研究等。

生产经营内部市场化方面，主要是综合分析集团公司面对的内外部环境，以近期目标为主，围绕生产经营主链条，完善内部市场化。涵盖集团公司各板块、各企业之间提供的原料和产品，包括原油、天然气、成品油、化工轻油、化工原料等资源，主要从提高计划、预算的执行力和灵活调整价格两方面入手，完善内部市场化机制。

4. 内部市场化应遵守的基本原则

一是以集团公司整体效益最大化为一切工作出发点的原则。内部市场化不是各单位各自为战，而是在发挥好上中下游一体化产业优势前提下，通过市场竞争倒逼机制，及时将外部市场压力传递到生产经营的各个环节，激发公司内在活力动力，提升竞争力，实现持续健康发展。

二是各板块共同围绕提升公司整体效益开展经营活动，实现有序协调发展的原则。把公司各板块、各单位间的经济、服务等业务关系，转换成交易或者契约关系，并通过价格结算完成分工合作。

三是充分挖掘现有资源和存量资产潜力，提升资产整体价值的原则。以价格机制自动调节优化资源配置，最大限度地释放公司内部资源价值，让市场规律推动业务流程和组织架构再造，提升企业运行效率和质量。

四是因地制宜、循序渐进的原则。各种物料、服务供需情况不同、产品特点各异，需要有针对性。同时，内部市场化改革要与国家产业政策紧密联系，根据变化及时调整，分近期和长期目标循序渐进，根据实际执行情况逐步完善。

五是完善内部市场化与做实事业部和专业化发展紧密结合的原则。事业部和专业公司作为利润中心和管理中心，今后拥有与其责任相适应的投资、预算、人事、劳资等方面的权限，对所辖业务板块的经营绩效负责，逐步实行公司化运作，这将为内部市场化运作提供制度基础。

5. 内部市场化应处理好的几个关系

一是要处理好公司整体利益和板块利益之间的关系。板块利益必须服从于公司整体利益最大化，服从于集团化管控，既要鼓励竞争更要顾全大局。

二是要处理好板块内部优化与上下游一体化优化之间的关系。中国石化作为上中下游一体化的公司，各板块、各企业都是整个链条上的一个组织部分，企业优化必须服从于区域优化，板块优化必须服从于公司整体优化。

三是要处理好计划、预算和市场之间的关系。充分利用市场这只无形的手，完善内部市场化运行机制，尽可能减少行政干预，在市场化原则不能解决问题时，再将行政干预作为协调矛盾、实现整体效益最大化的最后手段。

四是要处理好市场化与政府管控之间的关系。能源产业作为国家支柱产业，国家对原油、天然气、成品油等还实行国家定价和指导价，对化工轻油还实行定额免税管理，对原油、成品油进出口还进行管理，对国有企业还有经济责任、社会责任和政治责任的约束等，这些都决定了公司首先要服从于国家意志。

3.6 资源优化

做好公司内部资源优化对提高中国石化发展质量和效益、建设世界一流能源化工公司具有重要意义。

根据中国石化关于资源优化工作的一系列精神和部署，以生产经营管理部为核心，中国石化在生产经营资源优化方面进行了以下部署。

3.6.1 优化目标

加强顶层设计，以整体效益最大化安排生产计划。

3.6.2 主要思路

树立“总量平衡是基础，计划优化是目标”理念，突出计划管理从“平衡”向“优化”转变，使生产经营计划与效益预算紧密结合，按照效益预算安排生产。

3.6.3 主要优化措施

1. 原则

① 利用总部集成优化模型，做好总量平衡，强化板块之间、板块与外部之间的“接口”管理，按照适当从紧的原则，控制好原油、成品油、化工产品库存。

② 完善总部集成优化模型并深化利用，对模型进行升级改造，实现完整系统的成本效益测算体系，真正做到结合市场变化动态测算。

③ 根据市场需要，优化装置负荷和排产方案，真正实现“以销定产”。调整单纯追求原油加工高负荷、满负荷思路，分企业安排以“效益、市场”为原则，对效益差的炼厂适当控制负荷。

④ 提高市场分析预测水平，根据市场及时调整生产经营计划。继续深化宏观经济、国际油价、成品油和石化产品消费分析预测；开展有针对性的专题研究、突发事件的分析；如成品油消费，从供需两个方面加强分析，特别是地炼、替代、进出口、下游行业、宏观政策变化影响的分析，提高分析判断的准确度。

⑤ 研究与财务预算、投资计划有机融合的生产经营计划编制方法。以提高发展的质量和效益作为出发点和落脚点，贯彻市场在资源配置中起决定性作用的理念，深化总部集成模型应用，做好全方位优化，努力提高生产经营计划编制的科学化和精细化水平。

2. 库存管理优化

（1）库存优化思路　按照中国石化原油、成品油库存管理办法，落实责任，加强考核，坚持低库存运行，防控库存带来的风险，争创最佳经营效益。

（2）开展主要工作

① 原油库存管理：努力把握资源采购节奏，从源头控制好原油库存。

② 成品油库存管理：按照《成品油实物库存管理办法》的要求，从严控制成品油库存。

3. 装置检修优化

按照尽量在冬季检修、在市场消费淡季检修、同一区域避免集中检修原则，主要通过优化检修安排，相对均衡分月加工能力；均衡输送管线原油资源；避免同一区域、同类产品集中检修；市场消费淡季检修；关系密切的企业同步检修。

4. 做大进出口总量优化

（1）优化目标和主要思路　利用国内国际两个市场，做大做强国际化经营，通过提前下达滚动出口计划，发挥保税库的中转作用，做大出口总量；通过与中航油签署航煤互供协议，增加“以出顶进”数量。

（2）主要措施

① 做好成品油出口指标争取。

② 落实好航煤以出顶进工作。

③ 改进出口计划管理。

④ 增加出口企业，提高出口能力。

5. 外部市场环境应对

（1）优化目标和优化思路　研究国家相关政策，创造良好的外部市场环境。积极主动与国家有关部委和地方政府沟通，做好政策争取和应对工作，创造良好的政策环境。

（2）主要措施

① 继续紧盯原油、成品油进口管理政策调整，尽量减少对自身的冲击。

② 积极争取足量的成品油出口指标，参与原油加工贸易单耗标准的修订。

③ 分析消费税征收环节后移对生产经营的影响。

④ 研究国家设立上海等自贸区的影响。

⑤ 研究“两会”后中央和地方政策变化的跟踪分析。

⑥ 做好自贸区谈判准备工作。继续积极参与中国-海合会自贸区谈判、中国-韩国自贸区、ECFA 等各项谈判准备工作。

⑦ 做好贸易救济工作。及时组织反倾销跟踪申诉和应诉；加强预警监测工作。

⑧ 及时做好新增物质注册工作。

6. 进口原油采购与配置优化

（1）优化目标和主要思路　优化资源配置，推进集中加工；从 2014 年 4 月 1 日起执行进口原油买断结算价格按进口原油加权平均 FOB 价比 M-1 月三地基准油价低 1 美元/桶与企业进行结算，进一步增强外贸公司降本增效的积极性。

（2）主要措施

① 加强总部顶层设计。充分利用 MPIMS 模型加强优化测算，按照效益最大化原则将原油资源优先配置给加工效益好的企业。

② 提升事业部加工优化水平。炼油事业部根据企业装置情况，提出分油种优先企业加工排序、分企业的优先油种加工排序建议。

③ 充分发挥企业优化积极性。各生产企业根据企业装置情况和生产安排，提出分油种采购保本点及优化排序，确定不同市场情况下的需求方案。

④ 提高外贸公司市场应对能力。在确保企业资源稳定供应的前提下，充分利用商储库、保税库、第三方贸易等开展市场运作，低买高卖，降低进口原油采购成本、提高效益。

⑤ 主动利用石油储备公司资源优化企业配置。商储原油按照大品种、整批次、与储备库周边企业需求相配套原则安排，将战略需求、商储需求、企业需求统一结合，充分发挥商储的时间、空间优势，实现整体效益最大化。

⑥ 通过制定科学合理的外贸公司、生产企业考核办法和考核指标；继续实行企业间采购排名，督促企业做好进口原油采购。

7. 国内原油配置优化

（1）优化目标和主要思路　以提高整体效益为目标，争取大庆和长庆等性价比较高原油资源为重点，与中石油、中海油落实年度互供原油。

（2）主要措施

① 加强运行协调跟踪，努力争取大庆和长庆等高性价比原油。

② 继续争取性价比较好的海洋原油，制定海洋原油分企业配置原则。

8. 商储原油运作优化

（1）优化目标和主要思路　按照“以储为主、备用结合、积极运作、服务企业”，优化好储备、生产和贸易的关系，为企业做好服务；积极探索新的运作模式，优化资金运作，研究合理储备量和储罐的优化利用。

（2）主要措施

① 在坚持已有储备原油运作经验的基础上，进一步创新思路，探索商业储备原油运作新模式。

② 探索服务企业新思路，帮助企业降低原油采购成本。

③ 加强对金融市场研究，进一步拓展融资渠道，优化资金运作，降低财务费用。

④ 继续研究设立境外分支机构，积极利用境外低成本资金和实现多元化商储运作方式；研究利用上海自贸区获取低成本外资贷款的可行性。

⑤ 理顺商业原油储罐租赁收费机制，弥补费用。通过提高管道公司管输费理顺原油商业储备储罐收费机制，增收1亿元。

9. 天然气内部配置优化

（1）优化目标和优化思路　内部企业按照是否可替代和效益优先原则安排，明确优先顺序，在年度利润考核中体现用气效益，最大限度满足内部企业需求。

（2）主要措施

① 做好内外部天然气资源平衡问题。做到内部用气与外部市场开拓的兼顾，统一思想，做好计划安排和执行。

② 做好天然气利用的内部配置管理。内部企业天然气利用已成为一体化资源优化重要的效益增长点，涉及多个板块和外购资源，协调难度大，需进一步改进天然气配置计划管理。

10. 原油运输优化

（1）优化目标　保障自产原油后路畅通，确保炼化企业原油资源稳定供应，努力降低原油运输成本。

（2）主要内容　根据油田生产情况，加强运输协调，合理安排销售流向；优化进口原油接卸方案，合理安排原油资源配置运输流向；保障好重点企业资源需求。

(3)主要措施

① 做好内部油田生产后路疏通工作。

② 从日常运行中抓起，优化到港进口原油接卸安排，强化进口原油接卸管理，合理安排卸港中转储罐，加快原油输转，利用商储油罐和原油灵活平衡企业资源供应，提高接卸效率。

③ 利用管道和炼化企业罐容，优化配置胜利原油流向，保障胜利原油后路畅通。

④ 结合原油码头及日仪线、甬沪宁管网现有能力，统筹安排沿江企业资源供应方案，优化管道、水路运输方式，满足企业资源需求。

11. 区域优化

(1) 主要目标　平衡好总量，优化好结构，切实发挥一体化和区域优势，开展板块间、企业间优化。

(2) 主要措施

① 做好地区氢气、饱和液化气、石脑油互供管理和优化。

② 做好地区乙苯和氢气互供的优化工作。

③ 做好原料优化和加工量优化工作。

3.7 生产经营计划编制依据

3.7.1 计划编制依据的基本要素

生产计划的编制是企业生产环节的重要一步，决定着企业生产什么、生产多少、怎样生产。制定合理的生产计划，是保证企业生产有序进行、取得较好经济效益的前提。

石化企业的生产计划按照计划时间的长度可分为年度计划、季度计划和月度计划；按照计划的用途可分为选油计划、排产计划、产品调和计划和装置检修计划等。不同类型的计划有着不同的侧重点，如年度计划主要考虑全年时间内的原料、产品安排，此时对于库存的处理可相对简化。购油计划侧重在对原油的选择上，要求更多地考虑原油品种、性质、常减压装置的加工方案，对后续的二、三次加工装置的处理可以简化处理。

虽然生产计划的类型和功能不同，但是编制计划时需要考虑的一些基本内容却是基本一致的，它们也是计划人员编制计划时必须考虑的因素，主要包括以下几类：原料供应、产品需求、装置加工能力、加工时的各种能源消耗和各类经济财务数据等。

3.7.1.1 产品种类及质量和需求预测

计划优化是以市场驱动的，计划优化的最终目的是在原料和生产经营的约束下以最佳的方式来满足市场对于产品的需求。因此企业生产什么、生产多少最终均要根据市场情况及企业的生产能力决定。

产品需求包括产品需求量和产品质量及价格等方面的内容，产品的规格和质量与企业服务的区域以及产品的种类有很大的关系。以大宗的汽油为例，通常汽油成品油可按照汽油RON分为90#、93#、97#等不同标号的汽油，同时还有国Ⅲ、国Ⅳ、国Ⅴ等牌号区分，每一种标号汽油还有汽油组成(烯烃、芳烃等)、辛烷值或抗爆指数等其他一系列质量要求。若有出口或者外贸汽油时，则汽油的规格指标和质量又有所不同。不同区域的产品规格和数量需求可以相差极大。例如，当前北京、上海和南京等城市率先提出清洁汽油的要求，因而服务于该地区的企业产品必然要考虑清洁汽油的质量要求，从而影响该企业原料的采购和加工方案。

产品的价格与产品的质量和市场供求关系有很大关系，因此在进行计划优化时必须有相应的价格预测数据。根据计划的类型及其覆盖的范围不同，应该有针对性地区别使用产品出厂价、批发价等。此外，还应根据计划优化目标函数的不同正确地考虑不同产品税收的影响。例如，若计划优化目标函数仅为毛利，即产品销售额减去一般原料和加工成本，则必须对产品价格进行相应的处理以考虑不同产品税赋水平的影响；否则，将不能获得真正的优化生产计划。

通过对市场的供求关系以及历史同期市场的供应情况的了解，市场销售部门应作出对产品需求的预测。在制定短期的计划时，产品的库存对于计划优化有很大的影响，为此，提供详细的产品需求和价格信息才能最佳地利用库存和生产来满足市场的需求。

3.7.1.2 原料的供应

石化企业加工的原料可分为两大类：原油和其他原料。原油是石化企业的主要原料，目前在国内石化企业中，原油的成本占到了总加工成本的70%~85%左右，因此原油的选择对企业效益的影响巨大。另一类原料是在企业自身加工流程中不产生或者产量不能满足要求的物料，需要通过外购获得，如乙烯或者重整原料石脑油、催化原料蜡油或者渣油、调和高标号汽油用的组分油 MTBE、为补充氢源购买的氢气等。这些原料的购买根据企业加工流程的需要而定。当然，有些大型企业由若干相对独立分厂或者事业部组成，在各分厂或者事业部之间往往有大量的物料进行交换。从企业一级看，这些交换的中间物流均属于企业内部的中间物料，而考虑某个独立的分厂或者事业部的生产计划时，这些中间物流只能看作该分厂的外购物料。

1. 原油供应和价格

国内企业加工的原油分为国内原油和国外原油，国内原油再细分为陆上原油和海洋原油。国内原油的供应相对固定，而国外原油的供应和定价相对复杂。国外进口原油交易分为实货交易和期货交易两大类，期货交易具有规避风险的作用，已经在本书第二章详细论述。

原油实货交易主要分为现货、远期和长期合同三种类型，定价一般按照一定的计价公式计算。

原油定价=基准价±贴水+运费+其他费用

原油基准价是指约定的某种基准原油在特定的时间内(计价期)的原油交易市场定价。例如，伦敦原油交易市场的布伦特原油、中东原油市场的迪拜和阿曼原油、越南和印度尼西亚的米纳斯原油等均是有代表性的基准原油，它们以及相关原油在计价期内的市场交易的某种平均价就构成基准价。原油的贴水与基准原油的价格差异、某种原油贴水的大小和该种原油与基准原油的质量、收益差距以及计价时间有关。运费是指国际远洋运输费用，它包括远洋运输所涉及的各种费用，包括租金、滞期费、绕航费、港口费以及有关国际税赋等，原油吨运费与运输距离和运输油轮吨位关系较大。其他费用则指其他有关费用，尤其是国内相关费用，如国内关税、增值税、各项进口杂税等，若是内陆企业使用国外原油需要包括各项国内运转费用。在上述各项原油费用中，原油基准价对于原油定价的影响最大，其预测也最为困难，而其他费用则相对固定或者可以按照一定的规则计算出来。

进口原油的供应量的影响因素也较多，对于中等规模的加工企业而言，其短期原油量与油轮吨位有关，原油和燃料油油轮一般按照吨位分为巴拿马级油轮、阿芙拉级油轮、苏伊士级油轮、大型油轮（VLCC）和超大型油轮（ULCC）等级别，其运输吨位分别为6万~8万t、8万~12万t、12万~20万t、20万~30万t和30万t以上。

比如在编制月度计划时，先要清楚哪几种原油可以选择，有些是长期供货合同中已确定的原油品种，在月计划内要保证进行加工，另一部分要根据原油的性质考虑是否适合装置加工，如对硫含量较高的原油要进行混炼，以适应蒸馏装置对硫含量的要求。同时，价格因素、运输情况也是考虑的因素等。在短期计划如月计划中，还要考虑原油的库存情况。

当所谓的外购原料实际上是大型企业不同分厂的中间料交换时，简单地使用同种原料的市场价格则往往会导致局部分厂的优化，但并不能满足上层企业的优化，此时必须考虑中间交换料的质量和加工成本来制定合理的价格，比较理想的价格制定方法是中间产品的LP影子价格。

2. 原油评价数据

确定生产加工计划首先要了解原油的性质。原油的性质可以根据原油的类别来划分。原油种类很多，按照关键馏分分类方法，可分为石蜡基原油、中间基原油、环烷基原油；按照原油含硫量可分为低硫原油、含硫原油、高硫原油。不同原油的性质差异非常大，其馏分用途不同，加工方案也不相同。只有了解原油的类别，才能确定原油的加工方案。通常炼厂在开始设计时就要考虑加工原油的品质及其产品的用途，按照某种原油设计加工装置。如有些常减压装置按照加工低硫原油设计，在加工时就不能选择高硫原油，在建立原油混炼计划时保证混合原油的硫含量不能超过装置的设计要求。原油的特性是确定加工方案的重要因素，制定计划时首先根据原油评价数据对原油性质有全面的了解。

原油评价是通过一系列实验分析得到原油性质数据，包括原油的一般性质分析、原油蒸馏数据、馏分油及渣油的性质数据等。对计划而言关心的是各馏分产率，以及相应馏分的性质数据。

3.7.1.3 确定装置加工方案

石化企业的生产装置一般分为原油常减压装置、二次转化加工装置和调和装置。从生产计划的角度出发，几乎每一类装置均可按照多种操作方案进行生产安排，同一装置的不同生产方案可以加工不同的原料，生产不同的产品或者不同数量和质量的产品，装置加工费用也可能有一定差异。为此，确定所有装置的加工方案也就确定了整个工厂的加工流程。

1. 常减压装置加工方案

常减压装置是炼油企业生产流程的龙头装置，常减压装置加工方案的确定影响到原油加工的整体效益。一般而言，要根据原油特性（种类）、常减压装置加工特点、某些馏分段的特殊用途及后续二、三次加工装置对侧线产品的需要等多种因素来确定常减压装置的加工方案，如按照原油硫含量的高低进行混炼或者单独加工。

石蜡基原油适合单炼生产润滑油和蜡原料；重整原料和乙烯原料需要不同芳烃潜含量的石脑油馏分；加工高等级沥青需要专门的原油等。制定计划时应综合考虑各方面因素，确定原油是单炼还是混炼，原油的切割方案等内容。在多周期计划时还需要考虑各侧线产品的单独或者混合储存需求。

在确定了原油的以上加工条件和要求后，需要根据各加工方案提供原油的切割数据，并根据实际的操作统计或者装置标定数据对原始的切割数据进行收率和性质方面的校正，使得编制计划时所使用的数据与生产实际尽可能相符。应该注意，由于目前计划优化建模原理和技术的限制，要想区分(混合)原油性质和常减压操作条件(分离效率)对于常减压侧线产品的收率和性质的影响还非常困难。所以，提供与生产实际尽可能相符的原油收率和性质数据尤为重要。

需要特别指出的是，对于国内加工进口原油的企业而言，往往还需要额外地制定不同原油对于常减压加工能力的“消耗”情况：一般而言，国内原油在开采生产后即进行了初步的拔头处理，因而抵达石化加工企业的原油基本上没有轻烃，而进口油则富含轻烃；此外，某些进口轻质原油，其石脑油等轻馏分收率明显高于国内原油和其他进口原油，不同原油轻重馏分分布的巨大差异可能导致常减压加工装置处理能力的不同，如按照胜利原油等重质原油设计的 300 万 t/a 常减压装置，当安排其加工轻质原油时其处理能力常常远小于 300 万 t/a。为此，若准确地安排原油采购和加工计划，就必须提供不同方案的不同原油的加工能力“消耗”数据。

2. 二次加工装置加工方案和相关数据

二次装置加工方案的确定也是编制计划的重要部分，装置进料的组成、对原料性质的要求、装置产品的分布、产品的去向及产品性质都是编制计划时要考虑的内容。近年来随着对计划要求的提高，装置的工艺特点、操作条件、加工方案等内容也成为计划模型构建时考虑的内容，使计划模型对工艺装置的描述更加详细，从而提高计划对生产的指导作用。一般炼厂二次加工装置较为复杂，通常对于比较重要的二次装置在编制计划时作重点考虑，如催化裂化、催化重整、加氢裂化等。这些二次装置的进料比较复杂，加工工艺变化较大，在制定计划时常要考虑多个加工方案，如催化裂化装置可建立汽油方案、柴油方案、液化气方案。不同加工方案的产品收率及产品性质均不相同，但一般计划模型重点考虑收率的变化。

对于重点的二次加工装置，除了按照不同加工方案考虑不同收率等向量模型(vector base model)外，还有可能需要进一步细致地描述收率与原料性质以及操作条件的影响，此时就需要使用所谓 Delta-base 方面的数据。详细的数据要求参见本书第四章有关内容。此外，对于重要的二次加工装置还可能需要考虑原料性质对于装置处理量的利用、辅助试剂和消耗品的使用的影响。对于其他二次加工装置，如脱硫、制氢等装置，由于装置的进料比较单一，可只建立固定的加工方案。

3.7.1.4 加工费用数据

企业以及各装置的加工费用和成本计算是一项非常复杂的工作，不同装置的加工成本大小与装置加工收率和产品质量一起直接影响装置加工处理量的安排，最终影响到企业的利润。一般来说，装置的加工成本可以分为固定成本和可变成本两大部分。与计划优化直接相关的是装置的可变成本部分，它与装置的操作水平、实际加工能力有很大关系，不同的操作水平和操作方案将导致公用工程和其他耗材消耗数量的不同，从而影响装置的操作费用。

实际装置的加工费用往往呈现出非常明显的非线性特征，如催化装置的加工费用就与装置的处理量和原料性质呈非线性关系。因而，为了更准确地描述催化裂化装置加工费用对于计划的影响，必须提供催化裂化装置不同的操作方案的详细的非线性操作费用曲线。

3.7.1.5 公用工程消耗

石化企业的生产是一个非常复杂的过程，在生产中各个加工装置需要消耗各种能源，如燃料油、水、电、蒸汽、风能等，这些消耗统称为公用工程消耗。不同的装置对能源的要求也不一样。例如，蒸汽分为高压蒸汽、低压蒸汽，水分为新鲜水、循环水等。另外，还需要考虑催化剂、稳定剂和其他消耗品的数量。

一般公用工程的消耗数量是与生产量成正比的，所以大部分消耗按照装置生产1t产品所需要的数量计算，称为单耗。在编制计划时，应列出装置各种消耗的种类、单耗量。有些物料的消耗是间断进行的，比如某些催化剂可能要几个月才更换一次，这种消耗可作为一种固定费用分摊到计划时段内。

公用工程还包括价格方面的问题，可能需要考虑不同时间段/季节能源的价格，更进一步还需要细致地考虑不同级别能源的价格，如不同等级的蒸汽的价格。

3.7.1.6 调和规则

石化企业的大部分产品是通过各种组分调和而成的，在编制计划时必须了解各种产品的调和规则。其中的一部分产品按照不同组分定量配比而成，称为比例调和，比如燃料油、润滑油的调和，各种组分按照一定比例混合。对比例调和产品需要明确调和组分的种类、配比公式。另一部分产品的调和属于质量调和，要求调和产品的性能达到规定的指标，汽油、柴油、煤油的调和都属于质量调和。例如，调和908汽油时，要求908汽油产品的辛烷值、抗爆指数、芳烃含量、烯烃含量等性质指标符合国家标准。在编制计划时要明确这类调和产品的质量要求，同时确定参与调和的组分油品种、性质。对于质量调和而言，调和规则对于调和结果有重要影响。以汽油调和为例，汽油辛烷值具有明显的非线性，因而在制定计划时必须要考虑不同调和组分之间的非线性调和影响。

3.7.1.7 其他

在编制计划时，尤其是进行调和计划编制时需要知道调和组分的性质数据。若这些调和组分的性质没有采用质量传递技术计算得出，则一般假定各二次加工装置所获的调和组分的性质为恒定值(也可能按照不同加工方案细分)。为此，在进行计划方案编制时需要这些调和组分的质量数据。而若采用质量传递技术，则必须提供各装置的质量衰减系数数据。

由于石化行业属于流程工业，其生产是一个连续的过程，在编制计划时需要兼顾计划时段前后的生产情况，对短期的计划来讲，这一点尤为重要。原油、产品、中间料库存的变化以及由于某个装置停工对其他生产装置的影响等因素都是编制计划(特别是短期计划)时应考虑的内容。

在进行有物料交换的大型企业计划编制时，若交换物料同时也可以从市场购买，而企业内部物料交换时还需要发生一定的运输成本，则必须要提供相应的运输成本方面的信息。

最后，若要采用线性规划模型进行计划编制的优化工作，则由于现在的优化模型往往多使用一些非线性技术，需要进行若干方面的迭代收敛工作，因而必然需要计划优化工具的使用者提供一系列迭代的初值，比较常见的是各类中间物料性质分布递归所需要的性质初值。正像一般非线性迭代求解一样，这里初值的好坏将在一定程度上影响求解的速度和最终迭代的优化结果。

3.7.2 石化企业生产计划的优化

上节列出了制定生产计划的各项要素，根据这些要素可制定出相应的生产计划，那么如何使所制定的生产计划给企业带来更大的利润呢？这是每一个企业计划人员都面临的问题。在长期的计划编制过程中，计划人员往往会形成自己的一套经验，因而有经验的计划人员编制计划时常会比其他人员考虑得更合理。但是对于复杂的炼厂生产过程，仅凭经验编制计划，很难保证计划的全面性，也难以确定计划的结果是否是最优的。可通过建立炼厂计划的数学模型实现对计划的量化，判断计划的可行性及合理性，研究不同约束条件下的不同方案安排，找到最佳的计划方案，并实现对有限资源的充分利用，达到优化企业生产计划的目的。

本书第四章将介绍在计划优化中经常使用的一些数学方法和工具，主要是介绍采用线性规划技术建立石化企业计划模型的方法。

线性规划是最早用于企业生产计划优化的工具。早在20世纪50年代，在丹捷格发明了单纯形方法后，欧美一些石油公司就开始采用线性规划技术解决生产中出现的资源分配问题。最早的应用是在产品调和计划中，随后逐步扩展到企业生产计划、长远规划等方面。随着计算机技术的不断发展及线性规划理论的日趋成熟，其在石化企业生产计划优化中的作用也越来越重要，企业计划模型的规模及复杂程度不断提高，线性规划技术已成为企业优化生产计划不可或缺的重要工具。

3.8 生产经营计划表示例

生产经营计划表示例见表3-1~表3-9。

表3-1 石化集团产销存平衡计划

项目	2009年	2010年	2011年			2012年		
	实际	实际	实际	同比增加	同比增长	计划	同比增加	同比增长
一、原油产量								
1. 国内产量								
2. 海外权益油								
二、天然气产量(亿 m^3)								
三、原油加工量								
四、原油资源量								
1. 石化自产								
2. 石油互供								
3. 海洋原油								
4. 进口原油								
五、原油库存								
六、成品油生产量								
1. 汽油								
2. 煤油								
3. 柴油								
成品油收率								
七、成品油出口								
1. 汽油								
2. 煤油								
3. 柴油								
八、销售成品油资源								
1. 炼厂配置								

续表

项　目	2009年	2010年	2011年			2012年		
	实际	实际	实际	同比增加	同比增长	计划	同比增加	同比增长
2. 中油及其他								
3. 进口								
九、成品油经营量								
1. 国内经营量								
汽油								
煤油								
柴油								
2. 香港公司经营量								
汽油								
煤油								
柴油								
十、成品油期末库存								
十一、联合石化第三方贸易								
1. 原油								
2. 成品油								
十二、乙烯								
十二、合成树脂								
十三、合成橡胶								
十四、合纤原料								
十五、合纤聚合物								
十六、合成纤维								
十七、尿素								

表 3-2　原油产销平衡及配置计划

序　号	指 标 名 称	集团公司合计	A油田	B油田	C油田	D油田	A分公司	B分公司	C分公司	D分公司	E分公司
一	原油产量										
	平均日产(吨/日)										
	西部(含东北)产量										
	股份公司										
	存续企业										
(一)	原油商品量										
1	原油配置量										
-1	供石化集团										
	交管道公司转供炼厂										
	油田直供石化炼厂										

续表

序 号	指 标 名 称	集团公司合计	A 油田	B 油田	C 油田	D 油田	A分公司	B分公司	C分公司	D分公司	E分公司
	其中：区外供系统内										
	管道燃油										
	化工用轻油										
	其中：凝析油										
	三采磺酸盐用油										
	煤岩油气藏开发试验用油										
	烧用原油										
	稳定站用油										
-2	直供石油集团炼厂										
	其中：辖区外										
-3	供地方企业										
	区内地炼										
	区外地炼										
	地方企业烧用油										
-4	分成油及其他										
2	管理(勘探)局用原油										
-1	施工队伍用油										
-2	社区用油										
-3	试采注汽用油										
-4	其他										
3	轻油其他销售量										
(二)	原油期初、期末库存差										
(三)	采油生产、集输自用原油										
(四)	原油损耗量										
二	主要经济技术指标										
(一)	原油商品率(%)										
(二)	原油配置率(%)										
(三)	原油自用率(%)										
(四)	原油损耗率(%)										

表 3-3　年度原油资源配置计划

	集团公司	股份公司	A 地区	企业 1	……	B 地区	企业 11	……
一、原油加工量								
二、原油资源总量								
1. 自产原油								
2. 中石油原油								

续表

	集团公司	股份公司	A 地区	企业 1	……	B 地区	企业 11	……
3. 海洋原油								
4. 进口原油								
其中：高硫原油总计								
另重原油								
另凝析油及轻油								
三、原油综合性质指标								
API								
S								
酸值								
四、自产原油构成								
1. 胜利原油								
2. 中原原油								
3. 河南原油								
4. 江苏原油								
5. 华东江苏原油								
6. 江汉原油								
……								
五、中石油原油构成								
1. 大庆混油								
2. 冀中原油								
3. 塔里木原油								
4. 塞汗原油								
……								
六、海洋原油构成								
1. 勃南原油								
2. 惠州原油								
3. 陆丰原油								
4. 西江原油								
5. 西江 23-1								
……								
七、进口原油								
1. 长期协议								
2. 现货采购原油								

续表

	集团公司	股份公司	A 地区	企业 1	……	B 地区	企业 11	……
3. 管输进口原油								
其中东黄复线管输进口								
甬沪宁管输进口								
八、主要原油运输量								
1. A 线								
2. B 线								
3. C 线								
……								
8. 沿江三程								
9. 铁路运输								

表 3-4　原油加工量和主要炼油产品产量计划

	2011 年实际			2012 年计划			同比增加		
	集团合计	股份公司	非上市部分	集团合计	股份公司	非上市部分	集团合计	股份公司	非上市部分
一、原油加工量									
其中：来进料									
二、原油资源量									
陆上原油									
石化自产									
石油供									
海洋原油									
进口原油									
一般贸易									
来进料									
三、主要炼油产品产量									
汽煤柴合计									
汽油									
煤油									
其中：航煤									
柴油									
化工轻油									
商品重油									
汽煤柴收率(%)									
汽煤柴化收率(%)									
柴汽比									

表 3-5 主要炼油生产装置检修计划

序号	企业名称	装置名称	加工能力（万 t/a）	上次大修时间	小修及非计划停工时间	2009 年停工情况	2010 年					2011 年
							1 月	2 月	3 月	＊＊	＊＊	1 月
1	A	4#常减压										
		焦化										
		加氢裂化										
		2#催化										
		航煤加氢										
		1#常减压										
		3#催化										
2	B	1#常减压										
		1#催化										
		2#延迟焦化										
		重油加氢										
		3#加氢精制										
		2#催化										
		2#常减压										
		3#焦化										
		1#加氢精制										
		2#柴油加氢					预留 20 天					

表 3-6 化工轻油及航煤组分油平衡计划

			合计	乙烯料						重整原料/芳烃原料				航煤组分油		其他用途		其他企业
				小计	A 企业	B 企业	C 企业	D 企业	…	小计	A 企业	B 企业	…	小计	A 企业	小计	A 企业	小计
一、需求合计	含轻烃	不含轻烃																
二、供应合计																		
其中：内部互供																		
1. 炼油生产																		
2. 化工自产																		
3. 干气及丙烷																		
4. 轻烃及饱和液化气																		
内：炼油自产																		
化工自产																		
油田供																		
企业互供																		
存续互供																		

续表

			合计	乙烯料						重整原料/芳烃原料				航煤组分油		其他用途		其他企业
				小计	A企业	B企业	C企业	D企业	…	小计	A企业	B企业	…	小计	A企业	小计	A企业	小计
三、外采																		
四、进口																		
五、化工轻油产量																		
华北地区																		
A企业																		
B企业																		
C企业																		
D企业																		
E企业																		
F企业																		
G企业																		
H企业																		
I企业																		
J企业																		
K企业																		
西北地区																		
L企业																		
M企业																		
沿江地区																		
N企业																		
O企业																		
P企业																		
华东地区																		
Q企业																		
R企业																		
S企业																		
T企业																		
U企业																		
华南地区																		
V企业																		
W企业																		

表 3-7　主要化工产品产量计划

产品名称	2009年实际			2010年计划			同比增加		
	合计	股份公司	存续部分	合计	股份公司	存续部分	合计	股份公司	存续部分
一、乙烯									
丙烯(化工)									
二、合成树脂									
1. PE									
2. PP									
3. PS									
4. PVC									
5. 石油树脂									
6. AS									
7. ABS									
8. 聚醚树脂									
9. 环氧树脂									
10. 不饱和树脂									
11. 东方氯醋共聚物									
12. PBT									
13. EVA									
三、合成橡胶									
1. 顺丁橡胶									
2. 丁苯橡胶									
(1)丁苯软胶									
(2)丁苯胶乳									
3. SBS									
4. 丁基橡胶									
5. SIS+SEBS+TPE									
四、合成纤维									
1. 涤纶									
2. 腈纶									
3. 锦纶									
4. 维纶									
5. 丙纶									
五、合纤原料									
1. PTA									

续表

产品名称	2009年实际			2010年计划			同比增加		
	合计	股份公司	存续部分	合计	股份公司	存续部分	合计	股份公司	存续部分
2. AN									
3. 己内酰胺									
4. 乙二醇									
5. 间苯二甲酸									
6. PBT									
六、合纤聚合物									
1. 聚酯									
2. 聚乙烯醇									
3. 锦纶切片									

表3-8　主要化工装置检修计划

装置分类	装置名称	企业名称	装置能力/（万t/a）	产能增减/（万t/a）	上次检修时间		本期检修时间		检修安排				检修内容
					停开工日期	检修天数	停开工日期	检修天数	1月	2月	3月	…	
乙烯装置	1#乙烯裂解装置												
	2#乙烯裂解装置												
	乙烯裂解装置												
芳烃装置	1#芳烃												
	1#芳烃抽提												
	2#芳烃												
	2#芳烃抽提												
	二甲苯分离												
	芳烃抽提												
	环丁砜抽提												
	甲苯择形歧化												
	歧化												
	吸附分离												
	异构化												
	制苯												
	重整装置												
	重整油分馏												
	重整预分馏												
合成树脂装置	1#高压聚乙烯												
	2#高压聚乙烯												
	低压聚乙烯装置												

表 3-9　国内成品油营销平衡计划

项　　目	2007 年	2008 年	2009 年			2010 年		
	实际	实际	实际	同比增加	同比增长	初步安排	同比增加	同比增长
一、全国成品油表观消费								
汽油								
煤油								
柴油								
二、成品油经营量								
1. 国内成品油经营量								
汽油								
煤油								
柴油								
其中：零售量								
直销量								
国内市场占有率								
2. 香港公司成品油经营量								
汽油								
煤油								
柴油								
三、燃料油、润滑油经营量								
1. 燃料油								
其中：国内								
香港公司								
2. 润滑油（长城包装）								
四、国内成品油购进量								
1. 石化资源								
2. 外采资源								
3. 进口资源								
石化资源占全国消费比例								
汽柴油占全国消费的比例								
五、成品油出口								
汽油								
煤油								
柴油								

3.9 企业经营计划案例

本节通过若干国内外的应用实例说明计划优化在企业生产经营各个层次和企业不同部分的应用内容及取得的实际效益。

3.9.1 加拿大石油公司的经营与计划管理

加拿大石油公司大体上可分为大型、中型和小型石油公司三类。大型石油公司一般都拥有油气勘探开发、加工及石油化工等业务，但不设物探、钻井等服务性专业队伍；中型石油公司，一般都从事上游和炼油业务；小石油公司为数众多，一般都只包括油气勘探开发。多数中小石油公司是私有的大众公司，也有少数私人公司。

加拿大石油公司一般都设有独立的计划部门或计划委员会。计划工作被看成是一个如何发现和确定资源，并以最佳形式合理利用和分配资源的过程。合理的计划可以帮助公司找到一种途径，使公司具有竞争优势，并最大限度地增加价值，实现公司的长期目标和目的。计划工作涉及广泛的领域，需要有多种人员参与。在加拿大石油公司中，战略计划、预算计划、财政金融计划、重大投资项目和资产购买活动等决定权，都集中在公司最高领导集团；各业务部门都在一定的授权下开展业务活动。计划部门是公司的一个具有参谋、协调、综合性的高层次部门。

战略计划对石油公司至关重要，受到高度重视。战略计划被石油公司认为是如何最合理利用有限资源、找到最佳形式与途径、使公司能够增加价值、处于有利竞争地位、实现公司长期的目的和目标的方向性、指导性文件。整个经营管理活动，都要在战略计划的框架内运作，以达到公司的使命和实现蓝图。动态计划管理也是加拿大石油公司经营管理的一个显著特点。战略计划的研究和编制工作是连续不断地进行的。大石油公司还通过编制3~5年的中长期计划来贯彻执行公司的战略计划。中长期计划既作为战略计划和年度计划的桥梁，同时也作为公司内部以及与外部的信息交流。在内部提供给每一层次研究制定行动计划，在外部向投资者及咨询机构宣传公司的经济实力，展示公司的发展前途，刺激投资者进一步投资和刺激股票价格上涨。

加拿大石油公司把预算作为年度计划的重要内容，对成本控制和投资控制具有重要的意义。预算是短期计划，每年都要做一次。一般根据公司战略计划和中长期计划确定的蓝图和目标利润，由生产、财务和工程技术部门编制业务预算，包括资本预算、现金流量预算、金融预算及生产成本预算。资本预算相当于我国目前的年度投资计划。公司各专业部门研究提出项目并由项目负责人编制出资本预算，包括项目的描述、确定过程与理由、成本估算及经济评价，以及对公司产生什么样的影响等。一般来说，资本预算申请报告要在上半年完成并提交给预算部门审查汇总，汇总后的报告会送给主管副总裁审核。现金流量预算(也称收入预算)包括市场需求量、供给量、价格预测、产量预算、纯收入预算和现金流量表。在这个过程中，除了预算计划部门要做大量工作以外，各工程部门也要积极参与。成本预算需要公司内的各个业务部门参与，每个部门都要对各自的预算负责。

加拿大石油公司在战略计划、中长期计划、项目决策和预算控制方面，都十分注重现金流量分析，并把公司外部和内部环境分析与评价作为计划管理的一个重要部分。

加拿大石油公司以增加公司价值、提高股东权益为目的，无论哪个部门都要考虑资本的回报。机构的设置服从于公司对它们职能的需要，各部门的职责分工和联系十分明确，业务流程非常清楚。

3.9.2 国外购油计划和生产计划优化应用

1. 案例 A

欧洲某石油公司下设多个炼油厂，总加工能力为4000万t/a，其中2700万t/a原料需要从期货市场上购买，为了更好地以最小的成本满足市场对于产品的需求，该公司将计划分为1~3年的年度计划和月度计划，年度计划主要用于决定原油长期期货合同的制定，而月度计划主要用于原油的分配、生产计划和运输计划等。为此，该公司于20世纪90年代初建立了一系列完整的计划优化模型和计划优化应用管理系统。计划优化系列模型包括所有下属炼油企业的计划模型(R)、原油的运输模型(S)和产品运输模型(D)，以及由此三类模型集成构成的供应链优化模型，该模型主要用于年度购油期货计划的制定，因而具有非常详细的原油性质和原油运输模型；该系列模型还包括详细的产品运输模型和各炼油厂的详细计划优化模型，与上述供应链模型一道用于原油的分配计划和月度生产计划及产品运输计划，后者还可以构成多周期模型；计划优化系统使用公司位于总部科研部门的原油评价数据库，具有总部和下属企业两级的计划优化使用平台管理系统管理计划优化模型，并与其他应用系统，如二次加工装置收率数据管理系统、价格预测财务系统有数据交换接口。

采用这样一整套的计划优化模型之后，公司获得如下好处：

① 能够综合考虑原料运输和加工的优势，选择合适的原油，并进行合理的原油分配。

② 能够就进行“购买原油”还是“直接购买VGO”的问题作出更好的决策。

③ 能够就是否进行来料加工或者委托加工事宜进行决策。

④ 能够更好地处理产品库存与市场需求的关系问题。

⑤ 能够更好地制定生产计划和运输计划。

采用这样的优化系统后，计划部门在制定原油期货合同时可以同时考虑的原油种类由以前的10多种增加到50余种，初步测算仅此一项即可为公司降低0.2美元/桶原油的采购成本。

2. 案例 B

另外一个欧洲石油化工公司，下属18个炼油和化工联合企业，生产并在全欧洲销售成品油、日用化工品和多种聚合物材料，该公司的下属企业多属于改组兼并进入公司，公司按照产品分为8个事业部形式运作，因而不同事业部计划流程不统一。为此，公司于20世纪80年代末，先后用4年半的时间建立了3个层次的计划模型，共计77个模型，其中总部模型7个。3个层次模型包括战略模型、中间层次模型和策略模型，总战略模型由总部控股公司使用，用于辅助年度预算的编制，决定原料选择与合同、乙烯原料的选择和其他战略原料的选择，该模型还用于企业的关停和投资决策等；中间层次模型由事业部使用，主要由于月度和季度的计划编制，重点解决原料和中间料的分配；策略模型则由下属企业使用，主要用于月度计划的编制。采用计划优化模型之后，获得如下方面的效益(具体的效益数字没有对外公布)：

① 投资计划和部分企业或者装置的关停工决策。

② 主要原料(原油)的合同评估、中间原料(LPG、石脑油、VGO等)的购买合同或者自产决策。

③ 煤油馏分和柴油馏分在公司内部的分配。

④ 对于欧洲环境立法的适应性评价。

⑤ 公司内部各中间物料价格的统一。

该公司还报道了两次处理突发事件的应用。一次是海湾战争的爆发，使用这样的计划模型，公司只用数小时就迅速完成了对于原油的评估，并对原油合同进行了及时的调整。另一次是欧洲某地区发生了地震，公司的一个炼油厂刚好处于该地震地区，被迫关闭，公司采用计划优化工具迅速调整安排了乙烯和芳烃装置原料的自供应，并在供货商反应过来之前迅速落实了不足原料的购买合同。这两次应用给公司带来了巨大的经济效益。

3.9.3 日本单厂选油计划优化

日本一家石油公司，下属有两个炼油厂：一个炼油厂可以同时加工高硫油和低硫油，除燃料产品外还可以生产针状焦、聚烯烃和芳烃产品；另一个炼油厂则为普通炼厂，但是可以根据市场需求用减压渣油发电。从1997年开始进行计划优化的应用工作，1999年初步建立了两个下属企业完整的计划优化模型，计划优化模型均包括主要二次加工装置详细的Delta-base子模型，2002年由公司技术部门分别建立了各加工装置的工艺过程模型，并建立了模型修正更新系统，保证了过程模型的准确性，在此基础上还开发了利用过程模型来更新修正计划优化Delta-base子模型的一系列工具。此外，围绕着计划优化的应用还开发了一系列辅助的应用，包括工艺过程模型的在线监控系统、计划绩效考核系统和计划优化回溯调整(Back-casting)系统等，还建立了计划优化与物料平衡系统的接口。

采用这样完整的计划优化模型和更新修正辅助系统之后，其突出的优点是能够保证计划优化模型始终准确地反映实际生产情况，如其中一个炼油厂的一套催化裂化装置的主要产物是催化汽油，为了比较采用模型修正辅助系统与否的差异，每周进行装置的标定，均记录装置物料平衡统计得到的汽油收率，并分别采用原始的计划优化子模型和适时修正后的子模型预测催化汽油的收率，连续进行数月的统计。

原始子模型的预测精度平均在2%~3%左右，最大偏差可达4%，这样的精度不能满足计划优化的要求，经过适时修正后模型的预测精度大大提高，平均精度达0.2%~0.5%，最大为1.5%，这样的精度完全满足计划优化的要求。而实际上则需详细地分析修正模型在第27周出现最大偏差的原因，分析发现，之所以出现最大的偏差，是由于实际生产中在该周采用的是渣油处理方案，而原来工艺过程模型却没有覆盖该方案，采用上面的模型修正系统首先校正过程模型，然后再修正计划子模型，则上面的最大偏差同样可以降低到0.5%以下。

采用这样完整的计划优化模型和更新修正辅助系统的另一个好处则是间接地检查原油评价数据的准确性。当计划优化结果与实际执行结果存在偏差时，若采用上述的模型修正系统仍然无法降低这个偏差，则偏差的原因很大程度上是原油评价数据的偏差，这样的方法要明显地优于“计划优化模型+固定偏差”的修正方式，因为偏差的原因既可能是计划模型的偏差，也可能是装置操作效率的原因，还可能是原油评价数据的原因。

有了以上两个优势，这样的计划优化模型将能够很好地反映各种不同原油对于全厂收率和经济效益的影响，因而采用这样的计划优化模型辅助进行原油的采购将能为企业获得巨大的效益，该公司在多个公开场合公布的数据表明，仅原油采购一项就为该公司节省了0.2美元/桶原油的原油成本。

3.9.4 国内企业原油采购优化应用

国内某企业，加工装置齐全，可以加工多种原油，年加工原油能力 500 万 t。该厂地处沿江，原油资源主要通过油驳运达码头，然后通过送达常减压装置加工，原油过驳与否和原油的质量对原油成本有很大影响，原油的选择优化对企业的利润至关重要，因而 2001~2003 年建立了企业的计划优化和原油采购优化模型，模型包括近两年加工过的和当年需要加工的原油，并建立了对原油采购有重大影响的催化裂化、焦化和重整等二次加工装置的 Delta-base 模型结构，并利用生产统计数据对 Delta-base 数据进行及时修正。

建立了原油选择模型之后，结合当月原油库存情况分别对 40 多种原油进行逐个筛选与评估，最后得到 5 种原油作为当月的候选原油，具体购油计划见表 3-10。

表 3-10 企业原油采购计划

原油名称	相对密度	采购数量/万 t	边际效益/(元/t)
A	0.84~0.85	3.0	20.0
B	0.86~0.87	3.0	85.0
C	0.87~0.88	3.6	160.5
D	0.87~0.88	13.0	135.0
E	0.85~0.86	2.0	30.0

该原油采购计划兼顾了该企业重整原料和催化裂化原料不足的实际问题，如原油 C 重整收率可以高达 16%~19%，其运输可以直航通过南京长江大桥，运输成本远远低于其他原油，因而边际效益最大，但其蜡油和渣油均不是理想的催化裂化原料，因而其采购量受到限制。原油 D 则不同，虽然它属于中间基原油，但是它相对密度大、硫含量低、性价比高，其蜡油收率高达 25%~30%，蜡油的饱和烃含量也高达 80%~90%，因而能生产理想的催化裂化原料，同时它的石脑油也是不错的重整原料，石脑油产率也可以达到 8%~10%，为此，原油 D 的边际效益也高，采购量也最大。

按照这样的购油计划，当月采购了 13 万 t 原油 D，并于月中 13 天集中安排加工了 11.73 万 t 原油 D 和 5.62 万 t 管输原油，将实际加工结果与不久前同期类似的全部加工管输原油的生产结果进行比较，发现加工原油 D 明显提高了企业的经济效益，具体结果如下。

① 重整原油与同期相比增加了 0.68%。

② 轻油收率提高了 3.18%，总拨出率提高了 4.75%，蜡油收率增加了 1.67%，渣油收率减少了 4.75%。

③ 催化裂化原料性质大大改善，处理渣油的能力大大提高，不仅加工完成了焦化蜡油，而且消化了库存中的洗涤油，掺渣能力提高了 11.4%。

由于常减压的渣油产率减少了 4.75%，而催化裂化的掺渣能力又提高了 11.4%，因而焦化的加工原料减少，这样全厂的液化气、丙烯和汽油等高附加值产品的产量增加，而焦炭等低附加值产品减少。实际的效益对比数据见表 3-11。从表 3-11 中可以看出，管输原油与原油 D 混炼后吨油的加工利润大幅度提高，达 122.12 元，扣除管输原油本身的影响，则原油 D 的实际加工利润在 120 元/t 之上，这与计划优化模型的预测结果基本吻合。按此测算仅当月购进并加工 13 万 t 原油 D，将为企业带来 1560 万元的经济效益。此外，由于原油 D 在国际原油市场中属于低价原油，原油成本也相应地低于其他同质原油 0.9 美元/桶，由此可以看出采用计划优化工具大幅度降低了原油的采购成本，也为企业带来了巨大的经济效益。

不同原油加工方案效益对比结果见表3-11。

表3-11　不同原油加工方案效益对比

对比项目	管输原油	管输原油+原油D(1：1)	原油D单炼
商品率/%	91.05	91.00	90.95
完全费用/(元/t)	214	214	214
吨油利润/(元/t)	1.08	122.12	121.04

思考题

1. 制定生产经营计划的作用和原则是什么？
2. 石油化工企业制定生产经营计划的基本要素是什么？
3. 试叙述生产经营计划管理的大体职能与分工。
4. 简述生产经营计划的周期与意义。
5. 简述生产经营计划编制的主要方法与内容。
6. 你知道哪些生产经营过程优化的工具与作用？

第 4 章 生产经营优化

石油化工企业的生产经营优化采用建模和优化技术，充分利用和考虑企业自身资源和市场的供给和需求，及时制定满足市场需求的最合理方案，为企业带来最大的经济效益。本章介绍了石油化工行业普遍应用的优化方法和软件以及炼油-化工-销售产业链各环节的优化实务，使读者对石化企业生产经营优化的理论、工具及实务有基本的了解。

4.1 优化方法与优化工具

最优化方法是近几十年才开始形成的，也称为运筹学方法，它主要运用数学方法研究各种系统的优化途径及方案，为决策者提供科学决策的依据。最优化方法的主要研究对象是各种有组织系统的管理问题及其生产经营活动。目的在于针对所研究的系统，求得一个合理运用人力、物力和财力的最佳方案，发挥和提高系统的效能及效益，最终达到系统的最优目标。

从数学意义上说，最优化方法是一种求极值的方法，即在一组约束为等式或不等式的条件下，使系统的目标函数达到极值，即最大值或最小值。

线性规划是运筹学中研究较早、发展较快、应用广泛并且方法较成熟的一个重要分支，它是辅助人们进行科学管理的一种数学方法。在各种经济活动中，提高经济效益是人们始终追求的目标。

从石油化工生产运营角度来讲，最优化方法就是通过线性规划的方法，在一定人力、物力与财力资源条件下，使经济效益达到最大(如产值、利润)，或者在完成规定的生产或经济任务下，使投入的人力、物力和财力等资源为最少。

4.1.1 线性规划基础

以下将从线性规划的标准形式、基本性质以及线性规划问题的解三个方面来介绍线性规划的基础。

4.1.1.1 线性规划的标准形式

一般地，求线性目标函数在线性约束条件下的最大值或最小值的问题，统称为线性规划问题。决策变量、约束条件、目标函数是线性规划的三要素。

线性规划问题是由一组线性等式或不等式表示的约束条件及一个线性目标参数组成的。为了便于求解线性规划，将线性规划规范成如下的标准形式：

决策变量：$x_{(1-n)}$

目标函数：$\min S=c_1x_1+c_2x_2+\cdots+c_nx_n$

约束方程组：
$$\begin{cases}a_{11}x_1+a_{12}x_2+\cdots+a_{1n}x_n=b_1\\a_{21}x_1+a_{22}x_2+\cdots+a_{2n}x_n=b_2\\\cdots\cdots\cdots\cdots\cdots\cdots\\a_{m1}x_1+a_{m2}x_2+\cdots+a_{mn}x_n=b_m\\x_1\geqslant0,\ x_1\geqslant0,\ \cdots,\ x_n\geqslant0\end{cases}$$

因为一般形式的线性规划问题都能化成标准形式，因此只要会求解标准形式的线性规划问题，就会求解一般形式的线性规划问题了。

例如：有一个问题，某化工厂以丙烯(PRO)为原料，可以生产两种规格的聚丙烯，分别为普通聚丙烯(GPP)和专用聚丙烯(SPP)。为了使问题简单易懂，假设原油消耗相同，即生产 1t 普通聚丙烯消耗丙烯为 1t，生产 1t 专用聚丙烯消耗丙烯也为 1t。丙烯原料价格 3500 元/t，普通聚丙烯生产成本为 500 元/t；专用聚丙烯成本为 1500 元/t；普通聚丙烯的外售价格为 5000 元/t，专用聚丙烯的外售价格为 6800 元/t。该化工厂的聚丙烯生产装置在只生产普通聚丙烯时，生产能力为 120t/d，生产专用聚丙烯时生产能力为 80t/d。而目前市场上能销售出的聚丙烯总量为 100t/d。问：每天生产普通聚丙烯、专用聚丙烯各多少吨能获得最大利润？试建立这一问题的数学模型。

该问题图示如图 4-1 所示。

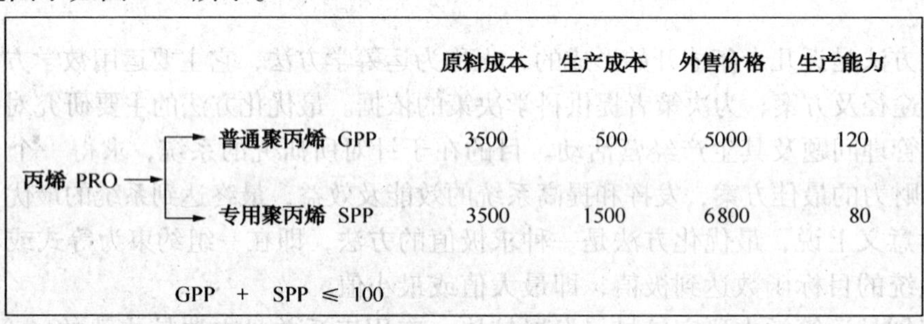

图 4-1

该问题是一个在生产能力受装置限制、生产数量受市场销售量限制时，寻求生产利润最大的问题。根据已知条件，可以将限制条件与生产利润用数学形式表达出来。

为了简便，我们用字母 G 代表普通聚丙烯产量，字母 S 代表专用聚丙烯产量，字母 R 代表生产利润。可以得出：

生产利润方程：

$$\begin{aligned}R&=\text{销售收入}-\text{原料成本}-\text{生产成本}\\&=\text{外售产品}\times\text{产品价格}-\text{外购原料}\times\text{原料价格}-\text{生产成本}\\&=【5000G+6800S】-【3500G+3500S】-【500G+1500S】\\&=1000G+1800S\end{aligned}$$

约束方程：

(1) 普通聚丙烯生产能力约束：$0\leqslant G\leqslant 120$

(2) 专用聚丙烯生产能力约束：$0\leqslant S\leqslant 80$

(3) 聚丙烯总的市场容量约束：$G+S\leqslant 100$

(4) 装置不能同时生产二种产品的约束：$\dfrac{1}{120}G+\dfrac{1}{80}S\leqslant 1$

通过以上分析，该线性规划问题的决策变量有二个，分别为普通聚丙烯生产量 G 和专用聚丙烯生产量 S。

其目标函数与约束方程组分别如下：

目标函数：$\max R=1000G+1800S$

$$\text{约束方程：}\begin{cases} G\geqslant 0 \\ S\geqslant 0 \\ G\leqslant 120 \\ S\leqslant 80 \\ G+S\leqslant 100 \\ \dfrac{1}{120}G+\dfrac{1}{80}S\leqslant 1 \end{cases}$$

由以上例子，我们看到，所建立的数学模型其目标函数和约束条件均是关于未知变量的线形函数。目的是要求目标函数在约束下的极大或极小。我们称这样一类模型为线性规划模型。

4.1.1.2 线性规划的基本性质

1. 可行域

在介绍线性规划的性质之前，首先介绍几个概念。我们从以上例子入手，对以上线性规划用图解法进行求解，如图 4-2 所示。在以 G 为横坐标，S 为纵坐标的二维空间，标出各个约束方程的线。

在图 4-2 各个方程所包围的区域中的任何点，都是能够满足全部约束条件的点，这些点所组成的集合称为可行集，也称可行解集或可行域。

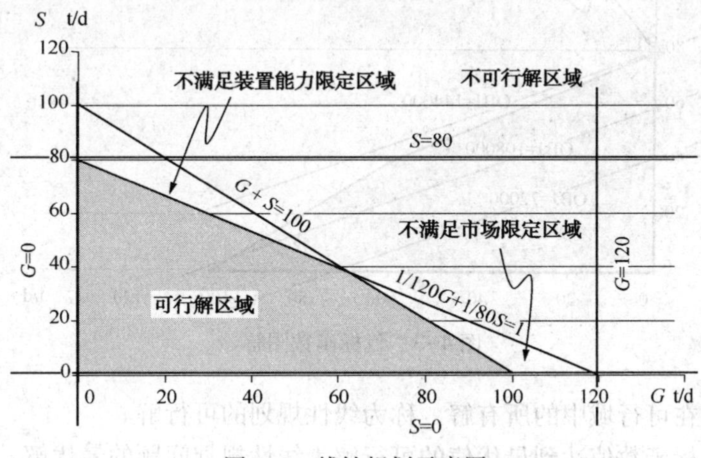

图 4-2 线性规划示意图

若一个线性规划问题的约束条件不相容时，其可行集为空集，则称这一线性规划无可行解。若一个线性规划问题的约束条件不能构成闭合区域时，其可行集为无界非空集，则称这一线性规划有无限个可行解。

从而可以看到：一个线性规划的可行解集可以是三种情况：空集、有界非空集和无界非空集。

2. 可行解和最优解

我们再次针对上述例题，找出其线性规划的解。线性规划的解首先要满足约束方程的要求，也就是要在可行域范围之内，所有这些在可行域范围之内的解都是可行解，可行解有无数多个，是一个集合。

然而，不是所有的可行解所得到的目标函数的值都是最大的。针对上述例题，我们列出部分可行解以及其目标函数的值，见表 4-1。

表 4-1　目标函数

序号	G	S	G+S	1/120 * G+1/80 * S	R
	≤120	≤80	≤100	≤1	
1	0	80	80	1.00	144000
2	8	75	83	1.00	143000
3	15	70	85	1.00	141000
4	30	60	90	1.00	138000
5	45	50	95	1.00	135000
6	60	40	100	1.00	132000
7	70	30	100	0.96	124000
8	80	20	100	0.92	116000
	……	……			

从表 4-1 可以看出，可行解有无数多组(表中只列出 8 组)，但每一组解的目标函数值各不相同，其中每 1 组解的目标函数最大。用图示的方法表示如图 4-3 所示。

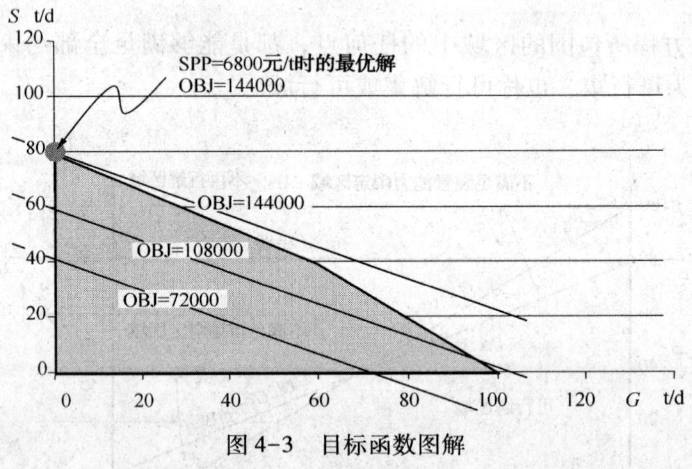

图 4-3　目标函数图解

可行解：包涵在可行域中的所有解，称为线性规划的可行解。

最优解：使目标函数值达到最优值的可行解为线性规划问题的最优解。

3. 无界解

无界解的意思是，若是极大化目标函数，则在可行域上目标函数值无上界；若是极小化目标函数，则在可行域上目标函数值无下界。那么，有无界解的线性规划问题一定没有最优解。

4. 基本性质

① 如果线性规划有最优解，必然在凸多边形(或凸多面体)的顶点上达到最优，满足线性约束条件的解叫做可行解，由所有可行解组成的集合叫做可行域。

② 要有无穷多个解，且具有最优化解。变量多，约束方程少，不能唯一。

4.1.1.3　线性规划问题的解法(单纯形法)

求解线性规划问题的基本方法是单纯形法，现在已有单纯形法的标准软件，可在电子计算机上求解约束条件和决策变量数达 10000 个以上的线性规划问题。为了提高解题速度，又有改进单纯形法、对偶单纯形法、原始对偶方法、分解算法和各种多项式时间算法。

求解线性规划的单纯形方法(Simplex Method)是美国 G·D·Dantzig 在 1947 年提出来的，是一种有效的实用算法。

单纯形法是根据线性规划的基本原理，在基可行解上进行迭代的一种算法。此方法的特点是：将线性规划化为标准形，从一个初始基可行解开始迭代，使之改进得到另一个基可行解。每迭代一次，目标函数值绝不会变小(对 max 问题)，如果非退化，目标函数值就严格增大。若有最优解，经有限次迭代就得到基本最优解。

单纯形法(Simplex Method)就是沿一个初始基可行解出发，找出下一个更优的基可行解，而不是找到所有的基可行解。

单纯形法的一般步骤：

① 如果线性规划问题存在可行解，就可以找出一个基可行解，作为初始可行解。

② 为寻找基可行解，约束方程组以典范型方程组表示。

③ 如果线性规划问题不存在可行解(约束条件有矛盾)，则由找基可行解的过程可以得知问题无解。

④ 以①中找到的基可行解为起点，找出具有较佳目标值的另一基可行解。这一步骤称为迭代。

⑤ 重复④，直到目标函数再也不能改善，就得到问题最优解。

⑥ 若问题的最优解是无界的，在迭代过程中就可以知道问题有无穷解，终止迭代。

4.1.2 优化软件介绍

用于生产运营过程优化的软件很多，下面介绍常用的几种。

4.1.2.1 原油数据切割软件

原油数据库管理软件主要有 Havely 公司的 H/CAMS、Spiral 公司的 CrudeSuite 等。原油数据库管理软件是集原油评价数据、数据处理、数据应用和管理等为一体的综合性应用软件，可为石油炼制行业的生产、经营、科研以及供应链优化等提供基础性数据。下面以 Spiral 公司的 CrudeSuite 为例，介绍原油数据库管理软件的主要功能。

CrudeSuite 基于 Windows 操作系统开发，包括原油数据导入和编辑、性质曲线拟合和预测、数据验证、性质切割、数据修正、原油混合及分析、原油价值评估、数据管理和报表系统等功能模块。CrudeSuite 可与 Chevron 原油数据库、Shell 原油数据库和 HPI 原油数据库实现无缝集成。CrudeSuite 也可与 Pro/Ⅱ流程模拟软件实现无缝集成，直接在 Pro/Ⅱ用户界面下导入原油评价数据。

数据导入和编辑：导入和编辑原油性质数据，存入用户数据库，用于性质曲线拟合和切割计算。

性质曲线拟合和预测：CrudeSuite 根据导入的原油性质数据，基于非线性统计模型自动生成性质曲线，不需用户手动拟合性质曲线，使不同的用户基于相同的方式进行数据处理，与其他手动拟合曲线的工具相比，提高了数据处理的精度。对于缺少的性质数据，CrudeSuite 基于包含有大量原油性质数据的非线性统计模型、性质计算公式以及原油性质的整体规律，对缺少的性质进行预测。同样，CrudeSuite 也可以对蒸馏产品的性质进行预测，当炼厂有蒸馏装置各侧线产品的某些性质时，可预测出各侧线产品的其他性质。另外，Spiral CM 可以计算出轻端单体烃数据，包括从 C_1 到 C_{16} 约 270 种单体烃，为分子炼油技术提供数据支持。

数据验证：CrudeSuite 基于非线性统计模型和性质计算公式校验数据，识别错误和有问题的数据。

性质切割：CrudeSuite 有两种切割方式，一种是根据实沸点模型进行理论切割，另一种是根据多塔热力学模型进行切割，将实际的蒸馏装置操作参数输入到模型中，通过芬斯克方程计算蒸馏装置有效切割温度和分馏指数等参数，模拟炼厂蒸馏装置进行切割，解决有效切割温度和侧线重叠度的问题。

数据修正：CrudeSuite 可根据少量的原油跟踪数据对数据库中已有的原油性质进行修正，如预测收率变化等。利用历史数据预测原油性质的变化趋势，既减少了原油评价的费用，又提高了原油性质数据的更新速度。

原油混合及分析：CrudeSuite 可根据用户确定的混合油种、质量或体积比例，应用流体物理特性的数学模型预测调和性质(包括非线性调和性质)，生成混合后原油的性质数据。反之，也可以根据混合原油的性质和混合油种计算混合油种的比例。主要用于混合原油加工方案的确定、购买原油时对混合方案可行性的快速评估以及根据产品的性质需求确定合适的原油混合方案。

数据管理：数据管理包括通过自定义条件进行数据查询、数据筛选、数据排序、数据分组、数据对比以及多种原油的性质曲线图表展示和比对等，也可根据用户设置的不同性质和需求查找某种原油的相似油种或替代油种，且可进行替代油种的相似度排序。

原油价值评估：可根据蒸馏产品的价格快速估计原油的价值。

报表系统：可提供多种文件格式的导入和导出报表。CrudeSuite 可根据自带的标准模板生成各种报表，如 Aspen 的 PIMS 和 ORION 文件、KBC 的 Petro-Sim 文件等。也可根据用户需要自定义各类报表模板。

4.1.2.2 PIMS 软件

PIMS 是 Process Industry Modeling System 的缩写，即过程工业建模系统，是由 AspenTech 公司开发的线性规划软件。PIMS 软件以生产利润最大化为目标，使用的主要技术是线性规划和分布递归，广泛应用于炼油和石化等过程工业的线性及非线性经济优化方面。

PIMS 软件的输入和输出以 Excel 为主，尤其输出格式也有文本格式、数据库格式以及图表格式等。

PIMS 的功能包括原料优化，即原料品种和数量的选优；产品优化，即选择经济效益好的产品；物流优化，即中间物流选择最佳流向优化；库存优化，即按照各物流价格选择最佳库存量；操作优化，即操作优化生产模式及调和优化；盈亏平衡点计算，即计算最高原料进价、最低产品售价等；寻找系统加工瓶颈，为企业做好长期规划等。

PIMS 模型的类型，包括单厂单周期的 PIMS，带有周期和库存优化的多周期 PPIMS，集成多个工厂在一起优化的多厂 MPIMS，集成多个工厂并带有周期和库存优化的 XPIMS。

PIMS 的核心是线性规划技术。它是基于 LP 问题的数学模型，将其应用于过程工业的生产组织与计划中，通过计算机程序语言、先进的 LP 解题器完成求解过程，得出优化结果。PIMS 中目标函数是经济效益最大，其中：

目标函数=销售收入-原料成本-生产成本

=外售产品×出厂价-外购原料×到厂价-公用工程消耗×外购价

PIMS 的运算过程就是解线性规划问题的过程，得出的结果就是此线性规划问题的解。

PIMS 中的约束方程组包括：物流数量约束、装置负荷约束、产品质量约束以及其他约束。PIMS 中所用到的数据都是目标函数和约束方程组的系数。

PIMS 工作流程图如图 4-4 所示。首先，PIMS 通过软件菜单界面进行人机交互，建模人员利用微软公司的 Excel 软件完成建模过程，并通过 PIMS 软件的数据管理器进行数据识别过程。再次，模型初步构建完成后，通过 PIMS 自带的资料核查功能，进行矩阵生成，如果建模无误，则进行下一步的最优化求解过程。如果资料核查过程中出现问题，根据 PIMS 的建模规则进行查误工作。最后，资料核查无误后，PIMS 调用求解器进行线性问题求解，求解中利用分布递归技术，求解过程完成后，按照用户选定的格式，进行报表查询。

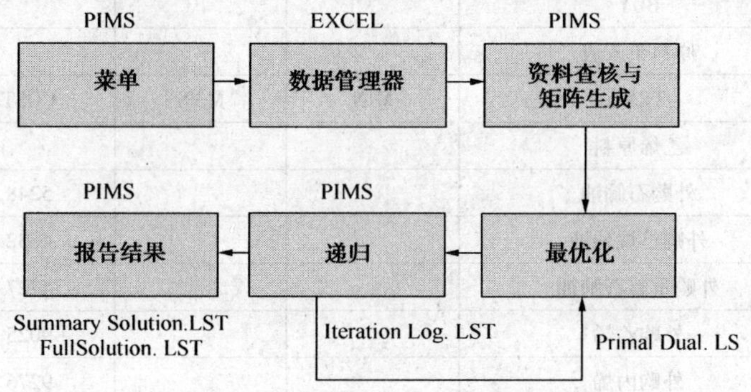

图 4-4　PIMS 的工作流程图

PIMS 作为一种流程优化软件，其模型结构主要模拟工厂的生产、运营过程构建，同时增加适当的数学计算模块。单厂 PIMS 模型结构如图 4-5 所示。

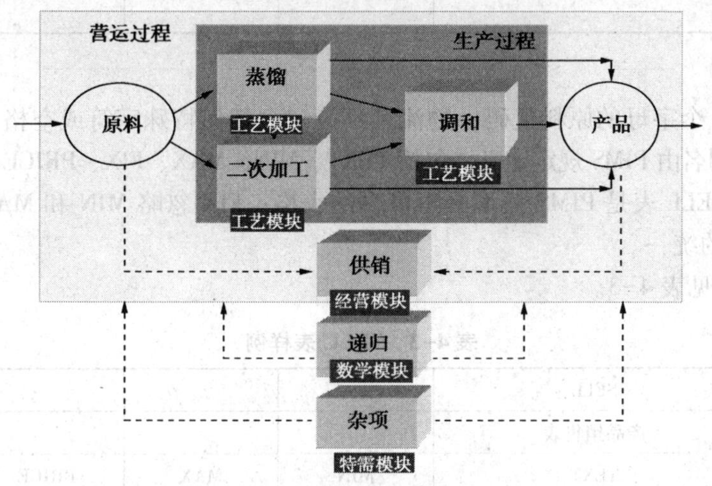

图 4-5　单厂 PIMS 模型的结构示意图

PIMS 模型就是一系列的电子表格，按照功能可以大致分为供需表、蒸馏表、副模组表、产品调合表、递归表、杂项表和周期表等。

1. 供需表文件(即 Supply/Demand)

供需表主要用于指定：外购和销售的物料和公用工程；采购成本和销售价格；购入和销售数量的约束；买入和销售物料的基准(体积或重量)。

供需表一般包括 4 个表单，分别为 BUY(买入表)、SELL(卖出表)、UTILBUY(公用工程购买表)、UTILSELL(公用工程销售表)，各表单的功能和样表结构如下所述。

（1）BUY 表

行名规则：3 个字母的原料代码；物流名不能包含任何特殊字符或空格；用户自定义。

列名规则：列名由 PIMS 规定定义，包括 TEXT、MIN、MAX、FIX、COST、GROUP 等。

注意事项：BUY 表是 PIMS 模型必不可少的表格；FIX 忽略 MIN 和 MAX 的输入；注意价格与数量单位的统一。

BUY 表举例见表 4-2。

表 4-2　BUY 表样例

TABLE	BUY				
	原料买入表				
	TEXT	MIN	MAX	COST	GROUP
	乙烯原料				
BEN	外购石脑油			5248	
HAX	外购己烷残液			4632	
BER	外购重整石脑油			4727	
BC2	外购乙烯			9025	
BC3	外购丙烯			9276	
BC4	外购碳四			5762	
BC7	外购甲苯			6527	
BC8	外购碳八			7764	
……					

（2）SELL 表

行名规则：3 个字母的原料代码；物流名不能包含任何特殊字符或空格；用户自定义。

列名规则：列名由 PIMS 规定定义，包括 TEXT、MIN、MAX、FIX、PRICE、GROUP 等。

注意事项：SELL 表是 PIMS 模型必不可少的表格；FIX 忽略 MIN 和 MAX 的输入；注意价格与数量单位的统一。

SELL 表举例见表 4-3。

表 4-3　SELL 表样例

* TABLE	SELL				
*	产品销售表				
*	TEXT	MIN	MAX	PRICE	GROUP
C2=	乙烯			8179	
C3=	丙烯			7978	
ETO	环氧乙烷			11086	
SEG	乙二醇			7075	
DEG	二乙二醇			6782	
TEG	三乙二醇			8611	
CO_2	二氧化碳			0.01	
H_2O	水			0.01	

续表

*TABLE	SELL				
……					
LOS	损失			0.01	

(3) UTILBUY 表

行名规则：3 个字母的公用工程代码；包括外购公用工程与自产公用工程；用户自定义。

列名规则：列名由 PIMS 规定定义，包括 TEXT、MIN、MAX、FIX、COST、GROUP 等。

注意事项：自用公用工程必须在此表宣告。其他同 BUY 表。

UTILBUY 表举例见表 4-4。

表 4-4 UTILBUY 表样例

	TEXT	MIN	MAX	COST
CCC	辅助材料			1
WAT	新鲜水			0.56
KWH	电			0.5
LTM	1.4MPa 蒸汽			68
MTM	4.1MPa 蒸汽			73
NNG	氮气			0.45
*				
UGS	自用干气		0	
UFL	自用燃料油		0	

(4) UTILSEL 表

行名规则：3 个字母的公用工程代码；包括外卖公用工程；用户自定义。

列名规则：列名由 PIMS 规定定义，包括 TEXT、MIN、MAX、FIX、PRICE、GROUP 等。

注意事项：自用公用工程必须在此表宣告。其他同 BUY 表。

UTILSEL 表举例见表 4-5。

表 4-5 UTILSEL 表样例

	TEXT	MIN	MAX	PRICE
LTM	1.4MPa 蒸汽			68
…				

2. 原油蒸馏表(即 Distillation 表)

原油蒸馏表主要用于指定：原油蒸馏常减压对应；原油切割数据；原油切割操作方案；原油悬摆切割。

原油蒸馏表包括 ASSAYLIB(原油蒸馏表)、ASSAYS(原油数据表)、CRDDISTL(原油蒸馏方案及原油选择)、CRDCUTS(原油切割表)、SWING(悬摆切割表)。

(1) ASSAYLIB 表

行名规则：模型中所用原油数据的表格名称。

列名规则：列名为模型中的原油生产方案名称。

注意事项：本表为可选表格，所有蒸馏装置，包括生产方案都用一个 ASSAYS 表时不需要此表。

ASSAYLIB 表举例见表 4-6。

表 4-6　ASSAYLIB 表样例

	TEXT	CD1	CD2
*			
ASSAYS1	1#常减压	1	
ASSAYS2	2#常减压		1

(2) ASSAY 表

行名规则：原油的切割性质，如质量收率，体积收率，侧线性质等。

列名规则：列名为三位代码的原油名称。

注意事项：ASSAY 表提供原油的切割数据，此外，公用工程消耗、生产能力、行控制、报表等也可在此表格中实现。

ASSAY 表举例见表 4-7。

表 4-7　ASSAY 表样例

	TEXT	SHL	WEZ	XIJ
*				
* VBALVR1	减压渣油	0. 3928	0. 2048	0. 2281
*				
WBALVR1	减压渣油	0. 4237	0. 2285	0. 2566
*				
INTRVR1	NITROGEN PPM	9111	4252	3863
IBNTVR1	BASIC NITROGEN PPM	3823	1784	1621
ICONVR1	CONRADSON CARBON	14. 2	12. 75	11. 4
INIKVR1	NIKEL PPM	53. 65	15. 47	9. 87
IVANVR1	VANADIUM PPM	4. 04	14. 04	0. 79
IMETVR1	METAL PPM	57. 69	29. 51	10. 67
*				
ETOTAT	AT1 平衡行	-1	-1	-1
GSULAT	AT1 硫含量控制	-0. 98	-0. 16	-0. 08
GTANAT	AT1 酸值控制	-1. 93	-0. 35	-0. 11

(3) CRDDISTL 表

行名规则：原油方案所指定的常减压，加工方案的原油选择。

列名规则：列名为模型中的原油生产方案名称。

注意事项：CRDDISTL 的功能是各原油加工方案的原油选择。

CRDDISTL 表举例见表 4-8。

表 4-8 CRDDISTL 表样例

	TEXT	CD1	CD2
*			
*	原油类型	含硫中间	中间基
*	操作模式		
*			
ATMTWR	实际常压塔	1	2
VACTWR	实际减压塔	1	2
*			
ESTSHL	胜利	1	
ESTIMP	黄岛进口	1	
ESTLUN	鲁宁管混	1	
ESTPAY	番禺		1
ESTPHU	平湖	1	1

（4）CRDCUT 表

行名规则：原油切割方案的各侧线名称。

列名规则：列名为模型中的原油生产方案名称。

注意事项：CRDCUT 的功能是将各侧线馏分根据性质不同进行汇流。

CRDCUT 表举例见表 4-9。

表 4-9 CRDCUT 表样例

	TEXT	TYPE	CD1	CD2
*				
*	原油类型		含硫中间	含硫中间
*				
*	操作模式		重整料	重整料
*				
AG1	干气	1	1	1
LN1	拔头油	1	1	1
MN1	石脑油	1	1	1
NK1	悬摆	4	1	2
KE1	煤油	1	1	1
LD1	轻柴油	1	1	1
HD1	重柴油	1	1	1
LV1	减一线	3	1	1
HV1	减二线	3	1	1
VR1	减压渣油	3	1	1
LOS	损失	3	1	1

(5) SWING 表

行名规则：需要收率性质等数据调整的两个侧线。

列名规则：列名为模型中的原油生产方案名称。

注意事项：SWING 的功能是将各侧线馏分的收率和性质根据实际情况进行微调，TEXT 列中悬摆类型有“-5”、“5”、“4”等。

SWING 表举例见表 4-10。

表 4-10　SWING 表样例

	TEXT	CD1	CD2
*			
HV1VR1		0.1	0.1

3. 副模组表(即 Sub-Model 表)

副模组表主要用于指定：模型所包括的所有二次加工装置；模型加工装置的能力；模型中二次加工装置的进料、收率、公用工程消化等数据。

在模型文件 Submodels 中，各工作单一般要按以下顺序排列：SUBMODS、CAPS、Sxxx (装置顺序与 SUBMODS 表中顺序一致)。并且每个在 SUBMODS 表中定义的装置，其执行表工作单名称必须与 SUBMODS 表中的名称一致。

(1) SUBMODS 表

表格功能：列出所有的用户建立的装置子模型，加工装置宣告功能。

行名规则：首字符是 S 的 4 个字符；装置代码由用户自己定义。

列名规则：主要有 TEXT、REPORT、COMBINE 等，除 TEXT 外其他列皆为可选列；REPORT 列下输入 0 表示所对应的子模型不在报告中显示；COMBINE 列下输入相同的值，将所有连续的子模型合并为一个报告。

注意事项：SUBMODS 表中所有命名都将作为 PIMS 模型树中 Submodel 部分的一个分枝；原油蒸馏部分的子模型不需要挂在模型树上 Submodel 部分的相应子模型的分枝上；行的次序决定了物流分布图和工艺子模型部分的报告次序。

SUBMODS 表举例见表 4-11。

表 4-11　SUBMODS 表样例

Table	SUBMODES		
	TEXT	REPORT	COMBINE
		报告	报告合并
SEYL	乙烯装置		
SC4U	丁二烯抽提装置		
SEGU	乙二醇装置		
SREF	重整装置		
SPEU	聚乙烯装置		
SPPU	2#聚丙烯装置		
SHAC	醋酸装置		
SPTA	PTA 装置		

(2) CAPS 表

表格功能：对工艺装置能力进行限制；PIMS 创立的蒸馏装置以及用户建立的二次加工装置。

行名规则：首字符是 C 的 4 个字符，Cxxx 通过以表 4-12 进行定义。

列名规则：主要有 MIN、MAX、FIX。

注意事项：空白输入表示没有能力限制，在 FIX 列的输入比 MIN 和 MAX 列的输入更有优先权。

CAPS 表举例见表 4-12。

表 4-12　CAPS 表样例

TABLE	CAPS			
	装置加工能力工作表			
	TEXT	MIN	MAX	FIX
CEYL	乙烯装置			
CC4U	丁二烯抽提装置	0	62700	
CCRG	裂解汽油分馏能力	0	560000	
CGSH	汽油加氢装置	0	510000	
CETO	环氧乙烷装置	0	300000	
CEGU	乙二醇装置	0	375000	
CTOP	重整预分馏装置	0	748300	
CREF	重整装置	0	1587800	
CPEU	聚乙烯装置	0	240100	
CPPU	2#聚丙烯装置	0	203800	
CAHD	乙醛装置	0	83000	
CHAC	醋酸装置	0	90000	
CPTA	PTA 装置	0	756000	

表 4-12 建议保留注释表格，并注明各装置日产量(t/d)、开工天数、检修天数、年产量和设计能力(万 t/a)，其中日产量采用装置长周期运转时的最大日生产能力，开工天数=365-检修天数，产量=日产量×开工天数，样表见表 4-13。

表 4-13　CAPS 注释表样例

日　产　量	开 工 天 数	检 修 天 数	年　产　量	设 计 能 力
t/d	d	d	万 t/a	万 t/a
2242	365	0	81.83	80
195	340	25	6.27	10.9
177	340	25	6.01	
1500	340	25	51	53
2050	365	0	74.83	70.2
4350	365	0	158.78	140
3750	365	0	136.88	154
1050	340	25	35.7	38
1500	365	0	54.75	50

(3) Sxxx 表

表格功能：用于除蒸馏装置以外的二次加工装置；可以用于实际生产装置、虚拟装置(如汇流)以及公用工程装置；同一装置可以设置不同生产模式；此外，还能够实现物性的传递。

行名规则：由 PIMS 规定，行名一般 7 个字符，按照功能可以分为物料平衡行、公用工程平衡行、能力利用行、控制行、报告行等，如 WBAL、UBAL 等，详细情况如下：

物料平衡行： WBALSSS 重量基准物料平衡

VBALSSS 体积基准物料平衡

公用工程平衡行：UBALSSS 公用工程物料平衡

能力利用行： CCAPSSS 装置能力利用

列名规则：用户自己定义；同一个 Table 表代码不重复即可。

注意事项：副模组执行表主要由用户根据时间情况进行构建，按照模型构建结构的不同可以分为三类：Vector based(基准收率)、Delta based(由进料性质变化所带来的收率变化值)、Pooling(汇流)。

以催化裂化装置为例，催化装置 Vector based(基准收率)结构建模表——SFCU 表举例见表 4-14。

表 4-14 Vector based 结构 SFCU 表样例

* TABLE	SFCC		
*			
	TEXT	BAS	
WBALFCP		1	
*			
WBALFCG	干气	-0.055	
WBALFCL	液化气	-0.182	
WBALFCN	汽油	-0.410	
WBALFCD	柴油	-0.225	
WBALFCR	油浆	-0.060	
WBALCKE	烧焦	-0.063	
WBALLOS	损失	-0.005	
*			
CCAPFCC	催化能力利用	1	
*			
*	公用工程(每吨)：		
UBALCCC	辅助材料 元	18.406	

4. 调和表(即 Blending 表)

调合表主要用于指定：产品的调合方式；调合产品的规格参数；产品的调合组分指定；调合组分的性质数据。

调和表包括：BLENDS，调和产品宣告表；BLNMIX，调和方式表；BLNSPEC，调和规范表；BLNPROP，组分物性表；BLNxxxx，组分物性表；WSPECS，重量基准定义表。

（1）BLENDS 表

表格功能：对需要调合的产品进行宣告，同时对调合方式进行定义。

行名规则：需要调和的产品名单作为行名，所有的行名将在 BLNMIX 表中作为列名。

列名规则：列名为 TEXT、SPEC 和 FORM。

注意事项：质量/规格调和，在 SPEC 列下输入 1，且必须在 BLNSPEC 表中出现；比例调和，在 FORM 列下输入 1，必须在 BLNMIX 表中提供调和配比。

BLENDS 表举例见表 4-15。

表 4-15　BLEND 表样例

* TABLE	BLENDS		
*			
*	调合方式		
*			
	TEXT	SPEC	FORM
*		质量调和	比例调和
G90	90#普通汽油	1	
G93	93#普通汽油	1	
G97	97#普通汽油	1	
P90	90#清洁汽油	1	
P93	93#清洁汽油	1	
P97	97#清洁汽油	1	
*			
JET	航煤	1	
*			
S20	溶剂油	1	
*			
D00	普通柴油 0#	1	
D+5	普通柴油 5#	1	
*			
F25	250#燃料油	1	
*			
EEN	石脑油	1	
EEO	其他乙烯原料	1	
PLG	液化气	1	
PGS	商品干气	1	

（2）BLNMIX 表

表格功能：建立调合组分与调合产品的对应关系，同时对比例调合产品进行比例设定。

行名规则：行名是参与调和的组分。

列名规则：列名是调和的最终产品。

注意事项：在行的位置输入 1 表示该组分参与质量调和，对于需要进行比例调和的产品，在行的位置以分数的形式输入比例，比例调和的分数加和必须等于 1.0。

BLNMIX 表举例见表 4-16。

表 4-16　BLNMIX 表样例

* TABLE	Blend mixture				
*					
*	调合组分组合				
*					
	TEXT	G90	G93	G97	P90
*		90 普通	93 普通	97 普通	90 清洁
FCN	一催化汽油	1	1	1	1
RFN	重整汽油	1	1	1	1
MTB	MTBE	1	1	1	1
TOP	拔头油				
MC5	混合碳五	1			1

(3) BLNSPEC 表

表格功能：对调合产品的各项性质指标进行约束限制。

行名规则：列名是需要进行质量调和的产品或在 GROUPS 表中定义过的群组名。

列名规则：行名是 3 个字符的性质标识，之前有 X(max)、N(min)或 P(report)等前缀。

注意事项：对于规定的性质一般假设采用线性调和，空白输入表示没有质量限制，非空白输入要求生成 Pqqq 报告，群组的质量调和要求对所有组分进行输入，除非在 WSPECS 中特别说明，一般是基于体积进行性质调和。

BLNSPEC 表举例见表 4-17。

表 4-17　BLNSPEC 表样例

* TABLE	Specifications			
*				
*	产品调合规格			
*				
	TEXT	G90	G93	G97
*		90 普通	93 普通	97 普通
XSUL	最大硫含量	0.1	0.1	0.1
* XRVP	最大蒸汽压(冬)	88	88	88
* XRVP2	最大蒸汽压(夏)	74	74	74
XRVI	最大蒸汽压指数(冬)	270	270	270
* XRVI2	最大蒸汽压指数(夏)	217	217	217
NRON	最小研究法辛烷值	90.2	93.2	97.2
NDON	最小抗爆指数	85.1	88.1	

(4) BLNPROP 表

表格功能：对调合组分的性质进行设定，同时给定某些静态物料性质。

行名规则：行名是 3 个字符的物流代码。

列名规则：列名是 3 个字符的性质代码。

注意事项：数据表将被附在模型树的分支 BLNPROP 上，包括静态的物流性质，空白输入表示零，基于重量的调和需要比重(相对密度)数据(SPG 或 API)。

BLNPROP 表举例见表 4-18。

表 4-18　BLNNAPH 表样例

* TABLE	BLNNAPH					
*						
*	调和组分性质					
*						
	TEXT	SPG	SUL	RON	DON	ARW
*		相对密度	硫	辛烷	抗爆	芳含
FCN	催化汽油	0.72	0.027	92	86	27
RFN	重整汽油	0.72	0.001	93	88	59
MTB	MTBE	0.73	0.001	115	110	0
MC5	混合 C5	0.68	0.001	90	85	0
WN1	直馏石脑油					5
*						
TOP	拔头油	0.7	0.001	45	50	0

5. 递归表(即 Recursion 表)

递归表主要用于指定：汇流产品的递归结构初始值；非线性关系宣告等。

递归表包括：PGUESS，初始猜测值表；NONLIN，非线性关系宣告表；CURVE，非线性曲线分割表。

(1) PGUESS 表

表格功能：给定汇流物料的性质初始值。

行名规则：行名必须与汇流列名相匹配。

列名规则：列名与 3 个字符的物性名相匹配。

注意事项：需要输入是递归物性的初始猜测值，当第一次进行矩阵生成时，该初始值插入到矩阵中子模型结构中必须有相应的+999，反之亦然。

PGUESS 表举例见表 4-19。

表 4-19　PGUESS 表样例

* TABLE	GUESS					
*						
*	初始猜测值工作表					
*						

续表

* TABLE	GUESS					
	TEXT	SPG	！API	SUL	N2A	RON
*	注释	相对密度	API	硫	芳潜	辛值
WN1	石脑油	999	999	999	999	999
NK1		999	999	999	999	999
NK2		999	999	999	999	999
NK3		999	999	999	999	999

（2）NONLIN 表

表格功能：用与解决自变量与因变量之间的非线性关系问题。

行名规则：行名与列名和矩阵的行、列名相匹配。

列名规则：行名是因变量名，列名为自变量名。行列交叉单元格输入所定义非线性关系的序号。

NONLIN 表举例见表 4-20。

表 4-20　NONLIN 表样例

* TABLE	NONLIN	
*	非线性关系宣告表	
	TEXT	SFCCBAS
*		催化装置
UBALKWH	电消耗，kW · h	1

（3）CURVE 表

表格功能：与 NOLIN 表同时出现，并且在 NOLIN 表出现时，本表必须出现。

行名规则：行名与列名由用户自己定义。

列名规则：行名与列名由用户自己定义。

注意事项：二个成对出现的一组行 XXXX 和 YXXX 代表一条曲线。递归过程将用插入法找到某二点之间的中间值。

CURVE 表举例见表 4-21。

表 4-21　CURVE 表样例

* TABLE	CURVE						
*							
*	非线性曲线分割表						
*							
	TEXT	1	2	3	4	5	6
*							
*							
XREF	进料量，万 t/d	0.3	0.32	0.34	0.36	0.38	0.4
YREF	电消耗，kW · h/t	68.33	68.34	68.35	68.36	68.37	68.38

6. 杂项表(即 Miscellaneous 表)

杂项表主要用于指定：测算方案设定；报告表设定；行控制结构和性质传递等。

杂项表包括：CASE，方案设定表；REPORT，报告设置表；ROWS，行控制表；PCALC，性质传递表。

(1) CASE 表

表格功能：用于对整个模型系统设置不同的运行方案。

注意事项：同时可以做多个运行方案，不是模型中必须的表格。

① Excel 表格中 A 列出现标志性输入“CASE+方案编号”，表明一个新方案的开始。方案编号要以从 1 开始的自然数顺序排列，中间不得有断点。同行中 B 列为方案注释，注释长度不得超过 36 个汉字或 72 个字母。

② 设定方案内容时，以 A 列中的“TABLE”为标志，表示一个要修改的表格的开始，B 列为要修改的表格名称。所要修改的表格的行名、列名和格式务必与模型中原表格完全对应，否则修改作用失效。

③ 方案设定工作表中只能修改模型中已有的数据，不能对模型中的项目进行增加或删除。

④ 接方案标志行的下一行的 A 列中，“MODIFIES+方案编号”表示该方案是在某一方案基础上的修改，其基础方案中不需修改的内容不用再次标明。使用这一功能的前提是基础方案号码要在此方案前曾经使用。

⑤ 方案设定工作表中可改的表格有：BUY、SELL、UTILBUY、UTILSEL、BLNSPEC、CAPS、Sxxx、BOUNDS、ROWS 等。

CASE 表举例见表 4-22。

表 4-22 CASE 表样例

CASE3	在 CASE2 基础上，外购沙特轻油 2 万 t			
MODIFIES2				
TABLE	BUY			
	TEXT	MIN	MAX	* * *
SAL	沙特轻	2	2	
CASE4	在 CASE2 基础上，外购沙特轻油 4 万 t			
MODIFIES2				
TABLE	BUY			
	TEXT	MIN	MAX	* * *
SAL	沙特轻	4	4	
CASE5	在 CASE2 基础上，外购沙特轻油 6 万 t			
MODIFIES2				
TABLE	BUY			
	TEXT	MIN	MAX	* * *
SAL	沙特轻	6	6	
CASE6	在 CASE2 基础上，外购沙特轻油 8 万 t			

(2) REPORT 表

表格功能：报告固定费用，抑制警告信息。

行名规则：由用户定义。

列名规则：PIMS 定义。

注意事项：不是模型中必须的表格

REPORT 表举例见表 4-23。

表 4-23　REPORT 表样例

* TABLE	REPORT			
*				
*	报告定义表			
*				
	TEXT	VAL	WK1	SUP
*				
GDF	固定费用(元)	4719500		
*				
*	报告文件：			
SDSUM	物料流向情况		1	
SDMAP	物流图		1	
BLMAP	调合表		1	

(3) ROW 表

表格功能：改变缺省的线性规划等式和不等式约定，通过定义新的行和列，在线性规划矩阵中附加新的模型结构。

行名规则：行名为矩阵的行名。

列名规则：所有列是任选的。PIMS 辨识下述列名字：TEXT，MIN，MAX，FIX，FREE。

注意事项：不是模型中必须的表格。

ROW 表举例见表 4-24。

表 4-24　ROW 表样例

* TABLE	ROWS				
*					
*	行控制表				
*					
	TEXT	FIX	ECR1TOT	ECR1SUL	ASELGSO
*					
WBALH2S		1			
WBALFCg		1			
WBALCKg		1			
WBALHFg		1			
*					
ECR1TOT			1		

续表

* TABLE	ROWS				
ECR1SUL				1	
GCR1SUL	原油硫含量控制		1.5	-1	

(4) PCALC 表

表格功能：建立两种物料间某种性质的比例关系。

行名规则：有物性传递的两种物料。

列名规则：物料性质。

注意事项：不是模型中必须的表格。

PCALC 表举例见表 4-25。

表 4-25　PCALC 表样例

* TABLE	PCALC						
*							
*	性质计算工作表						
*							
	TEXT	SPG	SUL	N2A	PAW	ARW	FRI
*		相对密度	硫	芳潜	PAW	芳含	冰指
*							
HKNCKN	加氢焦化石脑油	1	0.06	1	1		
HFDFXD	加氢催化柴油	1	0.1				
HDEDEF	加氢直馏柴油	1	0.1				

7. 周期表(即 Periodic 表)

周期表主要用于指定：模型的周期设定；物料库存的相关定义。

周期表包括 PERIODS、周期定义表、PINV、物料库存定义表。

(1) PERIODS 表

表格功能：多周期模型中模型周期的定义。

行名规则：行名只有一个字母长度，并且是顺序排列的数字或字母；

列名规则：PIMS 指定，LEN 等。

注意事项：不是模型中必须的表格。

PERIODS 表举例见表 4-26。

表 4-26　PERIODS 表样例

* TABLE	PERIODS		
*			
*	周期定义表		
*			
	TEXT	LEN	PVF
*			

续表

* TABLE	PERIODS		
1	一月份	31	1
2	二月份	28	1
3	三月份	31	1
4	四月份	30	1
5	五月份	31	1

(2) PINV 表

表格功能：多周期模型中物料库存的定义。

行名规则：物料名称。

列名规则：PIMS 指定，OPEN 等。

注意事项：MIN 代表罐底容量；MAX 代表最大物理容量，TARG 代表目标库存；PCOST 是达不到目标库存时的惩罚值；HCOST 代表库存运行费用；OPEN 代表期初库存；OCOST 代表期初物料成本；CPRICE 可输入返买回来的价格。不是模型中必须的表格。

PINV 表举例见表 4-27。

表 4-27　PINV 表样例

* TABLE	PINV						
*							
*	物料库存定义表						
*							
	TEXT	OPEN	OCOST	MIN	MAX	TARGb	HCOST	PCOST
*	原油							
DAQ	大庆原油	2		2	2			
BAC	白虎原油	0		0	0			
*	半成品							
VGO	蜡油	23		20	73	23		200
VR1	直馏重油	20		18	84	20		200

8. MPIMS 简介

MPIMS：Multi-plant PIMS，集成多个单厂模型，从而构成一个综合多资源、多厂、多个市场供应与分配于一体的系统。能使用户同时对原料的总量与子模型中的原料数量进行限定，从而实现对不同生产厂的资源分配进行优化。中间物流与产品可以在不同厂之间进行互供传递，并可同时对运输方式进行控制与优化，一个集成模型最多可以包括 100 个子模型，典型 MPIMS 模型结构如图 4-6 所示。

4.1.2.3　流程模拟软件

目前世界上通用的流程模拟软件有 Aspen Plus、Pro/II、Hysys、ChemCAD、UNISIM、VMG-SIM、ProSIM 和 Petro-SIM。前五种是美国公司的产品，VMG-SIM 是加拿大公司的产品，ProSIM 是法国公司的产品，Petro-SIM 是英国 KBC 公司的产品。

带炼油反应器模块的软件是 Aspen 公司的 Refsys(基于 Hysys 平台)和 KBC 公司的 Petro-

SIM。不仅能计算单装置，而且能计算全流程的软件目前只有 Petro-SIM。Petro-SIM 是结合了 Hysys 软件和炼油 Profimatics 动力学包开发出的软件。Profimatics 动力学包和 Hysys 软件的结合还有另一款软件，即 2000 年推出的 Hysys. Refinery。该软件推出不久后，因 Hsysy 软件被 Aspen Tech 公司并购，从而退出市场。

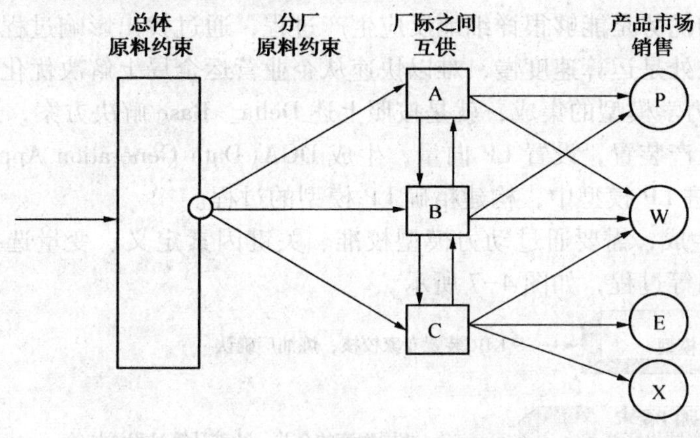

图 4-6　多炼厂 PIMS 模型

下面介绍 Aspen Plus 和 Petro-SIM(DGA)软件。

1. Aspen Plus

Aspen Plus 是大型通用流程模拟系统，源于美国能源部 20 世纪 70 年代后期在麻省理工学院(MIT)组织的会战，开发新型第三代流程模拟软件。该项目称为“过程工程的先进系统”(Advanced System for Process Engineering，简称 ASPEN)，并于 1981 年底完成。1982 年为了将其商品化，成立了 AspenTech 公司，并称之为 Aspen Plus。该软件经过 20 多年来不断地改进、扩充和提高，已先后推出了十多个版本，成为举世公认的标准大型流程模拟软件，应用案例数以百万计。全球各大化工、石化、炼油等过程工业制造企业及著名的工程公司都是 Aspen Plus 的用户。Aspen Plus 的主要特点包括：①产品具有完备的物性数据库；②产品线比较长，集成能力很强；③唯一将序贯(SM)模块和联立方程(EO)两种算法同时包含在一个模拟工具中。

2. Petro-SIM(DGA)

Petro-SIM 是由英国 KBC 公司开发的一款流程模拟软件，是一个多功能的图解式流程模拟模型。它将 KBC 专有的 Profimatics 技术和工业化证明成熟的工艺相结合，可更好地为炼油厂和石化厂建立模型，使炼油厂和石化厂利润达到最大化。它能优化生产装置，使利润、产率(或加工量)达到最大化，同时兼顾到装置实际设备的极限能力和装置操作的约束条件。Petro-SIM 的主要特点包括：①基于 Hysys 平台，操作灵活方便；②带有完整的炼油反应器模型和产品调合模型，应用多年，结果可靠性强，各装置模型能互相集成，用以建立复杂、精确的桌面炼厂模型；③可以模拟减压炉结焦曲线、焦化和减黏加热炉炉管侧流体力学参数及温度和压力分布，可以模拟乙烯裂解炉；④带有功能完善的原油合成功能；⑤带有 DGA 模块，可以生成 PIMS 专业的 LP 模型数据；⑥用户接口支持，催化裂化 MIP、FDFCC 等专有技术可以二次开发、嵌入使用。

Petro-SIM 是一个多功能的图解式流程模拟模型，以装置为单元，将物料流经的每个设备的结构尺寸、操作条件及关键因子，每个步骤的物料流量、组成及性质等通过严格的动力学模拟。其物料平衡、质量平衡与热量平衡等方面都与装置的实际生产状况有良好的吻合程度，从而可以在充分考虑设备极限能力和装置操作的约束情况下，预测不同的原料和不同的操作条件对设备的影响程度、对产品产率分布以及产品物性变化的影响程度等，是当前国内外应用较为广泛的动力学模型。

动力学模型的优势是能够很详细地反应生产过程，通过找出影响过程的关键因素并描述影响程度。不足之处是运算速度慢，难以快速从企业营运全局上解决优化问题。

LP 模型与动力学模型的集成，就是按照上述 Delta_ Base 解决方案，通过 Petro_ SIM 模型，对于不同的生产装置，设置 LP 向量，生成 DGA(Data Generation Applications)数据，再将 DGA 数据嵌联进 LP 模型中，构建精确 LP 模型的过程。

DGA 数据的生成，需要通过动力模型校准、关键因素定义、变量选择、矩阵生成、模块制做、结果输出等过程，如图 4-7 所示。

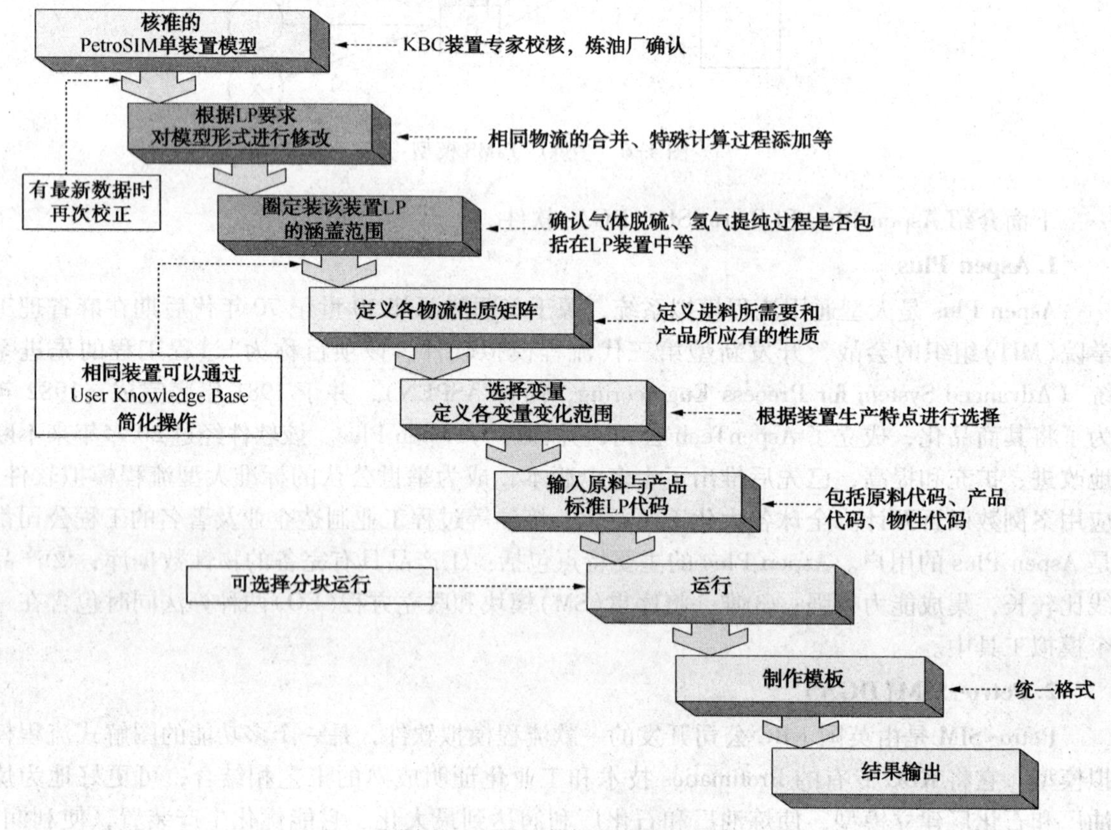

图 4-7　DGA 数据生成过程图

根据装置生产特点、装置上下游物料关系、LP 模型结构要求以及流程优化的需要等，分别生成炼油厂 5 类做表装置——蒸馏、重整、催化裂化、加氢裂化和焦化。将其 DGA 数据提供给 LP 模型。

在 DGA 数据的生成过程中，由于不同生产装置，其加工的原料不同、生产原理不同，关键影响因素也不相同。为了能更详细说明 DGA 数据所考虑的因素，下面列出蒸馏、重整与焦化装置在 DGA 生成时所考虑的关键因素，其他装置因篇幅限定不再展示。

对于一次加工装置，蒸馏装置所考虑的关键因素见表 4-28。在生产限定方面，受设计材质限定对原油的硫含量与酸值作最高约束。在石脑油性质方面，根据其 4 个可能的流向——直接调合汽油、作乙烯裂解原料、作重整汽油生产原料以及作芳烃生产原料，确定了27个性质；在煤柴油生产方面，根据产品质量标准要求，确定了12个性质；在蜡油性质方面，根据下游可以作催化和加氢裂化原料，确定了13个性质；在渣油性质方面，根据下游可能作催化和焦化原料，确定了13个性质。

表4-28　蒸馏装置所考虑的物流性质与操作参数

生产限定	产品性质要求				
	石脑油	煤油	柴油	蜡油	渣油
	馏程	馏程	馏程	馏程	馏程
硫含量	收率	收率	收率	收率	收率
酸值	相对密度	相对密度	相对密度	相对密度	相对密度
	硫含量	硫含量	硫含量	硫含量	硫含量
	RON，MON，DON	芳烃	芳烃	残碳	残碳
	BMCI	闪点	链烷	碱氮	碱氮
	蒸汽压	冰点	环烷	总氮	总氮
	C_6芳烃，C_6链烷烃，C_6环烷烃，	烟点	倾点	镍	镍
	C_7芳烃，C_7链烷烃，C_7环烷烃，	倾点	凝固点	钒	钒
	C_8芳烃，C_8链烷烃，C_8环烷烃，	凝固点	十六烷值	平均沸点	平均沸点
	C_9芳烃，C_9链烷烃，C_9环烷烃，	十六烷值	BMCI	K值	K值
	C_{10}芳烃，C_{10}链烷烃，C_{10}环烷烃，	黏度20℃	黏度20℃	黏度50℃	黏度50℃
	C_{11}芳烃，C_{11}链烷烃，C_{11}环烷烃			黏度100℃	黏度100℃

对于二次加工装置，重整装置所考虑的关键因素见表4-29。操作条件主要是苛刻度，原料性质方面考虑不同碳原子数的不同烃类共18个因素，产品对6种不同产品按使用要求确定了45个性质。焦化装置所考虑的关键因素见表4-30，生产限定考虑3个因素，操作条件考虑2个因素，原料性质考虑4个因素，产品考虑39个因素。

表4-29　重整装置所考虑的物流性质与操作参数

生产限定	自变量	
	操作条件	原料性质
生产苛刻度范围	生产苛刻度	族组成： C_6芳烃，　C_6链烷烃，　C_6环烷烃， C_7芳烃，　C_7链烷烃，　C_7环烷烃， C_8芳烃，　C_8链烷烃，　C_8环烷烃， C_9芳烃，　C_9链烷烃，　C_9环烷烃， C_{10}芳烃，　C_{10}链烷烃，　C_{10}环烷烃， C_{11}芳烃，　C_{11}链烷烃，　C_{11}环烷烃

因变量					
氢气	干气	液化气	戊烷	轻汽油	重汽油
收率 氢含量	收率 氢气% 甲烷% 乙烷% 乙烯% 丙烷% 丙烯%	收率 乙烷% 丙烷% 丙烯% 丁烷% 异丁烷% 1-丁烯% 异丁烯%	收率 相对密度 硫含量 RON DON 蒸汽压 芳烃 苯 烯烃	收率 相对密度 硫含量 RON DON 蒸汽压 芳烃 苯 烯烃	收率 相对密度 硫含量 RON DON 蒸汽压 芳烃 苯 烯烃

表 4-30 焦化装置所考虑的物流性质与操作参数

生产限定	自变量		因变量				
	操作条件	原料性质	干气	液化气	汽油	柴油	蜡油
转化率范围 原料氮含量 金属含量	转化率 柴尾油切割点	相对密度 平均沸点 硫含量 氮含量	收率 氢气% 甲烷% 乙烷% 乙烯% 丙烷% 丙烯%	收率 乙烷% 丙烷% 丙烯% 丁烷% 异丁烷% 1-丁烯% 异丁烯%	收率 相对密度 硫含量 RON DON 蒸汽压 芳烃 苯 烯烃	收率 相对密度 硫含量 十六烷值 倾点 芳烃 黏度 20℃	收率 相对密度 硫含量 残碳 总氮 平均沸点 黏度 50℃ 黏度 100℃

4.1.2.4 DPO 油品分销软件

DPO 是 Distribution Planning Optimization 的缩写，即分销计划优化系统，是由 AspenTech 公司开发的用以优化解决多品种、多周期运输问题的线性优化软件。DPO 软件以利润最大化、运输成本最小化为目标，运用运筹学的原理，通过建立线性规划数学模型，在尽可能满足实际运输的情况下，实现运输成本最小化、利润最大化的目标。DPO 软件目前广泛应用于供应链运输层面的线性及非线性经济优化。

4.1.2.5 DPO 模型的输入与输出

DPO 建模方式以 Excel 为主，输入格式是电子表格及数据库(Acess 或 SQL Server)，输出格式是文本格式、电子表格、HTML 格式以及地图格式等多种形式。

4.1.2.6 DPO 模型功能

1. 对资源的全口径优化分配

模型的资源优化范围涵盖了省市公司、区外公司、联营单位、专项部门、调控用户和出口等全部计划类型，将全部资源纳入了优化的范围，能够编制出分炼厂、分用户、分油库、分发到站、分品种牌号和分运输等方式，含计划运杂费的运输计划，极大地提高了物流计划管理的细致程度。

2. 混合整数功能，有效提高计划的可能性

混合整数功能的开发与应用，实现了按整车、整船运输以编制运输计划，特别是部分区域的炼厂水运出厂计划细分到了分船型安排，实现了“一航一价、一船一价”，更便于大区、省市、炼厂运销部门和用户请车、租船等调度执行。

3. 多周期功能，合理优化安排库存

多周期功能可优化选择涨库或降库的地点和时间，使集团公司统筹利用库存资源调节供需不平衡的矛盾、缓解运输压力成为可能。

4. 优化资源要货，量化测算效益

为了努力实现销售企业和生产企业的“双赢”，优化要货功能的开发与实现，再利用DPO模型进行情景模拟和多种分配方案的比较，对一次物流网络中存在的每一种可能的供应与运输的组合进行经济效益定量评估。

5. 图形化展示储运设施和流向

模型图形化功能可使模型计算结果输出的成品油流向示意图显示更加直观、准确。

除了上述五种主要功能，为了满足其他业务需求和特点的要求，还开发了多重能力约束、分舱拼船、分途卸载、运输路径优化、运输时间控制、价格和成本控制、多因素控制、品种转置、流向控制、变量传递及关联、资源缺口控制(优化外采)等功能模块。

4.1.2.7 DPO模型的核心技术

DPO软件是基于LP线性规划的数学模型，应用于供应链过程中产供销的计划优化中，通过计算机语言、先进的LP线性规划求解器完成目标函数的求解过程，得出最终的优化结果。

DPO软件允许用户根据不同需求构建和比对基于效益最大化、运输成本最低化、总操作费用最小化、总成本最低化为最终目标函数。

具体数学过程与PIMS类似，这里不再赘述。

4.1.2.8 DPO运行的工作流程

① 各销售企业上报一次到达油库的成品油需求量，由油品销售事业部使用一次物流优化模型和DPO软件，对分炼厂、分品种的资源需求进行优化计算，并将优化结果作为边界条件提供给总部PIMS、炼油MPIMS等优化系统。由总部结合DPO计算的资源需求，综合其他因素再次择优后确定分企业、分品种的资源。

② 各销售企业根据油品销售事业部给定的分用户、分品种的供应计划对分油库的需求量进行调整，由油品销售事业部和大区公司对销售企业调整后的分油库需求进行平衡和调整后，和总部确定的分企业、分品种的资源量一并送入一次物流优化模型，共同使用DPO软件，对分油库、分炼厂、分品种的配置和运输计划进行优化安排后，确定、下达集团公司月度、季度年度成品油配置和运输计划。

图4-8是DPO模型运行工作流程示意图。

4.1.2.9 DPO模型与周边系统关系

利用周边数据库系统将成品油二次物流优化系统中获得的数据汇总成为一次到达油库的销售历史数据，通过DM/CF需求预测系统将这些销售历史数据分油库、分品种地对需求和库存进行预测，并将预测后的数据传输到DPO模型中。

通过DPO优化模型，来优化资源要货，为炼厂资源的合理布局和生产优化提供市场方面的参考。

DPO优化模型将MPIMS模型优化出的资源，通过路径优化等手段，将资源精确分配到一次到达油库。由二次物流系统将一次到达油库的成品油资源优化分配到加油站和终端用户。至此，形成了成品油物流的整体优化。

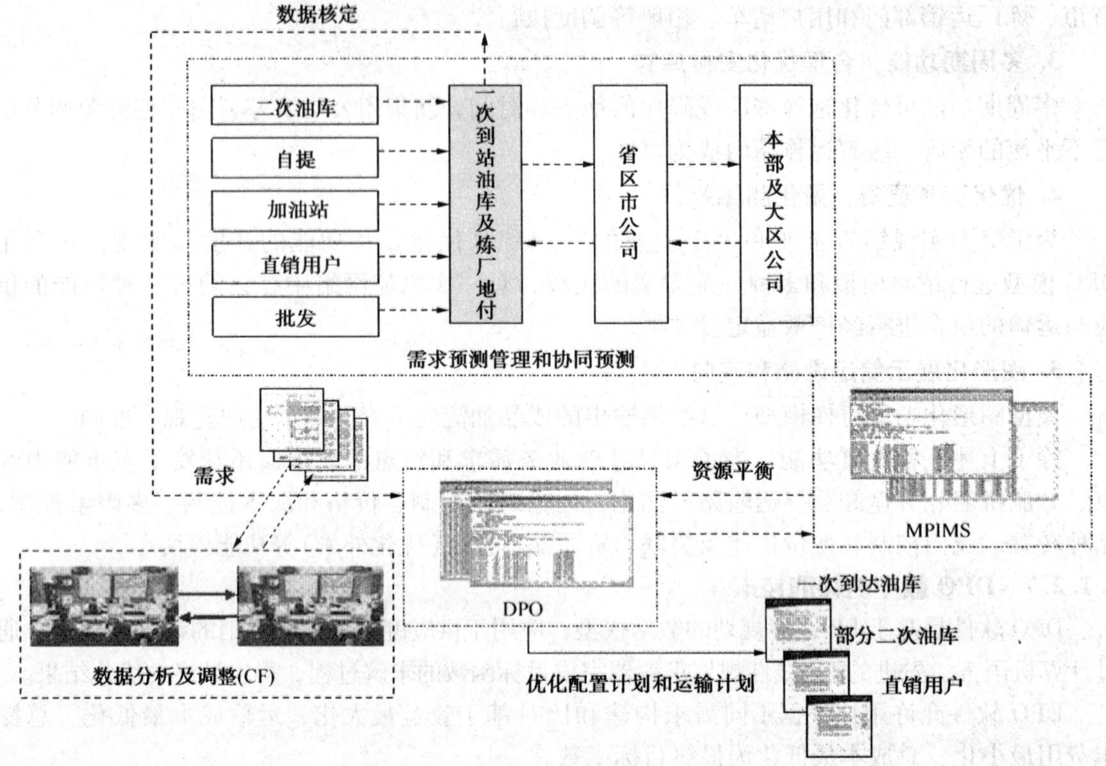

图 4-8 DPO 模型运行工作流程示意图

DPO 模型和周边支持系统的实施帮助中国石化销售系统建立了高效的需求拉动式成品油一次物流主动配送机制。DPO 模型与周边系统软件关系如图 4-9 所示。

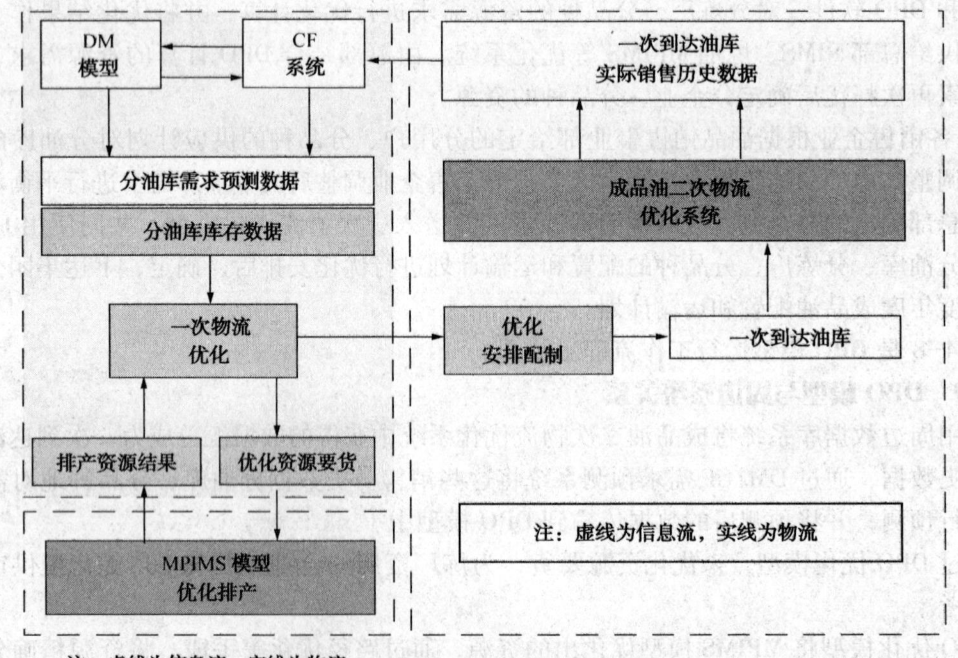

图 4-9 DPO 模型与周边系统软件关系

4.1.2.10 DPO 模型主要表格

DPO 模型基础数据是由一系列的电子表格组成，按照其功能大致可划分为主表(Master Tables)、细节表(Detail Tables)、能力限制表(Capacity Tables)和辅助表(Supplymental Tables)。

1. Master Tables

主要用于指定站点、区域及群组、物料及群组、运输方式、方案以及周期等信息。主要包括 Notes 表，Region 和 RegionMember 表，Materials 表、MaterialGroup 和 MaterialMember 表，Modes 表，Case 表和 Period 表等。样例分别见表 4-31～表 4-37。

(1) Notes 表

表 4-31　Notes 表样例

Node	Description	Region	Longitude	Latitude
站点代码	站点描述	区域代码	经度	纬度
北京市				
1BJ_ CXD	长辛店油库	BEJ	116	39.56
1BJ_ GLZ	高立庄油库	BEJ	116.17	39.6
1BJ_ HC	黄村油库	BEJ	116.2	39.52
1BJ_ KZ	康庄油库	BEJ	115.9	40.23
……	……	……	……	……

(2) Region 和 RegionMembe 表

表 4-32　Region 表样例

Region	Description	Case	Disable	Comment
区域代码	描述	方案	注销	备注
BEJ	北京分公司			
TIJ	天津分公司			
HEB	河北分公司			
SHX	山西分公司			

表 4-33　RegionMember 表样例

Region	Node	Case	Disable	Comment
区域代码	站点代码	方案	注销	备注
HBLC	ys			燕山石化
HBLC	tj			天津石化
HBSS	1BJ_ CXD			
HDSS	2SH_ GQ			

(3) Materials、MaterialGroup 和 MaterialMember 表

表 4-34 Materials 表样例

Material	Description	Units	Case	Disable	Comment
物料代码	描述	单位	方案	注销	备注
G75	75#航汽	t			
G90	清洁汽油 RON90	t			
G92	清洁汽油 RON92	t			
G93	清洁汽油 RON93	t			
G95	清洁汽油 RON95	t			
G97	清洁汽油 RON97	t			
G98	清洁汽油 RON98	t			
D-35	普通柴油-35#	t			
D-20	普通柴油-20#	t			
D-10	普通柴油-10#	t			
D00	普通柴油 0#	t			

表 4-35 MaterialGroup 表样例

MaterialGroup	Description	Case	Disable	Comment
物料群组代码	描述	方案	注销	备注
GSO	普通汽油品种合计			
DSL	普通柴油品种合计			
KERO	煤油品种合计			

表 4-36 MaterialMember 表样例

MaterialGroup	Material	Case	Disable	Comment
物料群组代码	物料代码	方案	注销	备注
GSO	G90			
GSO	G93			
DSL	D-10			
DSL	D00			
KERO	DK3			
KERO	DL1			

（4）Modes 表

表 4-37 Modes 表样例

Mode	Description	Rate	Case	Disable	Comment
运输方式代码	描述	比率	方案	注销	备注
SHP	船运				
RAL	铁路				
TRK	公路				
PIP	管线				

续表

Mode	Description	Rate	Case	Disable	Comment
运输方式代码	描述	比率	方案	注销	备注
SHPL1K	船运（1000t 以下）				
SHPL15	船运（1500t 以下）				
SHPL25	船运（1500~2500t）				
SHPL32	船运（2500~3200t）				
SHPL10K	船运（3200~10000t）				
SHPL20K	船运（10000~20000t）				
SHPU20K	船运（20000t 以上）				

2. Detail Tables

主要用于指定库存、供应、需求、运输通道、交换等信息。主要包括 Inventory 表、Supply 表、Demand 表以及 Transport 表等。样例分别见表 4-38~表 4-41。

（1）Inventory 表

表 4-38　Inventory 表样例

Material	Node	Period	Open	Target	Safety	Cost	Case
物料代码	站点代码	周期	初始库容	目标库容	安全库容	库容成本	方案
G90	1BJ_ CXD	A					
G93	1BJ_ CXD	A					
G97	1BJ_ CXD	A					
D-35	1BJ_ CXD	A					
D-20	1BJ_ CXD	A					
D-10	1BJ_ CXD	A					
D00	1BJ_ CXD	A					
D10	1BJ_ CXD	A					
D5	1BJ_ CXD	A					
DL1	1BJ_ CXD	A					

（2）Supply 表

表 4-39　Supply 表样例

Material	Node	Min	Max	Cost	Capacity	CapFactor	MipType	MipFactor	Period
物料代码	站点代码			成本	能力限制	能力因子	MIP 类型	MIP 因子	周期
D00	ys		131000	0			Lotsize	100	A
D-35	ys		11000	0			Lotsize	100	A
DK3	ys		5000	0			Lotsize	100	A
E00	ys		10000	0			Lotsize	100	A
E90	ys		5000	0			Lotsize	100	A
E93	ys		80000	0			Lotsize	100	A
E97	ys		20000	0			Lotsize	100	A

(3) Demand 表

表 4-40 Demand 表样例

Material	Node	Period	Min	Max	Price	Capacity	CapFactor	MipType
物料代码	站点代码	周期			价格	能力限制	能力因子	MIP 类型
D00	1BJ_ CXD	A	4000	4000	0			
E00	1BJ_ CXD	A	3000	3000	0			
U-10	1BJ_ CXD	A	4000	4000	0			
D-20	1BJ_ CXD	A	5000	5000	0			

(4) Transport 表

表 4-41 Transport 表样

From	To	Mode	Material	Cost	MipType	MipFactor	Min	Max	Capacity
		运输方式		运输成本					限制
cz	1BJ_ CXD	RAL	GSO	54.0	Lotsize	50		500000	
cz	1BJ_ CXD	RAL	DSL	48.0	Lotsize	50		500000	
cz	1BJ_ CXD	RAL	KERO	48.0	Lotsize	50		500000	

3. Capacity Tables

能力限制表主要用于描述限制库存、供应、需求、运输等信息。样例见表 4-42。

表 4-42 CapacityRows 表样

Capacity	Node	Min	Max	Comment	Period	Case
能力限制	站点代码			注释	周期	方案
ys_ GSO_ DB	span	2000	500000	燕山调东北汽油限制	A	
ys_ SX	span	10000	500000	燕山调山西下限	A	
tj_ RAL	span	0	190000	天津铁路出厂限制	A	
tj_ SX	span	0	30000	天津调山西限制	A	
tj_ SHD_ SHP	span	0	20000	天津下海调山东限制	A	
cz_ DB	span	0	33000	沧州调东北限制	A	
cz_ BJ	span	0	35000	沧州发北京铁路限制	A	
cz_ LY	span	0	20000	沧州发龙禹铁路限制	A	
cz_ SX	span	0	20000	沧州调山西限制	A	
sjz_ BJ	span	0	20000	石家庄发北京铁路限制	A	
ly_ sx_ RAL	span	0	70000	洛炼发山西铁路限制	A	
ly_ CY	span	0	32000	洛阳铁路出厂进川限制	A	
sjz_ sx_ RAL	span	0	60000	石家庄发山西铁路限制	A	
ys_ bj	span	0	500000	燕山到北京运输限制	A	

4.2 油田优化

4.2.1 勘探工作优化

4.2.1.1 勘探工作部署优化

油气勘探是一项高投入、高风险并且高回报的项目，其特点是投资和技术密集型。因此，油气勘探项目的优化部署是勘探取得成功的关键。经过多年的实践，建立了一套科学决策和管理油气勘探项目的标准和程序，并坚持勘探项目集中优选，使油气资源配置最优化。

1. 战略优化，油气勘探项目总体规划

油气勘探项目总体规划，是根据石油工业中长期发展计划和中国石化集团总公司下达的油气勘探和生产建设任务制定的。勘探项目总体规划，对年度计划的制定和组织实施具有指导意义，也是提出项目建议的重要依据。因此，加强规划工作，对于石油勘探开发项目的立项决策，具有重要意义。

2. 项目优选，编制项目建议书

项目建议书是根据矿产资源条件和油气勘探项目总体规划，经初步可行性研究后编制的，是一个建议性文件。主要包括：项目的必要性和依据，项目的总体设计，项目的资源情况、实施条件、协作关系、资金估算、资金筹措方案以及经济和社会效益的初步测评等。

3. 方案优化，进行项目可行性研究

项目建议书批准后，即要正式进行该项目的可行性研究。这是项目立项决策中不可缺少的一项重要工作。方案优化，必须安排足够的调研时间，从地质、工程技术和经济等方面，对项目进行全面的分析和论证，并通过多方案比较，提出评价意见，使项目立项决策有充分的科学依据。

4.2.1.2 方案设计优化

油气勘探项目一般由地质调查项目、化探工程项目、重力勘探工程项目、磁力勘探工程项目、地震勘探工程项目、钻探工程项目以及试采工程项目等单项工程项目组成。其中钻井工程项目和试采工程项目又由一系列分部工程及分项工程构成。方案设计优化包括项目总体优化和各单项工程优化。

1. 优化项目初步设计

项目设计任务书批准后，何时列入年度计划，尚需根据该项目初步设计和概算的审批情况来决定。因此，编制项目初步设计是项目运行过程中的重要一环，对搞好项目管理具有重要意义。

2. 优化项目人员组成

项目初步设计和概算一经批准，该项目列入年度计划后，就要按项目管理的要求选定项目经理、建立项目管理组。对一些较大型项目，在编制设计任务书或初步设计阶段，即可选定项目经理、建立项目管理组，使项目经理和项目管理组成员，能够参与项目设计任务书或初步设计的编制，并以协议或任务书的形式，确定项目建设单位与项目经理及项目管理组的责、权、利关系，由项目经理及项目管理组对项目运行过程进行管理。

3. 优化施工图设计和预算

施工图设计是根据初步设计，将项目实施的设计方案进一步具体化、形象化。它是施工作业的依据，应全面贯彻初步设计的内容和要求，其详细程度应满足施工作业的需要。在项目施工图设计中，要包含项目预算，预算是安排和控制项目投资的依据。

4.2.1.3 施工过程优化

项目经理和项目管理组在这一阶段的管理中发挥主导作用，要对项目实施的有效运行和项目目标的实现负全面责任。施工过程的优化包括施工进度优化控制、投资和工程成本优化控制、质量优化控制等工作。其中，施工进度优化控制通常采用网络技术、条线图和进度安排表等方法进行控制；投资优化控制是通过工程的初步设计概算、施工预算、竣工决策的控制来实施的；成本优化控制常用制度控制、定额控制、图表控制、拨款控制等方法进行；质量优化控制包括设计质量，材料、设备和施工质量，资料处理解释质量和成果报告质量等方面的控制。

4.2.1.4 项目调整与变更

油气资源的隐蔽性，导致油气勘探项目的风险性。当项目实施过程中出现与最初设想不一致的情况时，即与立项时的预想发生较大变化或出现其他重大事件时，就必须通过科学再论证，提出调整意见，经过审批后予以调整。调整后的项目是安排和调整年度计划的依据。进行项目调整的目的，就是力争以尽可能少的资源投入获得尽可能多的油气储量，提高投资效益。

4.2.2 开发工作优化

4.2.2.1 油藏评价工作的优化

含油构造或圈闭经预探提交控制储量(或有重大发现)，并经初步分析认为具有开采价值后，进入油藏评价阶段。油藏评价阶段的主要任务包括以下三方面：①编制油藏评价部署方案；②进行油藏技术经济评价；③对于具有经济开发价值的油藏，提交探明储量，编制油田开发方案。

1. 优化评价项目

油藏评价项目的立项依据是油藏评价部署方案，要按照评价项目的资源吸引力、落实程度、开发价值等因素进行优选排序，达不到标准的项目不能编制油藏评价部署方案，没有编制油藏评价部署方案的项目不能立项。

2. 优化评价内容

不同类型油藏，评价方案的主要内容应有不同的侧重点。要根据油藏地质特征论述油藏评价部署的依据，提出油藏评价部署解决的主要问题、评价工作量及工作进度、评价投资和预期评价成果。

3. 优化资料录取工作量

为了满足申报探明储量和编制开发方案的需要，应提出油藏评价工作录取资料和工作量要求，其主要内容包括：地震、评价井、取心、录井、测井、试油、试采、试井、室内实验和矿场先导试验等。投资核算要做到细化、准确、合理，预期评价成果要明确。

4. 优化实施程序

油藏评价部署要遵循整体部署、分批实施、及时调整的原则。

对于不具备整体探明条件但地下或地面又相互联系的油田或区块群，例如复杂断块油藏、复杂岩性油藏以及其他类型隐蔽油气藏，应首先编制总体油藏评价部署方案，指导分区块油田的油藏评价部署方案的编制。

在油藏评价部署方案实施过程中，要严格执行运行安排，分步实施，滚动评价。对通过技术经济评价确认有开发价值的项目要加快评价速度、加大评价工作力度。及时终止没有开发价值的项目，并编制油藏终止评价报告。

4.2.2.2 开发方案的优化

油田开发方案是指导油田开发的重要技术文件，是油田开发建设的依据，油田投入开发必须有正式批准的油田开发方案，其编制原则是确保油田开发取得好的经济效益和较高的采收率。

1. 油藏工程方案优化

油藏工程方案优化的主要内容应包括开发方式优化、开发层系优化、开发井网优化、生产能力优化和整体优化等。

（1）开发方式优化

油藏工程设计要认真分析油藏天然驱动方式和驱动能量大小，论证利用天然能量开发的可行性；需要人工补充能量的油藏，要论证补充能量的方式和时机，并认真分析气驱、水驱、稠油热采或蒸汽驱等开采方式的可行性，进行技术经济指标的对比，确定经济有效的开发方式。具体要求是：

① 大中型中高渗透率砂岩油藏，要适时注水（注气），保持能量开采，原则上油藏地层压力不低于饱和压力。

② 低渗透砂岩油藏，应保持较高的压力水平开采，建立较大的注采压差。对特低渗透油藏要研究油藏裂缝系统、地应力分布，建立有效驱动体系，对于低压油藏要开展超前注水工作。

③ 气顶油藏，应考虑油气同采或保护气顶的开采方式，采取严格措施防止油气互窜，避免造成资源损失。

④ 边底水能量充足的油藏，应尽量利用天然能量开采，研究合理的采油速度和生产压差，制定切实可行的措施防止底水锥进和边水舌进。

⑤ 裂缝型油藏，应研究裂缝发育及地应力分布。需要实施人工注水的油藏，要研究注采井排列方向与裂缝方位的合理匹配关系，确定合理的注水强度，防止水窜。

⑥ 砾岩油藏，应采用较大的注采井数比，通过试验，确定合理的注采强度。

⑦ 高凝油、高含蜡及析蜡温度高的油藏，采用注水开发时，必须注意保持油层温度和井筒温度，采油井要注意控制井底压力，防止井底附近大量脱气，并在井筒采取防蜡、降凝措施。

⑧ 碳酸盐岩及变质岩、火成岩油藏，要确定合理采油速度，控制底水锥进，以获得最大水驱波及体积为目的。

⑨ 稠油油藏，地面脱气原油黏度（在油层温度下）大于100mPa·s的油藏，在技术经济条件允许的情况下，可采用热力开采；黏度小于100mPa·s的油藏，通常选择常规注水开发。

（2）开发层系优化

要根据油层厚度、渗透率级差、油气水性质、井段长度、隔层条件、储量大小等划分开发层系。

（3）开发井网优化

① 根据储层沉积特征和发育规模，所设计的开发井网要具有较高的水驱储量控制程度；

② 要充分考虑储层砂体形状及断层发育状况、断块大小及形态、裂缝发育情况等，确定井网几何形态、注采井排方向和井排距；

③ 积极采用新技术，如水平井、特殊结构井技术等；

④ 井网部署要有利于后期调整。

(4) 生产能力优化

油田生产能力指方案设计井全面投产后，在既定生产条件下的稳定年产量。具体要求是：

① 要充分考虑储层物性和流体性质对产能的影响，分析储层物性(特别是渗透率、饱和度、空隙度)、流体物理性质(特别是地面、地下原油黏度)及稠油、高凝油的流变性等；挥发油和凝析气应做相图分析。

② 依据测试、试油、试井、试采、先导性矿场试验等资料，确定在人工补充能量方式下的分层系和单井产能。

③ 依据先导性矿场试验及室内实验资料，研究确定各类油层吸水(气、汽)能力。

(5) 整体优化

油藏工程方案中应进行多个方案设计，各方案必须在开发方式、层系组合、井网井距等重大部署方面有各自的显著特点，结果有较大差别，并与钻采工程、地面工程设计相结合进行整体优化，确保推荐方案技术经济指标的先进性。

2. 钻井工程方案优化

钻井工程方案的编制与实施应依据油气田开发的要求，结合油藏工程、采油工程及地面建设的需要，充分利用水平井、老井侧钻等先进适用技术，通过多方案对比优化，使方案先进适用、经济可行，保证油气田高水平开发。

钻井工程方案优化的内容包括井型与钻井方式优化，井身结构优化，钻井液体系及配方优化等。

(1) 井型与钻井方式优化

钻井设计应强化钻井新工艺、新技术的应用。开发井钻井设计应结合油气藏特征优选水平井、分支井等钻井方式，保证钻井质量，提高油气井产量，满足油气田高效开发的要求。

稠油热采井开发钻井工程方案编制还应满足不同热采方式的要求，采用预应力固井方式，应使水泥返至地面，预应力设计应考虑温度、压力和注入量等因素。

编制低压储层、裂缝性储层和水敏性储层钻井工程方案时，在地质条件允许的情况下，应尽量采用欠平衡钻井的钻井方式。

(2) 井身结构优化

井身结构优化设计应执行以下原则：

① 满足井控要求，浅气层应用套管封住；

② 表层套管应有效保护地表水源；

③ 在地下矿产采掘区钻井，井筒与采掘坑道、矿井通道之间的距离不小于100m，套管下深应封住开采层并超过开采段 100m；

④ 要能有效保护储层；

⑤ 同一裸眼井段尽量避免不同的压力系统，防止出现复杂情况发生事故；

⑥ 深井、超深井、复杂井以及地层压力不清的井，设计套管时要留出一层安置备用套管的空间；

⑦ 高压气井和含有害气体(硫化氢、二氧化碳等)的油层套管、有害气体含量高的技术套管，其材质和螺纹应符合相应的技术要求。

(3) 钻井液、水泥浆密度优化

开展地层孔隙压力、坍塌压力、破裂压力(或漏失压力)预测基础研究，实现钻井液、水泥浆密度的优化设计。

3. 采油工程方案优化

采油工程方案需要采用先进实用、安全可靠、经济可行的技术，保证油田高水平、高效益开发。

(1) 储层保护技术优化

进行储层敏感性研究实验，分析储层伤害的潜在因素，筛选与储层配伍的入井流体，优化储层保护措施。

(2) 完井方式优化

包括完井方式、油管柱结构、生产套管尺寸、射孔工艺和参数、防腐措施、防砂等设计优化；对生产套管强度、固井水泥返高及质量、井口装置安排等提出技术要求。

(3) 采油方式及参数优化

采用节点分析和人工举升动态模拟技术，预测不同含水、不同产液指数、不同压力条件下自喷以及各种人工举升方式所能达到的最大合理产液量，综合考虑油田配产以及经济、管理、生产条件等各种因素，确定各个开采阶段的采油方式，并优化生产参数。

(4) 注入工艺和参数优化

进行试注工艺设计，通过试注，搞清楚储层吸入能力和启动压力，根据油藏工程要求，优化注入工艺管柱，计算确定不同开发阶段、不同注入量条件下的井口注入压力，遵循有利于保护储层和经济可行的原则，研究确定注入介质的指标。

(5) 增产增注措施优化

研究储层增产增注的必要性及可行性，筛选主体增产增注工艺以及相应的关键技术参数。

4. 地面工程方案优化

地面工程方案设计必须以经济效益为中心，以油藏工程方案为依据，应用先进适用的配套技术，按照高效、低耗、安全、环保的原则，对新油田地面工程及系统配套工程建设进行多方案的技术经济比选及综合优化。地面工程方案优化要注意确定合理的建设规模，以提高地面工程建设的投资效益。

地面工程方案优化的主要内容：地面工程建设规模和总体布局；地面工程建设工艺方案；总图运输和建筑结构方案；防腐工程、防垢工程、生产维修；主要设备选型及工程用量；地面工程总占地面积、总建筑面积等。

油田地面工程方案优化的基本原则：

① 整装油田在油田产能建设完成后，达到产能规模后 6 年之内地面工程建设规模的生产负荷率不应低于 75%；

② 整装油田油气集输密闭率一般要达到 95% 以上，新油田集输系统的原油损耗率要达到 0.5%以下；

③ 整装油田集输耗气一般应低于 $13m^3/t$，稠油集输耗气一般宜低于 $55m^3/t$；

④ 整装油田伴生气处理率应达到 85% 以上，边远、零散井应尽可能回收利用伴生气；

⑤ 出矿原油含水率应达到0.5%以下；

⑥ 整装油田采出水(含油污水)处理率应达到100%，处理后水质要达到标准要求；

⑦ 一般整装油田生产耗电应低于135kW·h/t，稠油生产耗电应低于210kW·h/t；

⑧ 整装油田加热炉运行效率应大于85%，输油泵效率应大于75%，活塞式注水泵效率应大于85%，离心式注水泵效率应大于70%；

⑨ 土地面积的有效利用率应大于70%。

5. 油田开发方案的优选

油田开发方案的优选要以油藏工程方案为基础，结合钻井工程方案、采油工程方案、地面工程方案配套形成2~3个方案，进行投资估算与经济评价。方案比选的主要指标为净现值，也可采用多指标综合比选。

4.2.2.3 产能建设过程中的跟踪与调整

油田产能建设阶段，油藏工程方案实施与跟踪的主要工作是进行跟井对比，补充录取资料，完善地质模型，及时调整开发方案部署，调整注采井别，编制射孔方案，按方案实施要求进行投产。

在钻开发井跟踪分析中，要根据地质研究发现的构造变化、储层分布异常或油气水分布变化等新情况，及时提出补充录取资料的要求、钻井次序的调整建议。补充录取资料应纳入产能建设计划。

钻遇油层与原地质模型局部有较大变化时，应及时对原方案设计进行局部调整；有重大变化时，应终止原方案实施，提出新方案，并按原方案的审批程序进行审批。

射孔方案编制应保证注采关系完善，充分考虑开发层系顶底界控制、避射层段、气顶、边底水的控制、隔层处理等。并依据储层特征，提出对射孔工艺的基本要求。

根据油田开发方案要求和实施情况，制定详细的生产井和注入井投产程序和实施要求。主要内容包括注入井的转注时机以及注入井和生产井的配产配注方案等。

4.2.3 油田生产组织运行优化

4.2.3.1 产量、注入量优化

以扩大油藏的波及体积和提高驱油效率，改善开发效果、提高原油采收率为目标，以精细油藏描述为基础，以准确齐全的动态监测资料为依据，认真分析油田开发动态，掌握油水分布规律，找出开发中主要矛盾，采取有效措施，合理确定产液量、产油量、注入量和老井自然产油量、新井和措施工作量及增油量等主要开发指标，达到注采平衡，控制含水上升，降低自然递减率，保证油田生产计划和开发指标的完成。

1. 注水单元配产配注

水驱开发单元配产配注要以注采井组为单位，以采定注，油井出问题、水井找原因，协调平面、层间、层内开发矛盾，保持注采平衡，提高注水质量。其方法一是先根据生产计划和单元实际，确定单元产油量；根据压力状况及注采平衡要求确定单元注采比和注水量；根据数值模拟及单元实际含水变化趋势确定单元含水上升率。二是根据单井产量及含水变化规律确定油井单井自然产油、产液量、含水；同时结合剩余油潜力分析结果制定相应增产措施及实施后产液量、产油量和含水；再以油井为中心，计算分层、分向产液量。三是根据分层能量保持需要，以注水井为中心测算注水井分层注水量。四是根据单井配产配注结果，根据单井配产配注结果逐级汇总，得出井组、单元、油田及分层产液量、产油量和含水及措施工

作量。最后根据油田生产计划、考核成本等进行调整，确定单元配产配注指标。

2. 化学驱单元配产配注

对于化学驱开发的单元，为了改善化学驱开发效果，提高原油采收率，根据注采平衡、数模结果、有效提高见效率等，以单井、井组配产配注为基础，确定单元油层、油井、注入井的合理产液量、产油量、注入量、增油量、化学剂用量和老井自然产油量、新井和措施工作量及增油量等主要开发指标。

化学驱开发单元配产配注要重点优化注入浓度、注入段塞、注入速度、注入方式，保障注入质量，加大对高液量高见聚、低液量不见效、高油压注不进、低油压注入窜井等问题的治理力度，扩大油藏的波及体积和驱油效率。

不同阶段单元配产配注各项指标不同，注入初期严格按化学驱可研报告规划设计的配产配注方案执行；注入中期参照化学驱可研报告，结合数模跟踪结果和矿场实际确定；注入后期结合数模跟踪结果和矿场实际，根据不同见效阶段、见效规律分井区重新优化指标；后续水驱阶段根据数模跟踪结果和矿场实际见效阶段、见效规律确定油田(区块、单元)年度的产油量、增油量。根据数值模拟、矿场实际含水变化趋势确定。

油井单井产液量、水井单井注入量与水驱单元类似，根据单井配产配注结果逐级汇总，得出井组、单元油田及分层的产油量、增油量、产液量、含水、注入溶液量、聚合物浓度、聚合物用量、表面活性剂浓度、表面活性剂用量及措施工作量等单元配产配注指标。

3. 稠油热采单元配产配注

对于稠油热采开发单元，为扩大油藏的蒸汽波及体积、提高驱油效率、改善热采开发效果、提高原油采收率、提高油汽比并降低自然递减率，以单井、井组配产配注为基础，对单元油层、油井、注汽井确定其合理产液量、产油量和注汽量及老井自然产油量、新井和措施工作量及增油量等主要开发指标。

稠油热采开发单元配产配注，原则上要优化新井、吞吐转周、蒸汽驱等工作量的投入。根据历年自然递减率变化规律和年末标定水平确定自然产油量；考虑剩余油分布状况，根据开发和调整完善方案部署新井投入，并预测新井产油量；蒸汽吞吐方式要考虑地层能量、水侵状况、注汽锅炉配置等因素，优化吞吐周转工作量和注汽量，根据注汽井周期轮次、周期注汽强度与周期生产指标变化趋势确定合理的注汽量；根据历年不同类型措施效果、下年度措施类型和工作量部署，预测措施产油量；蒸汽驱方式要结合“四场”(干度场、压力场、温度场、剩余油饱和度场)分布、井网完善性、注汽锅炉配置等进行选择。以注汽井组为单位，细化到单井、小层，按照采注比大于1.2的原则，根据数模优化得出的注采参数，分配单井注汽和采液量，确保蒸汽均衡推进，扩大蒸汽驱波及面积。根据构成法和单井配产配注结果，预测稠油热采单元年产液量、年产油量、综合含水、年注汽量、油汽比、自然递减率、油井综合利用率等主要配产配注指标。

4.2.3.2 作业工作量优化安排

井下作业是为了恢复油气水井的正常生产，提高油气产量(采油速度)和采收率，通过各种技术工艺方法对井筒或油层进行维护和改造的辅助生产过程。

井下作业管理是油田生产经营工作的重要组成部分，它直接关系到油田原油生产的平稳运行和产量任务的完成，关系到生产成本的控制。

1. 年度作业工作量优化部署

油田根据股份公司下发的年度产量任务等预算条件，结合各二级油气开发生产单位实际，下达各单位作业工作量预算条件，包括油气生产计划、预算价格等。各单位根据油田下发的预算条件，在保证年度指标完成的前提下，首先按照紧急程度及对年度经营目标的影响程度，进行工作量的筛选和排队，制定全年各项工作量计划；其次根据工作量计划，采用零基预算方法编制费用预算；最后将汇总平衡后的年度预算上报油田业务部门。油田预算管理委员会进行总体平衡，经审定后，报股份公司审批。油田预算委员会将审批调整后的作业工作量预算批复到各单位，作为年度生产经营和分析考核的依据。

2. 季度、月度作业工作量优化安排

按照季度、月度控制目标编制作业工作量，月度(季度)预算一般在上月(上季度)末编制，本月(本季度)初下达。各二级单位根据年度作业工作量部署，结合原油产量生产实际，将作业工作量等主要指标分解形成月度(季度)运行预算，经相关部门审核并报油田预算管理委员会批复后执行。

通过细化控制，突出抓好季度、月度运行管理，以年度总控、阶段运行为重点，实现以月保季、以季保年。产量、液量优化是前提，工作量优化是手段，价值量优化是目标。围绕原油增储上产，努力实现增产增效、增收增效；围绕优化决策和方案设计，推动优化增效；围绕全要素、全过程成本控制，推进降本减费增效；围绕提升基层精细化管理水平，实现管理增效。优化包括新井、措施、老井、稠油、三采、常规，以及不同含水阶段的工作量结构优化。

4.2.3.3 采油井的优化管理

1. 抽油机井的优化管理内容

在选用抽油机举升时，要采用举升优化设计技术对举升系统进行优化，主要内容包括：泵深、泵径、抽油杆尺寸及配比、油管尺寸、地面设备型号、工作参数等。

对于抽油机井要定期进行示功图和动液面测试并诊断分析，及时采取调参、换泵等措施。根据不同区块抽油机井的供排协调关系，建立相应的动态控制图，抽油机井的上图率≥90%。

定期进行系统效率测试，采用先进的提高抽油机井系统效率优化设计技术，通过调整工作参数、选用节能降耗设备等措施提高系统效率。

优选清防蜡、防垢工艺技术，确定合理的清防蜡、防垢制度，包括清蜡周期、清蜡深度、药剂用量、热洗的温度和压力等。

及时调整抽油机井平衡，保持平衡比在85%~100%之间。

按有关标准和规定做好地面设备日常维护保养工作。

泵挂深度≥1500m时，应采用油管锚等措施减少冲程损失；井口含砂≥0.01%时，应采用砂锚等防砂措施；气液比≥50时，应采取气锚等防气措施；对于斜井、发生杆管偏磨的井要采取扶正等防偏磨措施。

2. 潜油电泵井的优化管理内容

根据油井流入特征、气液比、压力、温度和原油黏度等资料，合理选择潜油电泵机组和泵挂深度，使潜油电泵保持在最佳工作区间，保证高效、经济、合理运行。

3. 地面驱动螺杆泵井的优化管理内容

根据油井流入特征，对地面驱动设备、杆管柱、井下泵、工作参数等进行系统优化设计。

螺杆泵在使用前应进行水力性能检测，未达到要求指标严禁使用。

螺杆泵必须采用防反转装置，井下管柱必须锚定。

螺杆泵井正常生产时沉没度应在 100m 以上，泵挂处产出液温度应低于螺杆泵定子额定耐温指标，产出液硫化氢含量应小于 2.5%。

加强螺杆泵地面驱动装置日常维修保养，搞好日常管理和工况分析，发现问题及时处理。

4. 气举井优化管理内容

根据油井流入特征，合理选择匹配油管尺寸、注气点、注气压力、注气量以及气举装置和工具。

气举阀使用前，要设定工作压力并进行性能检测，保证入井后具有良好的工作特性。

天然气压缩机要严格按照操作规程使用和维护保养。

加强气举井的生产工况诊断分析，发现问题及时处理，使气举工况保持在合理的范围内。

综合考虑注气压力、井深、产量、作业周期及经济效益，下入气举阀 6~9 级为宜；气举工作筒与井下工具间距必须大于 10m；井深在 2500m 内的井，最下一级偏心气举工作筒下至油层顶部 100m 内。

5. 稠油蒸汽热采井优化管理内容

稠油蒸汽热采井，必须按热采标准优化套管钢级和壁厚，采用预应力套管完井，水泥反高至地面，确保完井方式满足注蒸汽开采的要求。

地面注蒸汽管线按设计要求进行保温隔热，热损失每千米不超过 5%。投产后要按规定定期检查，发现问题及时采取措施进行处理。

注汽井应采取隔热措施，采用井下高温封隔器和隔热油管，必要时采用环空充氮气隔热技术保护套管，隔热油管要定期检查，发现问题及时更换。井深 1000m 处井底蒸汽干度不小于 40%。

蒸汽吞吐井放喷初期应采用油嘴控制，喷势减弱后可卸掉油嘴，井口产出液温度应控制在 120℃ 以下。

根据地面技术条件和工艺技术成熟情况，优选掺稀油、掺活性水、井筒电加热等井筒降黏方式，实现井筒有效举升。

根据储层特征和井况，优选应用机械分注、化学调剖、老井侧钻等措施，改善蒸汽吞吐效果。

按规定对蒸汽发生器进行检测、维护保养，使其在良好的技术状态下运行，锅炉出口蒸汽干度不低于 75%，注汽锅炉热效率不低于 80%。

严禁车辆和行人靠近地面注汽管线，注汽时应设高温高压警告标志。停止注汽后，及时关闭总闸门。注汽所接放空放喷管线必须直通，并要固定牢靠。

4.2.3.4 注水井优化管理

油田投入注水开发前必须通过试注，测定储层的启动压力和吸水指数，确定注水压力，优化注水工艺。试注、转注必须严格执行操作规程和质量标准，并根据油藏地质特征、敏感性分析及配伍性评价结果，采取相应的保护储层措施。

根据注水井的生产情况，研究确定合理的洗井周期定时洗井。当注水井停注 24h 以上、作业施工或吸水指数明显下降时必须洗井，洗井排量由小到大，当反出水水质合格后方可注水。

当注水量达不到配注要求时，应采用增注措施。若提高压力注水，有效注水压力必须控制在地层破裂压力以下。

油藏注水实施前，通过储层敏感性分析、井下管柱的腐蚀性研究等试验，考虑水质处理工艺、建设投资以及操作费用等因素，确定合理的注入水水质标准。建立水质监测制度，定时定点取样分析，发现问题及时研究解决。

根据油藏工程的要求和井型井况的特点，在具备成熟技术能力条件下，选择分注管柱及配套工具，管柱结构要满足分层测试、防腐和正常洗井要求。

注水井作业要尽量采用不压井作业技术，如需放溢流，应符合“健康、安全、环保”要求，并计量溢流量，本井的累计注入量要扣除溢流量。

4.2.3.5 措施施工过程的优化

1. 压裂措施优化

压裂设计应以油藏研究和地应力研究为基础，通过压裂模拟设计软件优化压裂方式、人工压裂几何尺寸、压裂液体系、支撑剂和施工参数等。设计过程中要充分考虑人工裂缝与注采井网的匹配，并对增产效果进行评价。

对于首次压裂的油田(区块)及重点井，压裂前应进行测试压裂，认识水力压裂形态、闭合压力、液体滤失系数和裂缝方向等，为后续施工设计优化和压裂后的效果评估提供依据。

压裂管柱、井口装置和压裂设备等应能满足压裂施工的要求；套管及井口装置达不到压裂设计要求时，应采用封隔器及井口保护器等保护措施。

施工前要对压裂液、支撑液的数量和质量进行检验。压裂液、支撑液的各项性能应达到相应技术指标，符合率达到100%。

施工过程中对施工压力、排量、砂液比、顶替液量等进行监控。各项施工参数达到设计要求，符合率90%以上；顶替液符合率达到100%，杜绝超量顶替。

施工后对总加砂量、用液量、返排量进行核定。若采用强制裂缝闭合技术，应根据地层闭合压力控制返排速率，避免支撑剂回流。

返排液必须经过处理达标后方可排放。施工出现异常情况时，按施工应急预案处理。

2. 酸化措施优化

首次酸化的油田(区块、层位)，酸化前应进行岩石溶蚀率、敏感性和岩心流动等实验，为酸化施工设计优化和效果评估提供依据。

根据目的层位的岩性、物性、流体性质、堵塞类型等优选酸液体系。酸液体系应与储层配伍，其缓蚀、防膨、铁离子稳定、助排、破乳等指标必须满足施工设计的要求，

施工前要对酸液的数量和质量进行检验，各项性能应达到相应的技术指标，符合率应达到100%。

按设计控制不同阶段的注酸速度、关井反应时间等，误差不超过±10%。

返排液排放必须处理达标。施工出现异常情况时，按施工应急预案处理。严禁使用压缩空气气举排液。

3. 防砂措施优化

防砂要坚持油层防砂、井筒排砂和地面除砂相结合。

综合考虑油藏地质条件、出砂特征和经济效益，优选防砂技术。

要优化防砂施工参数、井下工具、材料和工作液，加强施工质量控制，坐到既能有效防砂，又能有效保护油井的生产能力。

防砂施工成功率达到90%，防砂后产能恢复值≥80%，投产后加强生产管理，选择合理的工作制度，延长防砂有效期。

4. 堵水调剖措施优化

堵水调剖设计要立足于井组和区块，以油藏研究和找水资料为基础，合理选择调堵井点和层位，对封堵方式、堵剂类型、用量、注入参数、工艺管柱等进行优化设计。要采取有效措施保护非目的层，减少伤害。

堵水调剖要按设计施工，对堵剂材料和工具质量进行检测，严格监控施工参数，确保施工质量和安全。

堵水调剖效果评估要以井组和区块为单位，从降水增油、减缓油田递减、提高储量动用程度以及经济效益等方面进行客观合理的评价。

5. 大修井优化

大修方案设计要在对当时井下技术状况进行分析的基础上，根据安全、可靠、合理的原则，对修井工具、施工步骤进行优化。

修井过程中如需采用钻、铣、磨工序，要确定合理的钻压、钻速以及工具，保证不损坏套管。

选择与储层配伍的修井工作液，优化工作液密度、黏度等参数，防止和减少油层二次伤害。

采用可靠的井口防喷装置，制定可行的井口措施，保证施工安全。

报废井尽量做到井下无落物，报废处置后要达到井口不冒、层间不窜的标准。

4.2.4 投资管理优化

4.2.4.1 优化投资项目

油气勘探开发是一项高投入、高风险、高回报的项目，因此，油气勘探开发项目的优化部署是投资优化的关键。总部将各分公司的项目放在统一的平台上，进行优选排队；各分公司在整个公司范围内，把所有项目进行优选排队，集中优选，确保效益。

4.2.4.2 优化投资方案

前期设计关系到项目的优劣和成败，必须抓实抓好。要通过充分的前期论证和调研，做好项目可行性分析，对设计方案要进行充分的筛选、优化。每一个建设项目都必须进行经济评价，先评价后决策，同时加强跟踪监控，深化认识，保证建设项目开发方式最优、效益最优。

不管是勘探还是开发，最初都是从方案做起，因此方案设计是投资管理的源头，这个环节决定了项目投资的70%。因此，方案优化与否直接决定了项目的投资和效益。近年来，总部完善了项目统一评价平台，充分发挥专家作用，加大了项目前期方案审查力度。对于方案优化不到位、新技术应用不到位的项目，坚决不予批准。通过采取措施，方案的整体水平有了显著提高，从方案优化中体现了很好的效果。

4.2.4.3 项目实施过程中的优化和调整

施工管理关系到项目的建设质量，是项目成功与否的关键。因此，不论是勘探工程还是开发工程，不论是钻井还是其他施工作业，一定要加强项目的监督管理，尤其是要加强甲方监督，以确保建设项目的顺利实施。

投资的实施监控指的是在项目的组织实施过程中对投资的监督和控制。它的主要目标是控制投资支出，防止浪费现象。投资的实施监控贯穿项目的各个阶段，主要包括招投标阶段，施工过程及合同的管理等内容。项目组要搞好投资预算，加强资金管理，认真履行合同，严格控制开支，严格检查验收，按工程进度拨款，不可预见的风险双方共同承担，做到投资不超、任务不减，达到以有效的投入获得最大收益的目的。

4.2.5 优化油气资源配置(原油、天然气、轻烃)

以效益为中心，市场为导向，优化资源配置，遵循计划导向、合同管理、协调服务的原则，加强与生产、销售、财务、节能、合同等部门的协同合作，深入开展调查研究，及时了解生产、销售运行动态，适时调整解决计划执行中遇到的问题。

原油资源配置，严格执行中石化年度、季度原油配置计划，针对油田实际，积极推行节能降耗措施，强化自用油气管理。牢固树立节能就是增效的理念，努力减少自用油气量，努力提高油气商品率。

针对产量结构变化，稠油热采产量和热采用油增加，自用油指标不足的矛盾，大力夯实自用油气管理基础工作，以管理制度规范化、管理流程标准化、管理指标科学化、管理过程信息化为目标，大力开展自用油“四定”管理推广，强化自用油基础管理。继续推广定节点、定设备、定单耗标准、定自用油量的自用油“四定”管理方法，按照整体规划、分步实施的原则，组织计划、集输、节能、稠油热采等多部门统一协作，逐步实现了局级、二级、三级、四级加热站点等四个层级的信息化管理，促进信息化管理平台的规范运转，提升自用油精细化管理水平，强化对分公司主体单位自用油全过程管理、对能耗的量化考评和实时监控，提高自用油精细化管理水平。主要是努力降低自用、损耗，合理配置流向，以保生活、保生产为基本原则，确保全油田的采暖用油及生活和生产用气。

进一步强化天然气产供销管理，从资源配置上努力做好生活、生产用气的保障工作。面对天然气产、供、销矛盾日益突出的形势，不断提升天然气精细化管理水平。

一是深化天然气产供销平衡分析，加强自用气的管理和挖潜，取准取全各项基础数据，完善计量系统，细化核实燃气设备的消耗定额，天然气配置流向以保生活、保生产为基本原则，确保全油田的生活和生产用气。

二是强化天然气综合治理与挖潜。加强民用气管理，进一步强化民用气输差管理工作，降低输差损失，提高天然气商品量；加强天然气综合治理，密切与地方政府配合，采取工农共建，联防联治，采取油气混输、水气混输等技防措施，治理偷盗气，减少输气损失。

4.2.6 油气生产成本和效益的优化

油田财务管理工作坚持以经济效益为中心，逐步认识和把握油田勘探开发规律，注重生产与经营的紧密结合，探索形成了“预算管理到过程、经营管理到区块、精细管理到节点、作业管理到单井，考核兑现到主体”的经营管理模式。

4.2.6.1 不断深化全面预算管理

(1) 科学筹划预算投向，不断优化成本结构

坚持“三保三压一减少”思路，按照“注重投入效果、体现效益优先”的原则：保障油田

发展资金投入，保障老区稳产基础投入，保障安全环保投入，压缩非生产性费用，压缩管理费用，压缩专项预算支出，减少无功低效投入，成本结构更趋合理科学。坚持从生产源头上优化成本，优化动用储量结构，强化滚动勘探开发和产能建设，控制新区开发成本增速；优化产能结构，对新区与老区、稠油与稀油、陆上与滩海、深井与浅井、东部与西部的产能结构进行统筹部署；优化产量结构，大力培育发展稠油、海上、油公司、西部等产量增长点，减少稀油措施产量；优化工作量结构，将控水、控液与增油措施相统筹，大幅度提高单井产能。通过一系列的科学有效投入和优化措施，夯实油田发展的基础，消化储量品位下降、生产规模扩大、产量结构变化带来的成本硬性增长因素，保证成本目标的完成。

(2) 精细编制预算方案，合理设定成本指标

预算分解突出“标准”油田开发区块为预算管理单元，按照成本项目和费用要素形成动因，制定作业、用电、材料、维修等油气生产重点项目成本定额，结合成本控制目标，形成成本预算编制标准，保证成本目标公平；预算方法突出“精细”开发规划、产量计划为基础，立足生产设施、生产工作量、组织机构等业务量，实现预算“按要素分过程到区块”的逐级分解落实，保证成本目标全面。

(3) 规范运行，保障成本目标完成

在年度预算总目标指导下，将成本指标分解落实到季度，优化到月度预算中，对预算执行情况进行全面稽查，提高成本目标管理的执行力和控制力。

4.2.6.2 持续推进全员成本目标管理

制定总体方案和实施细则，以油田生产系统成本项目作为落脚点，建立以责任体系、目标体系、激励约束机制为核心的全员成本目标管理体系，优化稠油、三采、轻烃、天然气等非常规产量成本，抓住作业、用电、材料、科研等重点费用，关注勘探开发、石油工程、公用工程等关联板块成本。实施成本预警、成本公示、成本问责制度，建立财务稽核、兑现审计、追溯考核、责任追究等考核制度，保证全员成本目标管理有序运行、落到实处。

4.2.6.3 进一步夯实基础管理

(1) 大力实施区块经营管理，从源头上降本增效

为将全员成本目标管理落实到成本管理的最前端，以油田开发区块作为成本管理单元，以储量寿命作为管理周期，完善区块成本管理体系，实行成本目标分解到区块、决策优化到区块、核算管理到区块、分析考核到区块、效益评价到区块的管理。完善区块成本核算、分析和管理工作，搭建起生产与经营人员综合研究、分析、评价的平台，促进了油田区块产量、工作量和价值量的优化，最大限度地促进油田区块的经济开发。

(2) 大力推行“系统节点”精细管理，发挥全员力量降本增效

为将全员成本目标管理落实到最基层，针对油田勘探、开发、生产、经营等各系统的不同特点，将每个系统内的工作重点、管理难点、关键环节确定为多级节点，明确相对应的成本目标和管理指标。分解和落实各岗位、各环节的节点目标和管理责任，使每个节点成为管理目标点、岗位责任点和业绩考核点，让每一项工作始终处于受控状态，实现工作系统化、系统工作节点化、节点工作目标化、层级目标具体化。确保全员成本管理落实到每一项生产任务、每一个工作岗位、每一个流程环节。

(3) 大力开展挖潜增效活动，扭住关键环节降本增效

为深挖全员成本目标管理的潜力，细化措施，突出重点：作业管理上，以单井作业核算为主线，通过井下作业一体化管理信息系统，优化重大设计，提高井下作业质量；用电管理

上，突出精细管理控电、优化部署节电、一体化运行治电、技术创新降电，消化生产规模连续扩大带来的电量增长、成本升高压力。

(4) 严格内控管理，不断规范经营秩序

坚持“授权有度、风险受控、操作规范、程序透明”的原则，建立油田内控管理体系。加大违纪违规处罚力度，明确内控工作程序和方法，努力遏止不规范问题的发生。逐步形成以提升内控理念为基础，以完善内控制度为核心，以提高经济效益为目标的内控管理体系，实现管理模式从“粗放管理”到“精细管理”过渡。

4.2.7 勘探开发一体化

4.2.7.1 勘探开发一体化概况

勘探开发一体化就是将我国石油工业原有勘探与开发相分割的工作模式转变为一体化的工作模式，即突出“两个延伸”：①勘探向后延伸，延伸到开发实施、信息反馈阶段，即对探井进行试采，取得包括流体性质、储层性质、产能及压力变化规律、动态储量、油藏边界性质的评价及未来开发生产预测等所需要的有关资料，以及时了解勘探部署实施的实际效果，指导下一步勘探；②开发向前延伸，延伸到工业评价阶段，即要求参与探井试采方案的编制，同时还要认真分析和研究探井的各项资料，及时部署开发评价井，以满足油气井产能评价和油气藏类型评价的需要，探索适合的钻采工艺技术等，此外还要兼顾探明储量提交、地质资料录取等勘探任务。勘探开发共同完成寻找商业储量的任务，扩大勘探成果。

勘探开发一体化管理模式是当今世界各大石油公司管理体制的一个重要特征。与一体化的管理模式相比，我国石油工业原有的勘探与开发分割模式存在诸多弊端。

首先，勘探开发分割模式是影响寻找商业储量的体制性障碍。在我国石油工业传统的业绩考核体系下，勘探和开发分属于两个部门，评价勘探方面的业绩主要看探明储量，评价开发方面的业绩主要看原油产量，连接两者的是探明储量而非可运用的商业储量，在二者的结合点上缺乏油藏评价这一决策阶段，客观上降低了油气储量的技术经济价值，从而导致对一些商业价值不高的领域进行投入。而从勘探开发一体化的角度看，勘探是开发的基础(负责提供经济可采储量)，开发是勘探的目的(最大限度地采出具有经济效益的油气)，两者有机联系，共同服务于实现油田整体效益最大化这一最终目标。

其次，勘探开发分割模式限制了勘探管理由生产技术型向经营管理型的转变。勘探开发分割管理模式下，勘探只负责提交探明储量，造成了圈闭勘探阶段只是单一的地质勘探过程，未涉及商业储量的初步评价，缺乏包括经济评价在内的多学科综合研究。这种生产技术型的勘探管理造成了勘探与经济的脱节，拉大了勘探与油气市场的距离。

再次，勘探开发分割模式限制了对勘探与开发作用的正确战略定位。勘探开发分割模式下，油田稳产任务的实现过多地依赖于勘探新增探明储量上，使得勘探放不开手脚，从而忽视了开发对滚动勘探和提高储量动用率的作用，以及勘探“重在发现”的战略定位。

勘探开发一体化是整合勘探开发活动的有效手段，这一整合适应了油田对储量的品味、转化率及成本效益的高要求，满足了油田生产从整装构造油藏向复杂的“低、深、难、杂”油藏和隐蔽性油气藏转移的客观要求。勘探开发一体化的实施能够加快勘探和开发的实施进程，缩短建产周期，实现快速增储上产，提供优质储量，节省勘探开发及油田建设资金，有利于实现油田整体效益的最大化。世界各大石油公司管理体制的一个重要特征就是勘探开发一体化管理，因此，近些年国内各大油田在这方面都进行了积极的探索与实践。

4.2.7.2 勘探开发一体化实施的必要性

总体来看，结构决定功能，只有一体化的组织，才能产生一体化的功能。按照市场的要求组织勘探开发，才有利于油田整体利益最大化的实现。近些年，国内各大油田都对勘探开发一体化模式做了积极的实践与探索，所取得的成果值得各油田间相互借鉴。但是，有关勘探开发一体化管理模式的理论与实践探索仍不完备，亟待发展。

勘探、开发是油气田由发现到开采利用的两个阶段，勘探与开发的紧密结合能取得事半功倍的效果。勘探为开发取得相关资料，为下步开发工作打好基础，开发主动向勘探延伸，及早介入，适当投入，节省探井，保证储量落实和及时上报；充分发挥油田滚动勘探开发的优势，对有些风险较小、扩大含油面积的评价井，可以由滚动井代替，以节约区带勘探投资，使勘探投资集中用于勘探发现上。

要从根本上建立起油气田勘探开发整体效益的运行机制尚需进一步探索和实践。勘探开发一体化要求勘探评价和开发评价相融合，实现勘探开发在人力、物力和财力上的紧密结合，以及在投资、研究、技术、生产组织和成果上的一体化，使各项工作得以紧密衔接，实现投资、储量、产量和效益的统一。

为继续推进勘探开发一体化工作进程，油田勘探开发一体化组织要统筹规划勘探开发评价。应参照国际石油公司的做法，在进入工业评价勘探阶段后，成立由地球物理、钻井、油藏、地质、采油、经济分析等专业人员组成的勘探开发项目组。加强勘探开发一体化职能管理，制定其运行机制及考核管理办法。培养一批既懂勘探又懂开发的管理人才，编制勘探开发一体化方案并组织实施。

4.3 炼油优化

炼油优化就是以炼油厂为界区的经济效益最大化优化过程，主要包括炼油总流程优化、原油优化、气体综合利用、石脑油优化、蜡油优化、渣油优化、燃料油优化、氢气优化、公用工程优化等多个方面。

4.3.1 总流程优化

炼油总流程是炼油企业生产优化的基础和核心，对全厂的技术经济指标有决定性的作用，一个合理的炼厂总流程不仅可以灵活适应原油品质的多样性，而且能最大限度地利用原油资源，优化产品结构，在满足清洁生产的同时，最大化炼厂的经济效益。

随着可获得性原油资源的减少，环境保护压力的日益加大以及国际能源价格的日益上涨，炼油企业如何充分利用有限的原油资源，积极应对清洁生产的挑战和提高经济效益的压力，是今后每一个炼厂都要面对的现实问题。

4.3.1.1 原油采购及资源优化配置

由于每种原油供应量有限，而且中国石化炼油企业装置结构差异大，同一油种在不同企业的加工效益差距明显。为实现中国石化整体效益最大化，在企业自主采购原油的基础上，对于一些需求比较集中的原油，有必要根据每种原油性质及各炼油企业加工效益进行优化配置。原油采购及资源优化配置原则如下：

一是关注基准原油价格以及原油贴水变化，灵活调整采购策略。重点关注高低硫价差变化，在高低油价差扩大情况下，增加高硫原油采购数量，充分发挥高硫油加工潜力。2011年集团公司进口高硫原油占进口量的50%。在高低硫价差倒挂时，大幅减少高硫油采购数量。根据不同基价价差变化调整分地区采购比例。同时根据轻重质价差变化情况，灵活调整轻重质原油采购比例，以大幅度降低进口原油采购成本。

二是优化原油计价结构。中国石化进口原油采购数量大，需要根据市场基准油种价格变化灵活调整计价结构。根据市场原油价格变化，灵活调整基准原油计价比例。根据月差调整采购节奏。努力控制5天计价比例，提高全月计价比例，降低计价风险。同时适当控制基准原油品种的采购数量，降低整体原油采购成本。

三是积极试炼新油种，开拓原油资源供应渠道。新油种刚上市时，由于市场上还没有成熟的加工经验和合理评价，刚入市价格相对比较低。充分发挥集团公司整体原油加工适应性强的特点，积极试炼新的原油品种，同时总结新油种加工经验，并迅速加以推广。既有效降低原油采购成本，又为保证资源供应开拓了更广阔的渠道。

四是优化资源配置。为实现加工效益整体最大化，集团公司对重点油种进行优化配置。原油资源优化配置的原则：在保证管线安全输送、保证装置“安、稳、长”运行、保证产品质量、保证资源供应的前提下，以整体效益最大化为原则，坚持“宜烯则烯、宜芳则芳、宜润则润、宜油则油”优化配置，同时兼顾重点油种相对集中加工、原油拼装及运输成本。运用PIMS模型测算同一种原油在不同企业的加工效益。同时，积极跟踪、落实润滑油、沥青等生产所需特殊资源，保证润滑油和沥青生产的特殊原料需要。

4.3.1.2 气体综合利用

中国石化拥有较为丰富的C_2~C_5轻烃资源，主要存在于炼厂干气、液化气、轻石脑油以及催化裂化轻汽油等组分中。本节将简要介绍这几种轻烃资源的国内外综合利用技术及利用现状，为学员了解掌握现有轻烃利用技术提供参考。

1. 碳二加工技术

我国已建成投产的催化裂化装置的总年加工能力超过1.5亿t，干气产量超过600万t/a，其中一般含10%~20%的乙烯，乙烯总产量达(60~120)万t/a，这部分烯烃具有很高的利用价值。此外炼厂干气中还含有较多的乙烷，是很好的乙烯裂解原料。炼厂干气中碳二组分的分离方法主要有两种。

一是物理法。从干气中回收碳二，就是针对炼厂干气中碳二组分的回收，国内外已经开展了多年的研究，开发出的回收技术主要包括深冷分离法、双金属盐络合吸收法、膨胀机法、低压深冷吸收法、浅冷分离法和变压吸附法等，目前在我国采用较多的是变压吸附法(PSA)和浅冷分离法。

变压吸附法：利用吸附剂对混合气体中各组分的吸附选择性不同，通过加压吸附、减压脱附的办法来完成气体组分的分离。四川天一科技股份有限公司(原西南化工研究院)开发的变压吸附技术，已先后在上海石化、燕山石化和兰州石化等企业的催化裂化干气回收碳二装置中得到成功应用。应用的方法是先用变压吸附法将催化裂化干气浓缩，然后精制除杂，再将精制干气直接送入乙烯装置的分离系统，得到高纯度的乙烯和乙烷，乙烷返回乙烯裂解炉作裂解料。乙烷是非常好的乙烯裂解原料，乙烯收率超过80%。

浅冷分离法：浅冷分离法主要是利用吸收剂对裂解气中各组分的溶解度不同，首先用吸收法除去甲烷和氢，然后用精馏法把各组分逐一分离。此法一般用C_3、C_4和芳烃等油品作吸收剂，操作温度为-20～-40℃，由于不需要深度冷冻，故称为浅冷分离法，通过此法可以很好地回收干气中的乙烯和乙烷，作为乙烯装置的原料。

二是化学法。利用干气中的烯乙烯，就是通过化学法直接利用干气中稀乙烯的技术。主要包括催化裂化干气制乙苯、催化干气制环氧乙烷、丙醛及二氯乙烷以及干气芳构化制汽油等，其中催化裂化干气制乙苯技术已在国内得到广泛应用，干气芳构化制汽油技术最近也已开始得到应用。

催化裂化干气制乙苯技术：是国内中科院大连化学物理研究所与抚顺石油二厂联合开发的催化裂化干气与苯烷基化制乙苯成套工艺技术，该技术已在国内20余套工业装置上得到成功应用。此外中国石化上海石化研究院也开发了自己的催化裂化干气制乙苯技术。其优点是原料气不需特殊精制，原料无需脱水，总硫只要求小于3000mg/m^3，原料气不需要加压直接进入反应器，反应温度和压力较低。缺点是乙苯产品中二甲苯含量较高，催化剂单程寿命较短。

干气芳构化制汽油技术：是通过炼厂干气芳构化技术，可以加工利用炼厂干气中含有的烯烃，得到富含芳烃的高辛烷值汽油调合组分，剩余产品基本仍是干气。以烯烃含量15%的炼厂干气为原料，可以得到的11%左右的液相产品，芳烃含量超过50%，辛烷值RON大于95，是很好的高辛烷值汽油调合组分。石科院与扬州石化厂合作开展了工业侧线试验，取得了较好的研究结果，目前采用该技术的多套工业装置正在设计和建设之中。

2. 碳三加工技术

丙烯是重要的有机化工原料，我国的丙烯主要来自乙烯装置和催化裂化装置，产量各占一半。此外我国的碳三资源中还有一部分丙烷，目前主要还是作为民用液化气组分使用，这部分丙烷也可以作为乙烯裂解装置的原料或丙烷脱氢制丙烯装置的原料。

丙烷是较好的乙烯裂解原料，其乙烯加丙烯的双烯收率超过50%。目前我国的民用液化气中一般含有20%左右的丙烷，主要是为了提高液化气的蒸汽压，满足冬季使用的要求。我国的车用液化气根据丙烷含量的不同共划分为三个牌号，丙烷含量分别为40%～65%、65%～85%和大于85%，丙烷含量越高，车用液化气等级越高。

丙烷脱氢制丙烯技术：目前丙烷脱氢技术主要掌握在美国Lumus公司和UOP公司手中，Lumus公司开发的Catofin技术采用固定床反应器，负压操作，丙烯单程收率高，但催化剂单程运转周期短，需要频繁切换再生。UOP公司开发的Oleflex工艺采用与连续重整近似的移动床反应器，正压操作，催化剂运转周期长，但丙烯单程收率比前者略低。石科院也正在开发自己的移动床丙烷脱氢技术，催化剂的开发已基本完成，具备了工业应用的条件。采用现有的丙烷脱氢技术生产丙烯，丙烯收率可以达到85%左右。

3. 碳四加工技术

我国的碳四资源主要产自催化裂化装置和乙烯裂解装置，目前我国碳四年产量已经达到2000万t/a以上。但除了丁二烯作为合成橡胶的原料、异丁烯主要用于生产MTBE而得到了较为充分的利用外，其余的丁烷和丁烯利用率还很低，主要是作为民用液化气使用。

异丁烯和甲醇醚化制MTBE技术：MTBE是一种很好的汽油调合组分，具有很高的汽油辛烷值(RON115)。MTBE工艺技术成熟，工艺流程简单，异丁烯不必从混合C_4中分离，可以直接利用炼厂混合C_4或脱除丁二烯后的裂解C_4为原料，与甲醇醚化合成MTBE。由于MTBE作为重要的高辛烷值汽油调合组分的市场需求一直较大，因此由异丁烯生产MTBE是一条比较理想的碳四利用途径，MTBE 工艺在我国还有很大的发展潜力。

碳四芳构化技术：该技术可以将混合碳四转化为芳烃或富含芳烃的高辛烷值汽油调合组分。目前碳四芳构化技术有两种工艺路线，一种工艺路线的主要产品是以三苯为主的芳烃，同时副产氢气、饱和液化气和燃料气；另一条工艺路线主要以高辛烷值汽油调合组分和饱和液化气作为主要产品，副产少量干气，饱和液化气可以作为乙烯裂解原料。目前国际上已有的低碳烃芳构化技术主要有 UOP 公司的 CYCLAR 技术和 Mobil 公司的 M2-forming 技术等，石科院开发的移动床连续芳构化技术也已经在 20 万 t/a 工业装置得到成功应用。

正丁烷氧化制顺酐技术：正丁烷的化工利用主要是通过氧化法制取顺酐，同传统的苯法相比具有污染小、消耗低以及原料廉价等优点，目前全球 80%的顺酐采取正丁烷路线，典型的工艺路线包括美国 Lummus 公司和意大利 AluSuise 公司的正丁烷流化床氧化溶剂吸收工艺、英国 BP 公司的流化床氧化水吸收工艺、美国 SD 公司的固定床氧化水吸收工艺、意大利 SISAS 公司的固定床氧化溶剂吸收工艺等。

4.3.1.3 石脑油加工优化

在炼化一体化工厂中，石脑油的主要来源为直馏石脑油、加氢裂化轻、重石脑油、精制后的延迟焦化石脑油以及蜡油/渣油加氢处理装置和柴油加氢精制装置副产的石脑油等。石脑油主要是 $C_5 \sim C_8$ 组份，原则上，C_5 和 C_6 非芳用于乙烯原料，而 C_6 以上芳烃用于芳烃原料。

1. 轻石脑油组分综合利用

轻石脑油主要组分有碳五、碳六等。

现有的碳五主要有三个来源，第一个来源于直馏或加氢轻石脑油的馏分，主要是饱和的正构、异构戊烷，目前作为乙烯裂解的原料或作为汽油的调合组分；第二个主要来源于催化裂化轻汽油馏分，烯烃含量很高，目前主要作为汽油组分；第三个来源于乙烯裂解碳五，主要有异戊二烯、环戊二烯、间戊二烯等，含二烯烃较多，大多用于合成橡胶和合成树脂的生产。

目前对碳五、碳六资源加工利用途径主要有正异构分离、正构烷烃异构化和烷烃芳构化等工艺，其中正异构分离技术投资低，效费比较高。

采用普通精馏技术，用板式精馏塔将直馏轻石脑油和加氢裂化轻石脑油中的碳五、碳六组分分离。碳五组分用板式精馏塔进行正异构分离；碳六组分采用吸附分离技术进行正异构分离。其加工流程如图 4-10 所示。

异构碳五、碳六抗爆指数高、烯烃含量低，是非常好的汽油调和组分；正构碳五、碳六是较好的乙烯裂解原料。

2008 年，镇海炼化仅通过对碳五进行正异构分离，将异构碳五作为汽油调和组分，每年就增效近亿元。中科合资广东炼油化工一体化项目、中国石化天津分公司大港区碳五分离装置工程都采用了碳五组分正异构分离技术。

2. 优化加氢裂化操作方案

某高压加氢裂化装置反应部分采用单段串联一次通过加氢裂化工艺技术，精制部分和裂化部分催化剂使用抚顺石油化工研究院开发的 FF-46 和 FC-32 或活性相当的催化剂，轻石脑油收率可以相应提高，重石脑油收率大幅度提高。不同循环比下产品收率分布情况见表4-43。

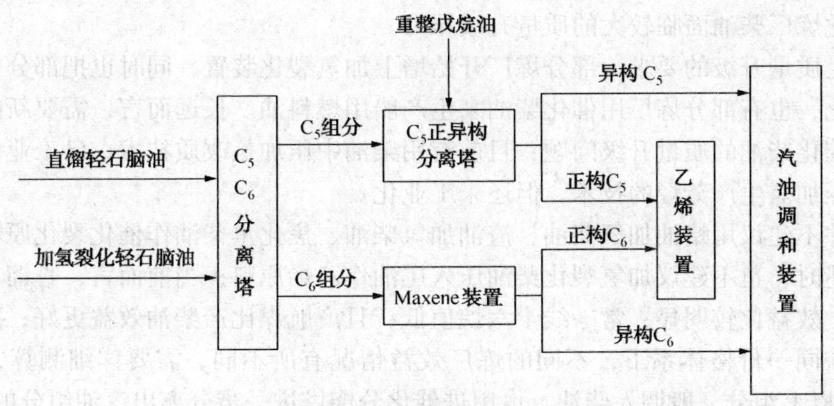

图 4-10　轻石脑油利用流程示意图

表 4-43　加氢裂化装置收率(质量分数)对比表

	1#加氢裂化	
	部分循环方案	全循环方案
H_2S	1.33	1.36
2#HC 低分气	0.89	0.9
2#HC 干气	2.72	3.53
2#HC 液化气	9.25	14.46
2#HC 轻石脑油	9.6	11.02
2#HC 重石脑油	30.21	45.61
2#HC 航煤	14.34	16.69
HC 柴油	6.33	6.43
HC 尾油	25.33	

4.3.1.4　蜡油加工优化

蜡油加工路线优化的原则是焦化蜡油需要加氢处理后进催化加工，模型测算表明进渣油加氢比进蜡油加氢更好，焦化轻蜡油进加氢裂化装置加工也比进蜡油加氢更好；溶剂脱沥青DAO进加氢比直接进催化更有效益；直馏轻蜡油进加氢裂化、重蜡油进渣油加氢或蜡油加氢；催化回炼油抽出后进渣油加氢；酮苯蜡下油、糠醛抽出油进渣油加氢或加氢裂化；加氢裂化尾油视市场价格可以进催化、外买、产润滑油基础油或去乙烯；原则上焦化柴油压轻进入焦化蜡油的措施并不优化，不如常三线、减一线压轻入直馏蜡油；渣油加氢或蜡油加氢把柴油压入尾油进催化的加工路线，需要动态测算，主要视液化气和成品油的价差，并不总是有效益。

目前不少炼厂蜡油加工能力富裕，因此实际生产中采取减压深拔或提高溶剂脱沥青负荷、外购蜡油、常一线或减一线进催化、焦化柴油压轻进焦化蜡油、常四线直接进催化、加氢裂化尾油进催化、适当轻质化原油、降低渣油收率、提高蜡油收率、停一套加氢裂化装置等等。蜡油加工能力富裕的炼厂，着重要分析蜡油进催化加工还是进加氢裂化加工更有效益。这需要用动力学模型对全厂的影响进行详细核算，并和氢气平衡、市场价格体系、奖励政策都有关。

不少炼厂催化占原油加工量的比例大，而催化柴油密度大、十六烷值低，加之原油偏向中间基，因此炼厂柴油面临较大的质量升级压力。

为了满足质量升级的要求，部分炼厂开始增上加氢裂化装置，同时也把部分催化柴油掺炼到加氢裂化，也有部分炼厂用催化柴油来生产船用燃料油。长远而言，需要新的工艺和催化剂来满足催化柴油的质量升级问题，目前有用柴油中压加氢改质技术，已工业化；也有用催化柴油中压加氢生产芳烃的技术，但还未工业化。

原则上并不建议用蜡油加氢柴油、渣油加氢柴油、焦化重柴油作催化裂化原料，尤其液化气市场低迷时；也不建议加氢裂化柴油压入尾油作乙烯原料；当前而言，直馏重柴油作加氢裂化原料，效益比较明显；常一线十六烷值低，且产航煤比产柴油效益更好；减一线进催化加工即使在同一价格体系下，不同的炼厂效益情况有所不同，需要详细测算，无简单结论；芳烃 C_{10}以上组分一般调入柴油，也用进催化分馏塔进一步分离出汽油组分的优化措施。

4.3.1.5 渣油加工优化

由于世界原油资源有限，并且随着加工原油性质日益变重、变劣，原油加工中渣油的处理在提高高附加值产品产率、提高资源利用率和经济效益上起着决定性的作用。如何选择合理的、经济的工艺流程改质或进一步转化大量渣油，实现其最大效能，满足日益严格的环保要求进行研究显得十分重要。这里主要介绍传统的焦化路线与近些年大力发展的渣油加氢路线。

目前国内渣油加工主要方案为焦化和加氢两种。焦化工艺其轻质油收率低、产品质量差，所生产的焦化汽油、焦化柴油由于其烯烃含量、硫含量及胶质含量都很高，必须经过加氢精制才能满足产品规格，并且焦化蜡油产品质量差、颗粒物杂质多，对催化剂影响大，非常难以处理，同时焦化装置生产出相当多的高硫低值的石油焦，也需寻找其出路。相比之下 ，渣油加氢路线虽然一次性投资相对较高，但其液体收率高，产品质量好，加氢处理后和渣油在重金属、硫、氮、胶质、沥青质含量以及氢碳比都得到大幅度改善，是很好的催化裂化原料。经过催化裂化加工后，可实现最大化的原油利用率，并且实现最大化的经济效益。

渣油加氢和延迟焦化是两种方案中最主要的装置，对总投资和投资利润率的影响也较大。目前，国内延迟焦化装置与渣油加氢装置的单装置投资比约 0.4~0.5∶1。总体上，加氢方案投资比焦化方案高一些，但因它的产值高，综合计算后仍然经济效益较好。而且随着原油价格越高优势越明显，从环保要求、达标排放、节约能源、最大化利用石油资源来看，渣油加氢路线都有很好的竞争优势。

如果对一个 1000 万 t 加工中东重质油的炼油厂进一步比较，减压渣油的收率为 25%，渣油康氏残炭为 25%，渣油采用延迟焦化工艺加工，每年约产出 100 万 t 的高硫石油焦。如果渣油用加氢处理(由于渣油残炭较高，可能需用移动床或沸腾床工艺)和催化裂化的组合工艺加工，渣油加氢的石脑油和柴油收率可达到 11%，催化裂化汽油柴油的收率为 71%，相对延迟焦化路线每年可多产约 60.8 万 t 汽柴油，按 1000 万 t/a 的原油加工量，轻油收率可以提高 6.1%，而且渣油加工过程和产品有更好的环境友好性。

油浆深加工路线优化：油浆的加工路线有进焦化回炼/燃料油/调合沥青/产炭黑/产针状焦/进减压塔回炼。油浆调合沥青和产炭黑不征燃料油税，需要用 Petro-SIM 模型进行测算，才能确定是否进焦化更有效益，油浆进焦化的生焦率在 40%~50%左右。日本炼厂高硫蜡油进中压缓和裂化，尾油进催化，催化油浆可产针状焦，效益很好，国内炼厂可借鉴。目前国内只有锦州石化用低硫石蜡基原料作催化原料，油浆产针状焦的装置。近年来国内也有人提出用油浆建设油煤共炼装置的原料，可明显提高转化率。

4.3.1.6 氢气优化

近年来，各国政府环境保护立法更加严格，国内外汽、煤、柴等油品质量正逐渐升级换代。产品中氢元素含量大幅度增加。随着国际原油资源日益短缺，石油炼制企业加工的原油明显变重，原油中氢元素含量呈现显著降低、硫和重金属含量呈现显著增加的趋势。受原油劣质化、产品质量提升的影响，炼油企业对氢气的需求量大幅度增加，氢气成本在炼油运营成本的比例逐渐加大。因此寻求低成本氢源，提高炼油企业氢气综合利用率，成为新时期降本增效、节能减排的重要课题之一。

在炼油企业中，高纯氢主要采用化学吸收或变压吸附净化制取，或通过膜分离、变压吸附模块对纯氢进行二次提纯取得。纯氢主要用于反应中易产生甲烷，对循环氢纯度敏感的加氢装置，如渣油加氢、蜡油加氢处理等装置，以提高反应氢分压。低品质氢气主要指不含一氧化碳、二氧化碳等有害杂质的化工氢、部分工艺装置排放氢等氢源。由于惰性气体含量高，不宜用于渣油加氢、加氢裂化等装置。可回收氢主要指各装置含氢量较高的低分气等氢源，通常通过膜分离或 PSA 等形式进行提纯处理。不可回收氢指各装置含氢量较低的气体，通常作为干气进入瓦斯，也可作为制氢装置原料。

1. 氢气资源

炼油企业氢气主要来源分为三部分，工艺装置副产氢气，制氢装置产氢以及化工过剩氢(如乙烯氢、化肥氢等)。部分炼厂建有通过物理方法从催化干气等低浓度含氢气体中提纯回收氢气的装置(如真空变压吸附等)，以满足对氢气的需求。根据统计，炼油企业氢源中重整氢占56%，制氢氢占29%，化工氢占15%，重整氢占主导地位。典型炼厂氢源组成见表 4-44。

表 4-44 炼厂典型氢源组成

组　成	连续重整氢	半再重整氢	制氢氢	乙烯氢	化肥氢
H_2/%(体积分数)	94.7	91.36	99.9	95.65	75
CH_4/%(体积分数)	1.63	2.84	0	4.35	
N_2/%(体积分数)	—	—	—	—	25
$CO+CO_2$/ppm	20	—	10~100		

2. 氢气成本

通过氢气成本测算结果(见图 4-11)，回收氢气、重整氢气单价最低，用好低成本氢气是降低运行成本的最佳途径。

制氢装置产氢成本受原料成本影响也较大。近年来，随着我国制氢技术不断发展，已掌握多种制氢工艺路线，制氢原料选择也在不断扩大，目前氢气生产通常采用以下几种主要原料：①以轻质原料(包括天然气、轻石脑油、含氢炼厂气、催化和焦化干气等)为原料，采用水蒸气转化法生产氢气。目前国内炼厂中，以轻质原料制氢的工艺技术仍占主导地位。②以重质原料制氢的工艺技术。部分炼厂或化工厂利用渣油或脱油沥青生产氢气提供给炼厂加氢，此技术工艺先进、成熟，如镇海炼化的减压渣油非催化部分氧化制氢、福建炼化脱油沥青非催化部分氧化制氢等。③国内煤炭资源丰富，随着洁净煤气化技术的发展和应用，国内已有部分煤气化技术生产的氢气供应炼厂。虽然煤制氢相对水蒸气转化和渣油、脱油沥青等技术投资大，但随着国际原油、天然

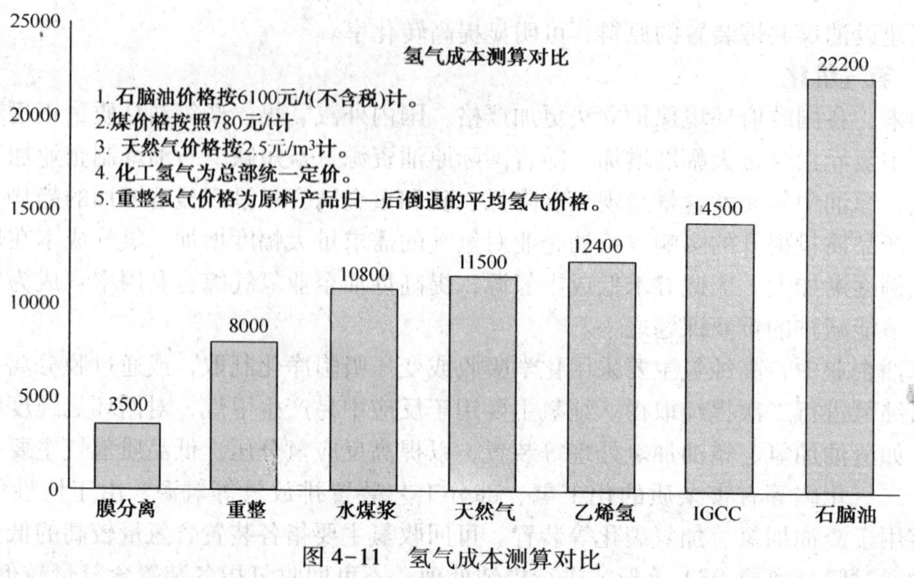

图 4-11　氢气成本测算对比

气价格的不断攀升，炼厂原油深加工对氢气的大规模需求，煤相对低的价格使煤制氢凸显成本优势。

3. 氢气网络设置

供氢网络由产氢单元、用氢单元、联接线路三部分构成。产氢单元配置及负荷分配由用氢单元来确定，通过联接线路结合成一个整体。供氢网络的建立合理与否，对氢气利用率、使用成本具有较大影响。供氢管网的设置要综合考虑分质、分能逐级利用，避免氢气质、能的浪费和效益流失。在氢气管网的设置上要考虑的原则是：①根据全厂工艺装置特性，设定合理主管网压力。炼油企业氢气主管网压力多采用 2.0~2.5MPa(G)。制氢装置、重整再接触系统在此压力下能够得到成本和氢气品质的最佳平衡点。汽油加氢、航煤加氢等低氢油比加氢装置操作压力多集中在此区间。可以充分利用管网系统压力，停运部分装置新氢压缩机，降低用氢综合成本。②压力等级相近的加氢装置考虑集中升压，分散使用。压力逐级降低的装置，通过循环氢逐级利用，减少压力能量损失。③不同品质氢气单独输送，减少降质损失。氢气品质不同，成本相差较大。应根据氢气品质分别设立管网，避免混合输送，造成氢气降质使用。其中，高纯氢杂质含量要求高，提纯成本高。供氢宜采用设立单独提纯模块，对纯氢进行二次提纯，直接输送的方式。二次提纯装置的解析气(或尾氢)可进入氢气管网。④合理设计供氢路线，避免高品质氢二次提纯损失。不同临氢装置，对补充氢气品质要求不同，一般纯氢优先考虑供给渣油加氢、蜡油加氢处理等装置，高品质氢气直接作为加氢裂化等高压装置补充氢。⑤废氢回收管网设置应考虑分级利用，对于氢含量较高的高分气考虑脱硫后直接利用；对于低分气集中脱硫、脱重烃，采用膜或 PSA 工艺提纯氢气，不可回收含氢气体作制氢原料。

4. 含氢气体的回收

加氢精制、加氢裂化和催化重整等工艺装置在生产过程中排出浓度为 50%~90%的氢气，其数量(标准状态，对原料)从 $20m^3/t$ 到 $100m^3/t$ 不等，有的可以直接作为工业氢气用于加氢精制，但有的需通过物理方法提高纯度，这在合理利用资源上具有重要意义。典型的低浓度氢组成见表 4-45。

表 4-45　典型的低浓度氢组成

组　成	加氢裂化	催化重整氢(连续再生)/%		加氢精制/%	
	低浓度氢/%	循环氢	脱戊烷塔顶	循环氢	低浓度氢
H_2	63	89	62.2	82.27	65.3
CH_4	20	5.3	0.1	9.95	15.8
C_2H_6	4	3.5	10.2	2.66	6.4
C_3H_8	5	1.5	11.6	2.72	5.4
C_4	6	0.5	14.3	1.89	4.6
C_5	2	0.2	1.6	0.13	2.5

自20年代以来，世界上已开发了多种氢提浓方法，工业上应用最早的是深冷分离法，用于含氢30%~70%、含甲烷较高的气体。70年代和80年代表压吸附法和膜分离技术开发成功后，氢提浓技术有了突破，这两种方法适用于含氢60%以上的气体，二者在我国炼油厂中均已获得应用。膜分离和变压吸附两种技术，各有特色。膜分离技术对原料气组成、流量和压力波动的适应性较强，生产灵活，开停工快，设备构造简单，无驱动部分，维修、保养容易，能保证长周期运转；设备紧凑，占地小，投资少，扩建容易。回收氢纯度可达86%~95%，最高可达99%。但纯度愈高，则回收率愈低，每一级分离器提纯的程度决定于一定的氢分压差。因此除一般要求进料气中氢浓度大于60%外，采用加压操作或多级分离的方法，以保持在一定的氢纯度下提高氢回收率，氢回收率一般可达50%~80%。一般情况下对进气压力较高、气量较小、回收氢纯度要求不高、原料气洁净时，可选用膜分离技术。炼油企业中多用于中高压加氢装置循环氢杂质脱除。变压吸附技术对原料适应性强，回收率高。在进料气压力较低，气量较大而对产品氢的纯度要求较高时，宜选用变压吸附法。随着用氢装置的增加，氢气越来越宝贵，不仅从加氢、重整装置提浓氢气，还开始注意从其他工艺生产的含氢气体中回收，如从催化裂化(特别是重油催化裂化)的干气中回收氢。采用变温吸附(TSA)与变压吸附(PSA)相结合，已成功地从含氢(30%~60%)的重油催化裂化干气中，回收了浓度为99.9%以上的氢气，回收率达85%以上。

4.3.1.7　公用工程优化

公用工程优化主要指锅炉-蒸汽系统的优化。蒸汽平衡是公用工程优化的基础，避免蒸汽显性及隐性过剩。蒸汽过剩时，要有适当手段回收蒸汽能量。公用工程的优化目的一是降低动力成本，二是提高公用工程运行效率，两者在一定程度上相互关联。

1. 动力系统优化

降低蒸汽、电成本：根据自产汽成本及外购蒸汽价格选择蒸汽来源；利用燃动模型优化汽机抽汽及发电负荷分配，降低发电成本；利用燃动模型核算自发电成本，及时调整自发电量；利用分时(峰谷)电价，调整自发电量，降低购电成本。

提高转换效率，降低供汽、供电能耗：①提高锅炉产汽压力至设计值，保持透平机组进汽参数与设计参数一致，提高机组运行效率；②以透平抽汽或排汽替代蒸汽减温减压，提高透平发电量，减少蒸汽能量损失；③加强透平机组运行参数监测，及时发现透平机组级间及轴封漏汽；④提高锅炉上水温度，增加产汽量，提高系统运行效率；⑤根据锅炉热化学试验确定炉水水质，降低锅炉排污率，提高产汽量；⑥燃气联合循环发电可提高燃料能效30%以上，产汽发电成本降低40%。

减少特殊压力等级蒸汽用户：按中压和低压两个压力等级确定设备用汽参数，减少特殊压力等级蒸汽用户，避免蒸汽减温减压及增加蒸汽管网长度。

优化伴热线的投用：①对于长期运行的管线，彻底停用伴热线；②对于间断运行的管线，间断投用伴热线；③选用性价比高的疏水器，降低蒸汽损耗；④以电伴热替代蒸汽伴热，降低成本；⑤以热水伴热替代蒸汽伴热，降低蒸汽消耗；⑥回收伴热凝结水。

2. 蒸汽管网优化

合理设置蒸汽管网，确定蒸汽优化运行：①只设中压和低压两个全厂性蒸汽管网，0.35MPa压力等级蒸汽设局部管网或装置间直供，其他压力等级用户宜改造用汽设备，避免蒸汽减温减压及增加蒸汽管网长度；②蒸汽管线管径要求能保证管内蒸汽流速在10~40m/s间，如冬夏季蒸汽流量相差大，可考虑设双线；③优化蒸汽管线的运行，中压蒸汽管网压力最高点与最低点压力差不超过0.1MPa，低压汽不超过0.15MPa。

优化管网运行，提高做功能力。中压蒸汽管网压力宜保持在3.7MPa以上，低压蒸汽系统压力至0.8MPa以下，提高透平做功能力，减少中压蒸汽耗量，避免低压蒸汽过剩放空。

强化蒸汽管网保温，降低散热损失：①加强蒸汽管网保温，降低散热损失，管线表面温度宜不超过环境温度20℃；②管线管件如阀门、法兰均需保温。

加强管线疏水管理，避免管线水击。饱和蒸汽、流速过低及爬坡处管线均应设疏水器，消除管线积水，避免水击及降低管线压降。

3. 产、用汽优化

装置产汽优化：①余热锅炉降低排烟温度增加产汽，催化裂化、硫磺等装置余热锅炉通过降低排烟温度多回收烟气能量，通过提高上水温度避免露点腐蚀；②装置热联合增产蒸汽，提高热联合直供温度，以低温热置换出高温位热量以增加装置产汽，如提高催化裂化原料直供温度，减少油浆与原料换热，提高油浆蒸发器产汽量；③装置操作优化增加产汽，增加分馏系统高温位取热量，降低低温位取热量以提高蒸汽产量；④装置热工系统减少排污增加产汽，通过锅炉热化学试验确定炉水水质，在此基础降低锅炉排污率，增产蒸汽，降低药剂消耗。中压蒸汽锅炉每降低1t排污可增产蒸汽0.4t，低压蒸汽每降低1t排污可增产蒸汽0.3t。

装置用汽优化：①气分装置取消蒸汽，热泵流程气分改为常规流程，脱丙烷塔与催化裂化装置顶循环油热联合换热，脱丙烯、脱乙烷塔等与循环热水换热，装置取消蒸汽。②溶剂再生、污水汽提节汽，溶剂再生可通过提高换热终温、提高溶剂浓度降低循环量及降低冷回流量来降低蒸汽消耗。污水汽提可通过提高换热终温、提高含硫污水浓度降低含硫污水产生量及降低冷回流量来降低蒸汽消耗。③抽真空系统、工艺设备节汽，蒸汽抽真空改为机械抽真空以降低蒸汽消耗，泵与风机均可采用三元流技术改造以提高设备效率，透平采用蜂窝密封替代梳齿密封以减少级间漏汽及轴封漏汽，提高透平运行效率。④焦汽用汽优化，焦化大吹汽改为注饱和水，节能及降低其间断用汽对蒸汽系统的影响。⑤工艺优化降低蒸汽消耗，工艺耗汽量约占炼油总用汽量的50%以上，节汽潜力巨大。工艺用汽量并非固定，其随原料性质及产品加工方案有较大的变化，这使得工艺优化节汽有较大的空间。部分蒸汽可采用其他介质替代，如催化干气汽提替代蒸汽汽提，催化减少雾化蒸汽耗量等。⑥凝汽透平的改造，根据蒸汽平衡，凝汽透平改背压透平或电机，降低蒸汽消耗。

原油罐区及公用工程系统用汽优化：①降低重质油品库存，减少储罐数量，降低油品加热、维温蒸汽；②原油罐区采用热水加热及维温，取消加热蒸汽；③润滑油罐采用热水加热、维温，保持产品质量稳定；④蜡油罐采用高温热媒水维温加热；⑤新鲜水加热采用热媒水；⑥除盐水与工艺物料换热，提高进除氧器温度，降低除氧器蒸汽消耗。

4. 蒸汽平衡

蒸汽平衡是一个动态即时平衡，每一级的用汽变化均影响上一级，级间调节必须具有灵活性。蒸汽平衡原则是按压力等级从低至高逐级平衡。0.35MPa 蒸汽由 1.0MPa 蒸汽平衡，1.0MPa 蒸汽由 3.5MPa 蒸汽平衡，3.5MPa 蒸汽由锅炉产汽、电站透平抽汽或凝汽透平进行。对蒸汽整体过剩的企业来说，最佳平衡调节设备是双抽凝透平，使抽凝透平同时完成 3.5MPa、1.0MPa 和 0.35MPa 蒸汽平衡，没有减温减压量。对锅炉产汽可调的企业来说，抽背透平是最佳平衡调节设备。

5. 低温循环水供热系统

该系统将纯凝机组或抽凝机组在采暖期改为低真空运行，排汽压力提高到 0.03～0.04MPa，同时将冷却循环水量减少，从而使循环水出口温度由 30～35℃提高到 65～70℃。循环水不再去冷却塔，而是用热网泵送到各热用户，供居民采暖。循环水经暖气片散热冷却后再回到凝汽器吸收乏汽热量，再送入热水管网连续循环运行，故称为低温循环水供热。

循环水供热实际是将凝汽机组或抽凝机组改成背压或抽背机组运行，由于排汽压力升高，初参数不变，则机组的焓降减小，致使汽轮机发电功率下降，一般功率下降为额定功率的 10%～20%。装置中的凝汽透平也可进行同样的技术改造。该系统具有以下优点：①由于乏汽的余热全部被利用，消除了凝汽器中损失的热量(占总热量 50%～60%的冷源损失)，因此热效率高，发电热效率可达 76.8%；②增加了供热能力，由于原凝汽或抽凝机组凝汽流的热量从冷却塔中消失了，现在用来供热被有效利用，其供热能力比单纯靠抽汽供热增加了 20%～30%；③可增加抽汽加热器，提高供水温度。由于增加了供回水温差，最大可达 70℃，大大减少了供热管网投资，降低了运行费用。在相同供热量下，循环水供热改造投资降低 30%～40%，运行费用下降 50%。

4.3.2　装置操作条件优化

炼油单装置优化主要有两个目标，一是提高目的产品收率；二是降低装置生产成本，其中变动费用中的燃动费用是重点。

4.3.2.1　常减压装置操作优化

常减压应在提高总拔和轻收的前提下降低装置能耗。理论上，在满足产品质量的前提下，产品收率和能耗始终是一对矛盾。通过降低塔压、更换高效率塔盘、APC 卡边控制能够在提高收率的同时降低分离系统的能耗。但降低塔压受处理能力、塔顶冷却负荷的限制，调整幅度有限。在不影响产品质量的前提下，优化分馏塔的中段回流取热比例，实现高温位热量有效利用，节省能级最高的燃料气的用量；用严格逐板模型研究原油切换加工方案，优化操作参数，如常压炉、减压炉出口温度及换热终温，实现提高总拔和轻收的同时降低能耗。利用结焦曲线和减压炉模型研究减压深拔技术。渣油去焦化的流程，减压深拔效益很明显，应逐步推广，即使减压深拔会导致全厂能耗上升。

目前有不少炼厂为了节能，常减压产品分离精度下降。柴油中有石脑油、蜡油中有柴油、渣油中有蜡油，对实施减压深拔也不积极，其实是捡了芝麻丢了西瓜，得不偿失。

4.3.2.2　催化裂化装置操作优化

催化裂化装置优化的重点是按汽油方案组织生产，且努力提高装置的加工能力，特别是掺炼减压渣油的能力。该问题涉及催化剂、反应工程、再生工程、软件优化计算等多方面的课题，且每一个均十分复杂，如原料雾化碰嘴的优化、回炼比、提升蒸汽/干气、原料进料位置和预热温度、掺渣比、提升管出口温度、中止剂流量、提升管出口分离设施的优化、汽提段汽提效果的优化、再生工程优化（主风和烧焦分配、钝化剂、丙烯助剂、催化剂配方、剂油比）、再生密相温度、再生藏量、再生器压降、再生器压力、催化剂补充量等。总地来说，通过经验和软件相结合的方法使催化脱瓶颈，提高加工量是效益最大所在。其次是提高原料的转化率，如提高再生剂再生效果，提高催化剂补充量，改变催化剂配方也是产生明显效益的优化点。再次是提高分馏系统的分离效率，提高烟机能量回收效率，是降低成本的有效途径。催化裂化装置的优化涉及很多学科，单靠软件计算是不可能实现的，软件可以计算出优化的潜力和优化的方向，但具体实施还是涉及到多方面的问题。

催化裂化装置考核目标应该把催化剂单耗和原料性质、转化率结合起来，动力学模型预测结果是：装置平衡催化剂活性一般都比优化值小，催化剂单耗比优化值小。这与国外炼厂的实际情况也相符，即大多数炼厂催化裂化平衡催化剂活性比国外低，应提高平衡催化剂活性，提高转化率，有利于提高经济效益。

实际生产中存在催化装置不优化催化配方、催化剂活性，一味降本增效。不从全厂考虑优化催化汽油中烯烃含量，提高催化的掺渣量。产品分布不理想，干气产量偏大；干气不干；汽油烯烃含量低、RON 低、RVP 偏低；柴油中有汽油；为了节能，一中、二中取热一般较大，造成柴油 95%点偏轻，油浆中含有较多柴油。催化裂化应优化催化剂配方，多掺渣；出厂汽油烯烃指标富裕的炼厂，催化裂化应按常规催化的方案组织生产，降低 MIP、DCC、FDFCC 的苛刻度；选用合适的塔底油助剂，降低油浆收率；分馏和吸收稳定系统优化，在满足产品质量的前提下，降低干气中 C_3 以上组分含量及液化气中 C_5 含量，并达到节能的目的。

4.3.2.3 延迟焦化装置操作优化

延迟焦化优化的重点是提高液收，降低石油焦收率。目前石油大学的定向反射、深度裂解技术效果比较明显。延迟焦化在提高加热炉出口温度、缩短生焦时间、降低循环比、优化加热炉炉管注汽位置和注汽量、分馏塔洗涤段优化设计、优化焦炭塔放水和暖塔操作缩短生焦周期、回收大吹气和小给水时放空塔顶油气等方面存在优化空间。国内设计的焦炭塔操作压力在 0.17MPag，明显低于国外设计的 0.10~0.13MPag，主要是担心焦粉携带严重以及低压造成焦炭塔、富气压缩机设备大型化，投资较高；国外一般采取高苛刻度操作、在线清焦的技术，国内为延长运行周期，苛刻度较低，加热炉出口温度一般只有 495℃，生焦周期一般大于 18h，在线机械清焦还未普遍实施。

实际生产中，不少装置为了长周期运行，加热炉出口温度较低，循环比较高。提高加热炉出口温度后，为控制蒸发段温度，往往又加大蜡油洗涤量，实际提高了循环比。应借鉴洛阳的经验。焦化原料差，但循环比降到 0.1，加热炉出口温度 497℃，半年炉管在线机械清焦一次。

总之焦化装置需要改变为了长周期操作而降低苛刻度的理念，要提高苛刻度，定期（半年一次）进行在线机械清焦。延迟焦化和催化裂化的吸收稳定系统优化相似，完全可以利用计算机模型来指导优化操作。

4.3.2.4 连续重整装置操作优化

连续重整装置的优化重点是提高装置处理量，其次是提高装置苛刻度。目前氢气供应紧张局面随着环保要求提高和产品质量升级日益明显。在重整装置经济效益最高时，不一定氢气产量最大。因此重整装置的优化目标是既要提高经济效益，也要多产廉价氢气。动力学模型重整较准确，因此利用模型预测重整装置的优化操作条件是一个较好的方法。模型可以根据加热炉负荷的约束、氢油比、再生能力的约束，调整原料的初馏点、氢油比、各反应器入口温度，计算出最优的操作条件。

4.3.2.5 加氢装置操作优化

临氢装置的重点是优化苛刻度或转化率。柴油加氢优化苛刻度，使出厂柴油的质量卡边控制，降低氢气消耗，降低加工成本；蜡油加氢的苛刻度不是越高越好，对于生产 50ppm 以下的汽柴油而言，蜡油加氢必须保持适度的苛刻度，否则催化裂化的转化率反而下降，原因是蜡油中的环烷烃转化成芳烃在高温下达到热力学平衡，反而促进逆反应，导致精制蜡油中芳烃含量增加，动力学模型能够预测该行为；加氢裂化装置的转化率主要和催化剂有关。不同类型的催化剂、不同的催化剂级配方案对装置的产品收率和性质影响很大。从全厂物料平衡的角度出发，优化确定加氢裂化装置的收率，确定催化剂类型及级配方案。加氢裂化反应器各床层的温度在实际生产过程中可以调整，影响柴油或航煤的产量。但动力学模型预测床层温度变化对收率和性质的影响不可靠，因为建模过程中需要输入芳烃饱和、环烷烃开环、脱硫和脱氮的活化能，这个数据就是催化剂研究单位都只能是根据工业现场回归的。如果这些数据不输入，而采用默认值预测，结果不可靠。

4.3.2.6 燃料系统优化

炼厂干气中有大量高附加值产品，如 H_2、C_2 烯烃、C_3、C_3 烯烃、C_4 和 C_4 烯烃。油化一体化的企业应立足裂解原料气体化，回收 C_2 烯烃、C_2、饱和 C_3、正丁烷。催化干气回收 C_2、C_2 烯烃；丙烷去裂解；建设轻烃回收装置，回收常减压、重整、歧化干气中的饱和液化气去裂解催化和延迟焦化干气不干现象在部分炼厂很突出。如有催化干气中丙烯含量达 5%，焦化干气中 C_3 以上组分含量达 7%等。催化和焦化可以利用装置的低温余热增上溴化锂制冷，降低干气不干现象，投资回报率较高。在氢气资源紧张的炼厂，催化干气中回收 H_2 是可行的办法，如九江、洛阳分公司。加氢低分气应通过膜分离或 PSA 回收，或直接串接利用。不是油化一体化的炼厂，也值得回收干气中的 C_2 烯烃、液化气和 H_2 组分，因为存在 2000 元/吨的价差，尤其在夏季瓦斯不平衡，锅炉烧燃料气，效益流失。

丙烯价格较高，应回收焦化液化气中的丙烯。主要存在液化气中总硫超标的问题，且影响聚丙烯的产量。但也有企业该问题解决得较好。聚丙烯尾气应该回收，采用膜或加管线进催化。催化裂化加入丙烯助剂是否有经济效益，需要用动力学模型测算，然后使用实际数据校核。

部分炼油企业存在冬季燃料气不足，补烧天然气、重油和烃类，夏季燃料气过剩，干气不干，锅炉烧瓦斯的现象，是生产中的突出矛盾。

燃料系统优化可采取以下措施：

① 提高加热炉、余热锅炉热效率(降低氧含量、加强炉体保温、降低排烟温度、利用低温热提高瓦斯入炉膛温度)。

② 柴油加氢、蜡油加氢和加氢裂化原料油和反应产物换热器改造成缠绕管式换热器，正常生产时加热炉停止运行或维持低负荷。

③ 常减压装置优化换热网络提高换热终温，少投蒸汽发生器。

④ 炼油装置之间开展热联合、物料直供。

⑤ 催化裂化、延迟焦化气压机改干气密封，催化提高催化剂脱气效果，降低干气中 N_2 含量。加强加氢裂化原料罐、检维修用 N_2、重整用 N_2 的管理，降低放低瓦的 N_2 量。

⑥ 部分加热炉用蒸汽再沸器取代，如重整稳定塔底、芳烃抽提和酮苯装置。

⑦ 有条件的企业，增上小型燃气轮机或者催化干气合成汽油；焦化接触放空塔顶气回气压机入口。

⑧ 延迟焦化装置干气不干现象很普遍，明显比催化情况差。要通过改造气压机和吸收稳定系统解决这些问题。

4.3.3 产品结构优化

4.3.3.1 芳烃生产优化

芳烃是有机化学工业最基本的原料，主要来源于石油和煤焦油，芳烃中的苯(B)、甲苯(T)、二甲苯(X)是石油化工重要的基本原料，其产量和规模仅次于乙烯和丙烯。

目前，生产 BTX 芳烃的原料主要包括来自于催化重整的 C_8 芳烃、石脑油蒸汽裂解副产的芳烃组分、煤焦油加氢与催化裂化轻循环油(LCO) 中的芳烃等，甲醇制芳烃(MTA)、纤维素等生物质生产芳烃等拓宽原料来源的新工艺与新技术也在积极的研发过程中。目前，BTX 芳烃多数由炼化一体化联合装置生产，主要装置有催化重整、裂解、芳烃抽提、歧化/烷基转移、异构化、二甲苯精馏、吸附分离等。

重整生成油和裂解汽油中的 BTX 芳烃，经芳烃抽提分离出苯和甲苯，甲苯和 C_9 芳烃通过甲苯歧化/烷基转移工艺和甲苯选择性歧化工艺生产苯和二甲苯，苯作为产品直接采出，二甲苯通过吸附分离/结晶分离生产高纯度 PX，剩余的其他二甲苯异构体通过 C_8 芳烃异构化工艺，重新得到热力学平衡的 C_8 芳烃，最大程度地增产 PX。受原油价格上涨及供应紧张的限制，廉价芳烃原料短缺将是长期困扰芳烃生产的现实问题，因此，可采用组合工艺，最大限度地增产芳烃。

近年来可采用的生产技术有六类：一类是分离技术，包括分离并回收芳烃的抽提或抽提蒸馏技术、二甲苯异构体的分离和提纯技术；二是反应生成技术，包括催化重整技术、轻烃芳构化技术、催化裂化轻循环油生产芳烃技术、催化裂化轻瓦斯油加氢生产催化重整进料技术、蒸汽裂解汽油生产 BTX 及重整原料技术、焦化粗苯与煤焦油的加工利用技术、将纤维素转化成 BTX 芳烃技术；三是目的产品转移技术，包括烷基转移和芳烃转化技术、重质芳烃轻质化增产 BTX 技术、增产对二甲苯的甲苯选择性歧化技术、增产对二甲苯的 C_8 芳烃异构化技术、间二甲苯生产技术、邻二甲苯生产技术；四是甲基烷基化技术，包括甲苯与甲醇甲基化高效生产对二甲苯技术、甲醇芳构化制芳烃的 MTA 技术；五是组合工艺最大程度增产芳烃技术，包括 BTXtra 组合工艺、选择性歧化与芳构化组合工艺、结晶分离与吸附分离组合工艺、抽提蒸馏和芳构化组合工艺；六是其他芳烃生产技术，包括偏三甲苯和均三甲苯生产技术、均四甲苯生产技术以及石油萘生产技术等。

芳烃生产技术的发展方向，一是围绕拓宽原料来源，实现原料多样化，加强芳烃生产与炼油、乙烯、煤化工等行业的统筹，以多孔催化材料为核心，不断推出新型高性能催化剂和吸附剂，加快甲苯甲基化制二甲苯、LCO 加氢制 BTX、重质芳烃轻质化、轻质烃类芳构化、生物质制芳烃等一批新技术的研发，突破芳烃生产过程中石脑油原料的限制，实现各种生产工艺的组合，开发出满足装置大型化需求的芳烃成套生产技术。二是通过优化原料与产品，进行产品结构调整，进而实现芳烃资源的合理利用，进一步降低生产成本和能耗，以甲苯择形歧化与苯和 C_9 芳烃烷基转移组合工艺技术、PX 吸附-结晶分离组合分离工艺技术、甲苯择形歧化-PX 结晶分离技术等反应-反应、反应-分离、分离-分离组合工艺的开发与应用为突破，实现苯、甲苯、二甲苯产品结构的灵活调整，提高装置竞争力。三是逐步建立涵盖催化重整、歧化与烷基转移、异构化和芳烃抽提、PX 分离等反应和分离单元在内、包括多样化的反应原料和反应产物的芳烃生产模型数据库，用以指导芳烃生产的各单元操作，提高芳烃生产过程中装置调整的效率。四是重视偏三甲苯、均三甲苯、均四甲苯以及石油萘等高附加值产品的加工利用。

4.3.3.2 成品油生产优化

石油化工行业是我国的支柱产业，具有生产线长、涉及面广的特点。而炼油工业是石化行业的重要组成部分，肩负着为各行各业提供石油产品的重任。成品油作为炼油工业的主要产品，在整个石化行业占用相当大的比重。

提高高附加值炼油产品是炼油生产的主要目的。正常状态下汽油产品附加值高于柴油，并且随着社会经济特别是交通旅游业的蓬勃发展，全国汽车产销量与保有量迅速增加。近几年来，汽油需求幅度远高于柴油，所以在炼油企业成品油生产中，降低柴汽比不仅是满足市场需求的需要，也是提高企业经济效益、提高竞争力的需要。

在目前生产技术条件下，生产汽油的核心装置是重整装置和催化裂化装置，所以，要降低柴汽比，其主要措施是通过提高重整装置和催化裂化装置加工负荷来取得。另外，也可以通过将催化柴油循环加氢与再次裂化工艺生产汽油的方案，但这一技术正在发展之中。

4.3.3.3 油品调合优化

油品在线调合技术始于 20 世纪 80 年代，80 年代末和 90 年代初在全球各大炼油厂大规模实施，并取得了很大的投资回报率，其效益主要来自减少质量过剩，更多地使用低成本组分油，降低库存，减少成品库容，避免操作事故等方面。

质量升级是大势所趋，但质量升级也带来成本和操作费用的上升，影响企业经济效益。

① 汽油降低硫含量同时也降低了汽油的 RON。OCT-M 装置轻重汽油要清晰切割，重汽油初馏点 90℃最好，RON 损失最低。S-Zorb 装置要控制反应温度降低汽油 RON 损失。

② 汽油质量升级关键在于要改变汽油池的配方，目前汽油池过度依赖催化汽油和重整汽油。催化汽油烯烃和硫高，芳烃低，重整汽油烯烃和硫低，芳烃高。催化汽油为了降低烯烃和硫对 RON 损失大，重整汽油调入过多，又影响芳烃效益，催化汽油和重整汽油的抗爆指数都不高。因此目前不少炼厂硫、芳烃和抗爆指数卡边。烷基化油抗爆指数高、不含烯烃和硫，是理想的调合组分，且消化醚后 C_4，效益好。中石油、中海油新上炼厂都增上了规模较大的烷基化装置，美国汽油配方中烷基化油占 15%的比例。因此中石化要加强烷基化新工艺，尤其固体酸催化烷基化工艺的研究，提高烷基化油的比例。

③ 为了应对柴油质量升级的要求，很多企业增上加氢裂化装置。目前已有企业将催化柴油切重后送加氢裂化装置加工，效益很好，但要注意精制反应器温升，催化柴油比例不超过 15%。抚顺研究院目前已有工艺将催化柴油经中压加氢改质生产柴油或者生产芳烃。

4.4 化工优化

4.4.1 外购原料优化

4.4.1.1 乙烯原料优化

1. 乙烯原料资源构成

生产乙烯所用的原料范围较宽，从最轻的乙烷开始一直到最重的减压柴油(有的要加氢饱和)，它们的乙烯收率或三烯、三苯总收率各不相同。一般规律是原料轻，乙烯收率高。评价一种裂解原料的优劣，可用 *PONA* 值、原料的氢含量、相对密度及 *BMCI* 值等来衡量。如天然气凝析液(NGL)、液化石油气(LPG)、石脑油(NAP)、加氢尾油(HVGO)和常压柴油(AGO)，甚至加氢的重柴油(VGO)。通常认为从 NGL 得到的乙烷原料最佳，其乙烯收率可高达80%以上。但是，不同市场状况下，综合利用的效益不同，重质原料的效益不一定差。不同原料的裂解产率见表 4-46。

表 4-46 不同原料的裂解产率

原料名称	产率(质量分数)/%					
	乙烯	丙烯	丁二烯	混合碳四	裂解汽油	裂解燃料油
乙烷	≈80					
丙烷	42	16				
正丁烷	40	21				
天然气凝析液(NGL)	49.19	15.97		4.74		0.61
轻烃(LTHC)	41.77	15.95		8.3		0.72
石蜡基石脑油(NAP)	30.4	14.52		9.94	13.5	11.33
中间基石脑油(NAP)	23.6	12.5	3.6	4.5	34.1	2.3
常压柴油(AGO)	22.4	14.5	4.6	5.2	27.3	11.4
加氢轻柴油	25.1	15.3	5.1	5	25	8.4
煤油加氢裂化尾油	28.9	17.4	6.8	5	22.2	3
煤油缓和加氢裂化尾油	28.9	16.8	6.3	4.8	24.2	3.4
煤油加氢精制尾油						
加氢焦化柴油	28.4	17.7	6.4	5	24	4
加氢焦化汽油	25.4	18.4	4.3	4.7	20.8	14.2
脱沥青加氢处理尾油	29.2	13.2	2.6	4.2	23.4	6.5

从全球乙烯原料的构成情况看，目前石脑油仍是全球最主要的裂解原料，占50%左右。但由于资源状况的不同，各地区乙烯裂解原料构成存在着很大的差异。北美和中东地区天然气储量十分丰富，因此这些地区普遍采用乙烷作为裂解原料。而亚太和西欧地区大量采用石脑油作为裂解原料。由于石脑油供应量相对不足，在全球乙烯生产原料中，石脑油所占的比例有所下降。为适应原料的变化，新建乙烯装置和现有乙烯装置的扩能改造在设计上都考虑了加工多种原料的灵活性，因此全球乙烯装置混合进料所占比例已有所提高(见图4-12)。

乙烯原料的特性指标和评价：对乙烯生产而言，裂解原料的反应主要有两大要求，一是获得高收率的目的产品(乙烯、丙烯、丁二烯)，二是要求原料在高温条件下结焦量尽可能少，以确保裂解炉运转周期尽可能长。因此，在乙烯原料质量性能上主要考虑族组成

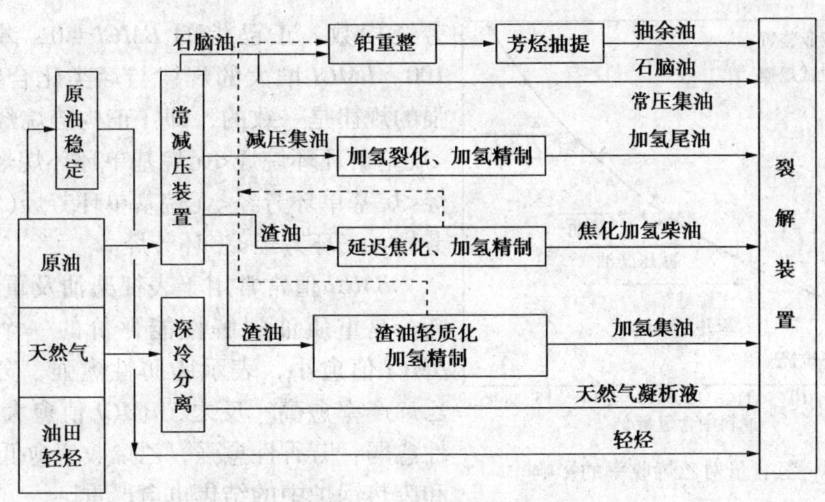

图 4-12　裂解生产乙烯原料来源示意图

(*PONA* 值)、关联指数 *BMCI*、特性因数 *K*、氢含量和杂质含量等。族组成是指裂解原料中烷烃(P)、烯烃(O)、环烷烃(N)和芳烃(A)的质量百分率，称为 *PONA* 值。在作为乙烯原料时，烷烃最易裂解，其含量越高则乙烯收率越高，结焦量越少；环烷烃次之，烯烃裂解容易结焦，芳烃含量越高不仅对乙烯收率提高无作用，相反结焦趋势更甚。进一步说，链烷烃含量相同的石脑油，如果正、异构烷烃的含量有较大差异，则其在乙烯收率上会有非常大的差别，直接影响经济性。显然，烷烃含量高(更重要的是正构烷烃含量高)、芳烃含量低的原料是理想的裂解原料。几种同分异构体裂解的乙烯、丙烯收率情况见表 4-47。

表 4-47　几种同分异构体裂解的乙烯、丙烯收率情况

正构烷烃	收率/%		异构烷烃	收率/%		环烷烃	收率/%	
	乙烯	丙烯		乙烯	丙烯		乙烯	丙烯
乙烷	82.3	1.8	异丁烷	14.85	20.98	环戊烷	31.6	15.6
丙烷	43.7	31.2	异戊烷	13.6	20.3	环己烷	37	11
丁烷	42.2	14.6	2-甲基戊烷	17.6	29.3	甲基环戊烷	18.3	33.2
戊烷	46	23.9	3-甲基戊烷	19.6	14.4	环庚烷	15.6	2
己烷	47.9	16.6	2，3-二甲基丁烷	—	26.6			
庚烷	47.3	12.3	2，4-二甲基戊烷	7.8	15.3			
			2-甲基己烷	22.1	25			
			3-甲基己烷	22.2	15.5			

氢含量：氢含量是指原料烃分子中氢的质量百分比。从分子结构可知，各类烃中烷烃氢含量最高，环烷烃其次，芳烃最低。氢含量排列顺序是小分子烷烃>大分子烷烃>环烷烃>单环芳烃>多环芳烃。因此，原料中各族烃含量不同，可以集中表现在氢含量的大小上。较高的氢含量有助于取得较高的乙烯收率。氢含量对乙烯收率的影响如图 4-13 所示。

关联指数(*BMCI*)：关联指数 *BMCI* 是以相对密度和沸点组合起来的一个参数，其定义如下：

$$BMCI = \frac{48640}{t + 273} + 473.6 \times d_{15.6}^{15.6} - 456.8$$

BMCI 是一个芳香性指标，其值愈大，芳香性愈高，乙烯收率愈低，因此 *BMCI* 也称为

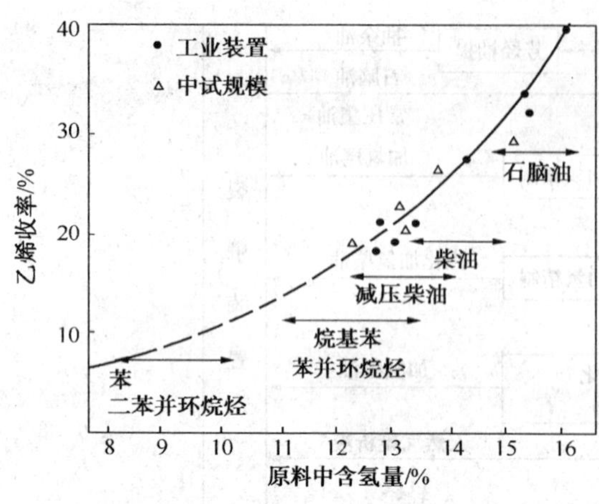

图 4-13　氢含量对乙烯收率的影响

芳烃指数。正己烷的 *BMCI* = 0，苯的 *BMCI* = 100。*BMCI* 增大的规律与烃类化合物芳香性增强的规律是一致的，即：正构链烷烃<支链烷烃<烷基单环环烷烃<无烷基单环环烷烃<双环环烷烃<烷基单环芳经<无烷基单环芳烃(苯系)<双环芳烃< 三环芳烃<多环芳烃。

BMCI 值常常用于表征柴油及重柴油裂解性能，是重质油裂解性能评价的一个重要参数。*BMCI* 值愈小，表示脂肪性愈强，芳香性愈弱，乙烯产率愈高；反之，*BMCI* 值愈大，表示脂肪性愈弱，芳香性愈强，乙烯收率愈低，而且炉管和废热锅炉中的结焦也愈严重。

特性因数 *K*：特性因数 *K* 是表征烃类及石油馏分油化学组成的一种重要指标，烷烃的 *K* 值最高，芳香烃的最低，这也说明特性因数反映了烃类的氢饱和程度。对于石油馏分来说，*K* 值越高，相应的氢饱和度越大。

沥青质或胶质含量：馏分油的沥青质或胶质含量是评价该油品裂解时结焦趋势的重要指标之一。一般地，沥青质含量或胶质含量越高，则该油品裂解结焦的趋势越严重。馏分油的溴价或碘值反映了油品中不饱和烃的含量，因此，馏分油的溴价或碘值也是评价裂解原料裂解结焦性能的指标之一，溴价或碘值过高，甚至可能在对流段产生结焦。

杂质含量：硫含量，裂解原料的硫含量对裂解所得各类烃的收率影响甚微，从炉管腐蚀看，只要裂解原料的硫含量低于 2%(质量分数)，就不会出现严重的高温腐蚀。

砷含量：裂解原料砷含量较高时，可能造成分离单元中加氢脱炔催化剂和汽油加氢催化剂砷中毒。此外，丙烯产品含砷将影响聚丙烯高效催化剂的活性。当裂解原料含砷量超过 30×10^{-9} kg/kg 时，则需考虑脱砷的问题。

汞含量：某些裂解原料含有微量汞，当裂解原料含汞量在 10mg/kg 以上时，裂解原料中的汞可能累积于冷箱而造成冷箱的损坏。

2. 乙烯装置裂解原料的优化

(1) 我国乙烯裂解原料特点

不同乙烯裂解原料的产品方案是不同的，市场对乙烯装置下游衍生物的需求也是有变化的，世界上有的国家和地区主要要求得到乙烯，有的需要乙烯、丙烯，有的丙烯的需要大于乙烯，有的则需要乙烯、丙烯、丁二烯及芳烃等。我国由于三烯三苯都比较缺乏，采用石脑油、AGO 等液相进料的裂解装置能满足多种产品的要求，而以乙烷为原料的裂解装置产品除乙烯外，其他联产品很少。

乙烯原料变重后，乙烯收率将下降，焦油产量将上升，同时碳三以下产品转化率下降，碳四以上产品转化率上升，生产每吨乙烯所需原料则会增加。我国过去裂解原料大部分用 AGO，改用石脑油后原料变轻，当使用 C_2、C_3、C_4 组分作原料时，才实现了真正意义上的原料轻质化。石脑油和 AGO 虽有轻重的不同，但一样同属于液体原料，其产品范围基本上和 AGO 一样，只是产品分布不同而已，其要销售的产品还是比乙烷、丙烷裂解多三倍。

(2) 乙烯原料优化的必要性

乙烯原料的优化是影响我国乙烯工业发展的核心问题之一。乙烯原料的选择，应根据原料优化、企业效益最大化等因素综合考虑确定。乙烯原料优化主要是指乙烯原料的正确选择、正确调配、正确处理和正确使用，从而使乙烯装置更好地满足下游需要，有更好的经济效益和竞争能力。乙烯原料优化的方向一般认为是轻质化和多样化，近年来国际上很强调原料的柔性化和装置的灵活性。从表面上看，乙烯原料优化追求高收率、高效率和高效益；从本质上看，则是原料资源的合理利用，是可持续发展的必然要求。不同的乙烯裂解原料对乙烯装置的投资成本和操作费用影响很大，在乙烯成本中原料成本约占总成本的60%~80%，甚至更高，这也是目前要特别重视原料优化的一个重要原因。就乙烯成本而言，原料越重，乙烯成本也就越高，同时乙烯成本中原料所占的比例也越大。但这并不是绝对的，还要看各种原料的市场价格和联副产品的收益情况等，才能得出哪种原料裂解生产乙烯成本低的结论。

（3）乙烯原料优化的方法

① 轻烃的裂解

无论从乙烯收率、生产成本，还是从投资成本等角度来看，乙烷、丙烷和轻烃应是最好的裂解原料。但由于资源原因，我国实际裂解原料中乙烷、丙烷和轻烃用得不多。乙烷主要来自乙烯装置、油田气和炼厂气；丙烷、丁烷主要来自炼厂催化裂化的碳三馏分（分离掉丙烯后）和进口的LPG。实际生产中，可以采用乙烷单炉裂解、乙烷/丙烷共裂解、乙烷/丙烷和其他重质原料混合裂解等几种方式。石油液化气（LPG）和炼厂干气：在炼油化工一体化的石化企业中，炼厂轻烃和干气是很好的乙烯原料，炼厂轻烃（LPG）中碳三、碳四含量比较高，而干气中主要含有乙烷、乙烯及少量丙烷、丙烯和碳四。LPG中由于含有较多的碳四异构烷烃，乙烯收率不会太高，需进行实际分析和评价后，再决定是否用作乙烯原料。干气中由于含有氮气、氢气和甲烷等，必须先分离并精制，再将其中的乙烷、乙烯等提浓后送乙烯装置加以利用。炼厂干气分离工艺路线比较多，主要有深冷分离法、深冷与分凝器联合分离法、深冷与变压吸附联合分离法、中冷油分离法、溶剂抽提法等。油田轻烃：油田轻烃一直是我国乙烯工业关注的裂解原料。轻烃在我国乙烯原料中所占的比例长期徘徊在5%左右。部分企业使用过东海油田的凝析油，其乙烯单程收率大于28.6%，比AGO裂解效果好。由于该油馏分较宽（40~380℃），残炭较高，直接作为裂解原料不太理想，如果经过切割，除去较重组分以后，其裂解性能、结焦性能和运行周期都可得到改善。不是所有的凝析油都适合作裂解原料，但轻馏分凝析油肯定是较好的裂解原料。对于馏程较宽的凝析油，要分析其*PONA*值，必要时加以切割，将轻组分作裂解原料，较重组分可作它用。

② 石脑油的裂解

石脑油是世界上最主要的乙烯原料，大约占全球乙烯原料的50%。但并非所有的石脑油都适合作裂解原料，无论是品种还是馏分轻重都存在优化问题。石脑油裂解的一般规律有：a. 直馏石蜡基石脑油裂解时乙烯收率最高，如大庆石脑油是生产乙烯理想的原料；b. 异构烷烃裂解乙烯收率低，甲烷收率较高；c. 除带侧链的芳烃外，芳香环本身是不能生成烯烃的；d. 干点在102℃以下的轻石脑油，乙烯收率高，而且和原油种类关系不大，高于该温度后，随着异构烷烃、环烷烃和芳烃含量的增加，乙烯收率下降；e. 重质石油馏分裂解时副反应多，产生较多的焦油产品，增加生焦趋势。实际情况也可能因具体产地不同而不同。中东石脑油（科威特、波斯湾和伊拉克等地区），当干点增加时，烷烃含量降低，芳香烃含量增加；非洲撒哈拉地区及委内瑞拉石脑油、利比亚和阿尔及利亚石脑油，当干点增加时，烷烃含量降低，环烷烃增加；全馏程或重质中东石脑油的乙烯和丁二烯收率降低，芳香烃收率增加。据分析，良好裂解性能的石脑油应具有高石蜡基、低芳香基、馏分轻以及烯烃含量尽可能低等特点。抽余油：石化企业的抽余油主要分为两大类，一类是由重整反应生成物，经芳烃抽提后所得的抽余油。由于进芳烃抽提前已将 C_8 部分切去，因此其干点较低。同时芳烃和环烷烃含量均很低，很适合作裂解原料。另一类抽余油是乙烯装置产生的裂解汽油，经加氢和芳烃抽提后所得到的抽余油。这类抽余油干点也较低，但烃族组成中环烷烃含量较高，烷烃中异构烷烃的含量也较高，因此，乙烯收率低于直馏石脑油，不能算很好的裂解原料。加氢裂化轻石脑油作乙烯原料：加氢裂化的产品不含烯烃，其所生产的轻石脑油烷烃含量很高(达 93%)，应该是优良的裂解原料，但问题是含较多的异构烷烃。某企业经过多年的实践总结出加工轻石脑油的经验，即单炉、高裂解深度及适当注硫三要素，可以和 LPG 共裂解，但不宜和石脑油混合。如采用上述措施，可达到比较高的三烯收率。由于有些厂的加氢裂化能力很大，因此利用好这部分原料，可减少 AGO 裂解原料的用量，但应注意加氢裂化轻石脑油在高裂解深度下，产气量大，甲烷氢收率较高，将增加压缩机及冷区负荷。在满负荷生产情况下，应综合考虑原料结构，加氢裂化轻石脑油可占适当比例，以实现增产乙烯的目的。

③ 常压柴油(AGO)裂解

从总体上讲，使用重质乙烯原料无论是成本、能耗，还是装置投资，都不如轻质原料。除上述因素外，由于国内柴油紧缺，柴汽比不能满足国民经济的需要，用 AGO 作乙烯原料则更加剧了柴油的缺口，因此压缩 AGO 作乙烯原料已成为我国石化行业一项重要任务。但是，国际上还是有部分国家使用 AGO 作为乙烯原料用于石脑油的补充，这主要取决于市场和经济效益，当石脑油价格上升，AGO 价格相对较低时，使用一些 AGO，尤其是优质 AGO 作乙烯原料是可取的。从整体而言，AGO 作为乙烯原料正逐步被石脑油和加氢裂化尾油所取代，在技术经济比较许可的前提下，对于某些裂解收率高的 AGO，必要时可作为石脑油的调节和补充。

④ 加氢尾油(HVGO)裂解

加氢尾油(HVGO)产自加氢裂化装置，加氢裂化工艺是炼厂主要的生产中间馏分油的二次加工工艺，和催化裂化不同的是反应在高压临氢状态下进行，使用具有裂化和加氢双重作用的催化剂。不同的工艺流程、不同的催化剂，会得到不同的产品分布和产品质量，总地来讲，液体产品收率很高，C_5 以上组分产率可达 94%以上，同时产品的饱和度高，烯烃极少，非烃含量低。原料中的多环芳烃在加氢裂化反应时经选择性断裂，发生芳烃向轻馏分转移现象，主要集中在石脑油和中间馏分，未转化的 HVGO 由于其环状烃的减少，*BMCI* 值降低，氢含量增高，在族组成方面和一般减压柴油(VGO)不同，因而具有良好的裂解性能，是一种优良的乙烯原料。一般地，原油切割所得到的各种直馏馏分，随着馏分变重，其芳烃含量增加，尤其是多环芳烃增加，导致蒸汽裂解过程中乙烯收率降低，重质液体产品增加，尤其是结焦量的剧增使裂解炉运行周期缩短。因此，重质的 VGO 一般不作为蒸汽裂解原料。而加氢裂化未转化油 HVGO 的相对分子质量同样比较大，馏程相近，但经过加氢改质，其尾油中的部分芳烃前移，环状烃含量大为减少，烷烃含量增加和加氢裂化所得的石脑油和中间馏分中烷烃、芳烃含量分布正好相反。利用这一特点，HVGO 成为一种良好的裂解原料。应该指出的是，HVGO 性质和原油有一定关系，石腊基的大庆油所得 HVGO 裂解性能最好，对于中间基或环烷基 VGO，在使用断环选择性良好的催化剂和合适的转化深度前提下，也可以得到 *BMCI* 值在 10 左右的 HVGO。提高加氢裂化转化深度，可降低 HVGO 的 *BMCI* 值。如转化率 55%时，其 *BMCI* 值为 15，转化率 70%时，其 *BMCI* 值降低到 10，转化率 90%时，其 *BMCI* 值降低到 8。作为良好的裂解原料，用一次通过工艺的高压加氢裂化尾油是最佳方案。但前提是原料 VGO 中的重质部分在加氢裂化过程中应得到深度加氢改质，芳烃前移，以确保其烷烃含量增加，芳烃含量降低到允许的水平。中压加氢裂化(MHUG)可以克服 MHC 转化率较低的问题，从而使尾油的裂解性能和高压加氢裂化尾油相似。同时由于装置操作压力降低，一般为 8.0~12.0MPa(总压)，因此装置投资可比高压加氢裂化低 3.0%~4.0%。中国石化石油化工科学研究院为我国某厂开发的中压加氢裂化工艺，采用一段串联，一次通过流程，可以得到裂解性能良好的蒸汽裂解原料。从经济角度来讲，三烯收率尤其是乙烯收率是衡量裂解原料优劣的主要指标。从可行性角度讲，HVGO 在裂解过程中的结焦性能是最应注意的问题，特别是防止对流段结焦，重质裂解原料如果在对流段炉管内结焦，由于无法烧焦，将导致炉管报废。此外，裂解焦油的产率和黏度也是影响乙烯装置分离单元热区能否正常运行的重要指标。受焦油黏度影响，一般裂解原料中 HVGO 比例不能过高，工业上常控制在三分之一左右。如一套有 10 台裂解炉的乙烯装置，投用 HVGO 的裂解炉一般不超过 3 台。有关资料显示，HVGO 中如含有较多量的卵苯、晕苯等极为稳定的 PAH，其结焦倾向严重，一般防焦措施效果不佳，必须设法将 PAH 含量降低下来。减少 HVGO 中 PAH 含量，提高尾油质量，主要通过控制 VGO 的干点(加氢裂化原料 VGO 干点增加，HVGO 中 PAH 含量随之增加)、合理控制反应温度(加氢反应温度越高，反应流出物中 PAH 含量越高)、选择具有高活性的催化剂等方法来进行。针对 HVGO 裂解结焦的情况，裂解工艺中也采取了其他辅助措施：一是防止裂解炉对流段结焦的二次注汽技术；二是注入防焦抑制剂，尤其是复配的阻焦强化剂，其效果更好。此外，因 HVGO 的硫含量很低，通过补硫使原料含硫量保持在 100μg/g 左右，对抑制结焦也有一定作用。采用 HVGO 作为乙烯原料，乙烯收率已达到石脑油水平。HVGO 蒸汽裂解时气体收率较高，有时高达 75%，而裂解燃料油却很少，有的仅 7%，这在生产过程中势必造成急冷油循环次数增多，急冷油黏度上升，对急冷油系统有较大的影响。解决此问题的简单方法为控制 HVGO 在总裂解原料中的比例，一般不超过 30%。

4.4.1.2 芳烃原料优化

1. 芳烃原料资源构成

芳烃原料主要包括直馏石脑油、加氢裂化重石脑油、混合二甲苯、甲苯、加氢汽油抽余油等，以某企业为例，其生产过程如下：加氢裂化生产的重石脑油和炼厂来的直馏石脑油(包括中压加氢裂化重石脑油)、抽提加氢抽余油经过预加氢处理除去杂质后，一起作为连续重整装置的原料，在重整反应器内将重石脑油中的环烷烃及部分烷烃转化芳烃，C_6~C_7 馏分作为作为抽提原料，C_8 以上芳烃作为二甲苯装置原料；乙烯付产品加氢汽油经过环砜抽提装置分离出产品抽提苯、中间料 C_7 芳烃及加氢抽余油 HNR；重整 C_6~C_7 料通过环砜抽提装置分离出产品抽提苯、中间料 C_7 芳烃和付产品重整抽余油 PR；抽提 C_7 芳烃和二甲苯分离的 C_9 芳烃作为歧化装置(500#)反应原料，经过歧化和烷基转移反应生产出产品歧化苯、C_8 以上芳烃，未转化的 C_7 芳烃和 C_9 芳烃继续循环至歧化反应器内进行歧化反应；重整、歧化及异构化产的 C_8 以上芳烃通过二甲苯分离装置分离出富含 PX 的 C_8 芳烃、产品 OX、中间产品 C_9 芳烃及副产品重芳烃；中间产品 C_9 芳烃作为歧化反应进料，富含 PX 的 C_8 芳烃及外供混合二甲苯通过吸附分离装置分离出产品 PX 和抽余液。抽余液作为异构化原料，通过临氢异构化反应装置将乙苯和 MX 转化为富含 PX 和 OX 的 C8A，该 C8A 作为二甲苯分离装置的原料；新鲜甲苯通过甲苯择形歧化装置生产 PX 浓度大于 90%的 C8+A 和歧化产品苯，C8+A 作二甲苯分离装置的原料。

2. 芳烃主要原料性质与优化

（1）直馏石脑油

石脑油资源优化利用是降低芳烃生产成本、提高石油化工产品市场竞争力的重要因素。一般来讲，链烷烃含量高的石脑油适宜作乙烯原料，乙烯收率高；环烷烃芳烃含量高的适宜作芳烃原料，芳烃收率高。目前炼化一体企业已将正构烷烃、异构烷烃含量高的石脑油用作乙烯原料，将正构烷烃与异构烷烃含量低、芳潜含量高的石脑油用作重整原料（经预加氢脱除 C_5 以下轻烃后进重整），即宜烯则烯、宜芳则芳，石脑油已得到较好的优化利用，并且物料基本处于平衡状态。但从今后看，为了更好地利用石脑油资源，可采用石脑油吸附分离的新技术，其核心是以石脑油为原料，吸附分离油分为两部分，一部分基本上是正构链烷烃，为优异的乙烯原料，另一部分芳潜含量较高，是较好的重整原料。石脑油经此工艺，乙烯原料、重整原料的品质将得到提高，乙烯收率、芳烃收率也会有所提高，但原物料平衡将被打破。

（2）加氢裂化石脑油

中压加氢裂化石脑油：以某厂中压加氢裂化装置为例，该装置采用石油化工科学研究院开发的 RMC（加氢裂化）技术，主要以第二套常减压装置（加工中东高含硫原油为主）的减一线、减二线油为原料生产石脑油、中间馏份分，同时生产优质尾油作乙烯裂解原料。其石脑油芳潜含量高，作重整生产芳烃原料，中压加氢裂化石脑油组成和相关性能评价。中压加氢裂化石脑油分析结果见表 4-48，中压加氢裂化石脑油评价结果见表 4-49。

表 4-48　某厂中压加氢裂化石脑油分析结果

类别	沸程/℃	占总量/%（质量分数）	族组成/%（质量分数）				
			正构烷烃	异构烷烃	烯烃	环烷烃	芳烃
蒸出液	78~90	4.28	7.01	35.25	0.01	53.25	4.49
	78~100	18.14	7.05	33.53	0	53.48	5.92
	78~110	31.53	6.95	32.59	0	53.27	7.18
蒸余液	8~7	100	7.64	33.58	0.09	45.82	12.87
	0~9	95.72	7.67	33.51	0.094	45.49	13.25
	0~10	81.86	7.77	33.59	0.11	44.12	14.41
	0~11	68.47	7.96	34.07	0.131	42.39	15.49

表 4-49　某厂中压加氢裂化石脑油评价结果

类别	沸程/℃	乙烯收率/%（质量分数）	丙烯收率/%（质量分数）	芳潜含量/%（质量分数）
蒸出液	78~90	24.65/26.93	12.89/12.94	54.24
	78~100			56.02
	78~110			57.11
蒸余液	~78			38.53
	~90			34.30
	~100			30.53
	~110			25.04

该厂中压加氢裂化石脑油正构烷烃含量很低，不到 8%，芳潜含量为 38.53%，适合作

重整原料。通过切割后分析可知，轻馏分正构烷烃、异构烷烃含量及重馏分正构烷烃、异构烷烃含量区别不大，蒸出液环烷烃含量高芳烃含量低，蒸余液环烷烃含量低芳烃含量高，蒸出液芳潜含量相近且远比全馏分及蒸余液的芳潜含量高。从表 4-49 还可看出，蒸出液中即使是最轻的馏份乙烯收率也仅有 24.65%。因此中压加氢裂化石脑油不宜作为吸附分离的进料，也不必作做一步的蒸馏分离处理，最合适的做法就是直接用作重整装置进料。

高压加氢裂化石脑油：高压加氢裂化主要产品有石脑油、航煤、尾油等。其石脑油芳潜含量高，作为重整生产芳烃原料，高压加氢裂化石脑油组成和其相关性能评价见表 4-50 和表 4-51。

表 4-50　某厂高压加氢裂化石脑油分析结果

类　别	沸程/℃	占总量/%（质量分数）	族组成/%（质量分数）				
			正构烷烃	异构烷烃	烯烃	环烷烃	芳烃
蒸出液	46~80	6.18	9.44	56.50	0.01	32.10	1.95
	46~90	13.17	6.61	52.99	0	38.56	1.84
	46~100	31.64	5.31	47.26	0	44.48	2.96
	46~110	44.56	5.07	45.65	0	45.80	3.49
蒸余液	~46	100	6.23	43.37	0	44.41	5.99
	~80	93.82	6.02	42.51	0	45.22	6.26
	~90	86.83	6.17	41.91	0	45.30	6.62
	~100	68.36	6.66	41.57	0	44.38	7.39
	~110	55.44	7.16	41.54	0	43.29	7.999

表 4-51　某厂高压加氢裂化石脑油评价结果

类　别	沸程/℃	乙烯收率/%（质量分数）	丙烯收率/%（质量分数）	芳潜含量/%（质量分数）
蒸出液	46~80	26.78/29.37	14.64/14.69	31.89
	46~90	25.55/28.02	14.21/14.26	37.8
	46~100	24.09/26.42	13.55/13.60	44.6
	46~110	23.77/26.08	13.31/13.36	46.39
蒸余液	~46			35.86
	~80			36.12
	~90			35.54
	~100			31.81
	~110			27.39

高压加氢裂化石脑油正构烷烃含量很低，不到 7%，异构烷烃含量较高，达 43%以上，芳潜含量为 35.86%，适合作重整原料。通过切割后分析可知，轻馏分、重馏分正构烷烃含量均不高，46~80℃馏分正构烷烃含量略高，但也不超过 10%，轻馏分的异构烷烃含量比重馏分异构烷烃含量明显偏高，尤其是 46~80℃、46~90℃的馏分，异构烷烃含量达 56.50%和 52.99%。环烷烃含量除 46~80℃、46~90℃的馏分较低外，其他轻馏分和重馏分相近，蒸出液芳烃含量较低，蒸余液芳烃含量较高。随着馏出温度的提高，蒸出液芳潜含量逐渐提高，蒸余液芳潜含量逐渐降低。从表 4-50 还可看

出，蒸出液46~80℃馏分虽然沸程较宽，但所占总量的比例仅为6.18%，这说明是蒸馏塔分离度不够清晰所致，这部分馏分的单程乙烯收率为26.78%，芳潜含量为31.89%，比全馏分的芳潜含量35.86%明显偏低，其对高压加氢裂化石脑油品质的影响不容忽视。从以上讨论可知，高压加氢裂化石脑油不宜作为吸附分离的进料，此外应提高相应蒸馏塔的分离度，只要把芳潜含量低的少量轻端馏分切除，便可进一步提高高压加氢裂化石脑油的芳潜含量，然后直接用作重整装置进料。

4.4.2 装置操作条件优化

4.4.2.1 乙烯装置操作优化

某企业2004年以来，随着乙烯裂解原料结构的逐步轻质化，乙烯收率逐年提高，乙烯原料结构优化取得了一定的效益。但随着轻质裂解料比例的提高，乙烯裂解气量明显增加，由于受到乙烯裂解气急冷压缩机能力和冷箱负荷的限制，乙烯裂解负荷受到较大抑制，总体呈现出原料结构越轻，则乙烯收率越高，乙烯裂解负荷降低，产品总量有所减少的趋势。在烯烃和芳烃产品链总体边际盈利的形势下，如何解决乙烯收率和乙烯产量之间的平衡关系是各家企业面临的较大难题。为此，该企业在详细分析装置实际生产状况的基础上，对不同原料结构的乙烯收率和乙烯负荷进行模拟分析，并用不同的价格体系，对各种原料结构下的烯烃产品链边际效益情况进行测算，力图找出指导当前乙烯生产的决策依据，取得了一定效果。

1. 乙烯收率和负荷模拟

通过对2004年以来乙烯生产情况的认真分析，选取了7组典型的乙烯收率和负荷相关联的数据；同时，充分利用SPYRO模拟软件，对一些特殊原料结构下的乙烯收率和负荷进行模拟（如在轻质料比例不变的基础上，提高石脑油比例，降低尾油比例），得出3组较能反映生产实际的数据用于效益测算。在数据选取和模拟时，主要考虑了以下情况：

一是在装置日负荷确定过程中，充分考虑了乙烯裂解气量大对装置负荷的影响，剔除了装置检修、非计划停车、限产等不可比因素；

二是SPYRO数据模拟过程中，按目前的原料性质和进料方式、操作条件进行模拟预测，若实际生产中原料品质、操作条件等发生变化，将会对装置实际收率带来一定影响；

三是根据生产过程中原料混合裂解的实际情况，对乙烯原料划分成三大类：轻质裂解料，包括丙烷、液化气、轻烃和轻石脑油；中质裂解料，包括直馏石脑油、加氢石脑油、抽余油；重质裂解料，包括常压中油、加氢裂化尾油；

四是为了便于测算结果的比较分析，按照乙烯收率由低到高的顺序，对选定的10种工况进行排序。

不同原料结构下的乙烯收率和负荷见表4-52。

表4-52 不同原料结构下的乙烯收率和负荷

名 称	Case1	Csae2	Case3	Case4	Case5	Case6	Case7	Case8	Case9	Case10
数据来源	2007上半年实际	2004年实际	2006年实际	2005年实际	2008上半年实际	SPYRO模拟	SPYRO模拟	SPYRO模拟	2008年实际	2008下半年实际
轻质裂解料比例	10.63%	12.78%	13.90%	14.64%	21.81%	25.01%	25.00%	25.00%	25.92%	30.33%

续表

名　称	Case1	Csae2	Case3	Case4	Case5	Case6	Case7	Case8	Case9	Case10
中质裂解料比例	46.49%	47.39%	45.20%	44.30%	53.81%	42.32%	46.46%	50.66%	49.59%	45.08%
重质裂解料比例	42.88%	39.83%	40.90%	41.06%	24.38%	32.67%	28.54%	24.35%	24.49%	24.60%
乙烯收率	30.38%	30.40%	30.50%	30.72%	31.06%	31.10%	31.14%	31.16%	31.17%	31.29%
丙烯收率	14.65%	14.34%	14.52%	14.73%	14.87%	14.93%	14.95%	15.00%	15.17%	15.48%
双烯收率	45.03%	44.75%	45.01%	45.45%	45.93%	46.03%	46.09%	46.15%	46.34%	46.77%
乙烯日投入量/t	7350	7320	7250	7200	7100	7000	6950	6850	6800	6550
乙烯日产量/t	2233	2226	2211	2212	2205	2177	2165	2134	2120	2049

2. 不同原料结构的烯烃产品链边际效益测算

（1）方案设定

一是以烯烃产品链实际投入产出结构为基础，除乙烯装置的负荷根据不同测算方案进行调整外，其他外购原料总投入量保持一致；二是应用选定的10种典型原料结构下的乙烯装置负荷和收率，模拟乙烯装置的生产，分别搭建10个Case，并按照4、5、6、7各月份的财务实际价格体系，测算其边际效益情况。

（2）测算结果与分析

按照设定的10种方案和4套价格体系，进行烯烃产品链边际效益测算，不同价格体系的烯烃产品链边际效益变化情况如表4-53所示。图4-14为不同原料结构的乙烯和“双烯”收率。

表4-53　不同原料结构的烯烃产品链边际效益

名　称	Case1	Csae2	Case3	Case4	Case5	Case6	Case7	Case8	Case9	Case10
轻质裂解料比例	10.63%	12.78%	13.90%	14.64%	21.81%	25.01%	25.00%	25.00%	25.92%	30.33%
中质裂解料比例	46.49%	47.39%	45.20%	44.30%	53.81%	42.32%	46.46%	50.66%	49.59%	45.08%
重质裂解料比例	42.88%	39.83%	40.90%	41.06%	24.38%	32.67%	28.54%	24.35%	24.49%	24.60%
乙烯收率	30.38%	30.40%	30.50%	30.72%	31.06%	31.10%	31.14%	31.16%	31.17%	31.29%
丙烯收率	14.65%	14.34%	14.52%	14.73%	14.87%	14.93%	14.95%	15.00%	15.17%	15.48%
双烯收率	45.03%	44.75%	45.01%	45.45%	45.93%	46.03%	46.09%	46.15%	46.34%	46.77%
乙烯日产量	2233	2226	2211	2212	2205	2177	2165	2134	2120	2049
4月价格体系毛利	3.1	2.97	3.05	3.11	2.95	2.97	2.92	2.84	2.85	2.77
5月价格体系毛利	3.76	3.64	3.72	3.78	3.64	3.67	3.61	3.53	3.53	3.45

续表

名　称	Case1	Csae2	Case3	Case4	Case5	Case6	Case7	Case8	Case9	Case10
6 月价格体系毛利	3.43	3.32	3.39	3.46	3.32	3.37	3.31	3.22	3.24	3.16
7 月价格体系毛利	2.51	2.42	2.53	2.62	2.58	2.69	2.63	2.54	2.57	2.58

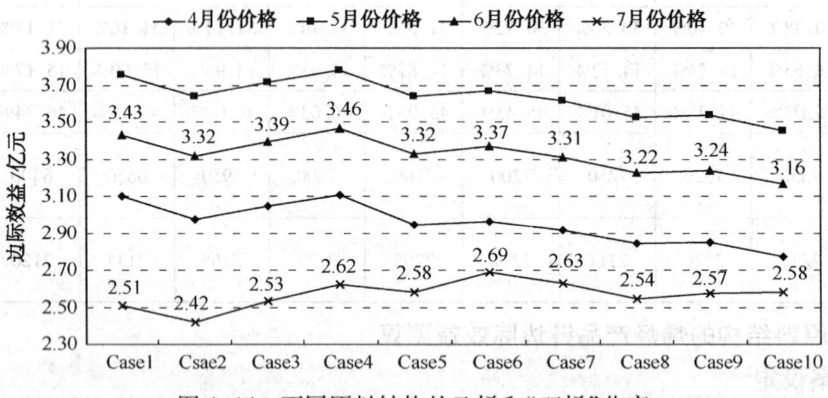

图 4-14　不同原料结构的乙烯和“双烯”收率

通过对不同原料结构下的乙烯装置收率和负荷情况对比，并对在不同价格体系下烯烃产品链的边际效益情况进行分析，可以得出以下结论：

一是从不同原料结构下的乙烯收率变化情况可以看出，随着轻质裂解料比例的提高，乙烯收率和“双烯”收率逐步提高。当轻质裂解料比例达到 25%左右时，乙烯和双烯收率增幅趋缓，此时再提高中质裂解料比例，乙烯和“双烯”收率只略微提高。继续提高轻质裂解料比例到 30%左右时，乙烯和双烯收率明显提高，但由于受到裂解气量过大的瓶颈限制，乙烯负荷幅降较大，与最高负荷相比，乙烯原料日投入量减少了 800t/d，乙烯产量减少了 184t/d，商品总量明显降低。

二是从烯烃产品链边际效益分析，原料轻质化的效益和液化气与石脑油的差价息息相关，当液化气价格远低于石脑油价格时，乙烯原料轻质化的效益较明显。当石脑油均价为 2716 元/t，液化气均价为 2682 元，液化气与石脑油差价小，仅比石脑油低了 34 元/t，其中 4 月份液化气价格比石脑油高了 131 元/t，因此，烯烃产品链边际效益模拟结果总体呈现轻质裂解料比例越高，乙烯和“双烯”收率相应提高，但乙烯负荷逐步降低、边际效益震荡减少的趋势。当轻质裂解料比例为 14.5%、中质裂解料比例为 45%左右时，烯烃产品链边际效益最大。而 7 月份的液化气价格比石脑油低了 792 元/t，模拟测算结果表明随着轻质裂解料比例逐步提高，烯烃产品链边际效益逐步增加；在轻质裂解料比例为 25%、中质裂解料比例为 45%左右时，边际效益达到最高值；随后，由于轻质料比例增加，乙烯负荷降低较多，边际效益逐步震荡下降。

因此，从效益最大化角度出发，当烯烃产品链均能盈利时，需充分考虑轻质料与重质料的价差，来优化装置生产。一是当液化气和石脑油价格比较接近时，可适当降低轻质裂解料比例，保持乙烯装置高负荷生产，提高烯烃产品链商品总量，提高烯烃产品链的效益；此时乙烯收率在 30.7%左右、“双烯”收率在 45.5%左右。二是当液化气和石脑油价差较大时，可适当提高轻质裂解料比例到 25%，中质裂解料比例为 45%，保持乙烯装置经济高效运行，此时乙烯收率在31.1%左右、“双烯”收率在46.0%左右。三是当裂解气量过大的瓶颈能消除时，即原料轻质化对装置负荷影响不大的前提下，可继续提高轻质原料的比例，进一步提高“双烯”收率，提高企业的效益。

4.4.2.2 芳烃装置操作优化

建立装置模拟模型，对操作参数进行优化；建立全厂模拟模型对操作优化引起的全厂变化进行测评，并计算经济效益。

1. 重整装置生产特点

① 不同目的产品要求不同的原料。生产高辛烷值汽油组分用80~180℃馏分原料，生产三苯一般用65~145 ℃馏分原料，生产 C_9 芳烃，原料干点一般提高到165 ℃左右。原料流程不同，工厂提供原料的数量就有差别，从而也影响装置规模。②装置的生产决定于三个因素，一是原料性质，二是操作条件，三是产品要求，要根据不同情况进行优化调整。而且这些因素之间在一定范围内可以相互补偿。③产品辛烷值是重整反应苛刻度的指标。提高反应温度有利于芳烃的生产和辛烷值的提高，但会降低生成油的收率和增加催化剂上的积碳。因此，生产芳烃时辛烷值是高一些，但也不是超高越好。④重整装置不同因素对产品收率的影响不同。⑤原料中族组成(PONA)对产品收率的影响比较大。不同操作条件与原料性质对产品收率的影响见表4-54。

表4-54 不同操作条件与原料性质对产品收率的影响

操作参数			产品辛烷值	汽油收率	积碳速率
反应压力		↑	↓	↓	↓
反应温度		↑	↑	↓	↑
空速		↑	↓	↑	↓
氢烃比		↑	→	→	↓
原料油	芳烃潜含量	↑	↑	↑	↓
	初馏点	↑	↑	↑	↓
	终馏点	↑	↑	↑	↑

2. 重整装置LP模型涉及的优化因素

① 生产限定　按生产可执行范围对生产苛刻度进行限定。

② 操作条件　按不同生产苛刻度反映产品收率与性质的变化。

③ 原料性质　按族组成结构反映产品收率与性质的变化。

重整装置LP模型涉及的优化因素见表4-55。

表4-55 重整理装置LP模型涉及的优化因素

生产限定	自变量		因变量
	操作条件	原料性质	产品变化
生产苛刻度范围	生产苛刻度	族组成： C_6 芳烃，C_6 链烷烃，C_6 环烷烃， C_7 芳烃，C_7 链烷烃，C_7 环烷烃， C_8 芳烃，C_8 链烷烃，C_8 环烷烃， C_9 芳烃，C_9 链烷烃，C_9 环烷烃， C_{10} 芳烃，C_{10} 链烷烃，C_{10} 环烷烃， C_{11} 芳烃，C_{11} 链烷烃，C_{11} 环烷烃	收率 气体组成 液体性质

对于某企业，采用测算当时实际执行价格体系对重整装置优化前后进行优化测算，结果如下：①基础方案为重整装置按固定收率；优化方案为重整装置引入生产苛刻度和原料性质对产品的影响。②原油选择结果不变。重整装置在负荷已最大的情况下汽油产量增加，使得成品汽油产量增加。③受原料族组成的驱动，三苯产量增加。④加氢裂化装置负荷略有下降。⑤汽油与三苯的增加使得销售收入增加。⑥重整氢产量下降导致多外购天然气用于制氢，原料成本上升。月效益增加 728 万元，单位效益约 16C/b。

4.4.3 下游产品链边际效益优化

4.4.3.1 乙烯下游产品链边际效益优化

乙烯下游产品除 PVA 外全面盈利。1-已烯、EVA、环氧乙烷盈利较强，其次是高、低压和线性聚乙烯装置，苯乙烯除茂名外均为正边际效益。乙烯下游产品计划安排情况见表 4-56。

表 4-56 乙烯下游产品计划安排情况

企业名称	边际效益排序/(元/t)	说　明
燕山	预算价格：1-已烯(5339)>高压(3659)>EVA(3220)>低压(2775)>乙二醇(2372)>乙烯(2314)>二高压(1927)>苯乙烯(1519) 预测价格：1-已烯(3811)>乙二醇(2546)>高压(2542)>EVA(2047)>低压(1623)>乙烯(1596)>二高压(890)>苯乙烯(725)	一高压二线中修、1-已烯月末开车；低压 B 线停工 2 天、苯乙烯暂时停工、二高压安排产部分 EVA 产品
齐鲁	预算价格：低压(991)>聚氯乙烯(512)>苯乙烯(492)>线性(98)>高压(-105) 预测价格：低压(812)>聚氯乙烯(683)>苯乙烯(404)>线性(142)>高压(-152)	低压聚乙烯、线性聚乙烯、聚氯乙烯、苯乙烯装置均为满负荷生产，高压聚乙烯装置安排 80%负荷生产
扬子	预算价格：环氧乙烷(2960)>乙二醇(1620)>HDPE(688)>LLDPE(-56)>公路乙烯销售(-498)>互供乙烯销售(-1029) 预测价格：环氧乙烷(3360)>乙二醇(2018)>HDPE(1026)>LLDPE(229)>公路乙烯销售(-102)>互供乙烯销售(-878)	根据乙烯平衡情况，考虑外购乙烯资源 0.60 万 t，乙烯下游装置中，环氧乙烷和乙二醇开满、HDPE 高负荷生产，LLDPE9 月 16 日开车，不安排乙烯销售
镇海	预算价格：环氧乙烷(3834)>乙二醇(1477)>聚乙烯(666)>苯乙烯(468) 预测价格：环氧乙烷(5035)>乙二醇(2248)>供阿克苏乙烯(1671)>聚乙烯(1146)>苯乙烯(1144)>水运外销(748)	9 月份 PE 装置满负荷运行，生产 PE 4.01 万 t；POSM 装置满负荷运行，生产 SM 5.35 万 t；EOEG 装置满负荷负荷运行，鼓励增产环氧乙烷，计划生产环氧乙烷 0.95 万 t、乙二醇 4.47 万 t；安排供阿克苏 0.44 万 t、水运外销 0.4 万 t
上海石化	预算价格：1#EG(2469)>2#EG(2441)>4#聚乙烯(1679)>醋酸乙烯(1095)>1#聚乙烯(1071)>2#聚乙烯(1063)>PVA(-1464) 预测价格：4#聚乙烯(1504)>醋酸乙烯(1255)>1#聚乙烯(904)>2#聚乙烯(902)>1#乙二醇(816)>2#乙二醇(763)>聚乙烯醇(-1392)	4#聚乙烯按管道料、膜料平均日产 720t，负荷 96%；2#EO 按最大量 288t/d 生产；1#EO 按最大量 168t/d 生产；1#聚乙烯负荷 103%；2#聚乙烯负荷 109%；醋酸乙烯负荷 100%；聚乙烯醇负荷 99%

续表

企业名称	边际效益排序/(元/t)	说　明
茂名	预算价格：环氧乙烷(6250)>乙二醇(5002)>高密度(313)>线性(276)>2#高压(144)>2#高压(-145)>苯乙烯(-580) 预测价格：环氧乙烷(7336)>乙二醇(5869)>高密度(633)>线性(589)>2#高压(145))>1#高压(0)>苯乙烯(-971)	乙二醇、高密度、2#高压开满；全密度按粒料最大负荷安排；效益相对差的1#高压、苯乙烯适度降低负荷
天津	预算价格：环氧乙烷(1074)>聚乙烯(249)>乙烯(-1100) 预测价格：环氧乙烷(2610)>聚乙烯(1766)>乙烯(-2700)	9月份继续5台炉运行(4#炉改造预计10月中旬完工)。按预计石脑油价格6545测算，因开车期间物料损失率较大，乙烯装置边际效益亏损较多，9月份乙烯装置按4000t乙烯产量排产
广州	预算价格：1#PS(1192)>2#PS(738)>苯乙烯(488)>聚乙烯(0) 预测价格：1#PS(1090)>2#PS(762)>苯乙烯(238)>聚乙烯(0)	1#PS、2#PS、苯乙烯装置满负荷排产，排产负荷率100%；PE装置按上游乙烯产量物料平衡排产
中原	预算价格：LLDPE(1110) 预测价格：LLDPE(168)	边际效益为正效益，9月份安排满负荷生产

4.4.3.2 丙烯下游产品链边际效益优化

环氧丙烷、丙烯腈、异丙苯盈利较强，丁辛醇盈利能力有所下降，聚丙烯较上月盈利空间增大，苯酚盈利能力下降甚至出现亏损。丙烯下游产品计划安排情况见表4-57。

表4-57　丙烯下游产品计划安排情况

企业名称	边际效益排序/(元/t)	说　明
燕山	预算价格：苯酚(465)>1#PP(170)>2#PP(9)>3#PP(8)>丙烯(-768) 预测价格：苯酚(512)>1#PP(262)>2#PP(70)>3#PP(-66)>丙烯(-742)	在3#PP安全生产情况下，适当增加1#PP产量，减少3#PP产量
齐鲁	预算价格：环氧氯丙烷(2159)>辛醇(2065)>丙烯腈(1639)>正丁醇(1166)>PP(679)>异丁醇(0) 预测价格：丙烯腈(2217)>环氧氯丙烷(2159)>辛醇(2064)>PP(1261)>正丁醇(1166)>异丁醇(0)	辛醇、聚丙烯、丙烯腈装置满负荷生产，根据氯气平衡，安排环氧氯丙烷装置50%负荷生产
扬子	预算价格：PP(569) 预测价格：PP(239)	按照自产丙烯产销平衡进行安排，安排聚丙烯产量2.40万t
镇海	预算价格：环氧丙烷(1015)>2#PP(460)>1#PP(439) 预测价格：环氧丙烷(2482)>2#PP(550)>1#PP(519)	POSM装置满负荷运行，生产PO 2.46万t；考虑丙烯库存，两套聚丙烯均满负荷运行，生产聚丙烯4.75万t
高桥	预算价格：X异丙苯(938)>S异丙苯(930) 预测价格：X异丙苯(1082)>S异丙苯(1072)	正边际效益，新老区三套苯酚装置满负荷

续表

企业名称	边际效益排序/(元/t)	说明
上海	预算价格：丙烯腈(1558)>金阳腈(1087)>北腈纶(988)>3#PP(848)>1#PP(787)>2#PP(692)>南腈纶(57) 预测价格：丙烯腈(1543)>金阳腈(250)>3#PP(234)>1#PP(166)>北腈纶(116)>2#PP(79)>南腈纶(-777)	丙烯腈负荷 105%、金阳腈纶 122%、北腈纶 127%、南腈纶 113%、1# PP 生产三元产品 3000t，减产 2000t，平均负荷 80%、2#PP 负荷率 100%、3# PP 负荷率 110%
茂名	预算价格：1#PP(115)>2#PP(0) 预测价格：1#PP(130)>2#PP(0)	两套聚丙烯装置均开满
广州	预算价格：2#PP(761)>1#PP(750) 预测价格：2#PP(771)>1#PP(762)	1#PP 、2#PP 满负荷生产
中原	预算价格：2#PP(68)>1#PP(0) 预测价格：2#PP(71)>1#PP(0)	边际效益均为正效益，2#PP 优先安排满负荷生产，1#PP 根据丙烯罐存调整负荷
洛阳	预算价格：PP(171)>薄膜(159)；其中：聚丙烯粉料边际效益-58 预测价格：PP(412)>薄膜(62)	聚丙烯装置均有边际贡献，聚丙烯粉料价格低，边际贡献为负，安排以边际贡献相对较好的纤维料为主，不产 JF300 牌号和粉料
天津	预算价格：PP(-88) 预测价格：PP(320)	全部安排 T30S
安庆	预算价格：丙烯腈(1260) 预测价格：丙烯腈(2019)	8 月底丙烯腈库存较低，约为 1100t，按整体物料平衡后，富余量为 2300t，9 月丙烯腈销售量按 2400t 安排

4.4.3.3 丁二烯下游产品链边际效益优化

橡胶产品仍有较高边际效益，燕山 SBS 油胶亏损根据市场需求安排生产，由于顺丁橡胶价格下跌较快，高桥顺丁橡胶装置负荷降低，其他橡胶装置按满负荷组织生产。丁二烯下游产品计划安排情况见表 4-58。

表 4-58 丁二烯下游产品计划安排情况

企业名称	边际效益排序/(元/t)	说明
燕山	预算价格：丁基橡胶(2946)>顺丁橡胶(1222)>SBS 干胶(-27)>SBS 油胶(-827) 预测价格：丁基橡胶(3012)>顺丁橡胶(1293)>SBS 干胶(829)>SBS 油胶(-1302)	视市场需求情况暂安排 SBS 油胶 1200t，80%负荷，干胶 1000t，67%负荷
齐鲁	预算价格：顺丁橡胶(2997)> 丁苯干胶(2813)> 丁苯油胶(2704) 预测价格：顺丁橡胶(1055)>丁苯干胶(758)> 丁苯油胶(649)	橡胶产品各装置均为满负荷生产
茂名	预算价格：SBS 干胶(1824)> SBS 油胶(1026) 预测价格：SBS 干胶(2946)> SBS 油胶(789)	干胶按最大量生产
高桥	预算价格：低顺胶(1038)>丁苯橡胶(干胶)(582)>顺丁橡胶(-293) 预测价格：低顺胶(3964)>丁苯橡胶(干胶)(2965)>顺丁橡胶(1588)	预测价格测算，橡胶均有边际效益，但预算价格顺丁橡胶边际贡献为负，控制顺丁橡胶装置负荷，丁苯橡胶装置油胶生产线因无需求继续停产，其余二条线满负荷生产，且全部生产低顺

4.4.3.4 芳烃下游产品链边际效益优化

重整料生产 PTA 的边际贡献测算包括了重整、抽提、歧化、二甲苯、吸附分离、异构化、PTA 等装置的全流程优化测算；MX 生产 PTA 的边际贡献测算包括了二甲苯分离、吸附分离、异构化等装置的优化测算；甲苯生产 PTA 的边际贡献测算包括了歧化、二甲苯分离、吸附分离、异构化等装置的优化测算。

以某企业某几个月的买断价进行测算，测算结果见表 4-59。

表 4-59 芳烃保本点测算(不含固定费) 元/t(含税)

产品/原料	6 月买断价	5 月买断价	4 月买断价
一、原料和产品价格			
BZ	7792	8326	8372
PX	9888	11299	11628
OX	9664	11291	11338
PTA	7462	8403	8474
甲苯	7800	9109	9111
MX	8200	9140	9323
化工轻油	6710	7650	7940
二、原料边际保本价			
重整料加工为 PX	6998	7800	7985
重整料加工为 PTA	6971	7895	8023
甲苯加工为 PX	7893	8688	8844
甲苯加工为 PTA	7885	8836	8901
MX 加工为 PX	9119	10227	10519
MX 加工为 PTA	9175	10525	10637
PX 加工为 PTA	10213	11660	11772
三、吨原料盈利能力			
重整料加工为 PX	288	150	45
重整料加工为 PTA	261	245	83
甲苯加工为 PX	93	-421	-267
甲苯加工为 PTA	85	-273	-210
MX 加工为 PX	919	1087	1196
MX 加工为 PTA	975	1385	1314
PX 加工为 PTA	325	361	144
四、吨 PTA 盈利能力			
重整料加工为 PTA	656	615	208
甲苯加工为 PTA	132	-424	-326
MX 加工为 PTA	777	1104	1047
PX 加工为 PTA	213	238	94

从 6 月买断价测算结果看，芳烃原料生产芳烃产品均边际盈利。对吨原料来讲，用 MX 生产 PTA 盈利能力最高，为 975 元/吨 MX。目前工况下，MX 按最大量补入，重整装置负荷按重整料平衡情况组织生产。图 4-15 为 6 月买断价体系不同芳烃原料边际盈利能力排序。

4.4.3.5 合纤原料、合成纤维及聚合物边际效益优化

石脑油(MX)→重整→PX(三苯)→PTA 生产链盈利空间较上月提高[预算价格：PX-MX 价差(含税价)1437；预测价格：PX-MX 价差(含税价)1620]；腈纶板块因原料和产品价格均提高，致使运行边际效益变化不大；己内酰胺仍有一定的盈利空间；聚酯及下游产品按 8 月预算价格测算，大部分产品有边际贡献，按 9 月份预测价格测算边际贡献大幅下降。

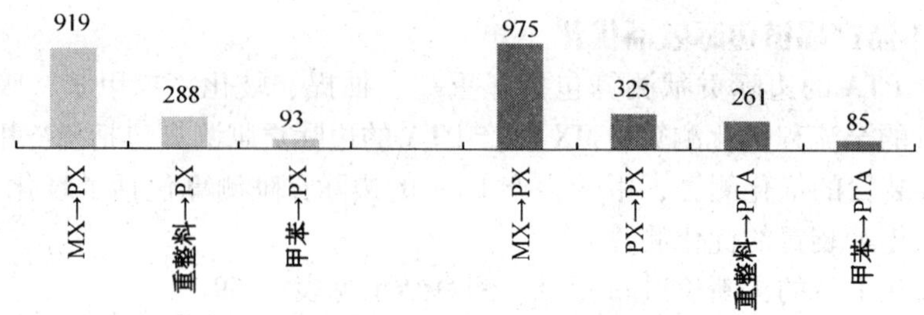

图 4-15　6 月买断价体系不同芳烃原料边际盈利能力排序(元/t，含税)

表 4-60 显示了合纤原料、合成纤维及聚合物计划安排情况。

表 4-60　合纤原料、合成纤维及聚合物计划安排情况

企业名称	边际效益排序/(元/t)	说　明
燕山	预算价格：PIA(1474)>MX(414) 预测价格：PIA(2237)>MX(557)	MX 安排 5000t；PIA 安排 3900t
上海石化	预算价格：2# 异构化 & 吸附(2468)>1# 异构化 & 吸附(1797)>工业长丝(449)>1# 聚酯（300)>2# 短丝(287）>2# 聚酯（196）>PTA(82)>3# 聚酯（-58）>1# 短丝(-640) 预测价格：2# 异构化 & 吸附(2523)>1# 异构化 & 吸附(1876)>2# 短丝(251）>1# 聚酯（90)>PTA(34)>2# 聚酯（-18）>工业长丝(-111)>3# 聚酯（-264）>1# 短丝(-681)	PTA 负荷 100%，2# 短丝按销售量 2 条线生产，工业长丝按销售量生产，负荷 82%，3# 聚酯负荷 89%，减产 960t，2# PX 负荷 107%，1# PX 负荷 95%
天津	预算价格：PX(1600)>短丝(601)>PTA(61)>切片(0) 预测价格：PX(1340)>短丝(778)>PTA(306)>切片(0)	
镇海	预算价格：PX(1703)>OX(1362)>甲苯(869) 预测价格：PX(1873)> OX(1062）>甲苯(496)	PX-歧化装置开工后按照现有原料的最大负荷运行，生产 PX 5.2 万 t；芳烃抽提装置结合原料情况运行，甲苯出厂 1 万 t；苯抽提结合 EB 装置苯的需求和汽油苯含量控制按照原料情况运行
洛阳	预算价格：OX(1414)> PX(754)> PTA(591)>短纤维(351)>聚酯切片(29)>POY(20)>FDY(-422) 预测价格：OX(1633)> PX(1202)>短纤维(487)>PTA(330)> POY(99)>聚酯切片(53)>FDY(-274)	聚酯切片边际贡献为正，但是属于盈亏边缘，综合考虑到市场需求和生产实际，切片装置保持目前负荷运行；POY 边际贡献为正，但属于盈亏边缘，由于目前生产的差别化品种比例大，保持目前负荷运行；长丝 FDY 边际贡献均较差，按照目前 11 条生产线运行，重点调整产品结构，以生产边际贡献较好及市场认可度较高的常规品种和差别化品种为主
扬子	预算价格：MX→PX(349)>OX(265)PX→PTA(258) 预测价格：MX→PX(240)>OX(150)PX→PTA(150)	PTA 三线保持高负荷生产；PTA 一线适当减产，负荷按 80% 考虑。在运期间，PX 开满，因检修期间氢气平衡需要，重整负荷按 100% 组织，OX 适当控制产量
安庆	预算价格：腈纶短纤(-1436) 预测价格：腈纶短纤(-1428)	腈纶装置边际效益为负，负荷率为 82%，根据蒸汽平衡做好生产优化，按市场需求调整产品结构，提高产品差别化，逐步降低库存

续表

企业名称	边际效益排序/(元/t)	说　明
巴陵	预算价格：聚酰胺切片(1630)>液体已内酰胺(575) 预测价格：聚酰胺切片(1224)>液体已内酰胺(821)	预算、预测价格中，聚酰胺切片边际贡献均比液体已内酰胺高，因此应尽量多产、多销聚酰胺切片
齐鲁	预算价格：腈纶(-1000) 预测价格：腈纶(-980)	与化销衔接后，初步安排腈纶两条线运行
石家庄	预算价格：苯甲醛(2007)>新 CPL(1188)>老 CPL(698)>切片(395) 预测价格：苯甲醛(1749)>新 CPL(1003)>老 CPL(474)>切片(175)	与满负荷比，已内酰胺减少 5t/d，切片减少 1t/d，苯甲醛减少 1t/d
金陵	预算价格：外购重整料(575)>外采 MX(329) 预测价格：外采 MX(480)>外购重整料(395)	安排生产 PX6.0 万 t
仪征	中空(1925)>短纤(885)>POY(510)>PTA(338)>切片(331)>瓶片(69)>加弹中心 FDY(-335)>加弹中心 DTY(-579) 中空(1404)>短纤(478)>PTA(325)>POY(224)>切片(32)>加弹中心 FDY(-99)>瓶片(-256)>加弹中心 DTY(-379)	9 月份计划排产与装置满负荷相比：少生产涤纶中空线 800t，用于生产涤纶短纤，减少中空产品 13%，力争当月产销平衡；加弹中心 POY、FDY、DTY 分别按 69%、35%、96% 负荷排产，保持生产稳定和一定的市场份额

4.4.3.6 化肥边际效益优化

湖北化肥天然气加工路线盈利空间尚可；因原料煤价格下降及尿素价格上扬，安庆合成氨装置及巴陵尿素装置边际为正。表 4-61 显示了化肥计划安排情况。

表 4-61　化肥计划安排情况

企业名称	边际效益排序/(元/t)	说　明
安庆	预测价格：合成氨(289)>尿素(-247)	预期将实施 15 天停工消缺，考虑化肥运行对炼油、热电板块边际贡献较大，装置运行期间，按先氨后氨再尿素原则组织生产，9 月份尿素 1.7 万 t(停工 17 天)，合成氨 1.25 万 t
巴陵	预测价格：尿素(223)>液氨 (127)	液氨与尿素价差 486，尽量多产尿素，少销液氨
湖北	预算价格：尿素(302) >合成氨(150) 预测价格：尿素(302) >合成氨(150)	尿素和合成氨都有边际效益，按最高负荷安排生产

4.4.3.7 无机化工——氯碱联合装置优化

无机化工是无机化学工业的简称，是以天然资源和工业副产物为原料生产硫酸、硝酸、盐酸、磷酸等无机酸、纯碱、烧碱、合成氨、化肥以及无机盐等化工产品的工业。包括硫酸工业、纯碱工业、氯碱工业、合成氨工业、化肥工业和无机盐工业。广义上也包括无机非金属材料和精细无机化学品如陶瓷、无机颜料等的生产。无机化工产品的主要原料是含硫、钠、磷、钾、钙等化学矿物和煤、石油、天然气以及空气、水等。

无机化工显著特点是产量大，价值相对较低，储运费用所占比重相对较高。其优化的重点是区域优化与产业链优化。区域优化是系统内生产企业与使用企业物流优化，尽量降低储运环节费用。产业链优化就是产品向下游产业链延伸，提高产品附加值。

系统内与上下游关联较大比较重要的无机化工装置主要是酸碱装置。其中氯碱联合装置因关系到下游化工装置的氢平衡与有机氯氯平衡，其生产优化对上下游影响较大。

氯碱联合装置包含盐水装置、烧碱装置、氯气干燥及冷冻液化装置、氢气处理系统、合成盐酸装置。

氯化钠电解联产氢氧化钠、氯气、氢气基于以下反应式：

$$2NaCl+2H_2O \longrightarrow 2NaOH+Cl_2\uparrow+H_2\uparrow$$

烧碱是基本化工原料，用途广泛。副产氯气是生产氯丙烯、环氧氯丙烷、环氧丙烷的原料，副产氢气供环己酮苯加氢装置，氯气液化尾氯与氢气合成盐酸。装置主要流程如图 4-16 所示。

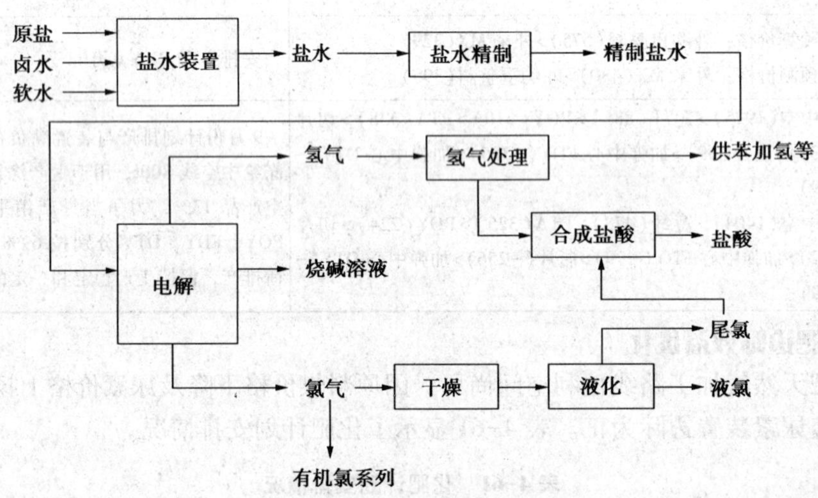

图 4-16 氯碱联合装置流程示意图

氢气如果用于生成盐酸，价值低，储运难，环保压力大；氢气只有优化利用于下游加氢装置，才能最大限度发挥效益。同样，氯气不适合长距离运输，氯气平衡是制约氯碱联合装置负荷的关键因素，用于生产氯丙烯、环氧氯丙烷、环氧丙烷等下游产品是氯气优化的有效途径。

4.4.3.8 煤化工——制氢/氨装置优化

目前系统内主要的煤化工装置都是利用煤来制氢。国内制氢装置在煤作原料前，主要用天然气、干气或石脑油制氢。

制氢装置通常将天然气、干气或石脑油、空分装置来氧气/压缩空气、水蒸气通过触媒高温转化反应合成氢氮气（氢气体积含量 75%以上），为下游加氢单元提供氢气。主要反应式有：

氧化反应：

$$CH_4+1/2O_2 \longrightarrow CO+2H_2+Q$$

$$CH_4+2O_2 \longrightarrow CO_2+2H_2O+Q$$

转化反应：

$$CH_4+H_2O \longrightarrow CO+3H_2-Q$$

$$CH_4+CO_2 \longrightarrow 2CO+2H_2-Q$$

变换反应：

$$CO+H_2O \longrightarrow CO_2+H_2+Q$$

其中氧化、转化反应主要在转化炉内发生；变换反应主要在中变炉、低变炉发生。因 CO、CO_2 对下游加氢触媒有毒害作用，低变气首先经变压吸附装置脱除大部分 CO_2，再经甲烷化反应脱除残余 CO、CO_2。甲烷化反应如下：

$$CO+3H_2 \longrightarrow CH_4+H_2O+Q$$

$$CO_2+4H_2 \longrightarrow CH_4+2H_2O+Q$$

装置工艺流程如图 4-17 所示。

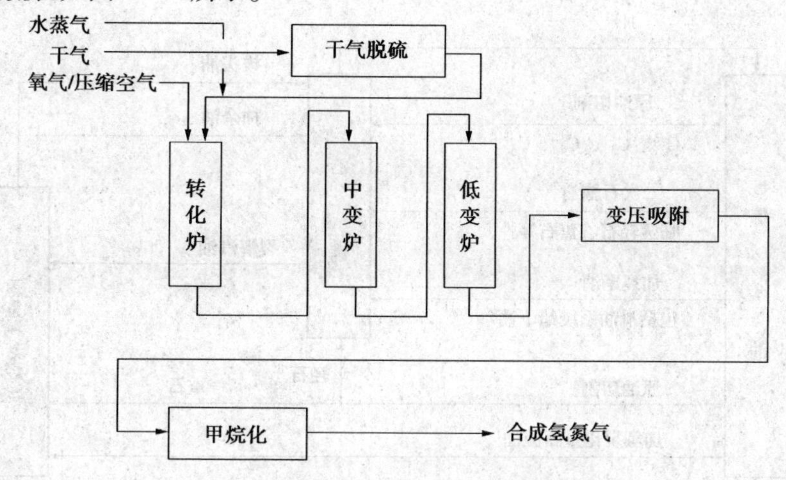

图 4-17　干气制氢装置流程示意图

1994 年油价上调后，国内油品市场顺价，以石脑油为原料的合成氨厂或制氢装置已无法承受成本升高的压力。因此，改变原料路线成为必然。煤气化工艺应运而生，以煤为原料，通过煤气化工艺生产粗煤气，粗煤气经 CO 变换、酸性气体脱除、甲烷化成为合成气，合成气通过净化装置、变压吸附生成氢气，或在合成塔中完成氨合成反应。

巴陵、安庆、湖北化肥的干粉式煤气化装置对原料煤有特殊的要求，特别是对研磨指数、灰分、硫含量及微量元素，单一煤种很难满足生产工艺要求，只能通过原料煤混配来满足。

煤气化装置的优化，归结为是产氢还是产氨，通常情况下，为化工装置提供氢气，其效益要优于产氨。

4.5　炼化一体化优化

炼油化工一体化（Refinery-chemical integration）主要是针对以液体原料为主的乙烯裂解企业和炼油厂之间的整体优化问题。因为这类乙烯裂解装置的原料如石脑油、AGO（常压柴油馏分）等大部分由炼油厂供给，在炼油和化工之间存在一体化发展的可能性。

我国乙烯工业裂解原料中液体原料占绝大部份，具有搞一体化的客观条件。

炼油化工一体化是石化工业一个技术经济综合性很强的发展策略，它有着丰富的技术内涵，但更多的是着眼于从宏观经济层面去提升炼油和石化工业的整体竞争力，促使石化工业的有效发展。

原料优化主要是指石脑油、AGO资源的优化，其原则是“宜油则油、宜烯则烯、宜芳则芳”。

4.5.1 主要板块之间优化

4.5.1.1 炼油与化工之间互供的主要物料

炼油与化工之间物料互供非常多，炼油主要是为化工提供乙烯和芳烃原料，化工要将适合炼油使用的副产品，如氢气、MTBE、汽油调合组分等提供给炼油。主要互供图如图4-18所示。

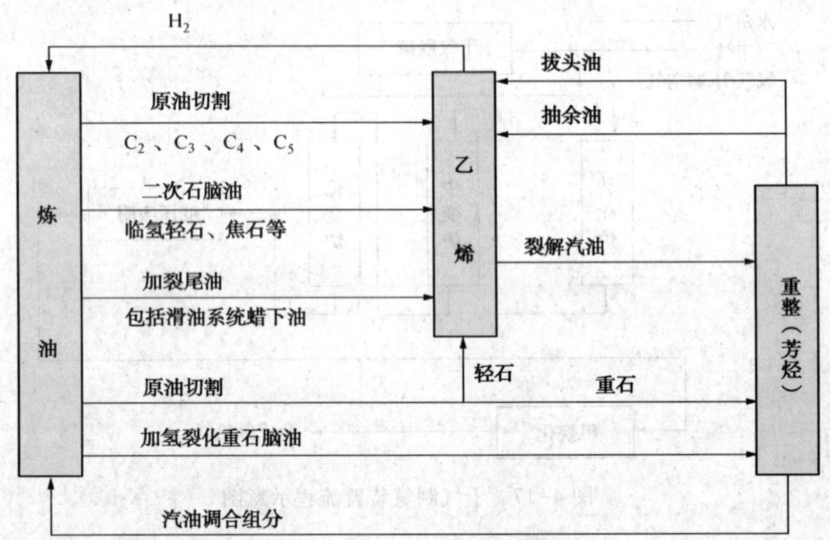

图4-18 炼油与化工物料互供关系图

4.5.1.2 炼油与乙烯之间的优化

1. 外购化工轻油优化

对于油化一体企业，化工轻油可以自产也可以外购，自产多少及外购多少关键取决于化工轻油与相关原油与产品的比价关系。某企业某年上半年外购石脑油平均价格为3405元/t，与原油平均价格2835元/t的比价为1.2，比柴油价格3222元/t高183元/t。乙烯石脑油实际外购量21万t，重整石脑油实际外购量为3.5万t。从优化结果看，在该年上半年原油构成与价格体系情况下，化工轻油最好自给自足，不外购。为了进一步分析化工轻油外购与自产数量的比例关系，根据不同外购化工轻油的价格进行方案测算与分析。

（1）测算的基础条件及方案设置

在基础方案上，保持原油加工总量、部分产品产量等不变，只改变外购化工轻油的价格来进行测算。外购化工轻油价格选取情况为以该年上半年石脑油价格3405元/t为基础，从降低500元/t到增加200元/t，每间隔100元/t进行选取。共设定外购石脑油价格分别为2905、3005、3105、3205、3305、3405、3505、3605八个方案。

8个方案价格与2005年上半年的化工轻油、柴油的实际价格差见表4-62。

（2）测算结果分析

8个方案的外购化工轻油的数量与化工轻油价格之间的关系见图4-19。

表 4-62　石脑油测算价格表　　元/t

序号	1	2	3	4	5	6	7	8
化工轻油价格	2905	3005	3105	3205	3305	3405	3505	3605
与 2005 上半年价差	-500	-400	-300	-200	-100	0	100	200
与柴油价差	-317	-217	-117	-17	83	183	283	383
与原油的比价	1. 02	1. 06	1. 1	1. 13	1. 17	1. 2	1. 24	1. 27

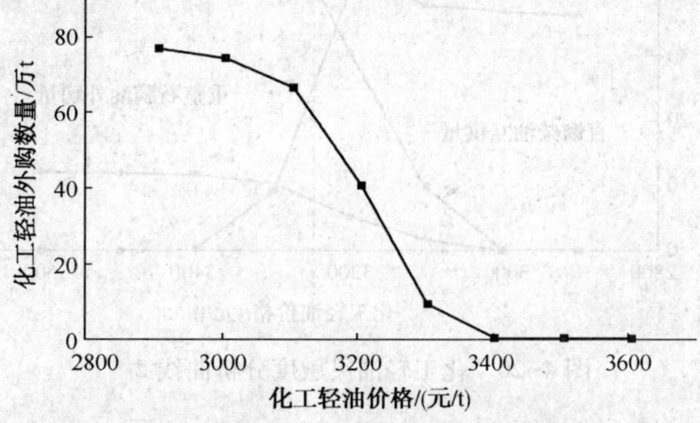

图 4-19　化工轻油灵敏度分析曲线 1

从图 4-19 可以看出，在原油价格保持不变的情况下，外购化工轻油价格只有低于 3400 元/t 时，外购化工轻油才合适。3100～3300 元/t 时，外购数量增加较多，化工轻油价格继续下降，外购数量基本保持在 80 万 t 不变。所以得出如下结论：

一是化工轻油外购数量的多少直接取决于化工轻油与柴油的价差。化工轻油外购数量的多少主要取决于化工轻油与柴油的价差。在化工轻油价格低于柴油价格时外购量较大，高于柴油价格时外购数量急骤下降，主要是用直馏柴油填补裂解原料的空缺。

二是外购化工轻油的品种随化工轻油价格的不同而不同。在柴油价格不变的情况下，化工轻油价格越低时，优先购买乙烯用化工轻油；随着化工轻油价格提高，外购乙烯用化工轻油减少，芳烃用化工轻油数量增加。

将测算结果中石脑油外购情况列于表 4-63。

表 4-63　石脑油外购价格对石脑油外购数量的影响对比表　　万 t

序号	项目	化工轻油价格							
		2905	3005	3105	3205	3305	3405	3505	3605
1	外购化工轻油	77. 21	75. 42	67. 96	45. 60	19. 70	11. 55	11. 83	12. 01
2	外购乙烯石脑油	77. 21	74. 13	66. 29	40. 64	9. 28			
3	外购重整石脑油		1. 30	1. 66	4. 96	10. 42	11. 55	11. 83	12. 01

从表 4-63 中可以看出，在化工轻油价格合适的情况下，首先外购乙烯石脑油，并且外购数量较大；重整石脑油尽量自给自足，迫不得已时少量外购。

将外购石脑油价格与外购乙烯石脑油数量、直馏乙烯石脑油生产量、直馏柴油互供量、外购重整石脑油数量一并作图，如图 4-20 所示。

从图 4-20 可以看出，随着石脑油价格的上升，对于乙烯原料，外购数量下降时，化工原料首先是增加直馏石脑油生产量进行补充，然后再增加直馏柴油的互供数量继续补充；对于重整原料，主要以自给自足为主，在石脑油价格太高，乙烯石脑油停止外购，石蜡基原油加工量大，中间基原油加工量小，自产的重整石脑油不能满足要求时，才有少量外购。

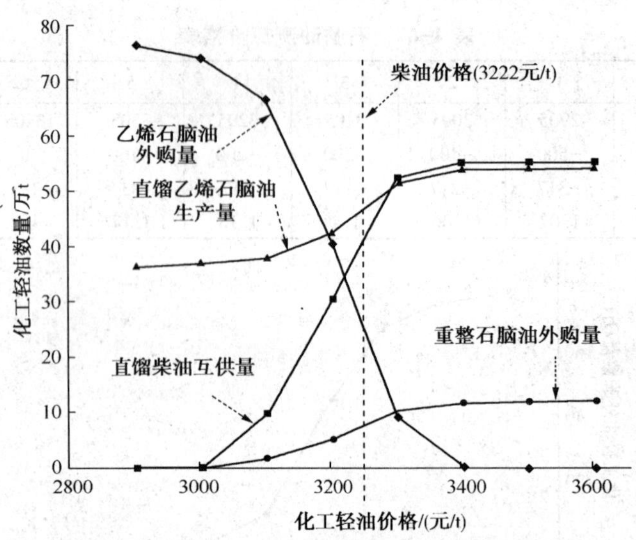

图 4-20　化工轻油灵敏度分析曲线 2

增加直馏乙烯石脑油生产量是通过调节原油品种来实现的。用于生产乙烯石脑油的石蜡基原油从 124 万 t 增加到 227 万 t，而用于生产重整石脑油的中间基原油同幅下降。

将测算结果中化工轻油互供情况列于表 4-64。

表 4-64　石脑油外购价格对物流互供及产品的影响对比表　　万 t

序号	项　目	化工轻油对原油的价格比例							
		2905	3005	3105	3205	3305	3405	3505	3605
1	炼油供乙烯原料总量	160.04	164.78	176.37	187.44	191.11	218.6	243.67	245.01
	直馏乙烯石脑油	21.4	23.41	25.26	26.38	26.46	39.78	51.41	51.99
	直馏乙烯石脑油	13.25	14.97	16.56	17.64	17.71	29.51	39.95	40.52
	炼厂直馏拔头油	8.14	8.44	8.71	8.74	8.75	10.27	11.46	11.46
	二次乙烯石脑油	58.43	58.72	58.67	58.78	58.96	59.06	59.34	59.36
	炼厂焦化石脑油	28.93	28.99	28.92	28.74	29.27	29.1	29.05	29
	中压加氢轻石脑油	0.78	0.83	0.83	0.83	0.83	0.83	0.83	0.83
	高压加氢轻石脑油	28.72	28.9	28.92	29.22	28.86	29.14	29.46	29.54
	直馏柴油			9.78	19.63	23.04	37.11	50.27	51
	加氢裂化尾油	80.22	82.65	82.65	82.65	82.65	82.65	82.65	82.65
	中压尾油	27.97	29.78	29.78	29.78	29.78	29.78	29.78	29.78
	高压尾油	52.25	52.87	52.87	52.87	52.87	52.87	52.87	52.87
2	炼油供芳烃原料总量	156.14	157.83	157.83	157.83	157.83	154.89	149.17	148.82
	炼厂直馏重整石脑油	73.68	73.68	73.68	73.68	73.68	70.73	65.01	64.67
	中压加氢重石脑油	13.54	14.42	14.42	14.42	14.42	14.42	14.42	14.42
	高压加氢重石脑油	68.92	69.74	69.74	69.74	69.74	69.74	69.74	69.74
3	汽油总量	39.79	39.43	39.43	39.29	39.19	38.58	36.29	36.06
4	柴油生产总量	278.44	271.32	258.73	248.28	244.23	221.43	206.13	205.71

从表 4-64 中可以看出，对于乙烯原料，随着外购数量的减少，二次石脑油和加氢裂化

尾油互供数量基本不变，直馏乙烯石脑油和直柴柴油互供量有不同幅度的增加。对于芳烃原料，外购数量不变时互供量也不变，外购数量稍有增加时，只是直馏重整石脑油随之减少，加氢裂化重石脑油生产量仍保持不变。

三是加工原油的品种结构随化工轻油价格的不同而变化。在柴油价格不变的情况下，石脑油价格关系到化工轻油外购量的多少，从而影响到石蜡基原油的选购数量，而与原油的硫含量和 API 关系不大。将八个基本方案测算结果中原油选择情况列于表 4-65。

表 4-65　石脑油外购价格对原油结构的影响对比表　　万 t

序号	项　目	化工轻油价格							
		2905	3005	3105	3205	3305	3405	3505	3605
一	原油								
1	加工总量	780	780	780	780	780	780	780	780
	其中：石蜡基	145.29	154.03	152.06	173.94	216.34	227.01	227.3	227.99
	中间基	634.71	625.97	627.94	606.06	563.66	552.99	552.7	552.01
2	原油平均硫含量	0.89	0.89	0.9	0.94	1	1	1.01	1.04
3	原油平均 API	27.3	27.36	27.3	27.34	27.54	27.94	27.84	27.65
二	国内原油	260	260	260	260	260	260	260	260
	胜利	220	220	220	220	220	220	220	220
	鲁宁管输进口油	40	40	40	40	40	40	40	40
	平湖	5	5	5	5	5	5	5	5
三	进口原油	396.11	398.7	389.37	367.49	325.06	314.44	314.12	293.3
	进口原油硫含量	0.94	0.93	0.96	1.01	1.11	1.1	1.11	1.16
	进口原油 API	29.67	29.76	29.68	29.74	30.04	30.63	30.5	30.2
1	低硫原油	58.09	62.73	61.33	69.1	85.33	101.22	101.2	101.17
	尼罗		11.33	0.03	0.03		0.04	0.02	
	库姆克尔					8.51	21.79	17.98	2.78
	苇杜里	11.4	11.4	11.4	11.4	11.4	11.4	11.4	11.4
	辛塔	6.69		6.74			27.98	11.27	1.66
	钱皮恩	30	30	30	30	30	30	30	30
	埃斯克兰特	10	10	10	10	10	10	10	10
	吉拉索							20.52	45.33
	西康巴			3.15	17.66	25.42			
2	含硫原油	338.01	335.97	328.04	298.39	239.74	213.22	212.93	192.13
	马希拉	123.28	118.59	114.89	111.29	68.89	58.22	57.93	37.13
	罕戈	150	150	150	150	150	150	150	150
	瓦利欧	2.04	5	5	5	5	5	5	5
	奎都	30	30	29.92	20.74	15.85			
	穆尔班	32.69	32.37	28.24	11.37				
3	高硫原油	123.89	121.3	130.63	152.51	194.94	205.56	205.88	226.7
	沙轻	73.89	71.3	80.63	102.51	144.94	155.56	155.88	156.59
	沙中	50	50	50	50	50	50	50	50
	伊朗轻								20.1

从表 4-65 中可以看出，随着石脑油价格的不断提高，乙烯原料外购数量不断减少，生产乙烯原料石脑油的石蜡基原油数量不断增加(从 124 万 t 增加到 227 万 t，化工轻油价格与柴油价格相等前后变化最大)，中间基原油同幅下降。

另外，沙轻等高硫石蜡基原油选择数量不断增加，原油平均硫含量不断上升；但原油的 API 一直在 27.5 上下，变化不大，说明重质原油的选择已经达到最大限度。

4.5.1.3 炼油与芳烃之间的优化

炼油与芳烃之间的优化主要是重整装置，要根据汽油质量要求以及汽油与芳烃产品价格关系来优化重整原料与操作条件，也包括原料的选择，这些在炼油优化中有详细讲解，这里不再赘述。

4.5.1.4 乙烯与重整之间的优化

乙烯与重整之间的优化主要包括二个方面，一是石脑油优化，二是加氢裂化装置生产调整。

石脑油优化，乙烯尽量加工气体与正构的液体石脑油，而将异构和芳构石脑油供供给芳烃装置。

加氢裂化可以调整操作，在乙烯原料紧缺时多产轻石脑油，在重整原料紧缺时多产重石脑油。

以上在炼油优化-气体优化以及炼油优化-石脑油优化中有详细讲解，这里不再赘述。

4.5.2 其他优化

4.5.2.1 中国石化整体优化

整体优化要根据整体资源情况、企业生产约束、产品市场需求情况，在一定价格体系下，用整体优化工具进行测算与分析，下面以中国石化某年整体优化情况进行说明。

1. 主要边界条件

① 原油加工量　集团公司原油总加工量按 19800~19900 万 t/a 考虑，各企业原油加工量在考虑装置改造与检修，以及成品油市场要货要求后，由模型自行优化。

② 原油资源　对于自产、中石油和中海油原油，其品种和数量按固定方式进行限定，具体情况见表 4-66。对于进口原油，其品种和数量都由模型进行优化选择。提供给模型的可供资源是在 2009 年基础上，对非洲、中东、南美原油进行适量增加。

表 4-66　自产原油、中石油和中海油原油的品种和数量表　万 t

项　目	数量	项　目	数量
自产原油	3659	中石油原油	630
胜利	2450	大庆	350
其中：高硫高酸原油	500	冀东	0
稠油厂原油	140	冀中	50
临盘原油	180	塔里木	30
中原	245	长庆	200
河南	162	海洋原油	800
江苏	142	惠州	18
江汉	68	陆丰	80
华北	8	西江	253
华东江苏	9	涠洲	174
东北	5	渤西	30
西部指挥部	50	番禺	104
塔河重油	480	文昌	127
油田轻烃凝析油	40	平湖凝析油	14

③ 乙烯生产　乙烯生产以高负荷开工为原则，考虑新装置投产和老装置检修情况，并参考企业上报数据，在模型中进行限定，具体情况见表4-67。

表 4-67　2010 年乙烯生产量表　　万 t

企　业	2009 年预计	2010 年计划	计划-预计
总计	670	884	214
自产合计	521	710	189
燕山石化	83	80	-3
齐鲁石化	74	83	9
扬子石化	79	71	-8
金山石化	92	94	2
茂名石化	99	100	1
广州石化	23	21	-2
中原乙烯	27	20	-7
东方乙烯	1	19	18
天津石化	19	(70+22=)92	73
镇海乙烯	0	50	50
福建乙烯	25	80	55
赛科乙烯	88	119	31
扬巴乙烯	61	55	-6

④ 价格体系　原油产品价格采用某年预算价格体系。原油是布伦特、辛塔、迪拜三种原油均价 60 \$/b 水平，产品是财务部提供的该年预算数据。代表性的原油与产品价格见表4-68。

表 4-68　代表性原油与产品测算价格表　　元/t

原油	价格	产品	价格	产品	价格
胜利原油	2285	90#汽油	5446	润滑油基础油	5743
塔河中质	1738	0#柴油	4803	石蜡	5000
番禺	2837	航煤	4185	乙烯	5858
卡宾达	3041	石脑油	3802	丙烯	6027
阿曼	2943	燃料油	2772	苯	5205
沙轻	3018	液化气	3449	甲苯	4785
达混	2511	硫磺	800	对二甲苯	5781
阿尔巴克拉	2716	石油焦	800	聚丙烯	7222

2. 优化测算结果分析

本次测算是在满足国内成品油需求、系统内部化工轻油需求以及装置合理检修安排的前提下进行的优化。

测算结果表明：总体上，第一，2010 年在原油加工总量 19900 万 t 基础上，分企业原油加工量呈现油化一体企业与大炼油企业加工量偏大，而挤占纯炼油和小炼油企业加工量的格局。华北地区，燕山、天津和齐鲁 3 个炼化一体企业原油加工量高走，青岛炼油也因原油成本低而加工量高走，影响了石家庄、沧州、济南和洛阳的原油加工量。沿海和沿江地区，受镇海乙烯、金山芳烃、金陵芳烃、福建乙烯和芳烃以及赛科乙烯生产需求的拉动，镇海、高桥、金山、福建等东部沿海企业原油加工量高起；高起的原油加工量使得成品油产量增加，增加的成品油挤占了沿江地区的市场份额，从而抑制了沿江地区的原油加工量。第二，化工轻油以内部互供为主，外采数量 40 万 t 即可满足全部乙烯和芳烃装置的生产要求。第三，成品油依然显现山东地区过剩的局面。

① 原油加工量　测算结果见表4-69，可以看出，2010年在原油加工总量比今年高出1400万t的基础上，华北地区加工量增幅最大，共917万t，占总增量的65.5%，华东和华南在区分别增幅268万t和282万t，占总增量的20%左右，沿江地区原油加工量没有增加，反而减少64万t。从企业情况看，天津因新炼油系列投产，增幅576万t；福建也因新炼油连续生产，增幅401万t；青岛石化因含酸原油改造投产，增幅165万t；金山和镇海因化工轻油需求增加，增幅分别为259万t和136万t。

表4-69　分企业原油加工量优化结果　　万t

企业名称	2010年可用能力	2009年预计	2010年优化方案	2010年参考		优化-预计	备　注
				参考方案	参考-优化		
集团公司	21935.0	18500.3	19900.0	19900.0		1399.7	
1. 华北地区	7142.0	5613.2	6530.4	6319.3	-211.2	917.2	
燕山	1100.0	1059.7	1060.0	1060.0		0.3	
天津	1250.0	529.0	1105.5	1058.5	-47.0	576.5	
石家庄	450.0	357.7	430.9	350.0	-80.9	73.2	
沧州	270.0	292.3	250.0	250.0		-42.3	
齐鲁	1300.0	1010.4	1084.0	1024.0	-60.1	73.7	
济南	400.0	401.8	380.0	380.0		-21.8	
洛阳	750.0	659.2	650.0	650.0		-9.2	
青岛炼油	1000.0	914.5	1000.0	976.8	-23.2	85.5	
青岛石化	350.0	135.1	300.0	300.0		164.9	
胜利	140.0	126.9	140.0	140.0		13.1	
中原	80.0	75.9	80.0	80.0		4.1	
河南	52.0	50.8	50.0	50.0		-0.8	
2. 华东地区	6803.0	6123.1	6390.9	6261.7	-129.1	267.8	
金陵	1300.0	1255.7	1185.7	1100.0	-85.7	-69.9	
扬子	800.0	810.5	704.2	700.0	-4.2	-106.4	乙烯检修
清江	90.0	86.5	90.0	87.2	-2.7	3.5	
扬州	28.0	30.4	28.0	28.0		-2.4	
泰州	45.0	42.1	45.0	43.7	-1.3	2.9	
高桥	1150.0	1052.2	1089.8	1062.4	-27.4	37.6	
金山	1200.0	869.5	1128.2	1120.4	-7.8	258.7	
镇海	2100.0	1914.4	2050.0	2050.0		135.6	
杭州	90.0	61.8	70.0	70.0		8.2	
3. 沿江地区	2830.0	2392.1	2328.4	2720.0	391.6	-63.6	
安庆	500.0	452.8	434.2	500.0	65.8	-18.5	
九江	500.0	458.9	400.0	500.0	100.0	-58.9	
武汉	600.0	448.1	464.2	600.0	135.8	16.1	
长岭	500.0	388.4	450.0	480.0	30.0	61.6	
荆门	550.0	481.3	400.0	460.0	60.0	-81.3	
巴陵	180.0	162.6	180.0	180.0		17.4	
4. 华南地区	5070.0	4288.1	4570.3	4519.0	-51.3	282.2	
福建	1200.0	764.8	1165.6	1169.0	3.4	400.8	
广州	1200.0	1122.5	1000.0	1000.0		-122.5	
海南	800.0	696.7	734.7	700.0	-34.7	38.0	
茂名	1320.0	1327.1	1320.0	1300.0	-20.0	-7.1	

续表

企业名称	2010 年可用能力	2009 年预计	2010 年优化方案	2010 年参考		优化-预计	备 注
				参考方案	参考-优化		
东兴	500.0	323.4	300.0	300.0		-23.4	
北海	50.0	53.6	50.0	50.0		-3.6	
5. 西部地区	90.0	83.8	80.0	80.0		-3.8	
西安	90.0	83.8	80.0	80.0		-3.8	

另外，表4-69中还列出2010年参考方案，即限定沿江企业满负荷开工方案。从表中可以看出，沿江企业满负荷开工后，天津、齐鲁、金陵、福建、茂名5家炼化一体企业和石家庄、青岛炼油、高桥等3家炼油企业加工量都有较大幅度的降低。

② 原油性质　原油总资源 20234 万 t，其中包括塔化和西安加工的塔河重质原油280万t,油田轻烃40万t，平湖原油14万t。原油总平均API为29.04，比今年预计低0.2个单位，硫含量1.29，比今年高0.12%，酸值0.60，比今年低0.03。具体情况见表4-70。

表 4-70　全口径原油性质

	2009 年预计	2010 年优化	优化-预计
一、全口径原油资源	18146	20234	2088
平均 API 度	29.26	29.04	-0.20
平均硫含量/%	1.17	1.29	0.12
平均酸值/(mgKOH/g)	0.63	0.60	-0.03
二、高硫含酸重质原油	11290	12234	1030
占原油资源比例	62.22%	60.46%	-1.33%
高硫原油	6589	7772	1183
含酸原油	3717	3703	33
重质原油	984	759	-186

各企业原油性质：2010年，金陵和金山受芳烃生产拉动，原油平均API有所上升，石家庄因改加工进口原油，API也有所上升；天津和福建因新生产线投产原油适应性增强，原油平均硫含量有大幅提升；青岛石化含酸原油改造项目完成后，加工的原油的平均性质与以前有很大的不同，API从今年的31.5降低到26.4，硫含量从0.42提高到0.46，酸值从0.34提高到2.36。分企业原油加工综合性质见表4-71。

表 4-71　各企业原油性质

企　业	2009 年分企业预计			2010 年分企业优化		
	API	硫含量	酸值	API	硫含量	酸值
集团公司	29.26	1.17	0.63	29.04	1.29	0.60
1. 华北地区						
燕山	31.93	0.56	0.31	31.55	0.74	0.26
天津	31.62	0.47	0.30	27.25	2.04	0.54
石家庄	28.05	0.51	0.70	29.71	0.47	0.59
沧州	26.98	0.54	0.87	27.11	0.62	0.85
齐鲁	25.40	1.81	1.02	25.36	2.08	1.01
济南	25.73	0.45	0.72	25.79	0.49	0.71
洛阳	31.17	0.59	0.40	29.04	1.29	0.60
青岛炼油	29.26	2.40	0.23	28.63	3.01	0.15
青岛石化	31.54	0.42	0.34	26.41	0.46	2.36

续表

企　业	2009 年分企业预计			2010 年分企业优化		
	API	硫含量	酸值	API	硫含量	酸值
胜利	26.60	0.60	0.86	28.91	0.89	0.30
中原	31.63	0.48	0.54	31.63	0.48	0.54
河南	26.07	0.18	1.51	26.07	0.18	1.51
2. 华东地区						
金陵	27.30	1.43	1.06	29.32	1.52	0.68
扬子	29.10	1.26	0.80	28.21	1.35	0.74
清江	31.25	0.20	0.44	30.76	0.22	0.49
扬州	30.17	0.32	0.70	30.17	0.32	0.70
泰州	29.78	0.33	0.52	29.81	0.29	0.59
高桥	30.57	1.44	0.36	31.09	1.34	0.37
金山	30.47	1.33	0.27	33.39	0.97	0.24
镇海	29.68	1.63	0.66	28.49	1.27	0.64
杭州	31.69	0.13	0.38	30.55	0.19	0.47
3. 沿江地区						
安庆	24.97	0.70	1.24	24.01	0.80	1.34
九江	24.61	0.69	1.23	25.17	0.72	1.29
武汉	24.36	0.75	1.33	23.84	0.81	1.37
长岭	24.85	0.69	1.25	25.61	0.68	1.24
荆门	26.13	0.65	1.17	23.84	0.81	1.37
巴陵	30.53	0.11	0.21	30.21	0.11	0.16
4. 华南地区						
福建	33.99	1.15	0.21	33.01	1.38	0.27
广州	31.17	1.10	0.72	31.62	1.35	0.68
海南	33.40	0.96	0.33	33.04	0.73	0.24
茂名	29.61	1.43	0.62	29.11	1.80	0.29
东兴	34.32	0.37	0.20	34.68	0.93	0.50
北海	31.96	0.16	0.35	30.79	0.10	0.33
5. 西部地区						
西安	25.93	1.16	0.14	25.99	1.16	0.15
塔河	19.50	2.20	0.17	19.50	2.20	0.17

③ 原油品种　2010 年集团公司进口原油仍然以中东和非洲原油为主，欧洲、南美与东南亚原油做为补充。华北和仪长管道进口原油仍然以非洲原油为主。具体进口原油分品种采购优化结果见表 4-72。

表 4-72　进口原油品种

原　油	API	硫含量	酸值	资源上限	优化结果	备　注
				17272	15145	
东南亚原油				620	620	
苇杜里	31.36	0.10	0.20	100	100	
阿朱纳	35.13	0.11	0.11	20	20	
杜里	20.30	0.23	1.34	100	100	
辛塔	30.40	0.10	0.66	80	80	
查蒂巴朗	32.60	0.13	0.10	50	50	

续表

原　油	API	硫含量	酸值	资源上限	优化结果	备　注
班哥库瓦	37.60	0.06	0.14	50	50	
班曲马斯	40.84	0.04	0.06	100	100	
钱皮恩	31.37	0.10	0.37	20	20	
埃菲尔德	22.22	0.12	0.46	100	100	
非洲原油				5446	4130	
卡滨达	33.52	0.13	0.15	500	220	
内姆巴	39.00	0.24	0.09	200	200	
吉拉索	30.80	0.34	0.34	400	110	
奎都	20.40	0.70	2.25	200	200	
罕戈	28.17	0.66	0.61	411	411	管道 261
恺撒杰	30.13	0.38	0.52	411	411	管道 261
西康巴	34.95	0.41	0.14	50	50	
达离尔	23.85	0.49	1.13	200	200	
Mondo	28.90	0.48	0.78	140	140	管道 125
普洛托尼	32.34	0.39	0.16	330	164	管道 128
福卡多斯	29.70	0.18	0.24	50	50	
安坦	27.80	0.25	0.34	50	50	
杰诺	26.89	0.28	0.56	518	518	管道 268
扎菲洛	29.30	0.28	0.89	100	100	
塞巴	29.70	0.55	0.80	271	271	管道 121
曼吉	28.88	1.16	0.25	100	100	
萨离尔	38.49	0.15	0.06	300	23	
埃斯锡德	36.67	0.41	0.10	300	0	
尼罗	31.74	0.08	0.42	200	200	
达尔混合	25.60	0.23	3.67	600	600	
钦古提	28.13	0.52	0.28	29	29	管道 29
多巴	21.30	0.10	3.35	20	16	
萨西	32.80	0.32	0.64	66	66	管道 66
中东原油				9606	9225	
阿曼	32.16	1.10	0.59	1200	1200	
伊朗轻	32.67	1.40	0.08	1000	727	
伊朗重	29.20	2.02	0.11	1200	1200	
锡里	31.70	1.90	0.07	50	50	
索鲁士	19.22	3.70	0.25	300	300	
沙超轻	38.50	1.20	0.03	400	400	
沙轻	33.12	1.90	0.04	2000	2000	
沙中	30.49	2.48	0.22	600	600	
沙重	27.53	3.10	0.24	800	800	
巴士拉	30.40	3.02	0.14	800	753	
穆尔班	38.80	0.84	0.09	150	150	
马力布	42.08	0.10	0.09	30	30	

续表

原　油	API	硫含量	酸值	资源上限	优化结果	备　注
马希拉	32.10	0.63	0.08	276	276	管道 26
科威特	30.17	2.80	0.13	800	738	
其他原油				1600	1170	
库姆克尔	39.70	0.15	0.11	50	50	
萨哈林	28.00	0.30	0.53	50	50	
乌拉尔	32.30	1.38	0.06	300	300	
威特亚兹	34.44	0.22	0.13	300	206	
纳波	18.87	2.42	0.15	50	50	
澳瑞特	22.82	1.60	0.28	200	200	
马林	19.69	0.75	1.36	150	6	
阿尔巴克拉	20.66	0.60	2.15	200	58	
卡斯提拉混合油	19.26	1.91	0.22	100	100	
拉塔姆轻	35.20	1.01	0.18	100	100	
科萨卡	47.30	0.06	0.03	50	50	
梅萨	29.85	1.06	0.11	50	0	

中东原油采购量为 9225 万 t，占进口原油总量的 60.9%；非洲原油采购量为 4129 万 t，占总进口原油总量的 27.3%；东南亚原油为 620 万 t，占进口原油总量的 4.1%，欧洲、南美等其他原油为 1170 万 t，占进口原油总量的 7.7%。

主要企业进口劣质原油情况见表 4-73 。

表 4-73　进口原油品种　　万 t

	合计	高硫	含酸	重质
燕山	371	305		67
天津	936	736	200	
石家庄	150		150	
齐鲁	828	771	32	25
青石	207			207
青炼	1000	1000		
金陵	1019	640	373	6
扬子	577	350	221	6
高桥	537	461	76	
金山	334	176		158
镇海	1242	717	425	100
福建	399	344	55	
广州	485	350	135	
海南	189	159	30	
茂名	1079	989	89	

④ 管道原油　华北地区津沧线开通，石家庄加工曹妃甸上岸的进口原油后，齐鲁要增加胜利高硫高酸原油的加工能力，目前模型按 500 万 t 考虑，如有条件可以继续增加，从而改善外输胜利原油的性质与数量，并且利于胜利原油和总体平衡。模型综合优化结果反映，临沧、临济线维持进口：胜利=3：1，鲁宁原油调整为胜利：进口=6：1，仪长线原油调整为鲁宁：进口=2：1，东黄复线输送量为 664 万 t(沧州 184，济南 150，洛阳 77，鲁宁 253)。

⑤化工轻油　2010 年乙烯产量按 884 万 t 安排，化工轻油总需求为 3215 万 t，其中乙烯料 2677 万 t、芳烃原料需求量约 426 万 t、烷基苯料 100 万 t、其他化工轻油 12 万 t。根据各化工企业裂解料轻质化进展，轻烃及液化气利用量达到 120 万 t。详细情况见表 4-74。

表 4-74　化工轻油需求数量　　万 t

企业名称	化工轻油总需求	其中			
		乙烯料	芳烃料	烷基苯料	其他
集团合计	3214.62	2676.75	425.86	100.00	12.00
燕山	265.51	265.51			
天津	385.10	305.10	80.00		
东方	63.14	63.14			
齐鲁	266.82	266.82			
中原	60.21	60.21			
洛阳	49.00		49.00		
金陵	100.00			100.00	
扬子	381.85	234.99	146.86		
金山	424.35	274.35	150.00		
镇海	153.91	153.91			
广州	68.66	68.66			
茂名	288.59	288.59			
赛科	293.75	293.75			
扬巴	152.00	152.00			
福建	249.71	249.71			
其他	12.00				12.00

化工轻油总需求量比 2009 年预计增加约 440 万 t，然而，炼化一体配套建设的天津、福建、镇海、金陵、金山都可以达到自供，主要是赛科乙烯增量需要增加系统内供应。具体各企业化工轻油优化互供方案为：

燕山石化：总需求 266 万 t，炼油自供 216 万 t，剩余部分由石家庄和沧州补充。

东方乙烯：总需求约 63 万 t，由青岛石化、西安、塔化供应。

天津石化：总需求约 385 万 t(乙烯料 305 万 t、芳烃料 80 万 t)，全部由炼油自供解决。

中原乙烯：总需求 60 万 t，由油田轻烃和液化气解决 21 万 t，其余由洛阳和中原炼厂供应。

齐鲁石化：乙烯总需求 267 万 t，炼油自供 260 万 t，其余 7 万 t 由油田供应轻烃解决。

扬子石化：总需求 382 万 t，炼油自供 372 万 t，其余由清江、泰州、扬州供应，以及化工下游抽余油解决。

扬巴乙烯：产量安排 55 万 t，化工轻油需求约 180 万 t，模型优化结果只供应 152 万 t，占总需求的 84.4%。其中金陵石化 100 万 t，安庆 25 万 t，九江 15 万 t，武汉 12 万 t。

赛科乙烯：产量安排 119 万 t，化工轻油需求约 390 万 t，模型优化结果只能供给 294 万 t,占总需求的 75.4%。与 2009 年预计 200 万 t 相比，增加 94 万 t，其中高桥 130 万 t，镇海 110 万 t，青岛炼油 50 万 t，安庆 4 万 t。

茂名乙烯：总需求量约 307 万 t，自产约 182 万 t，海南供约 23 万 t，东兴和北海供约 28 万 t，武汉、荆门和岳化供约 26 万 t 由火车运入，系统外采或进口 30 万 t。

⑥成品油生产与流向　2010 年成品油生产总量 11998 万 t，其中汽油 3635 万 t，煤油

1100 万 t，柴油 7263 万 t。生产量中出口总量 750 万 t，其中汽油 180 万 t，煤油 300 万 t，柴油 270 万 t。具体情况见表 4-75。

表 4-75 成品油生产与销售总量 万 t

	合计	汽油	煤油	柴油
生产量	11998	3635	1100	7263
销往省市	9573	3391		6181
供应专项	1675	64	800	812
出口	750	180	300	270

从汽柴油分区域销售情况看，山东地区成品油相对过剩，除覆盖周边市场外，部分油品进入南京和华南市场。沿江地区市场除接受区内生产的油品外，还被山东、南京、华东和华南地区占领。具体情况见表 4-76。

表 4-76 汽柴油区块生产与销售情况 万 t

生产＼销售	合计	华北	山东	中原	沿江	南京	华东	华南	西南	区外
合计	9573	1378	827	565	1531	919	1400	1767	812	374
华北区	1321	1235		73						13
山东区	1487	114	827	126	61	155		142		62
中原区	391	30		330						30
沿江区	1265			36	1113					117
南京区	769				256	514				
华东区	1891				45	250	1380	216		
华南区	1505				56		20	1264	165	
西南区	791							145	647	
区外	152									152

⑦ 燃料油生产　2010 年燃料油生产量 245 万 t，与 2009 年预计水平略有降低。

4.5.2.2 区域优化

区域优化就是在一个区域内部进行优化，使得区域内部效益最大化的过程。下面以沿江企业历史上某年原油三程船运输方案效益分析研究为例进行说明。

沿江中上游包括 5 家炼油企业，分别为安庆、九江、武汉、长岭和荆门，目前原油加工总能力为 2460 万 t/a。随着九江、武汉改造项目的投用，原油加工能力将增加到 2660 万 t/a。目前，原油进厂以管道输送为主，除荆门分公司已经取消三程船运输以外，其他各厂仍然存在部分三程船运输，其数量占总加工量的 10%左右。以 5 企业整体效益最大化为目标，在同时满足沿江 5 家企业 2008 年生产计划要求的前提下，就三程船取消前后的生产效益进行测算与分析，具体情况如下。

1. 现状

2007 年各企业原油加工情况：沿江 5 家企业 2007 年 1 ~ 10 月份加工原油总量 1821. 7 万 t，其中仪长管输原油 1466. 0 万 t，占加工总量的 80. 5%，三程船运输量215. 7 万 t，占总加工量的 11. 8%。仪长管输原油中胜利油 941. 1 万 t，进口油 524. 9 万 t，主要进口原油品种为罕戈、凯萨杰和杰诺三种原油，三程船主要有卡宾达、马希拉、奎都、杜里等。详细原油结构与性质见表 4-77。

表 4-77　各企业 2007 年 1~10 月实际完成原油加工情况

	合计	安庆	九江	武汉	荆门	长岭
一、完成量	1821.7	368.8	361.3	352.3	384.0	355.3
仪长管线量	1466.0	316.1	315.0	290.9	244.0	300.0
胜利油	941.1	202.9	202.2	186.7	156.6	192.6
南阳油					83.1	
江汉油					56.9	
进口油	524.9	113.2	112.8	104.2	87.4	107.4
三程油	215.7	52.7	46.3	61.4	0	55.3
其中含酸重质						
奎都	20.0	3.0	10.1	2.9		4.0
杜里	8.8	3.0	5.7			0.1
马林	4.7	0.6	1.9			2.2
二、原油性质						
平均 API		24.56	25.05	25.09	25.68	25.60
平均硫含量		0.71	0.72	0.78	0.71	0.75
平均酸值		1.13	1.07	1.11	1.15	1.05

各企业装置构成：到 2007 年底，沿江 5 家企业一次加工总能力为 2460 万 t/a，二次加工装置中重整处理能力为 157 万 t/a，催化处理能力为 985 万 t/a，渣油处理能力为 660 万 t/a。详细情况见表 4-78。

表 4-78　沿江 5 企业装置构成情况表

装置名称	安庆	九江	武汉	荆门	长岭
原油加工能力	550	400	500	500	510
$1^{\#}$常压	400	250	350	350	350
$2^{\#}$常压	150	150	150	150	160
石脑油加工					
重整	22	30	30	25	50
蜡油加工					
$1^{\#}$催化	140	100	120	80	100
$2^{\#}$催化	65	100	100	80	100
渣油加工					
延迟焦化	120	100	100	130	120
溶剂脱沥青		50		40	
加氢处理					
焦化汽油加氢	35				
催化汽油加氢		35	20		10
煤柴油加氢	160	120	80	30	140
蜡油加氢			30		
混合加氢				100	30
其他装置					
$1^{\#}$气分	10	15	40	10	
$2^{\#}$气分	30	30		29	
烷基化			6		
MTBE			3		6
制氢			1	2.5	1
硫磺	2	3.8	7.5	5	2
聚丙烯	3	10	13	15	13

2. 测算基础

油种选择：油种的选择参考目前加工现状。其中仪长管输原油除固定一定数量的胜利原油外，掺混的进口原油由于运输调合设施的限制，只能选择数量较大的低硫或含硫原油，尚不具备少量掺混重质含酸原油的条件。代表油种为杰诺、凯萨杰、罕戈3种；三程船运输的原油主要考虑低硫原油和重质含酸原油，品种为卡宾达、杰诺、扎菲洛、奎都、杜里。

价格体系：原油和成品油价格采用2008年预算价格体系。详细价格和运杂费情况详见表4-79、表4-80及表4-81。

表4-79 原油价格情况 元/t

原油品种	价格	原油品种	价格
胜利混合	4160	马希拉	4287
仪长管输	4144	阿曼	4035
南阳	3825	罕戈	4105
江汉	4043	奎都	3550
卡滨达	4294	扎菲洛	4230
凯萨杰	4143	塞巴	4137
杰诺	4038	杜里	3184

表4-80 原油运杂费情况 元/t

企业名称	管输运杂费	三程运杂费	企业名称	管输运杂费	三程运杂费
安庆	99.6	139.4	长岭	132.5	177.6
九江	106.5	146.5	荆门	131.9	174.7
武汉	119.5	153.0			

表4-81 成品油价格情况 元/t

油品名称	不含税价格	油品名称	不含税价格
90#清洁汽油	4684	石脑油	5556
0#柴油	4333	丙烯	9071
灯煤	4786	重芳烃	6000
航煤	5085	液化气	4790

3. 方案设定

由于沿江5家企业2008年装置改造与检修较多，方案设定主要考虑对加工流程影响较大的装置改造投产情况，全年分为三个阶段，依据2007年预计完成的三程船运输量水平，按有无三程二种情况，选择有代表性的月度进行测算。

阶段1：2008年1月份，九江炼厂1#蒸馏装置安排检修。

阶段2：2008年2~5月份，考虑九江炼油厂500万t/a蒸馏装置投用，加工量有所增加，其他同阶段1。

阶段3：2008年6~12月份，武汉600万t/a蒸馏、120万t/a焦化、30万t/a煤油加氢和160万t/a柴油加氢投用，加工能力有所提高，其他同阶段2。

4. 测算结果与分析

按照中国石化财务部提供的2008年预算价格体系，胜利油价格偏高，通过模型测算，加工胜利原油越多沿江企业效益越低，考虑到现实操作的可能性，按2007年实际水平对胜利原油的最少加工数量进行限定，同时对有无三程两个方案按加工相同数量胜利油进行比较。各企业加工量参考2008年计划安排，并以各企业深度加工能力进行平衡考虑。

(1) 测算结果

阶段 1：2008 年 1 月份。原油加工总量 174 万 t，其中安庆 37 万 t、九江 24 万 t、武汉 36 万 t、长岭 38 万 t、荆门 39 万 t。测算结果见表 4-82。

表 4-82　阶段 1 测算结果对比表

项　　目	阶段 1		
	有三程	无三程	无-有
原油构成/万 t	174.0	174.0	
国内原油	14.0	14.0	
仪长管混	136.0	160.0	24.0
胜利混合	81.6	81.6	
凯萨杰	13.6	19.6	6.0
杰诺	27.2	39.2	12.0
罕戈	13.6	19.6	6.0
三程原油	24.0		-24.0
卡滨达	8.5		-8.5
杰诺	10.9		-10.9
奎都	3.1		-3.1
杜里	1.5		-1.5
原油平均性质			
平均 API	25.42	25.45	0.03
平均硫含量	0.62	0.64	0.02
平均酸值	1.09	1.08	-0.02
装置生产/万 t			
蒸馏	174.00	174.00	0.00
重整	13.10	13.62	0.52
蜡油加工	75.82	74.79	-1.03
渣油加工	53.26	54.36	1.10
产品产量/万 t			
汽油	35.25	34.93	-0.32
煤油	3.50	2.50	-1.00
柴油	68.82	70.21	1.39
化工轻油	5.90	5.60	-0.30
溶剂油	1.99	1.76	-0.24
丙烯	1.12	1.11	-0.01
聚丙烯	3.87	3.80	-0.06
液化气	11.50	11.34	-0.17
燃料油	5.45	5.65	0.20
焦碳	13.31	13.39	0.07
效益分析/万元			
产品销售收入	764860	762079	-2781
总成本	779201	781025	1824
原油购买成本	712659	715413	2755
原油运费	19826	18876	-950
其他原料成本	3200	3132	69
可变加工费	12716	12804	88
固定费用	30800	30800	
利润	-14341	-18946	-4605

原油构成：有三程时，管输数量为136万t，三程数量24万t。三程原油选择了卡宾达、杰诺、奎都和杜里。与取消三程船方案比，原油平均API、硫含量和酸值都基本相当。

装置生产：取消三程船后，重整装置加工负荷上升0.52万t/月，蜡油加工负荷下降1.03万t/月，渣油加工负荷上升1.1万t/月。

产品产量：取消三程船后，汽煤柴和化工轻油总量降低0.23万t/月，燃料油增加0.20万t，溶剂油、丙烯、聚丙烯、液化气等产量下降0.48万t。

效益分析：取消三程船后，原油购买成本上升2755万元、产品销售收入降低2781万元，尽管运费节省了950万元，最终效益仍然下降4605万元。

阶段2和阶段3的结果这里不再赘述，根据上述三个阶段单月份测算的比较结果进行推算，取消三程船后，2008年全年效益将减少大约5.1亿元。

（2）影响效益差异的分析

从以上测算结果可以看出，取消三程船运输后，企业加工效益普遍下降。通过分析，主要有以下几个原因：一是各企业加工相同原油导致不同企业后续加工能力不平衡。取消三程运输后，管输原油略微变轻，而且5家企业又要加工相同的原油，导致不同企业蜡渣油加工不平衡。例如，阶段1中，九江、武汉和长岭焦化加工都正好满负荷，但安庆受焦化能力限制分别多产重油0.31万t，而到了阶段3安庆仍因能力受限多产0.39万t重油，而武汉焦化能力却过剩6万多t。二是加工重质含酸原油的优势得不到发挥。由于目前管道输送尚无掺混重质含酸原油的措施，在保留三程船运输时，原油的选择比较灵活，可以选择一部分重质含酸原油，即使再采购部分低硫原油，总体原油成本还有降低。从三个阶段有三程测算结果可以看出，安庆选择了1.2万t奎都原油，长岭选择了1.0万t杜里原油，武汉选择了1.0万t奎都原油，九江选择了0.5万t杜里和0.4~1万t奎都原油。而取消三程运输后，可以加工含酸重质原油的1#蒸馏装置劣质油加工能力得不到有效地发挥。三是企业内部对原油资源和加工方案的优化空间变小。在企业内部，由于性质不同的渣油不能再分开处理，使得部分优质渣油进入焦化加工造成浪费，部分劣质渣油进入催化加工，影响了催化的掺渣能力。例如，长岭在阶段2中，保留三程时，低硫原油在2#蒸馏单独加工，其减渣的硫含量只有0.88%，2#催化中掺渣量可达到12.48%，取消三程后，混合原油的减渣硫含量1.41%，2#催化中掺渣量只有7.34%。从总体情况来看，在所有阶段取消三程船后，都给焦化加工带来压力，而催化负荷普遍降低0.13~1.03万t/月。四是原油运输成本与原油采购成本相比，采购成本对企业效益影响更大。按布伦特、米纳斯、迪拜三种原油国际市场FOB平均价75美元/桶价格体系，用于管道运输的进口原油凯萨杰、杰诺和罕戈的价格在4038~4143元/t，而只能用于三程运输的杜里和奎都价格只有3184元/t和3550元/t，三程船运费与管道运输费相差只有40元/t。原油品种变化带来采购成本的下降比起原油运费的节省要大得多。从测算方案对比结果看，在不同时期原油采购成本平均降低约4500万元/月，而运费节省约950万元/月。

4.6 成品油物流优化

所谓成品油物流，就是成品油销售企业为满足顾客及市场需要，实现油品从供应地转移到消费地的实体流过程，在这个过程中，必须要实现运输、配送、装卸以及仓储的有机结合。根据成品油物流的不同阶段划分，可以分为一次物流和二次物流。中国石化销售企业根据物流与最终市场的距离远近，把成品油物流分为两个层次。其中，成品油一次物流是从炼油厂出发到达销售企业油库中的转储存过程，其特点是运输的大批量和长距离，通常通过铁路、成品油专用管线、船舶等途径送达。成品油二次物流是紧接着一次物流进行的，是成品油从中转油库到加油站或终端用户手中的中转过程，由于批量小，通过汽车运输即可。成品油二次物流是由配送中心在规定时间内将油品准确送达指定地点而进行的计划、实施与控制的过程。这个过程要实现的最终目的是达到配送的少环节、短流程、低成本和高效率，因而必须要考虑到终端用户的成品油需求计划、资源状况和客户分布、最优的运输方式和路径等方面的内容，通过调整原有不合理的配送业务流程，整合油库布局，优化配送路径，控制配送成本。

4.6.1　一次物流优化

4.6.1.1　一次物流优化范围

单周期全口径资源涵盖集团公司 33 个生产企业、27 个品号的成品油资源，19 个省市公司、12 个区外公司、7 个联营公司、19 个专项部门、14 个油田自用用户、出口和调控共 505 个油库(含炼厂地付、直销用户)，涉及 850 个站港和由铁路、公路、水运、管输四种运输方式组成的约 1.2 万条运输通道。

4.6.1.2　单周期全口径资源优化

全口径资源优化范围涵盖了省市公司、区外公司、联营单位、专项部门、调控用户和出口等全部计划类型，将全部资源纳入了优化的范围，能够编制出分炼厂、分用户、分油库、分发到站、分品种牌号、分运输方式的含计划运杂费的运输计划，极大地提高了物流计划管理的细致程度。DPO 计划也比手工安排大为优化，计划流向呈现出了“资源发运点趋向集中，资源就近供应和远距离运输比例增加、梯次运输比例减少，新增流向多”的特点。图 4-21 显示了单周期全口径涉及范围。

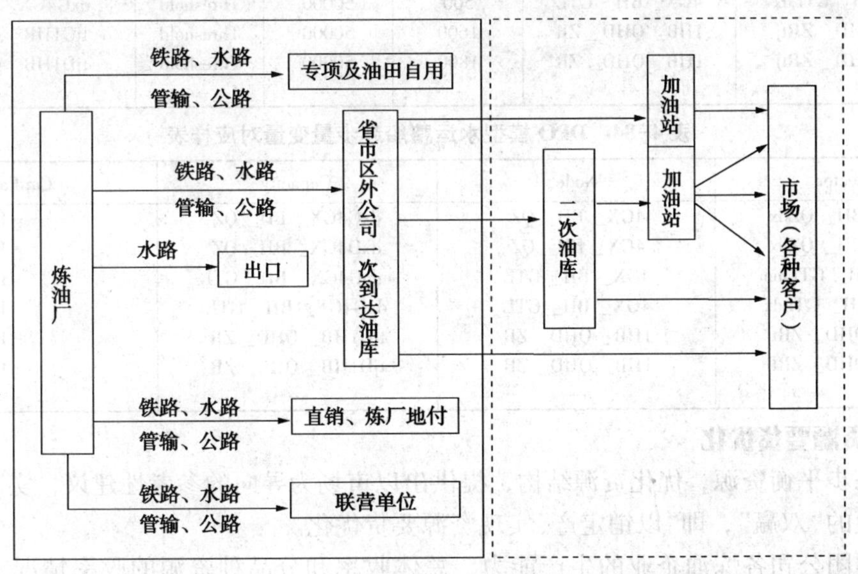

图 4-21　单周期全口径涉及范围

同时，通过模型对出口、专项、联营单位、调控、储备的供应量和分炼厂、分运输方式安排，以及外采安排等因素的情景模拟和多方案比较，使我们能够对上述因素对销售企业成品油一次费用的影响进行定量分析。例如，在满足出口数量和品种的前提下，优选出口炼厂；在满足专项、联营单位或调控用户供应量和品种的前提下，优选分炼厂安排；在优先分配自产资源的前提下，优化外采安排。

4.6.1.3 混合整数优化

根据目前成品油配置和运输计划安排的实际情况，不同大区铁路、公路自提、水运的整车、整船发运的起步量都不相同，依据调运业务的需求，在模型中设定的铁路、公路整车发运的起步量，水运整船发运依据运输的不同品种、不同船型分别设置的起步量。此外，为了保证优化方案的可行性和可操作性，还根据炼厂实际情况，按不同炼厂、不同品种、不同船型设置水运起输量，并给定增长幅度。

通过 DPO 软件中的 LotSize、Threshold、Linkage、MipType 和 MipOrder 等参数，对铁路、公路和水运运输中的整车、整船发运的起步量、倍率及管输的起输量进行了整数限制，并通过 Collector、CapCollector 表和 Transport 表中 MipType、MipFactor 等参数的设置，实现了模型混合整数功能。通过对 Collector、CapCollector 表的运用，实现了水运的整船发运的起步量、倍率和管输的起输量的整数限制。

混合整数优化实现了按整车、整船运输编制运输计划，特别是华东地区炼厂水运出厂计划细分到了分船型安排，实现了“一航一价、一船一价”，更便于大区、省市、炼厂运销部门和用户请车、租船等调度执行。详细情况见表 4-83 和表 4-84。

表 4-83 DPO 模型水运整船起步量设定样表

Collector	Node	Min	Max	MipType	MipLink
G4GX_ BH_ QZdx	4GX_ BH_ QZ	1000	50000	Threshold	dxG4GX_ BH_ QZ
D4GX_ BH_ QZdx	4GX_ BH_ QZ	1000	50000	Threshold	dxD4GX_ BH_ QZ
G4GX_ BH_ GTLmm	4GX_ BH_ GTL	500	50000	Threshold	mmG4GX_ BH_ GTL
G4GX_ BH_ GTLdx	4GX_ BH_ GTL	500	50000	Threshold	dxG4GX_ BH_ GTL
G1HB_ QHD_ ZRtj	1HB_ QHD_ ZR	1600	50000	Threshold	tjG1HB_ QHD_ ZR
D1HB_ QHD_ ZRtj	1HB_ QHD_ ZR	1800	50000	Threshold	tjD1HB_ QHD_ ZR
…	…	…	…	…	…

表 4-84 DPO 模型水运整船起步量变量对应样表

Collector	Node	Capacity	CapFactor
G4GX_ BH_ QZdx	4GX_ BH_ QZ	dxG4GX_ BH_ QZ	-1
D4GX_ BH_ QZdx	4GX_ BH_ QZ	dxD4GX_ BH_ QZ	-1
G4GX_ BH_ GTLmm	4GX_ BH_ GTL	mmG4GX_ BH_ GTL	-1
G4GX_ BH_ GTLdx	4GX_ BH_ GTL	dxG4GX_ BH_ GTL	-1
G1HB_ QHD_ ZRtj	1HB_ QHD_ ZR	tjG1HB_ QHD_ ZR	-1
D1HB_ QHD_ ZRtj	1HB_ QHD_ ZR	tjD1HB_ QHD_ ZR	-1
…	…	…	…

4.6.1.4 资源要货优化

为进一步平衡资源，优化资源结构，提供出以市场为导向的参考性建议，实现销售企业和生产企业的“双赢”，即“以销定产”实现资源要货优化。

根据集团公司各炼油企业的生产能力、总体收率和分品种资源的收率情况，充分利用 MatrixRows、MatrixColumns 两张数据表，结合炼油事业部 PMIS 中的相关数据，通过附加矩阵方式实现了简化模拟炼油企业成品油生产方案。优化资源要货流程图如图 4-22 所示。有关样表见表 4-85~表 4-89。

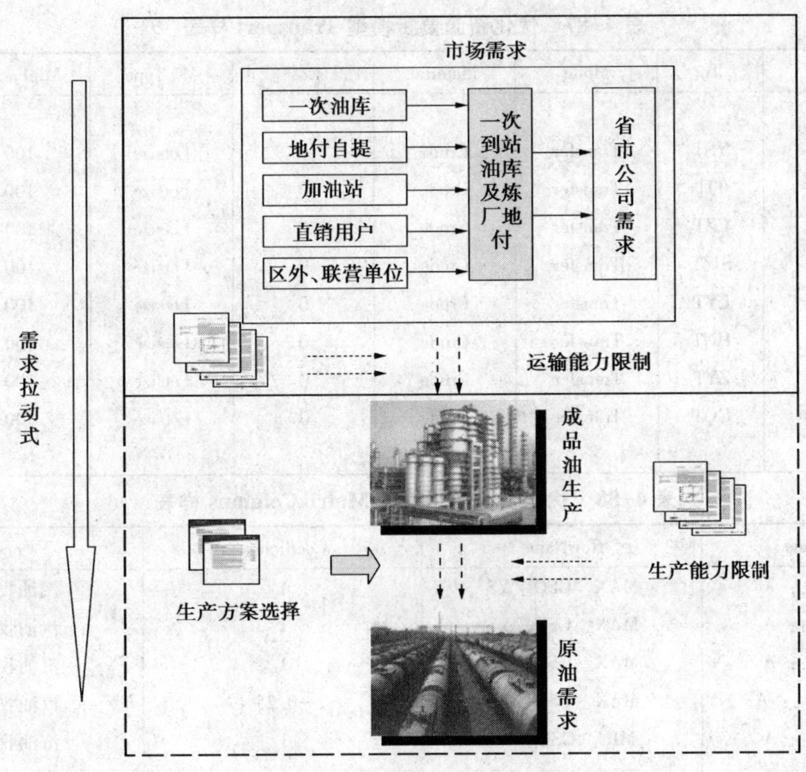

图 4-22 优化资源要货模型流程图

表 4-85 优化资源要货模型 Supply 样表

Material	Node	Min	Max	…	MipType	MipFactor	…
原油加工量限制			…			…	
Crude	ys		2050000	…	Lotsize	100	…
Crude	tj		1325000	…	Lotsize	100	…
Crude	cz		587500	…	Lotsize	100	…
Crude	sjz		837500	…	Lotsize	100	…
Crude	ly		1250000	…	Lotsize	100	…
Crude	hn		150000	…	Lotsize	100	…
Crude	zy	132000	187500	…	Lotsize	100	…
Crude	gq	2075000	2250000	…	Lotsize	100	…
…	…	…	…	…	…	…	…

表 4-86 优化资源要货模型 CapacityRows 样表

Material	Node	! cnNode	Min	Max	…
原油物料传递					…
Crude	YST	燕山石化虚拟库		2050000	…
Crude	TJT	天津石化虚拟库		1325000	…
Crude	CZT	沧州石化虚拟库		587500	…
Crude	SJZT	石家庄炼化虚拟库		837500	…
Crude	LYT	洛阳石化虚拟库		1250000	…
Crude	HNT	河南油田炼厂虚拟库		150000	…
Crude	ZYT	中原油田炼厂虚拟库	132000	187500	…
Crude	GQT	高桥石化虚拟库	2075000	2250000	…
…	…	…	…	…	…

表 4-87　优化资源要货模型 Transport 样表

From	To	Mode	Material	Cost	MipType	MipFactor	…
原油物料传递							…
ys	YST	Transfer	Crude	0	Lotsize	100	…
tj	TJT	Transfer	Crude	0	Lotsize	100	…
cz	CZT	Transfer	Crude	0	Lotsize	100	…
sjz	SJZT	Transfer	Crude	0	Lotsize	100	…
ly	LYT	Transfer	Crude	0	Lotsize	100	…
hn	HNT	Transfer	Crude	0	Lotsize	100	…
zy	ZYT	Transfer	Crude	0	Lotsize	100	…
gq	GQT	Transfer	Crude	0	Lotsize	100	…
…	…	…	…	…	…	…	…

表 4-88　优化资源要货模型 MatrixColumns 样表

ColumnName	RowName	Coefficient	Comment
B：G90：ys：：A	MAX_ GSO_ YS	1	汽油收率上限
B：G93：ys：：A	MAX_ GSO_ YS	1	汽油收率上限
B：G97：ys：：A	MAX_ GSO_ YS	1	汽油收率上限
B：Crude：ys：：A	MAX_ GSO_ YS	-0. 25	汽油收率上限
B：G90：ys：：A	MIN_ GSO_ YS	1	汽油收率下限
B：G93：ys：：A	MIN_ GSO_ YS	1	汽油收率下限
B：G97：ys：：A	MIN_ GSO_ YS	1	汽油收率下限
B：Crude：ys：：A	MIN_ GSO_ YS	-0. 22	汽油收率下限
B：D00：ys：：A	MAX_ DSL_ YS	1	柴油收率上限
B：D-10：ys：：A	MAX_ DSL_ YS	1	柴油收率上限
B：D-20：ys：：A	MAX_ DSL_ YS	1	柴油收率上限
B：D-35：ys：：A	MAX_ DSL_ YS	1	柴油收率上限
B：Crude：ys：：A	MAX_ DSL_ YS	-0. 25	柴油收率上限
B：D00：ys：：A	MIN_ DSL_ YS	1	柴油收率下限
B：D-10：ys：：A	MIN_ DSL_ YS	1	柴油收率下限
B：D-20：ys：：A	MIN_ DSL_ YS	1	柴油收率下限
B：D-35：ys：：A	MIN_ DSL_ YS	1	柴油收率下限
B：Crude：ys：：A	MIN_ DSL_ YS	-0. 22	柴油收率下限
B：DK3：ys：：A	MAX_ DK3_ YS	1	航煤收率上限
B：Crude：ys：：A	MAX_ DK3_ YS	-0. 02	航煤收率上限
B：DK3：ys：：A	MIN_ DK3_ YS	1	航煤收率下限
B：Crude：ys：：A	MIN_ DK3_ YS	-0. 01	航煤收率下限
B：G90：ys：：A	MAX_ YIELD_ YS	1	总收率上限
B：G93：ys：：A	MAX_ YIELD_ YS	1	总收率上限
B：G97：ys：：A	MAX_ YIELD_ YS	1	总收率上限
B：D00：ys：：A	MAX_ YIELD_ YS	1	总收率上限
…	MAX_ YIELD_ YS	1	总收率上限
B：DK3：ys：：A	MAX_ YIELD_ YS	1	总收率上限

续表

ColumnName	RowName	Coefficient	Comment
B：Crude：ys：：A	MAX_ YIELD_ YS	-0.48	总收率上限
B：G90：ys：：A	MIN_ YIELD_ YS	1	总收率下限
B：G93：ys：：A	MIN_ YIELD_ YS	1	总收率下限
B：G97：ys：：A	MIN_ YIELD_ YS	1	总收率下限
B：D00：ys：：A	MIN_ YIELD_ YS	1	总收率下限
…	MIN_ YIELD_ YS	1	总收率下限
B：DK3：ys：：A	MIN_ YIELD_ YS	1	总收率下限
B：Crude：ys：：A	MIN_ YIELD_ YS	-0.45	总收率下限

表 4-89　优化资源要货模型 MatrixRows 样表

RowName	RowType	Rhs	…
燕山石化			…
MAX_ GSO_ YS	L	0	…
MIN_ GSO_ YS	G	0	…
MAX_ DSL_ YS	L	0	…
MIN_ DSL_ YS	G	0	…
MAX_ DK3_ YS	L	0	…
MIN_ DK3_ YS	G	0	…
MAX_ YIELD_ YS	L	0	…
MIN_ YIELD_ YS	G	0	…
…	…	…	…

4.6.1.5　多重能力约束

在实际计划安排过程中，往往遇到多重因素对某一特定运输通道或某单一品种的能力约束的情况。在成品油一次物流优化过程中，要充分考虑这些因素对优化结果的影响。多重能力约束示意图如图 4-23 所示。

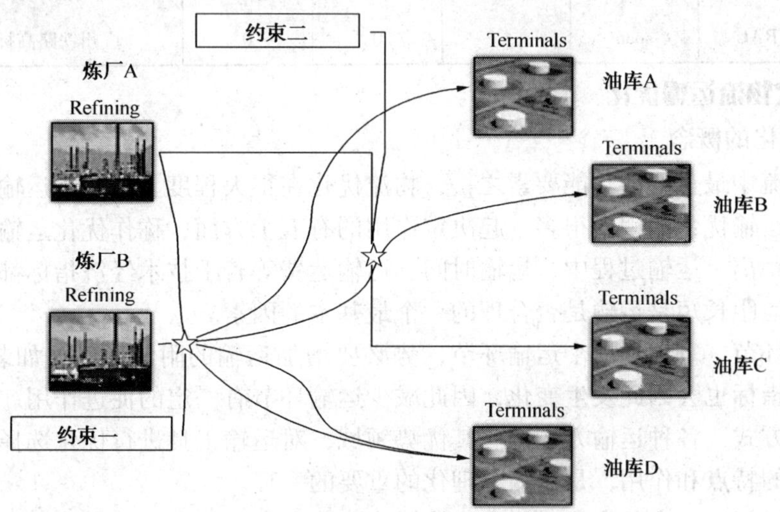

图 4-23　多重能力约束示意图

注：A 炼厂向 C、D 两个油库发油，B 炼厂向 A、B、D 三个油库发油，每条运输路径有各自的约束条件。在 AD、BA、BB 和 BD 这四条运输通道上有共同的限制口（约束一），同样，在 AC、BB 两条通道上有一限制口（约束二），此类现象在石化实际铁路运输中比较多见。

由于国内物流配送过程中，运输及其他约束繁多，在一次物流优化的模型中，一个节点有三个以上的能力约束较多。以齐鲁炼厂为例，能力约束高达七个：齐鲁调河南数量限制；齐鲁、济南调华北数量限制；齐鲁、济南调北京数量限制；齐鲁、济南调河南数量限制；齐鲁下海数量限制；齐鲁铁路出厂能力限制；山东 4 个炼厂铁路出厂能力总限制。

为了实现上述多重能力约束，AspenTech 公司的 DPO 软件现有的能力约束表（Capcity-Rows、CapSupply、CapDemand、CapTransport 和 CapInventory）只能对同一节点、运输方式或油品实现两重能力约束。利用 DPO 软件中上述能力约束表和混合整数相关的 Collector 和 CapCollector 表、MipLink 和 Linkage 等参数，通过形成复杂矩阵的方式，实现了模型对特定节点、特定运输通道和特定油品进行多重能力约束。

以广州铁路出厂多重能力约束为例，见表 4-90、表 4-91。

表 4-90　CapTranport 表多重能力约束样表

Material	From	To	Mode	Period	Capacity	CapFactor	Apply
广州铁路限制							
any	gz	any	RAL	A	gz_ RAL		From
广州铁路高标号出厂限制							
G93	gz	any	RAL	A	gz_ G93_ 97_ RAL		From
G97	gz	any	RAL	A	gz_ G93_ 97_ RAL		From

表 4-91　CapCityrows 表多重能力约束样表

Capacity	Node	RowType	Min	Max	Comment
gz_ RAL	span		0	65000	广州铁路出厂限制
gz_ G93_ 97_ RAL	span		0	0	广州铁路高标号出厂限制

4.5.1.6　一次物流运输优化

1. 运输优化的概念

运输是物流中最重要的功能要素之一，物流优化在很大程度上依赖于运输优化。

影响物流运输优化的因素很多，起决定作用的有五个方面，称作优化运输的“五要素”：

(1) 运输距离　运输过程中，运输时间、运输运费等若干技术经济指标都与运输距离有一定的关系，运距长短是运输是否合理的一个最基本的因素。

(2) 运输环节　每增加一个运输环节，势必要增加运输的附属活动，如装卸，包装等，各项技术经济指标也会因此发生变化，因此减少运输环节有一定的促进作用。

(3) 运输方式　各种运输方式都有其优势领域，对运输工具进行优化选择，最大限度地发挥运输工具的特点和作用，是运输合理化的重要的一环。

(4) 运输时间　在全部物流时间中运输时间占绝大部分，尤其是远途运输。因此，运输时间的缩短对整个流通时间的缩短起决定性作用。此外，运输时间缩短，还能加速运输工具的周转，充分发挥运力效能，提高运输线路通过能力，不同程度地改善不合理。

(5) 运输费用　动费在全部物流费用中占很大的比例，运费高底在很大程度上决定了整个物流系统的竞争能力。实际上，运费的相对高低，无论对货主还是对物流企业都是运输合理化的一个重要的标志。运费的高低也是各种合理化措施是否行之有效的最终判断依据之一。

2. 运输路径优化

运输路径优化，就是在保证货物流向合理的前提下，在整个运输过程中确保运输质量，以适宜的最小运输环节、最佳的运输路径、最低的运输费用使货物运至目的地。其作用是为了节约运输成本、降低物流成本、缩短运输时间、加快了物流速度、节约运力、缓解运力紧张的情况，同时节约资源。

运用 DPO 软件中提供的 Route、Segment、Distance 三张基础表格，根据运输费用最省的原则来组合运输路径，实现运输路径的优化。

运输路径优化，可以为集团公司成品油管道和原油管道优化提供参考性建议。

(1) 流向控制及优化　国外物流流向优化过程中，广泛应用炼厂和油库、油库和油库之间进行流向调整及优化。鉴于中国国情和中国石化油品销售的实际运行情况，采用基于炼厂到油库的单方向的流向控制及优化方式，并预留油库和油库之间的流向控制接口，便于未来应用。

(2) 分程卸载　分程卸载主要是安排一船油品在不同油库(节点)按设定的行程进行卸载。此功能在国外公司广泛引用。由于受到国内不同船运公司管理模式、船运调配方式和交接标准的限制，在国内成品油一次物流优化过程中无法得以应用。目前分程卸载主要应用于二次物流配送。

3. 运输方式优化

(1) 分舱拼船　根据当前水运中配送中的实际情况，考虑常用船型，利用混合整数中的 LotSize 和 Threshold 参数，构建出 LotSize-Threshold-LotSize 分舱拼船功能模块，满足了水运配送中对不同品种油品进行分舱拼船的业务需求。

(2) 水运配送优化　利用 Linkage 参数，进一步完善混合整数功能，实现在保证整体优化的前提下，对一个炼厂到一个油库的多种水路运输方式，按指定顺序进行连接和调配，初步解决了水运中如何合理匹配配送、自提的问题。

4. 运输时间优化

在销售企业业务过程中，经常出现资源跨周期运输的情况。利用 DPO 软件中 Intransit 表，实现了对周期时长(Length)内运量和跨周期运量的测算。

4.6.1.7　优化外采

在给定资源小于市场需求的情况下，为了节省采购成本。通过 DPO 模型优先分配石化自产资源，优化外采(资源缺口)分配。油品销售事业部和各级销售企业合理安排外采路径、合理分配外采资源，为经营决策提供了依据。

4.6.1.8　优化图形化

在矢量化中国地图上增加了省地县区划、铁路、国道和高速公路、水系和河道等 8 个图层，收集了所有炼厂和一次油库节点的经纬度、储运设施条件等信息，使用 DPO 软件附带的 MapInfo 模块，完成了模型图形化功能的开发，使模型的成品油流向示意图显示更加直观、准确，如图 4-24~图 4-27 所示。

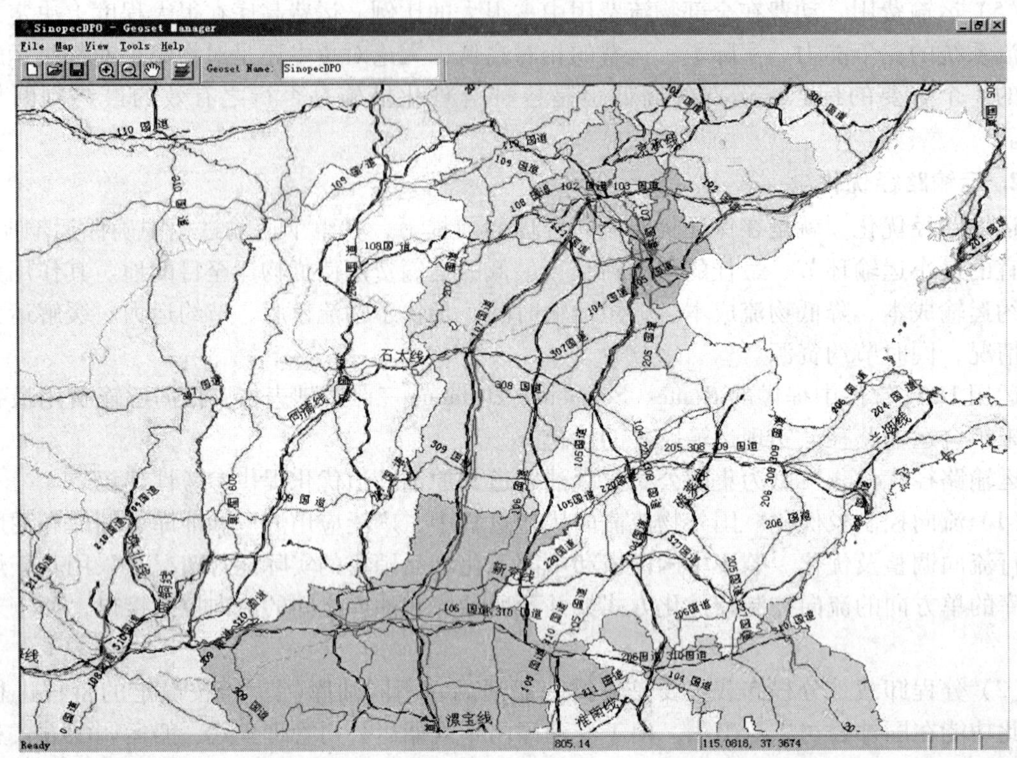

图 4-24 铁路、国道和高速公路，水系和河道图层示意图

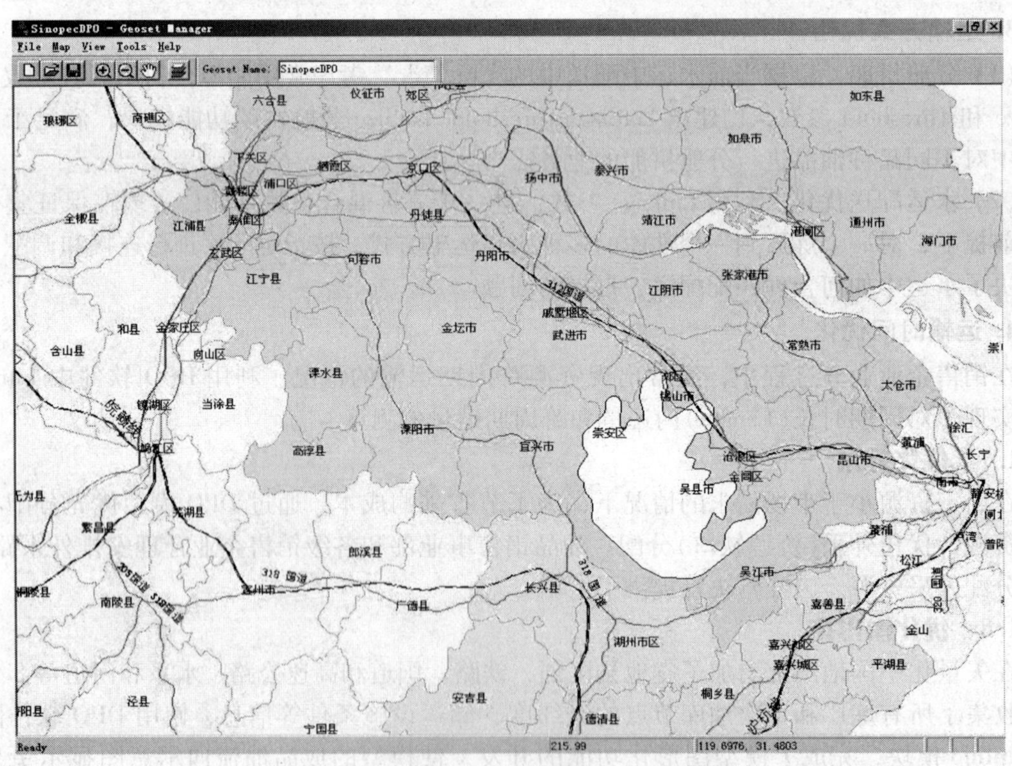

图 4-25 省地县三级行政区划图层示意图

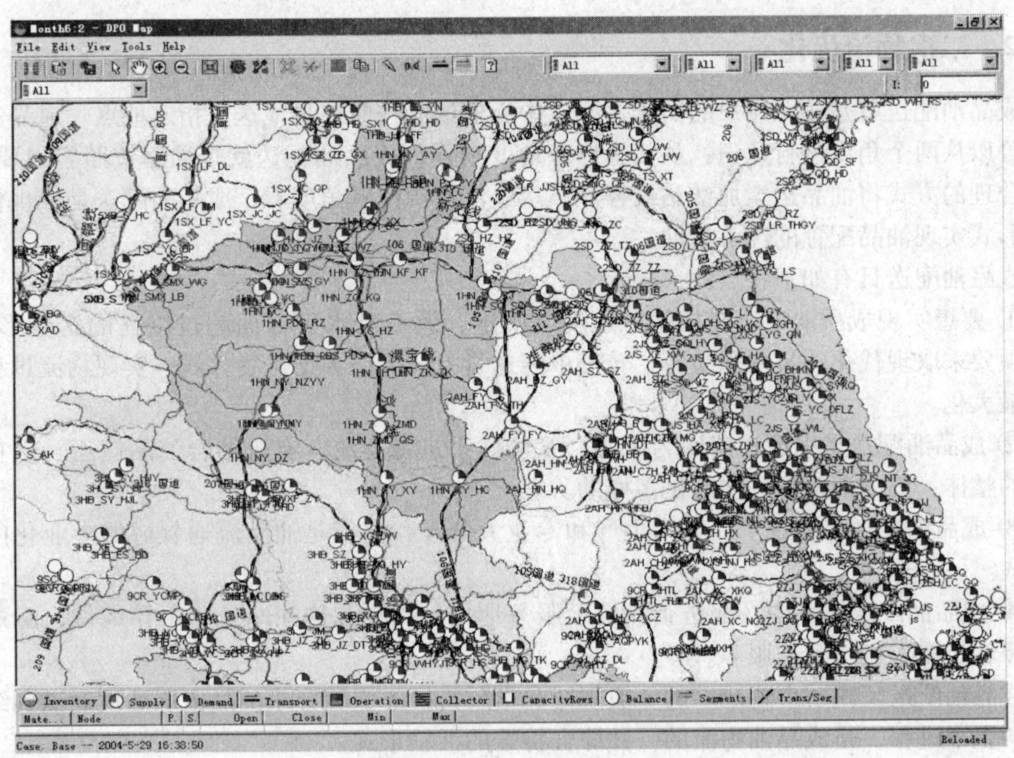

图 4-26　DPO 模型图像化功能油库示意图

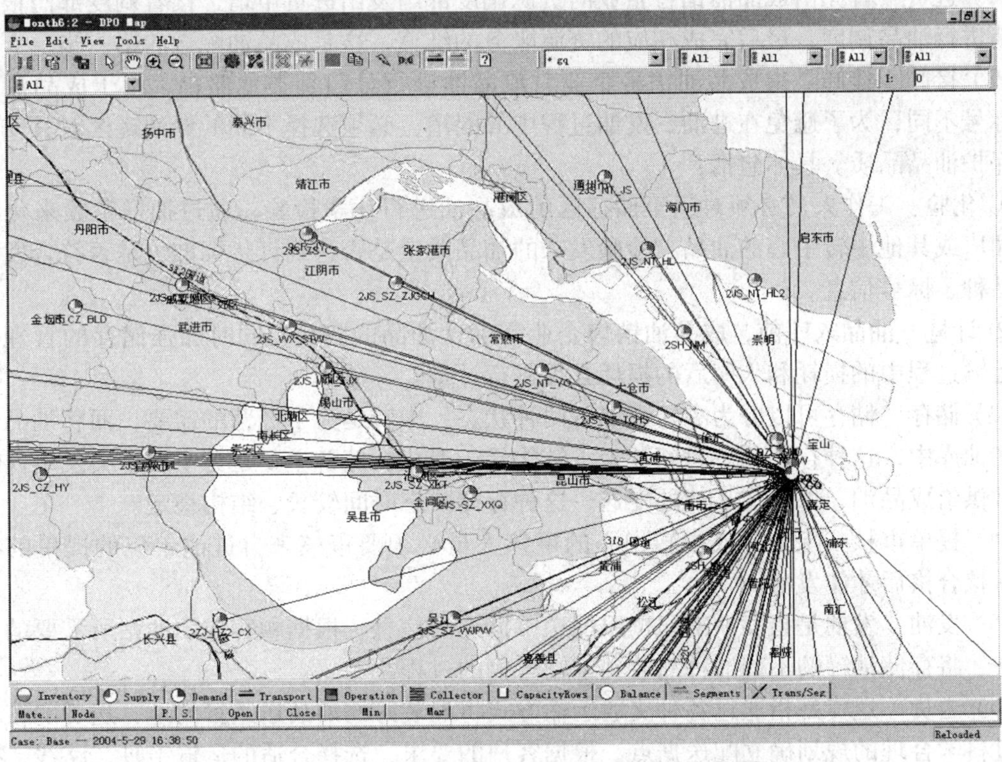

图 4-27　DPO 模型图像化功能成品油流向示意图

4.6.2 二次物流优化

成品油配送就是按照用户的需求，配送中心把油品按时按量地送达指定地点。成品油的配送可以从两个角度进行认识：从实施形态角度来看，成品油配送就是油库按照客户要求，以最合理的方式将油品运至加油站或客户；从经济资源配置角度看，成品油配送是以现代送货的形式实现油品配置的经济活动。

成品油配送具有如下特点：

① 要想实现成品油配送在规模、速度、质量、效率及水平方面超过以往的送货形式，就必须要采取现代化的技术和装备，转变单纯送货方式为服务型送货方式，实现物流过程的增值最大化。

② 成品油配送是以配送油库为中心，紧密联系进货系统，有机结合油品储运、送货等活动的整体，成品油配送的功能是多样的。

③ 成品油配送也体现了社会大生产和专业大分工，这就是油品流通领域的专业化的分工方式。

④ 成品油配送体系中，配送企业属于服务地位，用户和加油站处于主导地位，配送企业按照客户需求进行配送服务。

成品油配送反映了事物运动的一般规律和本质特征，它贯穿于油品由炼油厂运送到终端客户的整个过程，是成品油物流的一种综合特殊的活动形式。

可以将成品油配送的业务流程分为以下几个程序：

(1) 进货　首先由成品油销售企业向资源调度部门发出进货申请，接着调度部门根据进货申请进行油品调度，最后完成相应的资源账务的结算，这是成品油配送的第一步。

(2) 接卸　接卸是指成品油销售企业对成品油进行分门别类地储存，由于成品油的品种、标号不同，为了避免在进油、发油过程中弄混淆，必须选择不同的储油罐区对其安全储存，保护油品品质。具体包括：

① 化验　工作人员必须对运至储存区的成品油进行化学检验，通过抽样检验来化验来自炼油厂或其他中转中心的油品，检验发来的油品质量是否达到订货标准，是否符合发货单据上品种、标号信息。

② 计量　油品入库前，成品油销售企业需确认油品的数量，同时加强储存的管理，对油品运输过程中的损耗和入库后的损耗必须进行计量。

(3) 储存　储存可以分为中转和储备两种状态：中转是为了经营的需要，而将油品暂时储存在油库中，这种存储状态时间较短，结构易于变化；储备主要是为了发生突发事件时能够正常供给成品油，保证成品油的配送，这种存储状态时间较长、结构稳定。

(4) 提单审核　炼油厂或中转中心的审核人员必须要审核来自进油单位的提单的有效性，审核合格后才能发油。

(5) 发油　发油是指发油部门按照配送单据上的信息，根据顾客或加油站所需要的标号和品种，将存储油罐的不同油种灌装到运输车辆的过程。

(6) 送货　送货是指通过各种交通运输方式将灌装好的油品送达目的地，送货的核心就是通过科学合理的规划确立配送据点，根据客户的要求，选择合适的运输工具、路线，提高送货效率。

(7) 交货　交货标志着配送活动的结束，具体是指油品运输到目的地后将油品交付给用户，并办理相应交接手续的过程，其核心是要提高交接效率。

4.6.2.1 二次物流系统建设背景

物流在发达国家已发展成为一个产业，出现了许多"第三方物流"公司，在物流配送、仓储管理和运输管理等方面开发了不同的软件系统进行管理。从 AMR 研究公司、ARC 咨询集团、福里斯特研究公司和美林公司关于美国市场物流软件销售额的数据中可见，物流软件在美国的应用很广泛。在成品油的物流配送中，美国大部分石油公司都采用了物流配送软件进行物流配送的管理。如雪佛龙公司采用了 Aspen-Tech 公司的 Retail 软件，壳牌、BP 等公司也采用 Retail 软件建立起自动补货预测系统(ASR)。

近几年，中国石化成品油销售网络覆盖了国内主要发达地区，成为国内最大的成品油零售商，成品油的物流管理日显重要，但成品油物流配送环节的诸多问题不容忽视。主要表现在以下几个方面：

① 加油站配送方式落后。过去各分公司在油品配送方面多为被动配送，存在加油站在市场紧张时多要油、早要油，在市场饱和时少要油，加油站库存不合理现象。

② 运力过剩或运力不足。大部分分公司的运力仅能实现每日单车 2~2.5 趟次的运能周转，而按当时的运距分析，单车应达到每日 4 趟次的水平才比较合理，因此至少有 2/5 的运力被浪费；而另一部分分公司则运力不足，需要租用第三方油罐车。

③ 运力失衡。由于各分公司的地市公司油品运输是独立操作的，因此运力失衡的问题很难避免。一方面，有些单位在安排运力时，往往忽视了加油站日销量与储量的关系，人为导致了局部地区的运力紧张；另一方面，有些单位又存在人员臃肿和车辆闲置等问题。

④ 运距和运力结构不合理。在实际工作中，不少单位忽视了油品运输的经济核算，因此在选择油库时，对运距、路况等直接影响运输费用的问题往往考虑不周，增加了运输成本；小吨位车辆的比例过大，单车运油成本偏高。

⑤ 成品油库存过大，占用大量资金，致使库存成本过高。

⑥ 管理理念、管理手段滞后。一些分公司的运输体系仍停留在无规模计划、无有效组织的粗放式管理状态，各分销单位由于要将主要精力投入拓展市场等相关工作，从而极易忽略或者无暇顾及对运输成本的控制。更重要的是，由于油品配送是一项复杂和极具专业性的工作，分公司现有的以人工为主的管理手段将难以胜任分公司这种点多、面广、人众、车辆多的局面，更难以形成集约化、专业化经营态势。

基于当时中国石化成品油物流管理远远落后于国际同行的状况，要有效提高竞争力，就必须引进国外先进的管理理念和管理手段，切实提高油品配送运营效率，成立物流中心，形成车辆统一管理、人员统一调配、运力统一安排的大配送运行格局。同时，充分利用计算机网络技术，引进科学适用的油品配送优化软件，以形成精细化和专业化的统一管理，从而从根本上遏止运输成本的日益膨胀。

4.6.2.2 二次物流配送定义

成品油二次物流配送是指成品油从油库到加油站或其他终端用户的运行过程，涉及油品、油库、运输车辆和加油站 4 个方面的内容。

4.6.2.3 二次物流的目标

建成成品油二次物流配送优化系统，提高油品配送的管理和运营水平；降低二次分销成本，增加零售利润；提高企业对市场的反应速度，扩大市场占有率；通过二次物流系统的建立，在机构改革和体制改革中，不断吸收和消化国外先进的管理手段和管理理念，逐步推进省市石油公司专业化管理。

4.6.2.4 二次物流系统的主要内容

建立物流管理信息系统、销售预测系统、油品补货预测模型和运输调度优化模型；优化各油罐库存，降低库存成本，减少资金占用；优化运输调度，提高运输资源的利用率，降低运输成本，做到"流向合理，运距最短，费用最低"；实现对加油站库存的管理，进而实现加油站库存合理化；为物流管理体制改革提供技术支撑。

4.6.2.5 二次物流系统的主要功能

二次物流系统通过引进国外先进的供应链(SCM)管理理念，采用国际先进的物流优化技术，结合中国石化成品油销售企业的实际情况进行了二次开发，并和 ERP、GPS、GIS、电子签封、电子提单等系统进行了紧密集成，搭建了一套完整的物流优化管理应用平台。

二次物流系统包括 AspenTechRetail 的物流优化软件和石化盈科自行开发的物流管理系统两部分核心功能。AspenTechRetail 优化软件完成需求预测、库存优化、车辆调度和路径优化功能；物流管理系统主要完成加油站物流数据采集、单据管理、运费结算、车队管理等功能，并提供二次物流系统和其他系统集成的接口，是二次物流系统和其他系统集成的物流管理平台。

AspenTechRetail 的自动库存补货模块(ASR)每日通过物流管理系统接口提供加油站分油罐的库存和前一天 24 小时内的付油数，通过数据质量校验模块(DQM)校核数据的准确性；补货计划管理模块通过日平均、周平均、线性、幂指数、日平滑、指数平滑等多种算法，采用"神经元网络"算法，结合车辆隔箱的装载容量，预测出最精确的加油站油品配送需求；比例管理器结合比例算法，剔除掉多余的加油站库存，有效降低了加油站的库存，又避免油品断档，最大限度减少资金占压使得加油站库存合理化，增强了资源的调配能力。

AspenTechRetail 的资源调度优化模块(RSO)根据补货计划器产生的订单，综合考虑车辆资源、资源可用性、配送路径选择、加油站的各种限制情况，车队"自有"、"专营"、"非专营"的不同属性，将订单分成必须走(Mustgo)和可以走(Cango)的不同优先级，以最低成本为目标函数，通过"智能探索"优化的启发式算法，计算出最合理的调度方案，使全局费用最低，降低了成品油的配送成本。

物流管理系统通过 WEB、语音、加油 IC 卡、液位仪等多种方式采集加油站的实物库存和按罐的付油数，通过接口提供给 AspenTechRetail 系统，AspenTechRetail 系统通过后台自动服务更新油站的物流数据，产生的调度结果通过接口传输到物流管理系统中。物流管理部门、车队在物流管理系统中完成配送单据查询，并可自动导入 ERP 系统进行执行；执行后的结果自动传输到物流管理系统，使物流管理部门完成运费的结算，并和 ERP 系统财务模块进行集成；加油站通过 WEB 方式查询自己的配送任务信息，并进行到站验收。完成了订单从产生、执行到验收的闭环操作，实现了配送任务全程监控。

成品油二次物流配送优化流程如图 4-28 所示。

4.5.2.6 二次物流优化关键

准确进行加油站销售量的预测，是实现二次物流优化的关键。加油站的需求是实施成品油配送的原动力，而决定加油站需求的主要因素就是加油站的销售量，如果对加油站的销售量预测存在较大的偏差，必然会导致配送计划制定得不准确、不合理，进而会造成加油站供应断档影响正常销售或配送车辆运行效率低下等问题，从而影响企业的经济效益。本文提出的定量预测与定性预测相结合的方式，既考虑了加油站销售

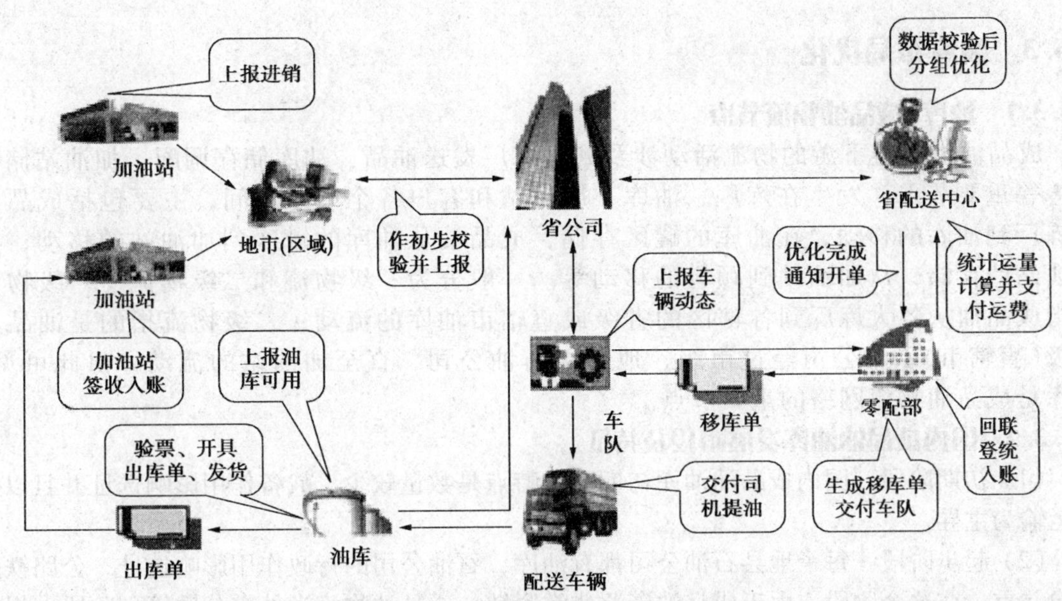

图 4-28　成品油二次物流配送优化流程

量在一定时间内的递延趋势，又考虑了可预见规律性客观外部条件的影响，能够保证预测的准确性与合理性。

4.6.2.7　二次物流优化核心

二次物流优化的核心是对加油站库存进行合理的控制，也是实施二次物流优化的必然要求。从理论上讲，追求“零”库存的目标是降低库存资金占用、增加企业效益的有效途径。然而，成品油自身的特性以及加油站销售业务的特点，又决定了成品油销售企业不能和其他商品经营单位一样，去无限制地降低库存，否则将会影响正常的销售业务而带来效益损失，或者会大大增加运输单位的运行成本，不符合和谐、共赢的经营理念。所以，只能确定一个相对合理的标准对加油站的库存进行控制，或者说要综合考虑加油站的正常经营与运输单位的成本控制，尽可能降低库存资金占用。

4.6.2.8　二次物流优化的重要依据

在二次物流优化过程中，决不可忽视配送时间窗的约束。成品油的配送过程包括了油库装车、重车行驶、油站卸车、车辆空驶等多个运行环节，各个环节之间又是密切相关的；而油库的装车作业情况、加油站的销售及库存水平又是时刻在变化的，如果不考虑配送时间窗、或是违背配送时间窗的约束而盲目地进行配送操作，势必造成整个业务运行的混乱，更无法实现优化运行。所以，在配送计划的制定过程中，必须把配送时间窗的约束作为资源分配、路径选择、车辆调度等优化计算的重要依据。

4.6.2.9　优化路径，提高车辆运营能力，降低运输成本

二次物流系统遵循运输费用最低原则对成品油资源和运输路径进行优化，自动产生更加科学合理的站内或站间分卸计划，合理选择承运车辆，最大限度地提高单车装载率，进而提高运输车辆的运营效率，有效地释放了运力，缓解了由于市场快速增长导致的运力紧张的矛盾，大幅降低了省市石油公司的运输成本。据初步测算，剔除运价上调和车队社会化改制等造成运杂费支出增加因素影响，省市石油公司利用优化系统实行配送管理后，累计减少运杂费支出上亿元，车辆利用率提高了20%以上。

4.6.3 油库布局优化

4.6.3.1 油库-成品油物流节点

成品油供应链下游的物流活动涉及到自炼厂发送油品、油库储存调配、加油站储存销售等重要节点，发生在炼厂、油库、加油站和客户各个节点之间，主要包括成品油从炼厂到油库的移动，在油库的罐区存储，成品油从油库的罐区到加油站的移动，在加油站的存储，从加油站到顾客的移动等。一般分为一级物流和二级物流，一级物流是指成品油从各大炼厂到各辖区的省级或直辖市油库的流动；二级物流指的是油品从省级(直辖市)石油公司经过市级、地县级石油公司，直至加油站的流动。由此可见，油库是成品油物流网络的重要节点。

4.6.3.2 国内成品油油库发展阶段及特征

(1) 初期阶段　国内成品油油库初期阶段特点是数量较少、战备作用影响选址并且以公路运输为主导。

(2) 起步阶段　每个地县石油公司都有油库，石油公司的行政作用影响选址，公路铁路运输并重。在这个阶段，由于成品油资源非常紧缺，成品油物流尚处在分散管理阶段，根据炼厂和地区石油公司的想法配置库存。在这种情况下，物流系统还不存在，只是有许多地区油库，油库一般设在每个地县，反映了销售人员希望将库存放置在身边的想法。

(3) 发展阶段　国家政策放开，个体、民营开始涉足成品油领域，市场容量及经济效益作用影响选址，铁路成为运输的主要途径，铁路运输的便利也是影响油库选址的重要因素。在这个阶段，随着经济的发展，各省区石油公司逐步开始重视物流管理，并将众多的地县公司的库存集约化，设置物流管理中心。使分散的油库实现了集约化配置，简化了物流线路，物流中心的作业环境、作业效率得到改善，物流有所发展。

(4) 整合阶段　1998 年两大集团重组，成品油市场重新整合，逐步引入物流概念，成本最低、效率最高影响着油库建设，并开始大量建设成品油主干管网，取代传统的铁路运输，公路运输也逐步走向第三方运输。在这个阶段，两大集团整合物流配置，设立专门的物流管理部门，成立物流配置中心，建设配送中心。并开始统一资源配置，统一物流组织，加大对库存的集中管理，逐步向物流系统化发展。但是，由于配送中心的设置与销售中心、库存中心仍然在一起，使得物流管理部门无法掌握控制库存的主导权，无法从根本上排除地区销售公司按照有利于自身利益配置库存对物流产生的影响。

(5) 优化阶段　随着配送中心的建设完善，利用先进的信息技术，开始对油库布局统一进行规划，对配送路线进行整体优化，配送逐步打破行政区划，真正实现按照经济半径配送。通过物流部门对库存的统一管理，经库存控制集中到物流配置中心、配送中心成为专业化物流配送部门，销售部门无库存风险。物流部门根据销售的要求组织配送和平衡库存分布，实现真正的物流系统。

4.6.3.3 成品油油库布局

布局是指对有关事务的全面安排，包括物件的空间布置和活动的时空安排两个方面。本文侧重于前者，即空间布置。

成品油油库布局是指在区域范围内部，确定不同成品油油库的规模、数量、功能，以及成品油油库之间的协调、成品油油库与物流需求之间的协调等，即特定区域不同成品油油库之间的协同布局问题。通过成品油油库布局确定同一区域内不同成品油油库的功能定位和区位特性，协调它们之间的关系，从而可以实现物流资源的优化配置，提高物流网络的运行效率。从本质上看成品油油库布局是对社会生产、流通和消费三方面布局的一种具体体现。

4.6.3.4 成品油油库布局存在的问题

1. 油库布局不合理

成品油油库不合理，主要表现在以下几个方面：

① 历史原因导致国内成品油油库布局不合理，运行调控手段有限，所需成品油均通过铁路、管道、水运和公路直接运输，经常造成运输组织上的被动，如遇到突发事件，则难以保障市场所需的成品油的均衡、稳定供应。

② 以产定销的运行模式，导致油库布局主要位于炼厂附近，以保障炼厂季节性供需以及物流形式转换的缓冲。但在成品油需求的市场前沿却缺乏保障终端市场供应的大型集散库。

③ 同一地区重复建设，国内各大石油公司的成品油油库都是按照不同销售单位归口建设，这使得同一地区的油库重复建设，既浪费了资源，又无法统一协调管理，造成了市场供应保障的困难。

④ 与成品油管道运输存在一定的矛盾。交通运输条件对油库的布局至关重要，在进行油库布局规划时，铁路、水路、公路、管道的交通方便与否是一个重要条件。

2. 部分油库库容偏小

随着现代经济的快速发展，成品油的需求大量增加，传统的小型油库逐渐暴露出诸多弊端。一是无法满足市场需要。随着工业化、城市化、信息化建设的推进，以及交通运输的快速发展，成品油需求量大大增加，油库的保障任务更加繁重，小型库已无法满足紧急任务的需求。二是运行成本高。油库作为功能完备的实体，即使是小型油库，也位体制健全，部门完整，设施齐全，其运行成本明显高于大型油库；三是保障效益低。由于小型油库库容有限，保障能力较低，经常是“一装就满，一加就空”，为完成保障任务，需要频繁调拨成品油，严重增加了运营成本。

3. 缺乏具备商业储备功能的大型集散库

在资源集散的关键点、综合运输的交汇点、销售市场的战略点，销售企业或没有油库，或现有油库库容明显不足，缺少具有宏观调控能力和集散功能的集散库，应对突发事件和市场保供的能力较弱，在资源供应紧张的情况下，现有库容基本没有调剂的余地，更无法发挥淡储旺销、调节供需、平抑市场的作用。

4.6.3.5 影响成品油油库布局因素

油库作为成品油物流网络的重要节点，在成品油物流优化体系中起着关键的作用。合理的油库布局对于提高油品供应链的整体运行效率，降低供应链的运行成本，确保炼厂后路畅通、终端市场稳定供应具有重要的价值。但油库的布局受多方面因素的影响和制约，是一项复杂的系统工程，必须统筹兼顾、全面安排，既要从宏观上把握，又要进行微观考虑。影响因素主要有：

(1) 政策因素

政策是影响油库布局的宏观刚性因素。在进行油库布局时，必须全面遵循国家的相关法律、法规、政策性文件和重要的国家标准、规范，不能违规布局。

(2) 管理因素

中国石油集团公司的总体规划、炼厂和管道布局、生产和消费布局、交通物流设备设施等政策、经营环境和基础设施状况、成品油配置和调运方案等都是油库布局的基本依据。

（3）经济因素

各种地区经济因素都会影响到油库布局，包括地区经济发展规划（地区产业分布规划、地区交通运输系统规划、地区用地规划、地区物流系统规划等）和地区区位及经济发展现状［地区产业分布、地区资源与能源总量与分布和地区重点产业（企业）分布等］。

（4）环境因素

① 交通条件　主要是地区公路、铁路、水运和航空运输的分布现状和现有结构，以及货运站、编组站等其他物流基础设施的布局现状。

② 地质条件　油库容量一般都很大，会对地面造成很大的压力。如果油库下面存在着淤泥层、松土层等不良地质条件，会在受压地段造成沉陷、翻浆等严重后果，为此，油库选址要求土壤要有足够的承载力。

③ 水文条件　油库选址需要远离容易泛滥的河川流域与地下水上溢的区域，要认真考察近年的水文资料，地下水位不能过高，洪泛区、内涝区、故河道、干河滩等区域禁止选择。

（5）油品状况

经营不同类型的油品，油库布局就应当不同。成品油的数量及种类等因素都会成为油库布局的考虑因素。

（6）费用

费用是油库布局的重要考虑因素之一。这包括成品油供应地及需求地的地理分布、每一地区对于每种商品的需求量、运输费率、存储成本和费率等。

4.6.3.6　成品油油库布局优化指导思想

按照着力加强销售业务，增强市场竞争力和控制力的战略部署，在满足成品油中转和储备的前提下，确保炼厂生产后路畅通、调剂市场稳定供应、保障管道平稳运行。逐步建立起与成品油产运销发展相适应的布局合理、保障有力、规范有序的油库布局体系。

4.6.3.7　成品油油库布局原则

1. 立足现实，注重拓展

油库布局既要紧紧围绕成品油物流需求，又要着眼于长远，注重在时间和空间上的拓展。必须立足于炼厂、销售市场的空间布局，立足于高度专业化的物流需求特点，以现实的需求分析为基础，同时又必须注重拓展。既要考虑近期的需求，又要考虑长远，科学预测未来成品油供需发展的趋势和物流需求的特点，给未来的发展预留必要的空间和接口，并将油库置于成品油供应链的环节去考虑油库的布局。

2. 强化整合、注重衔接

必须优化整合现有油库资源，实现整体效益最大化。一是要针对油库资源有效整合。在系统梳理现有油库的基础上，对现有的油库进行有效整合，完善油库功能，系统构建油库网络体系。二是促进不同运输方式间的匹配和衔接。油库的布局要考虑公路、铁路、水运、管道等运输方式的有效衔接，使其成为促进综合运输发展的重要载体。

3. 与时俱进、注重创新

一是理念创新，要以理论分析为基础，以国内外先进经验为依托，在规划理念、工作方法上不断创新；二是制度创新，对于无油库的地区，中国石化总部必须通过制度创新给予必要的资金和政策上的扶持；三是科技创新，要注重运用信息化手段实现油库之间资源的集约和整合，通过标准化、一体化的运作实现物流系统内部的有效衔接；四是管理创新，在油库的开发、建设、运营管理模式上要大胆突破，不断创新，最大限度地发挥油库的综合效益。

4. 集约节约、注重环保

当前，资源要素紧缺、生态环境已对社会经济发展形成严重制约，同时为经济增长所付出的生态环境代价越来越大，油库在布局方案中必须坚持集约的原则，一是集约利用土地、物流设备等资源，提高土地和物资设备的利用率；二是注重环保，尽量减少对自然资源的占用和破坏，减少对地区正常生产、生活的干扰。

思考题

1. 什么是线性规划？它在生产经营优化中起什么作用？
2. 就你对原油数据库与切割工具的了解，简述目前你使用的原油数据情况。
3. 什么是 PIMS(或类似的其他软件工具)？简述你企业现使用的优化工具，以及其功能和使用中存在的问题。
4. 什么是 DPO？简述它的核心功能与作用。
5. 简述油田优化的主要工作内容与方法。
6. 油田企业怎样组织运行优化？
7. 炼油生产中总流程优化主要包括哪些内容？优化的重点工作是什么？
8. 简述炼油企业气体综合利用方案与过程。
9. 简述炼油企业石脑油优化利用方案与过程。
10. 简述炼油企业蜡油优化利用方案与过程。
11. 简述炼油企业渣油优化利用方案与过程。
13. 简述炼油企业氢气优化利用方案与过程。
14. 简述企业公用工程优化利用方案与过程。
15. 简述炼油企业常减压装置优化操作的主要方法。
16. 简述炼油企业催化重整装置优化操作的主要方法。
17. 简述炼油企业催化裂化装置优化操作的主要方法。
18. 简述炼油企业加氢裂化装置优化操作的主要方法。
19. 简述炼油企业渣油加氢装置优化操作的主要方法。
20. 简述炼油企业延迟焦化装置优化操作的主要方法。
21. 简述乙烯装置优化操作的主要方法。
22. 简述芳烃装置优化操作的主要方法。
23. 产品边际效益测算对产品生产优化有什么作用？
24. 怎样进行化肥生产优化？
25. 简述煤化工的主要技术与作用。
26. 简述炼油化工一体化优化的意义与方法
27. 集团企业整体优化的主要内容与方法是什么？
28. 区域优化主要考虑哪些内容？怎样优化？
29. 成品油分销优化主要考虑的主要内容是什么？采取什么方法进行优化？
30. 对整个优化工作而言，你认为应该怎样改善优化结果？

附录　镇海炼化典型经验报告

镇海炼化始建于1975年，初期炼油能力250万t/a，经过37年的发展，现已成为中国石化最大的炼化一体化企业，拥有2300万t/a炼油、100万t/a乙烯、200万t/a芳烃、4500万t/a深水码头、超过330万m^3仓储的产业格局，原油加工量多年来稳居国内第一，炼油竞争力持续保持亚太地区领先水平，新建乙烯装置后来居上，迅速成为集团公司化工板块标杆。"十一五"以来，镇海炼化深入贯彻落实科学发展观，大力实施结构优化、改革创新，实现了质的飞跃，总资产从191亿元增加到434亿元，营业收入从578亿元增长到1410亿元，在原油成品油价格长时间严重倒挂的情况下，实现利润连续3年超过50亿元。同时，万元产值综合能耗、工业废水、SO_2、COD排放量等指标持续降低，在岗员工从8068人减少到6335人，企业规模翻番，用工总量不增反降。2011年12月25日，集团公司董事长、党组书记傅成玉在镇海炼化调研时由衷指出："我们的许多炼化企业各有优点，但我在你们这里看到的是全面的好，镇海炼化是我们的一面旗帜!"

镇海炼化在改革发展中取得了优异成绩，创出了很多亮点，有许多好做法、好经验值得在全系统推广。为此，根据党组领导要求，集团公司企改部和办公厅、炼油事业部、化工事业部、石化报社等组成调研组赴镇海炼化深入调研，形成了调研报告，并经党组会讨论通过。通过挖掘镇海炼化特色做法和其背后的精神内涵，我们感到，镇海炼化有五个方面的经验值得学习和借鉴。

一、学习镇海炼化打造世界一流的崇高追求

镇海炼化之所以能够实现全面的好、可持续的好，是因为镇海炼化人坚守建设"世界级炼化一体化标志性企业"的愿景，自觉把在中国石化率先打造世界一流作为企业的光荣使命和矢志不渝的追求。

讲大局。时刻牢记国有企业经济责任、政治责任、社会责任，把企业发展与国家战略和中国石化战略紧密结合起来，积极践行"大企业要有大风范、承担大责任、作出大贡献"。镇海炼化是出了名的会算账，但是在大局面前，他们算的是"大账"，宁可牺牲自身利益也要确保大局。在历次"油荒"中，镇海炼化坚决贯彻党组决策部署，开足马力生产成品油，保障了浙江省及周边市场稳定供应，为地区经济平稳运行和率先复苏发挥了重要作用，获得了广泛赞誉。在2012年大检修开始前，主动向当地政府书面报告，积极与周边居民沟通，检修过程中反复优化方案，做到了不扰民，不影响周边环境，展现了高度负责任的企业形象。

讲大气。总是站在中国石化的高度思考自身发展，他们深知"一支独放不是春，百花齐放春满园"，集团公司要求的，他们执行不打折扣；兄弟企业需要的，他们支援不讲条件。2008年，总部把杭州石化委托镇海炼化管理，镇海炼化坚决贯彻，把杭州石化员工视同自己员工，把杭州石化生产经营纳入自身管理范畴，通过分析把脉和严格管理，确保了杭州石化生产平稳、队伍稳定。镇海炼化乙烯项目建设过程中得到了兄弟企业的鼎力支持，镇海炼化也把支持兄弟企业建设作为义不容辞的责任。北海项目等开工时缺少专业人才，镇海炼化

领导挑选精兵强将，组成“开工队”赶赴支援，保障了项目的顺利开工。北海项目专门发来感谢信，感谢镇海炼化无私帮助。镇海炼化还主动对口帮扶塔河石化，通过“请来学、过去教”双向挂职，把管理经验和技术方法毫无保留地传授给塔河石化。

讲责任。镇海炼化领导班子讲团结，守规矩，用开放、开阔、包容的心胸共事，同心同德、不分你我、满怀激情，只为共同担负打造世界一流的责任和使命。面对生产经营良好局面，镇海炼化领导班子想的不是墨守成规，享受成果，守好摊子，而是自我加压，探索创新，追求卓越，提出更高的目标愿景。基于对长远负责，为员工负责的历史责任感，镇海炼化领导班子“以功不必在我任内”的胸怀，按照“一次规划、分步实施、滚动完善、稳步推进”的原则，确定了至2030年企业中长期发展方向，形成了项目发展、管理变革、人力资源相互协调的“三位一体”发展规划，总体规划目标是，在2030年前，企业规模再翻一番，人员再减一半，管理水平与之匹配，实现“以最少的人管理最大的炼化企业”。今年以来，面对市场形势严峻的局面，镇海炼化认真贯彻集团公司“八个方面保效益”的要求，有针对性地制定了37项工作措施，落实牵头部门，落实责任人，落实工作进度和工作成效。上述工作取得了良好效果，使镇海炼化呈现了生产经营、精细管理和人才队伍建设三个方面相互推动、相互促进的发展势头。

二、学习镇海炼化突出质量效益的发展理念

镇海炼化对企业规模与竞争力的关系有着深刻地理解，他们很早就认识到规模扩张是把双刃剑，有质量地扩大规模可以提高企业竞争力，而盲目投入势必将企业拖坏拖垮，因此，既要实现量的增长，更要注重质的提高。

积极实施转型升级。立足企业实际，眼睛紧盯市场，统筹调整原料和产品结构，充分发挥炼化一体化优势，把提升产业结构，促进转型升级作为高效发展的重要举措。2008年，镇海炼化对碳五组分实施正异构分离并加以优化利用，一年增效近亿元。受此启发，他们迅速变“馏分管理”为“分子管理”，在总部的支持下，与乙烯工程同步实施了油化一体化改造，实现了按不同的分子结构精确定位物料的流程流向。一方面，大炼油提供的干气、富乙烷气、饱和液化气、正构碳五等低成本原料成为优质裂解原料增强了乙烯竞争力；另一方面，大乙烯反哺大炼油提升了炼油竞争力。乙烯副产氢气、抽余油、芳烃、高辛烷值组分返回炼油，提高了资源价值。“让每一个分子价值最大化”有效推动了产业结构成功升级。镇海炼化乙烯装置对石脑油的依赖度比设计大幅降低36个百分点，2011年乙烯原料成本比中国石化平均水平低470元/吨。与2009年相比，2010年镇海炼化原油加工量在中国石化所占比例基本持平，炼油利润占比却提高了5.4个百分点。瞄准世界一流水平推进科技创新，形成了“分子管理”工艺路线、大型石化企业瓦斯平衡调度软件等系统优化创新成果，研发了引领市场的新工艺、新成品，开发储备了浆态床合成油示范装置、生物航煤实验装置等战略性技术，发挥了科技在结构调整中的“推进器”作用。

特别重视投资效益。对待项目投资决策冷静谨慎，既不为求大而盲目上项目，也不因项目小而放松论证，力求项目选得准确、建得及时、产出高效，在投资规划阶段就奠定未来创效的基础。如研究乙烯工程方案时，镇海炼化曾考虑过要上聚醚和丙二醇两个在当时效益较好的下游产品。随着论证的深入，发现这两个产品在将来市场拓展和销售上空间有限，于是果断放弃了这个方案。近几年的事实是，这两种产品的市场和效益都不理想。正是靠着一种“围绕效益，持续优化”的精神，使他们总能在投资决策上踩准市场的节拍。2008年乙烯项

目建设过程中，国际金融危机爆发，镇海炼化科学预测原材料价格变化趋势，主动申请优化调整工期3个月，仅钢材采购一项就节约资金约3亿元，初步估算整个项目共计节约投资超过30亿元。集团公司党组领导表扬镇海炼化说："今天的投资就是明天的成本的理念在镇海炼化是深入人心的，而且投资基本都有效益，资产回报率高，资产回报预期比较好。对于总部批复的投资，能够做到不上或缓上的，在集团公司内也只有镇海炼化一家。"

十分注重经营效益。在镇海炼化，大家都在算效益，财务人员懂经营，经营人员会算账，全流程"勤算账、细算账、精算账"，"算盘打得啪啪响"，仅每年实施"对比、监控、分析"的材料多达130余份。2011年，镇海炼化通过全面预算管理和全员成本管理，在项目建设、物资采购、生产优化、资金结算、税收筹划等多方面降本增效，凸显了"财务"在生产经营管理中的"指挥棒"作用。在镇海炼化，实时都在调运行，建立了"日平衡、周优化、旬决策、月分析"的生产经营预测、优化、监控、纠偏机制，每天产销平衡碰头会、每周优化会和每旬逢二会，与月度经济活动分析相结合，收到"以日保周，以周保旬，以旬保月，以月保年"的效果。在镇海炼化，人人协同促生产，通过生产调度协调，打破组织界限，把生产流程涉及的各专业人员召集在一起研究生产优化，强化了决策执行效果。用这样一套高效衔接、循环闭合、自主纠偏的生产经营管理机制，使镇海炼化能够在瞬息万变的市场竞争中及时响应、赢得主动，快速优化资源配置，实现效益最大化目标。

三、学习镇海炼化强化制度规范的管理体系

镇海炼化遵循"管理制度化、制度流程化、流程信息化"的理念，以"业务"为中心，以"流程"为主线，从2008年开始全面开展职责划分和流程程序再造，形成了以一本管理手册为纲领、以一套制度文本为支撑的管理体系。

职责划分清晰。制定了管理体系的纲领性文件，涵盖了公司所有业务，阐明了管理方针，描述了组织结构、管理体制、运行机制、制度体系、管控方式等。以业务流程为主线，清楚界定责任部门、配合部门和基层单位在各项业务中的职责，既促使责任部门对整项业务负责而不只局限于本部门一小块工作，又建立起互相合作、互相支援的工作团队和机制，打破了部门之间的壁垒，确保了整项业务的顺利推进，彻底改变了过去注重部门利益、存在管理真空或重叠、容易产生推诿扯皮的局面。

流程运转高效。将实际存在的业务行为按步骤、按岗位详细梳理，通过再优化，消除低效环节和障碍因素，在体现制约的前提下尽量缩短流程，形成流转顺畅、责任落实的工作程序和业务流程。比如，对于供应商、承包商资源市场管理，以前是相关业务部门一统到底，缺乏监督制约，通过流程再造，建立了"管用分开、公开透明、相互制衡"的新模式，实现了管资源与用资源的分离，堵住了管理漏洞。

现场管理精细。遵循"功夫下在现场"的管理理念，重视岗检工作，以检查制度执行为核心，以班组管理为基础，以安全环保和设备管理为重点，将每个关键控制点要求转换成岗检标准，建立起"一级查一级、一级抓一级"的岗检机制，形成了"原则问题有制度、简单工作有程序、复杂业务有流程、结果评价有标准"的现场精细管理方式。

制度执行到位。通过信息化手段实现流程固化，采用"ERP+BPM(业务流程管理系统)"的模式，嵌入各项控制点要求，实现从"人控"到"机控"的转变，确保了制度要求的不可逾越、不可替代、不可或缺。在制度执行中不断发现问题，实行常态化制度修订，保持制度活力。启动并持续开展"我为制度作诊断"活动，鼓励查找制度不足，对采纳的建议进行奖励，

每月公布制度建议采纳情况和制度制修订情况，建立起制度创新长效机制。2009年以来，共收到1300余份修订建议，采纳率超过50%，制度修订率达到93%。

镇海炼化通过开展职责、流程、制度的变革，建立了一套规范有效的管理体系，实现了经验传承由“人本化”向“文本化”转变；管理方式由“多头分散”向“集中整合”转变；职责划分由“以部门为中心”向“以业务为中心”转变。制度最终走出纸头、走下墙头，融入到员工的心头、落实到工作的手头，“遇事先翻制度，制度怎么定就怎么做”已成员工日常行为准则。各环节权责明确，激发了员工的责任心，促进了资源的有效整合，确保了每项业务取得成效。

四、学习镇海炼化注重价值实现的用人观念

镇海炼化深刻领会“人力资源是财富而不是包袱”的理念，通过挖掘岗位价值、提升员工能力、提高队伍积极性，努力使人力资源得到充分利用，为公司快速发展提供了有力的人才保障。

认真优化岗位设置。通过梳理优化业务主线，优化劳动组织，科学定岗定编。为拿到岗位工作第一手资料，公司人事部门派专人到生产一线跟班1个多月。2008年，平稳实施生产一线工作制由“五班三倒”转变为“四班二倒”，满足了新上乙烯对技能操作人才的需求。2010年，进一步优化生产组织，外操按区域设置，实行“一人一岗、一岗一责”，对本区域安全运行负全责；内操按装置操作-系统操作-工厂操作的梯次，逐步提高跨装置操作水平。当他们得知兄弟企业福建联合石化化验分析岗位人员少、工作效率高的先进做法，立刻组织人员现场取经并积极实践，现已制定计划通过上移质量责任，提高自动化水平，逐步削减分析化验岗位人员。

重视提升员工能力。根据三支人才队伍特点，建立起创新攻关专家选拔考核、业务培训激励、“三大员”持证上岗、后备技术员在班长岗位见习、人才合作培养等制度和机制。他们特别重视实战培训，每当装置检修改造开停工的时候，都能看到不同装置技术人员互帮互学，实施跨装置实践的学习场面。装置内部，在作业监护到位的前提下，大胆让新员工独立上岗操作。实施仿真系统进操作室，方便员工上机锻炼，培训效果十分明显。

善于激发队伍热情。畅通了人才成长通道，精干经营管理队伍，拓展专业技术和技能操作队伍，岗位调整实行常态化管理，随时申报、定期考评，未达到要求的取消职级，实现了各岗位的“能上能下”。突出薪酬即时激励，实施与人才成长通道相配套的月收入薪酬制度，岗位薪酬考核标准明确，公开透明，员工工作积极性高涨。对创新性、阶段性重点工作实行专项奖励，即时兑现。比如，“低头捡黄金”即时安全奖励机制设立三年来，发现并处理各类问题和隐患11970项，奖励总额152万元，单人最高奖励达1万元，调动了干部员工排查安全隐患的积极性，促进了安全管理水平的提升。探索淘汰机制，从2009年开始，对劳动合同期满考核不合格的新员工不再续签劳动合同。同时，与大中专院校合作，让准员工在学制最后一年进厂实习，严格考核，以40%的淘汰率提高了准入门槛。

五、学习镇海炼化真诚沟通关爱的和谐文化

镇海炼化以“建设和谐家园”为主线，充分发挥凝聚人、激励人、关心人的作用，确保了干部员工思想同心、目标同向、步调一致，营造了风正、气顺、劲足、家和的良好氛围。

强化思想引领，用沟通赢得理解。2006年，面对员工思想不统一，工作积极不高，干

群关系不融洽的复杂局面，镇海炼化领导班子重点抓思想，引导员工把注意力集中到推动企业发展上来。一方面，抓宣传阵地建设。开辟新闻视频点播，实施电视进食堂、企业报进班组、无线广播进操作室，形成电视、报纸、网络、广播“四位一体”的宣传格局，在加强形势任务教育的同时，加强公司的理念、政策、措施宣传，增进理解和认同，确保顺利施行。另一方面，抓沟通平台建设。建立公司主要领导与员工代表座谈、基层联系点、“七登门”、“五必访五必谈”、民情邮箱、领导接访日等工作机制，在干群之间架起了相互信任、坦诚交流的桥梁。员工代表座谈会制度自2007年12月建立以来，公司主要领导与员工代表面对面座谈近30次、超过900人次。员工在座谈会上提出的建议，公司逐条研究、处理并回复。现在，座谈会上解释问题的现象少了，沟通思想、建言献策的场景多了。

发挥表率作用，用正气赢得尊重。镇海炼化强调干部“工作上要大智、生活上要大愚”，不但不能谋私利，还要能吃亏，利益面前退一步。镇海炼化公司领导班子成员不配专车，与员工一起在食堂大厅排队就餐。特别是在推进已停滞多年的集资建房工作中，公司领导班子决定将原设计定向配售给现职和离退休公司领导的48套复式楼全部改为普通住宅，虽然只增加了60套房源，却让群众感受到了温暖。尽管最终获得配售的只有3560人，但得到了13000多名配售对象的普遍认同和赞许。集团公司董事长、党组书记傅成玉对此高度赞赏：“敢抓敢管的前提是你们榜样做得好!”在职工代表对公司领导班子的民主评议中，优秀率逐年上升，由2007年的34.01%上升到2011年的91.11%。

真情关爱员工，用情感营造和谐。坚持严格管理与真情关心相结合，在政策允许范围内，积极为员工办好事、解难事。如，建成新食堂，实施工作餐；开通倒班车，方便上下班；建立补充医保，打造员工健康“守护神”，特别是让患重病、大病的员工，不会因病致困、大病大困。从2008年开始，公司班子成员每年坚持与当班员工在公司“大家庭”里吃年夜饭，自己的“小家”都会晚一天过年。2011年春节，为了让年三十坚守岗位的员工吃到宁波特色菜——咸菜黄鱼汤，公司主要领导想出了鱼和汤分开烹饪，送到装置现场调配的办法，保证了汤美、味鲜、形整。倒班工人龚红儿捧着热腾腾的黄鱼汤说，“过年了，谁碗里的鱼烂了都会不舒服。领导管一条鱼的小事，说明心里装着职工。保证装置的安全生产就是我们最好的回报。”

通过调研发现，企业发展得好，离不开规模、资源、市场等客观因素，但究其根本，最重要的还是人，关键是领导班子坚强有力，特别是“一把手”要有锐意改革的创新精神，有干事创业的进取精神，有着眼未来的发展眼光。镇海炼化近几年的有效发展，很大程度上得益于班子“一把手”能够用事业凝聚人，用心胸包容人，带领班子成员敢抓善管能干事，想方设法干成事。中国石化建设世界一流能源化工公司是一项宏伟的事业，各级领导班子是这项事业的领导者、组织者和推动者，要以忠诚事业、矢志不渝的坚定信念，以勇立潮头、追求卓越的企业家精神，以关爱员工、率先垂范的人本管理理念，明确企业发展的目标，推动企业问题的解决，团结和带领全体员工，在严格管理和精益求精中做强做优，加快打造世界一流。

集团公司将进一步营造干事创业的良好氛围，通过优化考核办法，实施机制体制改革，激励更多企业成为镇海炼化式的标杆企业，同时也激励镇海炼化永不停步、永不懈怠，去争取更加辉煌的成绩。

参 考 文 献

[1] 侯祥麟．中国炼油技术．第2版．北京：中国石化出版社，2001
[2] 林世雄．石油炼制工程．第3版．北京：石油工业出版社，2000
[3] 叶玉．石油投资与贸易措施的国际法规制．上海：上海世纪出版集团，2009
[4] 高鸿业．西方经济学．北京：中国人民大学出版社，2000
[5] 孙晓静，刘海涛．财务管理．北京：对外经济贸易大学出版社，2010
[6] 戴维·E·冈普特．葛新权译．如何制定成功的企业经营计划．沈阳：春风文艺出版社，1997
[7] 王瑞福．化工企业计划管理．北京：化学工业出版社，1989
[8] 郭锦标．线性规划技术在石油化工行业的应用——生产计划优化的历史、现状．计算机与应用化学，2004(21)：1，1~5

参 考 文 献

[1] [illegible] 2001

[2] [illegible]

[3] [illegible] 2009

[4] [illegible] 2009

[5] [illegible] 2010

[6] [illegible]

[7] [illegible] 1989

[8] [illegible]